评价科学研究与应用丛书

中国学术期刊评价研究报告（2024）

——RCCSE权威期刊、核心期刊排行榜与指南

邱均平　胡小洋　等　编著

杭州电子科技大学中国科教评价研究院

武汉大学中国科学评价研究中心（RCCSE）

武汉大学图书馆　　　　　　　　　　　研发

金平果中国科教评价网（www.nseac.com）

WUHAN UNIVERSITY PRESS

武汉大学出版社

图书在版编目（CIP）数据

中国学术期刊评价研究报告：RCCSE权威期刊、核心期刊排行榜
与指南.2024／邱均平等编著．-- 武汉：武汉大学出版社，2024.11.
评价科学研究与应用丛书．-- ISBN 978-7-307-24509-9

Ⅰ.G255.2

中国国家版本馆CIP数据核字第2024LT8847号

责任编辑:黄河清　　　责任校对:鄢春梅　　　版式设计:马　佳

出版发行:**武汉大学出版社**　（430072　武昌　珞珈山）

　　　　　（电子邮箱:cbs22@whu.edu.cn 网址:www.wdp.com.cn）

印刷:湖北金港彩印有限公司

开本:880×1230　1/16　印张:27.5　字数:945千字　插页:2

版次:2024年11月第1版　　2024年11月第1次印刷

ISBN 978-7-307-24509-9　　定价:280.00元

中国学术期刊评价研究报告（2024）

——RCCSE权威期刊、核心期刊排行榜与指南

编委会

内容提要 ————————————————————————————

本书是国内外最重要的中文学术期刊认定、分类分级排行榜与权威期刊、核心学术期刊指南之一。

全书共三章：第一章，中国学术期刊评价研究的意义、理念和做法。包括研究背景、研究目的、意义和特色，评价的具体做法。第二章，中国学术期刊排行榜。采用定量评价与定性评价相结合的方法，构建了科学、合理的多指标综合评价指标体系，分别得出了67个学科中文学术期刊的、2个综合大类学科高职高专成高院校学术期刊的和5个学科大类中文OA学术期刊的综合影响力评价排行榜。具体来讲，本次评价分三个部分进行。第一部分为中文学术期刊评价部分，共收录6469种中文学术期刊，经过67个学科的分类评价共得到391种权威学术期刊(A+等级)、1942种核心学术期刊（A和A-等级）、2022种准核心学术期刊（B+等级）、1633种一般学术期刊（B等级）、399种极度欠发展学术期刊（C等级），另有82种收录期刊因数据无法全面获取未参与本版的评价分级工作；第二部分为高职高专成高院校学术期刊的评价部分，共收录278种高职高专成高院校学术期刊，经过2个综合大类的分类评价共得到99种权威、核心高职高专成高院校学术期刊（其中A+等级15种、A等级26种、A-等级58种），99种准核心期刊（B+等级）、62种一般期刊（B等级）和18种极度欠发展期刊（C等级）；第三部分为中文OA学术期刊评价部分，共收录156种中文OA学术期刊，经5个学科大类的分类评价共得到52种核心OA期刊（其中A等级32种，A-等级20种）、B+准核心OA期刊48种、一般OA期刊41种和极度欠发展OA期刊16种。第三章，权威（核心）学术期刊的排名结果与期刊指南。提供了391种A+等级的中文学术期刊、15种A+等级的权威高职高专成高院校学术期刊、32种A等级的中文OA学术期刊的期刊信息指南。附录汇集了中文学术期刊（2024版）认定名单（即中文学术期刊收录一览表），最新SCIE、SSCI、A&HCI、ESCI（共633种）及EI收录（310种，不含港澳台地区）的中国学术期刊名单，中国科技期刊卓越行动计划（2019—2023）入围期刊名单（439种）和本报告的相关缩写语表等，便于广大读者查阅参考。

本书全面、系统地对中文学术期刊的学术影响力进行了评价研究，并提供了详细的评价结果。全书结构系统、数据翔实、内容全面、结论可靠、创新性强、适用面广，可作为广大读者、作者、科研管理人员、期刊编辑人员、馆藏采购人员、出版管理人员、文献信息工作者等关于学术期刊的重要参考工具书。

前 言

　　学术期刊是组织、评价、发表科学研究成果的主要阵地，是记录和传播科学信息和知识的重要载体。我国现有学术期刊近 7000 种，占全国期刊总数的 68% 以上，是一流期刊建设目标和期刊强国梦想的重要推进力量。期刊评价通过对各学科期刊的出版、传播、服务情况，以及期刊整体的发展规律、变化趋势的量化分析，以尽可能地揭示学科文献在期刊出版和传播中的分布规律，为优化学术期刊的管理和使用提供重要参考，同时也可为评价科研项目、成果、人才、机构等提供参考依据。2022 年，我们继续启动"中国学术期刊评价研究项目"，通过科学的"定量—定性"综合评价方法对中国(不含港澳台地区)的中文学术期刊(包括自然科学、工程技术和人文社会科学学术期刊)的学术影响力进行全面、系统的评价，科学地确定权威期刊、核心期刊的数量和范围，研制出了一份具有公信力的"中国学术期刊学术影响力排行榜"，旨在为专业读者重点阅读提供参考指南，为广大作者选刊投稿提供快速通道，为学术期刊竞争发展提供定位信息，为文献需求机构订购期刊提供选择标准，为行政部门管理期刊提供决策依据。本书对期刊订购、学术评价、科研管理、人事管理等多项工作都有一定的参考价值。

　　早在 2002 年武汉大学中国科学评价研究中心成立之时，我们就曾设想建立中国的科教评价体系，计划定期出版"四大评价报告"，即《中国大学及学科专业评价报告》《中国研究生教育及学科专业评价报告》《世界一流大学和一流学科评价研究报告》和《中国学术期刊评价研究报告》(简称《报告》)。其中，《报告》已经研制六版，分别于 2009 年 3 月、2011 年 8 月、2013 年 4 月、2015 年 4 月、2017 年 6 月、2020 年 11 月正式出版。在各版《报告》的研制和出版过程中，我们均成立了由几十人参加的"中国学术期刊评价研究项目组"，在以往长期研究的基础上，于 2022 年 12 月正式启动新版中国学术期刊评价研究报告的研制工作。课题组分工合作，集思广益，先后召开了十余次在线会议，就中文学术期刊筛查与认定、学科分类、评价指标选择、权重分配、信息系统完善、结果分析、期刊指南等各种问题进行了集中研究和讨论，经过项目组为期 15 个月的艰苦努力、协同攻关，终于顺利完成了这一复杂、艰巨的研制任务，编著了《中国学术期刊评价研究报告(2024)——RCCSE 权威、核心学术期刊排行榜与指南》，于 2024 年 10 月由武汉大学出版社正式出版。

　　本书是国内外最重要的中国学术期刊分类分级排行榜与权威期刊、核心期刊指南之一。全书结构系统、数据翔实、内容全面、创新性强、适用面广，可作为广大读者、作者、科研管理人员、期刊编辑人员、馆藏采购人员、出版管理人员、文献信息工作者等了解学术期刊的重要参考工具书。本次评价工作在继承前六版期刊评价报告经典理念和做法的基础上，根据当前学术期刊的实际情况对相关理论和实践做了诸多改进和完善。

1. 特色明显，创新性强

　　本书第一章归纳了本次学术期刊评价工作的九大特点：①评价对象只涉及学术期刊，并形成了学术期刊认证方案；②将期刊评价的目的继续明确为"评价管理"导向与"信息服务"导向相结合；③在学术期刊分类上执行《中华人民共和国国家标准学科分类与代码(GB/T 13745—2009)》(简称《学科分类与代码》)；④沿用"得分排序"与"划分等级"相结合的办法，提供了国内外权威的中文学术期刊的分类分级排行榜；⑤学术期刊评价指标体系科学、合理，突出了期刊的质量、学术影响力、网络传播效率和期刊即时反应速度的评价；⑥采用自主研发的"中国学术期刊评价信息征集系统"征集核心期刊信息；⑦自主研发"中国学术期刊评价管理信息系统"，大大提高了期刊评价的准确性和效率；⑧采取多种方式对评价结果进行研讨和发布，即在金平果中国科教评价网(www.nseac.com)和微信公众号上公布、在武汉大学出版社正式出版期刊评价研究报告、在全国范围召开"中国期刊质量与发展大会"；⑨全面多类型的中文学术期刊评价体系。本版《报告》继续将高职高专成高院校学术期刊单独分类评价，并再次引入中文 OA 学术期刊的单独分类评价，继续完善中国中文学术期刊评价体系。

2. 编排结构合理，便于读者查找和使用

第一章明确回答了为什么要做学术期刊评价以及怎样做、做得怎么样的问题。其中，关于期刊评价的理论与方法的论述为后面的具体评价提供了理论支撑和方法选择的依据。

第二章分别列出了 67 个学科的中文学术期刊、2 个综合性学科的高职高专成高院校学术期刊和 5 个综合性学科的中文 OA 学术期刊的排行榜。排行榜按国家标准《学科分类与代码》中的代码顺序排列，在学科名称后标出了该学科的学术期刊数；在排行榜中按排名次序列出了 A+、A、A-、B+（中文 OA 学术期刊则分别列出 A、A-和 B+）期刊的刊名、排序和等次；对 B 等级的期刊只依次列出了刊名信息，且本版继续沿用前几版的做法暂不列出 C 等级期刊的刊名，但相关出版单位可登录金平果中国科教评价网查询。例如，在"110 数学（共 23 种）"中，110 表示数学的学科代码，23 表示数学有 23 种学术期刊进入评价系统。

第三章分学科列出各学科的 A+（中文 OA 学术期刊仅列出了 A）的期刊种数、名次、刊名及等级，并给出了相应期刊的综合信息，查找十分方便。例如，"110 数学（A+：2）"表明"110 数学"学科中有 2 种 A+等级，并按排名顺序依次列出了各 A+期刊的名次、刊名及等级和期刊简介。例如"1. 中国科学：数学（1/23，A+）"，表示《中国科学：数学》排在该学科 23 种学术期刊中的第 1 位，为 A+等级，即权威学术期刊。

此外，附录汇集了 SCIE、SSCI、A&HCI、EI 收录的中国（除港澳台）的学术期刊、缩略语表等，便于广大读者查阅和使用。

3. 内容全面、系统，结果权威、可靠

本书是目前国内评价研究最深入、分类评价最系统的学术期刊评价研究报告。本书全面公布中国（除港澳台）出版的分 67 个学科的中文学术期刊排行榜、分 2 个综合性学科的高职高专成高院校学术期刊和分 5 个综合性学科的中文 OA 学术期刊的排行榜。本版收录的中文学术期刊有 6469 种、高职高专成高院校学术期刊有 278 种、中文 OA 学术期刊有 153 种，共有 2333 种中文学术期刊、99 种高职高专成高院校学术期刊和 50 种中文 OA 学术期刊分别进入各类评价结果的权威及核心区。其中，中文学术期刊评价部分共得到 391 种权威学术期刊（A+等级）、1942 种核心学术期刊（A 和 A-等级），高职高专成高院校学术期刊的评价部分共得到 15 种高职高专成高院校权威学术期刊（A+等级）和 84 种高职高专成高院校核心学术期刊（A 等级 26 种、A-等级 58 种），中文 OA 学术期刊评价部分共得到 28 种 A 等级中文 OA 核心期刊和 22 种 A-等级中文 OA 核心期刊。本次大规模的学术期刊评价实践得出了全面的、综合性的学术期刊排行榜，对推动我国学术期刊的评价工作具有重要的实践意义。

4. 评价结果的呈现形式科学、合理、充分

本次学术期刊评价按照"分类评价"与"多元综合指标"的评价原则，采用定量与定性相结合的评价方法，沿用得分排序与划分等级相结合的办法，以增加评价结果表达的合理性和充分性。在 67 个一级学科的学术期刊评价中，按照集中与离散分布规律，按各期刊的综合评价得分排序，依次分为 6 个等级：①权威期刊 A+，即得分排在各学科前 5% 的期刊；②核心期刊 A，即得分排在 5%~20% 的期刊，约占各学科期刊总数的 15%；③核心期刊 A-，即得分排在 20%~30% 的期刊，约占各学科期刊总数的 10%；④准核心期刊 B+，即得分排在 30%~60% 的期刊，约占期刊总数的 30%；⑤一般期刊 B，即得分排在 60%~90% 的期刊，约占总数的 30%；⑥极度欠发展期刊 C，即得分排在 90%~100% 的期刊，约占总数的 10%；在 2 个综合性学科高职高专成高院校学术期刊的评价中，按照独立的评价体系得分排序，依次分为 6 个等级，划分比例除 A 和 A-等级分别按 5%~15% 和 15%~30%分配的外，其他均同上；在 5 个综合性学科的中文 OA 学术期刊的评价中，按照独立的评价体系得分排序，依次分为 5 个等级：①核心期刊 A，即得分排在前 20% 的 OA 期刊；②核心期刊 A-，即得分排在 20%~30% 的 OA 期刊，约占各学科 OA 期刊总数的 10%；③准核心期刊 B+，即得分排在 30%~60% 的 OA 期刊，约占 OA 期刊总数的 30%；④一般期刊 B，即得分排在 60%~90% 的 OA 期刊，约占总数的 30%；⑤极度欠发展期刊 C，即得分排在 90%~100% 的

OA 期刊，约占总数的 10%。需要说明的是，上述等级比例划分范围只是一个平均情况，不同学科的等级划分比例范围还将根据学科内的期刊规模、本学科学术期刊的整体办刊水平强弱来作出适度调整。如本版《报告》中 110 数学学科的学术期刊规模只有 23 种，相对偏少，而且 110 数学学科学术期刊的整体水平较有优势，故这个学科的 A+、A、A−等级的期刊占比总量会远超 30%。

5. 立足实际，面向用户，实用性强

各学科排行榜的编排方式清晰明了，便于读者查阅。在各权威期刊或核心期刊的简介中，既提供了内容信息，包括刊载论文的学科领域，期刊面对的读者群，期刊的栏目设置，国外数据库的收录情况，在国家级、省部级、全国性行业学会/协会所组织的期刊评比中的获奖情况，期刊载文的特色，期刊封面等信息；又列出了基本信息，包括中外文刊名、出版周期、主办单位、编辑部的通信地址、邮政编码、联系电话、创刊时间、国际标准刊号、国内统一刊号、邮箱地址、期刊网址等，便于广大读者和作者与刊物联系和投稿。同时，编制附录 A 至附录 E，尽量为读者提供更多、更全面的期刊信息，以满足广大用户的实际需要。

本书由杭州电子科技大学中国科教评价研究院、武汉大学中国科学评价研究中心、武汉大学图书馆和金平果中国科教评价网共同研发。主编邱均平教授全面负责评价研究工作，并提出了全书的框架结构和写作大纲；主编胡小洋负责具体评价工作的执行和组织协调，并在《中国学术期刊评价研究报告》第 4—6 版的基础上撰写、修改、核查了第一章、第二章和附录部分；副主编何汶全面负责评价对象的筛查、权威期刊的信息收集和国际重要数据库收录信息的统计工作，完成了第三章和部分附录工作等，并协助邱均平主编对全书进行校对和统稿，为本书的质量保障做出了重要贡献；副主编赵蓉英、杨思洛、刘霞、董克、马力、占莉娟等全程参与了数据的获取、筛选、汇总生成工作；副主编邱作谋在课题负责人的指导下设计、完善了"中国学术期刊信息征集/管理系统"，并负责部分核心期刊的信息征集工作等。

主编对中国科学技术信息研究所、中国人民大学书报资料中心、中国学术期刊（光盘版）电子杂志社、重庆维普资讯有限公司、重庆非晓数据科技有限公司、科睿唯安信息服务（北京）有限公司（Clarivate Analytics）等单位提供的数据支撑表示衷心的感谢，特别感谢中国科学技术信息研究所的潘云涛、马峥、俞征鹿研究员，中国人民大学书报资料中心高自龙总编、钱蓉副总编和杨红艳主任，中国学术期刊（光盘版）电子杂志社有限责任公司肖宏副总经理、伍军红主任、汤丽云副主任，重庆非晓数据科技有限公司姜显福总经理、重庆维普资讯有限公司总经理助理马光明和重庆维普资讯有限公司数据治理中心王超总监等的大力支持！本书的出版也得到了武汉大学出版社领导的关心和帮助，编辑詹蜜及其他人员为之付出了大量的辛勤劳动，在此一并致以诚挚的谢意！

武汉大学中国科学评价研究中心创始人和首届主任(12 年)
金平果"四大评价报告"品牌创立者和知识产权人
杭州电子科技大学资深教授、博士生导师
中国科教评价研究院院长
浙江高等教育研究院院长
数据科学与信息计量研究院院长
高教强省发展战略与评价研究中心(浙江智库)主任
Data Science and Informetrics、《评价与管理》杂志主编

邱均平

2024 年 4 月 20 日于杭州

目 录

附　录

第 一 章

中国学术期刊评价研究的意义、理念和做法

第一节　学术期刊评价概述

一、学术期刊在科学发展与交流中的地位和作用

学术期刊作为学术成果出版传播的重要载体，是科学交流的重要平台，是科学发展到一定阶段的必然产物。从客观上来看，学术期刊具有评价、记录、传播、传承和引导等功能，进行学术期刊的综合评价工作，无论对于匡正学术风气、提升研究水准，还是促进科学研究的广泛交流都有着不可或缺的作用。一流的学术期刊之所以能够突破狭隘的文献传播功能定位的局限，引领某一或某些学科领域学术发展的方向，是因为期刊本身所具有的学术判断力、学术凝聚力与学术影响力，归根到底取决于办刊人自身的学术素养和刊物所依托的相关研究领域的一流学者。

学术期刊承载原创的科学知识，在科学发展与交流的过程中占有独特地位，发挥着其他形态的文明所不可取代的作用，学术期刊在科学发展与交流中的重要地位和作用是由学术期刊的根本特质决定的。学术期刊传播的学术创新、学术自由和学术规范推动着学术不断繁荣发展。学术期刊所蕴含的学术价值是一个社会进步的动力，它在本质上是一种人文和科学之光，是推动经济、社会发展的重要力量。

二、学术期刊评价的发展历史与理论基础

(一)学术期刊评价的发展历史

当前，学术期刊评价是文献计量学研究的重要组成部分，它通过对学术期刊的发展规律和增长趋势进行量化分析，揭示学科文献数量在期刊中的分布规律，为优化学术期刊的配置和使用提供重要依据。早在1934年，著名文献计量学家布拉德福(B. C. Bradford)首次提出了具有评价意义的"核心期刊"的概念，他将按学科载文量递减排序的期刊依次划分为学科总载文量相等的三个区，并将第一个区称为"核心区"，其中的期刊称为"核心期刊"。20世纪60年代，美国著名情报学家加菲尔德博士(E. Garfield)对期刊论文的参考文献(即引证文献)进行了大规模统计分析，得出了"大量被引用文献高度集中在少数期刊上，而少量被引用文献又广泛分散在大量期刊中"的结论，这被认为是国外期刊评价理论的起源。而随后加菲尔德创建了美国科学信息研究所(Institute for Scientific Information，ISI)，相继开发出SCI(Science Citation Index，科学引文索引)、SSCI(Social Science Citation Index，社会科学引文索引)和A&HCI(Arts & Humanities Citation Index，艺术与人文科学引文索引)3个数据库。后来又顺应网络环境的需要，研发了ISI Web of Knowledge，它是一个基于Web建立的整合的数字化存储、索引、分析和服务平台，可为不同层次、不同学科领域的学术研究人员提供信息检索和分析服务。ISI每年发布一次期刊引证报告(Journal Citation Report，JCR)，它是一个综合性、多学科的期刊分析与评价报告，客观地统计Web of Science(WoS)中收录期刊所刊载论文的数量、论文参考文献的数量、论文的引证信息等原始数据，再运用文献计量学的原理和方法计算出各种期刊的影响因子、即年指标、5年影响因子、被引半衰期、可被引文献数量等多种反映期刊质量和影响的定量指标。JCR是对世界高水平期刊进行客观评价的有效工具，据2023年6月发布的The Web of Science Core Collection™数据显示，JCR2023共收录世界上最具影响的学术期刊21523种，涵盖学科254个，其中SCIE收录9510种、SSCI收录3544种、A&HCI收录1748种、ESCI收录7871种，是当前国际学术期刊评价工作的大规模实践。此外，其他国际机构也陆续开展了自己的学术期刊评价实践。如，爱思唯尔(Elsevier)旗下的Scopus数据库推出了基于CiteScore的学术期刊评价指标，现主要采用4年影响因子(2020年以前采用3年影响因子)等指标按学科对全世界2万多种学术期刊进行分学科的评价，每年给出相应的评价报告；此外，还有SCImago Journal Rank(SJR)、谷歌学术指标(Google Scholar Metrics)、自然指数(Nature Index)等相关的期刊评价和期刊筛选工作也备受刊界和学界关注。

国内方面，20世纪80年代以来，随着国内学术期刊出版事业的快速发展，与之相对应的学术期刊评

价工作也取得了诸多成果。中国科学院文献情报中心、北京大学图书馆、中国科学技术信息研究所、中国社会科学院中国社会科学评价研究院(原中国社会科学院中国社会科学评价中心)、南京大学中国人文社会科学研究评价中心、中国学术期刊(光盘版)电子杂志社有限公司等纷纷投入期刊评价理论与实践的探索中。2009年,中国科学评价研究中心、武汉大学图书馆和金平果中国科教评价网联合启动了"中国学术期刊评价研究"项目,研制出了以"评价管理与信息服务"为导向的综合性的中文学术期刊评价排行榜。中国科学评价研究中心等合作单位已连续进行五次综合性评价工作,第一次是2009年3月正式出版的《中国学术期刊评价研究报告(2009—2010):RCCSE权威、核心期刊排行榜与指南》,第二次是2011年8月正式出版的《中国学术期刊评价研究报告(2011—2012):RCCSE权威期刊、核心期刊排行榜与指南》,第三次是2013年4月出版的《中国学术期刊评价研究报告(2013—2014):RCCSE权威、核心期刊排行榜与指南》,第四次是2015年4月出版的《中国学术期刊评价研究报告(2015—2016)(武大版):RCCSE权威、核心期刊排行榜与指南》,第五次是2017年6月出版的《中国学术期刊评价研究报告(2017—2018)(武大版):RCCSE权威、核心期刊排行榜与指南》,第六次是2020年12月出版的《中国学术期刊评价研究报告(第六版):RCCSE权威、核心期刊排行榜与指南》。本书是中国科学评价研究中心等单位第七次进行中国学术期刊综合评价工作的成果。学术期刊需要科学评价工作的推动,作为真正意义上的期刊评价,《中国学术期刊评价研究报告》是我国期刊评价发展史上的一个重要篇章,是目前国内知名的七大学术期刊评价体系之一。

(二)学术期刊评价的三大理论基础

文献计量学的三大经典理论,即布拉德福的"文献离散定律"、加菲尔德的"引文集中定律"、普赖斯的"文献老化指数和引文峰值理论"共同构成了当前学术期刊评价的理论基础。

1. 一次文献在期刊中的分布规律:布拉德福的"文献离散定律"

核心期刊评价的理论依据是布拉德福的"文献离散定律"(即布拉德福定律)。英国著名文献学家布拉德福于1934年率先提出了描述文献分散规律的经验定律,他认为,如果将科学期刊按其登载某个学科的论文数量的大小,以递减顺序排列,那么可以把期刊分为专门面向这个学科的核心区和包含着与核心区同等数量论文的几个区。这时,核心区与相继各区的期刊数量呈$1:a:a^2\cdots$的关系。布拉德福定律的文字表述结论是建立在将等级排列的期刊进行区域描述分析的方法之上的。如果以上述等级排列的期刊数量的对数($\log n$)为横坐标,以相应的论文累积数$R(n)$为纵坐标进行图像描述,得到的一条曲线则称为布拉德福分散曲线。布拉德福还给出图像描述法,认为"半对数载文量—期刊数"曲线的起始弯曲部分对应于核心期刊。核心期刊的概念在布拉德福定律的应用上初露端倪。后来,人们将核心分布区中的信息密度大、载文量多、数量不多的期刊称为"核心期刊"。

布拉德福定律对图书情报学的理论研究有着重要影响,实际应用相当广泛,不仅可以用于确定核心期刊,而且对制定文献采购策略及藏书政策、优化馆藏、检验文献服务工作情况、掌握读者阅读倾向、检索利用文献等有着重要的指导作用。文献分散定律显示,由于科学文献分布的集中与离散规律是客观存在的,而且具有普遍适用性,这就必然导致核心期刊的形成。很显然,科学文献分布的集中与离散规律是核心期刊存在的理论基础,也是核心期刊测定的基本依据。从这一规律出发,对核心期刊的形成机理至少可作两个方面的理论解释:一是受到科学发展客观规律的制约,这是因为科学期刊的产生是由学科发展的客观需要决定的;而且每一种期刊都有自己的学科和专业性质,它的办刊方针、报道内容、稿件选择标准、发行对象等都是为相应的学科和专业服务的。因此,这些专业期刊势必会集中报道各自学科的研究论文,加上各种期刊自身能力和特性的差异,学科文献便会高度集中于少数核心期刊上,形成文献分布的叠加效应。二是一些主观因素也会影响文献的分布和核心期刊的产生及发展。例如"马太效应"的影响。科学活动中的"马太效应"是对有声誉的科学家社会心理影响的形象概括。这种作用表现在文献领域,即著名科学家、作家的论著能很快进入交流渠道,并能畅通传递,其主要原因在于:①出版家对其竞相约稿,确保图书尽快出版;②发行机构对其积极宣传,打开销路;③图书情报部门常以著者的声誉为重要标准来收集文献资料,优先加工,加大复本量,迅速提供阅览、外借、宣传、报道等服务项目;④著名科学家、作家的论文容易受到广大读者的关注,传播速度快,也能在后期写作中被快速引用。

2. 引文分布规律:加菲尔德的"引文集中定律"

1953 年，美国著名文献计量学家加菲尔德首先发现了期刊文献引用规律。1962 年，他创立了 SCI，SCI 的功能主要体现在文献检索和引文分析与评价两方面。加菲尔德发现只有 25 种期刊在所有的学术论文的引用文献中占了 24%，152 种期刊在所有学术论文的引用文献中占了 50%，767 种期刊占了 75%。1969 年 SCI 论文的 70% 的引用文献来源于 500 种期刊，由此可以确定核心期刊的数量。他从中得出结论：各学科核心期刊不超过 1000 种，最主要的核心期刊不超过 500 种。由此可以看出，被引文献在期刊上的分布，同样具有布拉德福所揭示的聚散特征，"核心期刊"效应是普遍存在的。这就是著名的加菲尔德引文集中定律。也可以说，布拉德福定律不仅适用于文献的期刊分布情况，而且适用于引文在期刊上的分布情况。这是加菲尔德对布氏定律的重大突破和发展，由此奠定了加菲尔德在文献计量学上的突出地位。他将被引文献来源较为集中的 152 种期刊定名为"核心期刊"，开创了从引文视角遴选"核心期刊"的先河。后来，又相继研制成功了 SSCI 和 A&HCI，形成了一个多学科、国际性和综合性的引文索引体系和引文分析理论体系，为人们提供了一种全新的文献分析与检索途径。

3. 文献指数增长与老化规律:普赖斯的文献老化指数与引文峰值理论

1949 年，普赖斯在研究新加坡费尔斯学院收藏的英国皇家学会创办的《哲学汇刊》时，敏感地发现"一叠叠的《哲学汇刊》靠墙竟堆成了一条完美的指数曲线"。继而，他惊喜地发现，在过去的 200 多年间，科学期刊、科学文献的数量几乎是每 50 年增长 10 倍。从 1959 年起，普赖斯开始主持科学指数增长规律的系列讲座。1961 年，普赖斯正式出版《巴比伦以来的科学》，他以年代为横坐标，以科学文献量为纵坐标，绘制出文献指数增长曲线，这就是我们通常所说的"普赖斯曲线"。后来普赖斯还进一步认识到，科学文献的增长并不是无极限地按指数规律增长，在文献增长达到一定极限时，文献便会达到饱和状态，科学文献的增长即由指数增长转为线形增长。科学文献无论是按指数增长，还是按线形增长，这些均是指文献绝对数量的增长，也就是指文献累积数量的增长。文献在绝对数量增长的同时，原有文献也有一个逐步老化的过程，这并非指文献物质形态的消亡，而是指文献利用价值的减退。1971 年，普赖斯提出了衡量文献老化的量化指标——普赖斯指数。一般来说，普赖斯指数的值越大，相关文献的老化速度越快，该学科发展也就越迅速。普赖斯指数不仅可以用来对学科发展进行评价，还可以用来对期刊、科研机构、学者进行评价。

另外，普赖斯提出了引文峰值理论。普赖斯指出，文章发表后两年被引用的次数最多，然后逐渐减少，进入半衰期、老化期。"影响因子"这一评价指标正是基于这一理论提出的，它能够有效地评价期刊的整体学术影响力和文献被利用的程度，因而逐步成为国际通行的一种学术期刊定量评价指标。

期刊评价研究作为文献计量学的重要应用领域之一，它利用文献从其出现、筛选加工、使用三方面所呈现出的核心效应及由此派生出的其他因素(载文量、被引率、影响因子、即年指数、半衰期、共引关系等)的集中效应，找出期刊发展和应用中的聚散效应。文献的集中与离散分布规律、引文分布规律和文献老化及引文峰值理论是进行核心期刊测定的重要理论依据。

(三) 核心期刊评价的方法体系

1. 核心期刊评价方法的发展

(1)核心期刊测定的定性方法

就期刊数量而言，核心期刊只占期刊总数的一小部分。目前，无论是基础学科还是技术领域，与之有关的期刊数量都相当庞大。如何从大量的期刊中选择和确定少数的核心期刊，确实不是一件轻而易举的事。有关研究和实践表明，测定核心期刊的关键是要选准一种比较科学、适用的方法。自从提出核心期刊的概念以来，就存在如何测定核心期刊的方法问题。人们对此的探索和认识，基本上经历了一个由"经验法"到"专家法"再到文献计量学方法的发展过程。起初，一般是由图书情报人员凭自己的工作经验来判断和订购有关学科的核心期刊。由于图书情报人员的工作涉及的学科范围很广，而自身的知识结构也存在局限性，用"经验法"测定核心期刊的弊端很容易显露出来。为了克服其缺陷，图书情报人员就请有关学科的专家参与，或者向相关专家咨询，或者直接请相关学科专家在期刊征订目录上选择和圈定有关学科的核心期刊。实际中这种做法也受到专家知识结构等诸多因素的影响，使核心期刊测定结果因人而异。

(2)核心期刊测定的定量方法

20世纪80年代以来，随着我国文献计量学研究的深入和应用的日益广泛，文献计量学方法被越来越多地应用于测定核心期刊方面。例如，1991年世界图书出版公司出版的《国外科技核心期刊手册》，收录测定核心期刊的文章100篇，涉及大小专业140多个，采用了文献计量学领域的多种方法。随着期刊评价理论与实践的不断发展，基于文献计量学的核心期刊测定方法已经成为期刊评价的重要方法体系之一。

影响核心期刊评价的因素很多，要获得高质量的评价结果，就必须综合、全面地考虑各种影响因素。在实施核心期刊评价之前，要对评价方法进行研究，选定科学合理的评价方法是确保评价结果科学、准确的必要前提，也是核心期刊评价质量的关键。基于文献计量学的测定方法多种多样，但主要是基于以下两种类型：

一是利用文献计量学工具和指标直接确定各学科的核心期刊。例如，美国的WoS数据库及其JCR产品提供了期刊被引量、影响因子等10多项计量指标，比较这些数据的大小便可直接选定核心期刊。WoS引文索引具有两大功能：检索与评价。引用与被引用现象普遍存在于学术文献之中，通过引用、被引用、引文耦合、同被引等方式，学术文献之间建立起了内容上的关联，并提供了基于文献内容知识单元相互关联的检索功能。将一篇文献作为检索起点，通过收录其所引用的参考文献和跟踪其发表后被引用文献的情况来掌握该研究课题的来龙去脉，从而迅速发现与其相关的研究文献，持续了解该课题的最新进展，实现所谓的"越查越旧、越查越新、越查越深"的检索目的。经过60余年的不断发展与完善，WoS在一定程度上提供了引文分析所必需的大量数据，已是国际公认的用于评价科学成果及其学术影响力的主要工具。

二是利用文献计量学方法按照一定的步骤来测定核心期刊。如果从测度的标准来划分，主要包括以下四类方法(六种具体方法)：①以载文量为标准的方法，包括布拉德福定律法、累积百分比法(80%法)；②以摘录率或引用率为标准的方法，包括文摘法和引文法；③以流通量为标准的方法；④综合评价法，主要是将几种方法同时运用，综合判定核心期刊。以上这些方法既是数量指标的衡量，同时也包含了质量标准的要求。这是因为：论文能否被期刊发表，有一个评价和筛选的过程，一般来说，被期刊正式发表的论文往往都达到了一定的质量标准。而期刊论文的被摘录、被引用，无疑也是一种选择的结果，其本身就是达到某种质量标准的具体反映。因此，那种认为利用文献计量学方法测定核心期刊是"只看重数量而不顾质量"的观点显然是片面的、不符合事实的。但是，我们也必须清醒地认识到，上述测定方法大多从一种或部分视角出发，评价标准的制定不可避免地存在一定的局限性，参考时需要加以辩证的审视。

2. 核心期刊评价的方法选择

目前，在各类方法尚不能完全克服其固有局限的情况下，努力探索新的更为科学的测定方法尤为重要，但这并非一朝一夕所能办到的。因此，我们应大力研制和推广综合性的评价方法并做到两个结合：一是将几种定量测定方法相结合，同时运用；二是将定量测定方法与定性分析方法相结合，互相取长补短。只有这样，才能使测定的核心期刊更为准确，更加符合实际。当前，期刊评价研究已经成为文献计量学的重要应用领域，国内外的核心期刊评价普遍采用文献计量学方法。在评价模型的构建上，多采用综合指数评价法，选用多种指标，并用层次分析法确定评价指标的权重系数，建立指数模型，由此而得到的综合指数及其排序能较好地反映学术期刊的质量和水平。采用该综合方法测定核心期刊，既符合布拉德福的文献离散分布定律(或引文集中定律)，又能全面反映期刊的水平和影响，所用的各项指标与分析结果较为客观、真实。另一方面，以专家评审或同行评议为主的定性评价，则是学科专家利用既有的知识和经验，进行评审与比较。将定量测定方法与定性分析方法相结合，可以对两种方法进行取长补短，使期刊评价的结果更为准确、可靠，更加符合实际。

三、国内外期刊评价的研究现状及比较分析

国内外期刊评价的理论和实践研究都经历了较长的不断探索与实践的过程，目前逐渐形成了一套比

较成熟的理论方法体系和评价体系。在国外的期刊评价中，ISI 开发的 SCI、SSCI、A&HCI 及 JCR 对来源期刊的选择和评价受到了国内外的广泛关注和认可。

我国科技界从 20 世纪六七十年代开始引进国外核心期刊的理论与方法，我国学术期刊评价研究到 20 世纪 90 年代开始不断得到发展。如中国科学院文献情报中心于 1989 年开始研制《中国科学引文数据库》（CSCD）及其来源期刊目录，北京大学图书馆等单位于 1992 年开始联合研发《中文核心期刊要目总览》，中国科学技术信息研究所于 1996 年开始发布《中国科技期刊引证报告（核心版）》以及 2018 年开始发布《中国英文科技期刊引证报告》，南京大学中国人文社会科学评价研究中心于 1998 年开始主持研发《中国社会科学引文索引》（CSSCI）及其来源期刊目录，中国社会科学院于 2004 年开始推出《中国人文社会科学核心期刊要览》以及 2014 年开始研制《中国人文社会科学期刊 AMI 综合评价报告》，中国学术期刊（光盘版）电子杂志社（同方知网旗下机构，后有其他下属机构参与）、清华大学图书馆等于 2002 年、2009 年、2012 年、2016 年、2018 年、2020 年分别开始研制《中国学术期刊综合引证报告》《中国学术期刊影响因子年报》《中国学术期刊国际引证年报》《中国英文学术期刊国际国内引证报告》《世界学术期刊学术影响力指数（WAJCI）年报》《科技期刊世界影响力指数（WJCI）年报》，武汉大学中国科学评价研究中心等在前期三大科教评价报告的基础上于 2009 年开始启动研制《中国学术期刊评价研究报告》并分学科发布权威、核心学术期刊排行榜。国内的这七大评价体系从不同角度、不同层面发展、丰富、繁荣了我国学术期刊评价研究工作，促进了学术期刊评价事业的快速发展。

（一）国内外期刊评价指标体系的比较分析

ISI（现为 Clarivate Analytics）每年发布的 JCR 中有关期刊评价的计量指标主要包括总被引次数、影响因子、5 年影响因子、即年指标、可被引文献量、特征因子等，提供了多元的期刊质量与影响力计量指标参考。但近年来，JCR 在划分期刊的学科影响因子分区（如 Q1、Q2、Q3、Q4 区）时则只依据了期刊影响因子的分学科排位信息；同样如此，爱思唯尔旗下 Scopus 数据库发布的 CiteScore 报告，也仅仅采用 4 年影响因子（2020 年以前是 3 年影响因子值）的计量指标作为 Scopus 收录期刊学科影响力分区的唯一指标。用影响因子（IF）或 CiteScore 值等单一指标作为评价期刊质量或影响力的依据，虽然统计简单、便于操作，但单一指标所能间接测度的价值十分有限，容易以偏概全，不能全面反映学术期刊的整体水平，而且单指标体系容易被操纵。

在国内的期刊评价体系中，期刊评价指标体系通常是综合性的，而且随着时间的推移，这种综合性指标体系会表现得更加明显。下面以国内较有代表性的几种评价体系为例加以说明。先来梳理一下北京大学图书馆等研制的《中文核心期刊要目总览》（以下简称《总览》）在评价指标体系上的发展变化。20 世纪 90 年代初，用于《总览》的数据统计源大多数为书本式的检索工具，所有的数据都是通过手工统计，工作量非常巨大，所以《总览》的第一版（1992 年）只采用了 3 个评价指标，即载文量、文摘量和被引量。随着计算机技术的发展，后来出现了一批电子检索工具和数据库可供利用，第二版（1996 年）和第三版（2000 年）增加了一些评价指标，共采用了 6 个评价指标：被索量、被摘量、被引量、载文量、被摘率、影响因子。第四版（2004 年）又取消了载文量指标，以进一步提高期刊学术质量在评价中的作用，增加了他引量这项评价指标，适当降低不正常的自引作用，增加了被国内外重要检索工具收录和获奖量指标，以进一步提高期刊学术质量在评价中的作用，因此，调整后的第四版核心期刊评价指标体系由 7 个评价指标组成：被索量、被摘量、被引量、他引量、影响因子、被摘率、获奖或被重要检索工具收录。第五版（2008 年）在评价指标方面有如下变化：①增加了全文下载量和基金论文比，弥补了前几版因统计困难缺少阅读量的不足，同时增加了反映期刊论文质量的评价因素；②修改了影响因子和被摘率的计算方法，能比较准确地反映期刊对该学科的影响力，解决了前几版因学科影响因子评价效果不好而权重很低的问题，因此，该版不少学科影响因子的权重都有较大幅度提高；③该版被摘率和基金论文比也都采用统计期刊所有论文在学科中平均被应用的方法。第六版（2011 年）的核心期刊定量评价过程中，采用了被索量、被摘量、被引量、他引量、被摘率、影响因子、被国内外重要检索工具收录、基金论文比、Web 下载量等 9 个评价指标，选作评价指标统计源的数据库及文摘刊物达 60 余种，统计文献量达 221177 余万篇次（2006—2008 年），涉及期刊 14400 余种。第七版（2014 年）增加了他引影响因子、论文被引指数和互引指数 3 项指标，进一步反映了该期刊在其他出版物中的学术引用情况。第八版（2017 年）增加了特征因子、论文影响分值、5年影响因子和Web下载率4项指标,让评测指标更加丰富。第九版(2020年)变化较少,仅仅去掉了会议被摘量,从数据质量层面优化了评测指标。第十版(2023年)的指标设置相对变化较大。一是优化了被摘量和被摘率指标,将被摘量分解为被摘量-摘要和被摘量-全文,将被摘率分解为被摘率-摘要和被摘率-全文;二是去掉了博士论文被引量,增加了可被引文献比和5年可被引文献比,进一步体现了当下文献传播和期刊办刊过程的微观变化。

《中国人文社会科学核心期刊要览》(以下简称《要览》)利用文献计量学方法,以期刊在学科中的影响力为主线,从期刊被利用的情况来评价和选择期刊。在研制过程中始终围绕着以使用率分析为基础的统计原则,注重学科特点,处理好定量统计与定性分析之间的关系。《要览》(2004年版)采用期刊总被引、影响因子、期刊即年影响因子、学科自引量、学科载文量、引文率、摘转率7项评价指标,经综合评价后,最后由专家进行鉴定评估,最终评选出344种中国人文社会科学核心期刊,涉及25个学科。《要览》(2008年版)在2004年版的基础上去除了一些指标虽高但学术性不强的期刊,并提供多种附表以方便使用,使其更好地面向科研工作。中国社会科学院中国社会科学评价研究院(原中国社会科学评价中心)在《要览》(2013年版)的基础上创新性地推出了《中国人文社会科学期刊评价报告(2014年)》,从吸引力、管理力和影响力三个角度的综合评价中给出了多学科的顶级期刊、权威期刊和核心期刊的排行榜;2018年推出了《中国人文社会科学期刊AMI综合评价报告(2018年)》,评价指标体系由3个一级指标、10个二级指标和24个三级指标构成;2023年1月推出了《中国人文社会科学期刊AMI综合评价报告(2022年)》,本轮评价对中国人文社会科学2189种期刊进行了全面评价(包括1924种老牌刊、117种新创刊和148种外文刊),此外还对403种社科学术集刊进行了评价,其中1924种老牌刊的评价指标体系由3个一级指标、13个二级指标和31个三级指标(含一票否决,计分、加分和扣分指标)组成。中国社会科学院中国社会科学评价研究院学术期刊评价报告的研制过程进一步创新和发展了人文社会科学期刊评价的研究与实践。

此外,在培育世界一流期刊的历史关键期,需要重点提出的是,中国知网于2018年首次推出《世界学术期刊学术影响力指数(WAJCI)年报》(以下简称《WAJCI年报》),2019年10月推出《世界学术期刊学术影响力指数(WAJCI)年报(2019)》,2020年12月推出《科技期刊世界影响力指数(WJCI)年报》(以下简称《WJCI年报》)。《WAJCI年报》采用基于学科影响因子和学科总被引频次综合计算出来的学科相对期刊影响力指数WAJCI值来进行评价比较,《WJCI年报》在《WAJCI年报》中WAJCI指标的基础上增加了网络影响力指数(WI),并构建了中国自己的期刊影响力的国际化引证统计源《世界引文库》和更加全面细分的期刊学科分类体系,打破了由西方国家主导的WoS引证统计系统,为科学、公正、公平地评价和展示中国学术期刊(特别是中文学术期刊)在国际范围内的影响力水平提供了强有力的工具。

总之,相比于JCR、Scopus的期刊评价结果分区仅采用单一的影响因子(IF)或CiteScore指标,当前国内的期刊评价体系,无论是《总览》《要览》,还是《WAJCI年报》《WJCI年报》,对期刊评价指标的设计都是综合性的,具有明显的科学性;此外,《WAJCI年报》《WJCI年报》还在统计源的国际化程度及范围上比WoS的JCR体系具有更多的合理性。但需要清醒地认识到,国内的期刊评价体系在评价指标体系的完善、标准化数据的遴选与统计、评价过程的透明性、评价方法的创新性上还有诸多努力空间,需要进一步提升国际化程度,走向国际舞台,争取展现更大的国际影响力。

(二)国内外核心期刊数量界定方法的比较分析

在确定核心期刊的数量上,布拉德福界定核心区的方法是将期刊按学科载文量多少排序,并分为三个区,每一区包含学科文献的数量相同,第一区称为核心区。按照布拉德福的原则,第一区的期刊覆盖了学科文献的33.3%左右。

我国学者大多采用70%累积载文量所对应的期刊为核心期刊的做法。一般来说,各评价机构采用的主要是引文法、累积百分比法、区域法和图像法。

《总览》在核心期刊数量的确定上采用的办法是,取各学科专业期刊数量的15%和进入统计的期刊数量的20%。第一版共选出了核心期刊2157种,后根据专家意见,适当减少核心期刊的数量,以兼顾在学术评价方面的参考作用。第二版核心期刊数量压缩到1613种,第三版为1571种,第四版为1798种,第五版为1983种,第六版为1982种,第七版为1983种,第八版为1983种,第九版为1990种,第十版为1987种。

《要览》选刊的基本出发点是，如果各学科选取的引证期刊占学科期刊总数的20%左右，而其学科载文和被引频次的累计百分比能够达到各自总数的80%，那么由这些引证期刊统计出的数据和指标就有较好的代表性和说服力。经统计分析，引证数据的合理选刊范围应参照学科比例和学科期刊数量比例，确定为600~700种，占符合统计要求的3000种学术期刊的20%~24%。

(三) 核心期刊与来源期刊的比较分析

WoS中SCIE、SSCI、A&HCI索引库收录的期刊与CSSCI、CSCD等一样，称为来源期刊，它们以来源期刊为基础建立了引文数据库，提供了当前和回溯性的文献题录、摘要、参考文献等信息，并在每年发布的期刊引证报告中提供了包括影响因子等在内的期刊评价指标。在期刊管理、学术评价活动中，评价主体只需要提取相应的指标即可。而核心期刊筛选，如《总览》和《要览》等则根据文献计量学方法，按照中国知网、万方数据、维普资讯网等大型数据库文献服务的第三方评价提供的期刊各项指标数据，分学科遴选出核心期刊，并按照各指标给出相应的排序，为学术评价、科研管理提供信息参考，为图书馆的期刊采购提供工具参考。核心期刊与来源期刊的根本区别在于：核心期刊一般是针对某一学科而言，是载文量大、利用率高的少数期刊，其评价标准主要考虑学术质量和学术影响等因素；而来源期刊是指为二次文献工具提供原始文献(一次文献)的期刊，其评价除了质量标准外，还要考虑其学科分布、地区分布、重要或特色资源领域等代表性问题。

第二节 中国学术期刊评价研究的目的、意义和特色

一、中国学术期刊评价研究的目的

期刊评价是文献计量学应用的一项重要内容。本次期刊评价的目的主要有三个：一是为科学评价和管理提供依据，为科学领域其他各项评价提供数据和工具参考；二是为期刊采购、优化馆藏和开展有效的信息服务提供必要的工具；三是为广大读者和作者选择核心期刊重点阅读与投稿提供指南。因此，研究和评价期刊质量，科学地确定核心期刊的范围，对于获得高密度的情报源，对于图书情报单位建立基本的核心馆藏，对于广大科学工作者重点阅读本专业期刊内容，特别是对学术评价、科研管理等各项评价来说，都有着重要的实际指导意义。

1. 图书情报单位科学管理上的需要

目前，全国学术期刊规模逾7000种，日常采购中要把这些期刊全部订齐，对于绝大多数基层单位是不太现实的。事实上各学科的专业核心学术文献并不是平均分布在每一本学术期刊里面，而是分布在一些少数核心期刊上。我们只要有选择地订购这些核心期刊，就能满足读者的大部分信息需求。此外，若订刊时没有重点，不分主次，势必给文献的贮藏、管理和服务等造成困难，带来人力、物力、财力和书库利用上的浪费。因此，研究和评价期刊的质量，科学地确定核心期刊，不断提高期刊征订的合理性和准确性，仍是图书情报领域的重要研究课题，也是提高图书情报单位科学管理水平的重要途径。

2. 科技工作者重点阅读的需要

据不完全统计，目前世界上有科技期刊8万种左右，每年发表的论文在600万篇以上。仅以美国《化学文摘》(CA)为例，该数据库收录各类连续性科技出版物9000余种，现已摘录各类文献2430万篇以上，每天更新3000余篇文献。一位化学科学家或工程技术人员，面对数量如此庞大的文献，要想将本学科范围内的文献全部浏览或阅读一遍几乎是不可能的。毫无疑问，任何科研人员都只能有选择地重点阅读本专业的核心文献。若掌握了核心期刊，则只用投入较少的精力，就能获得较核心的文献信息，为达到此目的，就必须研究和掌握有关学科的核心期刊。

3. 提高信息检索和文献情报服务效率的需要

只有了解各种期刊的特点与优缺点，掌握重要论文的出现规律与搜集途径，把握一批高质量的核心期刊，才能有针对性地做好信息检索和文献情报服务工作。在解答咨询和选题服务时，也必须充分利用各专业的核心期刊，提高文献情报服务的工作效率。因此，研究和掌握各学科的核心期刊是建立合理馆藏、开展文献情报精准服务的一项重要基础性工作。

4. 改进科学评价，提高管理水平的需要

学术期刊是发表科学研究成果的主要园地，是传播科学知识信息的重要工具，也是评价科研项目、成果、人才、机构的重要依据。通过对学术期刊的科学、合理的评价，可以为其他科学评价项目奠定可靠的基础，有利于提升其他科学评价效率，提高科学管理水平。

二、中国学术期刊评价研究的意义

期刊的评价研究源自社会和期刊自身竞争发展的需要。毋庸置疑，中国学术期刊评价研究对于促进科学创新、推动科学事业发展具有重要意义。中国学术期刊评价研究工作能为人们提供动态认证的中国学术期刊表、分学科的学术期刊分级目录和权威、核心期刊表单。这些学术期刊表、分学科的学术期刊等级目录和权威、核心期刊表单的实际功用十分明确。相比于期刊的舆论导向功能、信息传播和积累功能、文化教育与娱乐功能、增加经济效益功能，中国学术期刊评价研究承载的作用更多、更复杂，在科技创新型国家建设和向期刊强国迈进的征程中具有更加深远的时代意义。

首先，评价研究成果可为图书情报机构收集馆藏期刊、分析核心科研数据提供筛选参考。图书馆员可根据核心期刊表有选择地订阅期刊，利用有限的经费选订最有价值（即最大信息量和最有时效性的信息）的期刊。其次，核心期刊表能为读者选择性阅读期刊文献提供筛选参考，能为不同需求、不同层次的读者提供具有参考作用的核心期刊表，为读者提供相对集中的相关学科信息，帮助读者实现高效阅读。实践证明，核心期刊表的研制确实提高了图书情报部门的期刊订购质量和效率，优化了图书馆的馆藏，出现了一批"馆藏核心期刊"，同时，也使期刊使用者，即读者，在资料选择取舍和时间使用上更为有效。再次，由于期刊评价结果的客观性和可适用性，在期刊评价的使用价值，亦即其原始功能得到实现后，能快速被被学术界、期刊出版界、教育界及科研管理界接纳，使其原始功能得到延伸，派生出了很多相关评价功能。高质量的核心期刊表除了可以为图书情报单位选购期刊提供参考依据，为读者便捷检索最大信息量提供参考依据外，还可以为情报分析部门构建核心文献分析数据库提供依据，为科研管理部门的学术成果评价、项目评价、人才评价、机构评价等提供必不可少的参考依据。此外，核心期刊研究还有助于期刊之间的合理竞争，促进期刊学术水平的提高。核心期刊的动态性评选无疑对期刊编辑部提出了多种要求，促使编辑部吸引优秀稿源，从学术、业务水平等方面提高期刊的质量。进入核心期刊行列的期刊自然会吸引到更多优质稿件，而这些稿件又进一步促进刊物质量的提高，形成良性发展态势。另外，学术期刊认定和核心期刊的测定也为政府有关部门进行期刊分类管理、期刊资助和优秀期刊的评选工作提供了有价值的信息，从而增加政府部门进行相关决策工作的科学性与合理性。

三、《中国学术期刊评价研究报告（2024）》的主要研究特色

（一）精筛评价对象，优化学科分类

本次评价工作继续加大对学术期刊的筛选力度，除了刊载一次文献的纯学术性期刊外，本次评价继续把公开出版发行一次文献的半学术性期刊保留在评价对象中，继续严格排除了内部交流性的学术期刊和以书号代替刊号出版的"学术辑刊"（暂且定为期刊，但不是真正意义上的公开出版期刊）。在选择刊载一次文献的半学术性期刊时，仍旧依据"其刊载学术论文的数量是否超过了该刊刊载论文总数的50%（以最新一年论文的统计数据计算）"这一标准。

对于中文学术期刊评价对象，本次按照新闻出版广电总局的学术期刊评定要求（详见《关于开展学术期刊认定及清理工作的通知》，在《中国学术期刊评价研究报告（第六版）》[简称《RCCSE报告（第六版）》]

6390 种中文学术期刊评价对象的基础上严格剔除了 295 种本版不适合评价的期刊(主要包括变更为纯外文刊、非学术期刊,或者停刊等),并加入了 374 种新刊[未在《RCCSE 报告(第六版)》中收录的中文学术期刊],最终确定 6469 种中文学术期刊作为本版《报告》中我国中文学术期刊的评价对象。在中文学术期刊评价对象的学科分类上,项目组对 6469 种认定为学术期刊的评价对象 2020—2022 年刊发的文献数据进行逐一人工核对,核对后对 374 种新认定的学术期刊进行了学科分类,并对 834 种在《RCCSE 报告(第六版)》中已经被认定的学术期刊的学科分类进行了调整和优化——整个核查过程使评价对象更加精确,使学科分类结果更加适应期刊载文的动态变化。对于高职高专成高院校学术期刊独立评价部分的评价对象的确定工作,我们继续采用上版的方法,从本次新确定的 6469 种中文学术期刊中筛选出了 278 种高职高专成高院校学术期刊(其中社会科学综合类 233 种,自然科学综合类 45 种),筛选条件是其第一主办单位(高校)办学层次为高职、高专或者成高院校,其中高校办学层次的认定以教育部 2022 年 7 月发布的《2022 年全国高等学校名单》中的信息为准。此外,为适应网络时代的新兴办刊方向,本次评价依旧设置了中文 OA 学术期刊的独立评价工作。评价对象为正在出版的中文 OA 学术期刊(具有 pISSN 号和 eISSN 号,且出版的学术文献内容符合《网络出版服务管理规定》中的相关要求的中文 OA 学术期刊),经系统梳理,本次收录的中文 OA 学术期刊共有 153 种,按照大类学科分类划分为 5 大综合性学科,即理学综合类、工学综合类、农林水产综合类、医学综合类和社会科学综合类。

(二)继续优化评价指标体系设置

在 67 个学科中文学术期刊的定量评价中,本版继续加大内容的综合引证能力和网络传播时效的考察(主要设有 7 个定量评价指标:2 年影响因子、5 年影响因子、即年指标、总被引频次、基金论文比、Web 即年下载率、二次文献转载/国外重要数据库收录情况);在高职高专成高院校学术期刊的定量评价中,本版依旧强调了对普通下载和综合引证的考察(主要设有 8 个定量评价指标:2 年影响因子、5 年影响因子、即年指标、总被引频次、基金论文比、总下载频次、Web 即年下载率、二次文献转载/国外重要数据库收录情况);对于中文 OA 学术期刊的评价,考虑到目前国内学界和业界对中文 OA 学术期刊的认识依旧处在初级阶段,指标体系设置时暂且重点对中文 OA 学术期刊的文献出版能力、网络传播效果和学术利用程度等方面进行考察(主要设有 6 个定量评价指标:发文量、基金论文比、即年下载率、即年浏览率、影响因子、总被引频次),拟对当下中文 OA 学术期刊的影响力进行科学的评价和呈现。

(三)继续优化等级划分方案

中文学术期刊评价结果仍然采用《RCCSE 报告(第六版)》评价工作中所使用的分级规则,即按同一学科下各自期刊总得分的排位百分比将该学科下的学术期刊划分为权威学术期刊 A+(0%~5%)、核心学术期刊 A(5%~20%)、核心学术期刊 A-(20%~30%)、准核心学术期刊 B+(30%~60%)、一般学术期刊 B(60%~90%)、极度欠发展学术期刊 C(90%~100%)6 个等级;同样,本版中文 OA 学术期刊的评价结果分级依旧未变动,没有设置权威期刊等级,只设置了 5 个等级,即核心期刊 A(0%~20%)、核心期刊 A-(20%~30%)、准核心期刊 B+(30%~60%)、一般期刊 B(60%~90%)和极度欠发展期刊 C(90%~100%)等级。需要重点说明的是,经过多年的发展,不少高职高专成高院校也同样办出了非常优秀的学术期刊,基于这一变化,特慎重考虑从本版《报告》开始,对于高职高专成高院校学术期刊的评价结果分级规则作出调整,在《RCCSE 报告(第六版)》的基础上增设权威期刊等级,除了 A 和 A-外,分级标准与中文学术期刊评价相同,即 A+(0%~5%)、核心学术期刊 A(5%~15%)、核心学术期刊 A-(15%~30%)、准核心学术期刊 B+(30%~60%)、一般学术期刊 B(60%~90%)、极度欠发展学术期刊 C(90%~100%)6 个等级。此外,需要说明的是,上述分级比例设置只是基于整体的设计,部分学科的分级比例会根据学科内的办刊实际情况作出灵活调整。如,确保学科期刊规模在 20 种以下的学科的权威期刊规模不低于 1 种,即,要保证每一学科都至少有 1 种及以上的权威期刊;对于整体办刊质量具有明显优势的学科,其权威期刊、核心期刊和准核心期刊的设置比例会适当给予倾斜,反之会适当压缩一些。

(四)评价结果公布兼顾中文学术期刊认定收录、得分排序和等次分级 3 种功能

评价工作首先对中国(除港澳台)公开出版发行的中文学术期刊进行学术期刊认定,根据本项工作的

学术期刊认定标准对相关学术期刊进行收录，形成新一版中文学术期刊认定收录名单；其次，对评价指标数据收集相对完整的学术期刊进行影响力评价，按照定量评价和定性评价相结合的方式得出评价结果，评价结果实施得分排序、等次分级的呈现方式。

此外，本次评价工作还继续吸纳了前六版评价工作的优点：①在评价目的上继续坚持"评价管理导向与信息服务导向"相结合，兼顾了评价结果在"评价管理"和"信息服务"两方面的服务需要；②为提高评价工作的效率和可操作性，我们在本版《报告》研制过程中继续采用"中国学术期刊评价信息征集系统"和"中国学术期刊评价信息管理系统"，并对两个系统再次进行优化，使本版《报告》中相关信息的收集过程和最终数据的输出过程变得更加智能化，大大提高了整个评价工作的效率。

图 1-1—图 1-4 是中国学术期刊信息征集系统部分网页的截图。

图 1-1　中国学术期刊信息征集系统首页

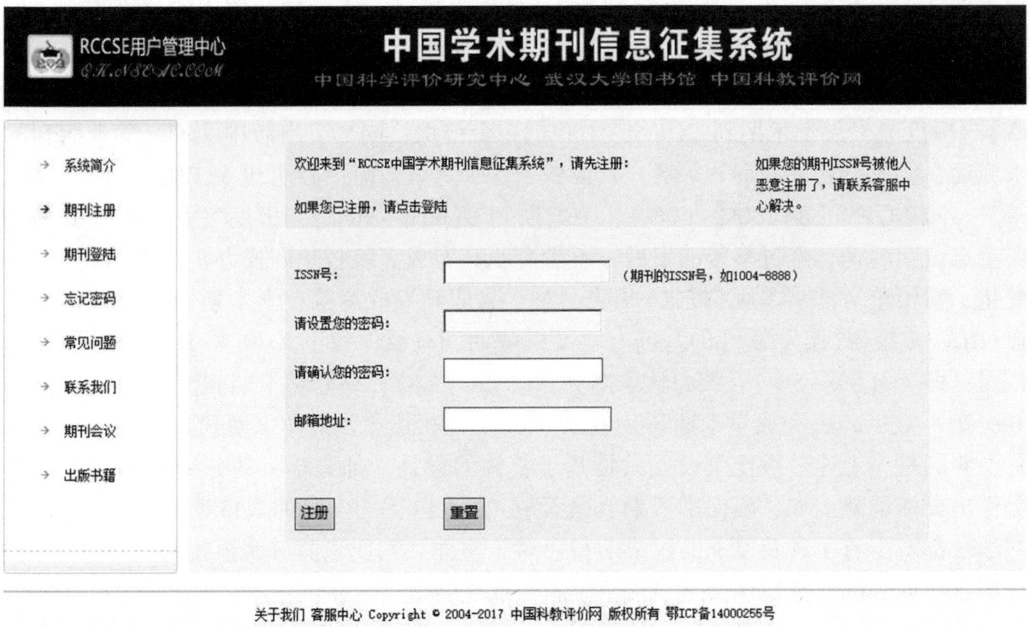

图 1-2　中国学术期刊信息征集系统注册页面

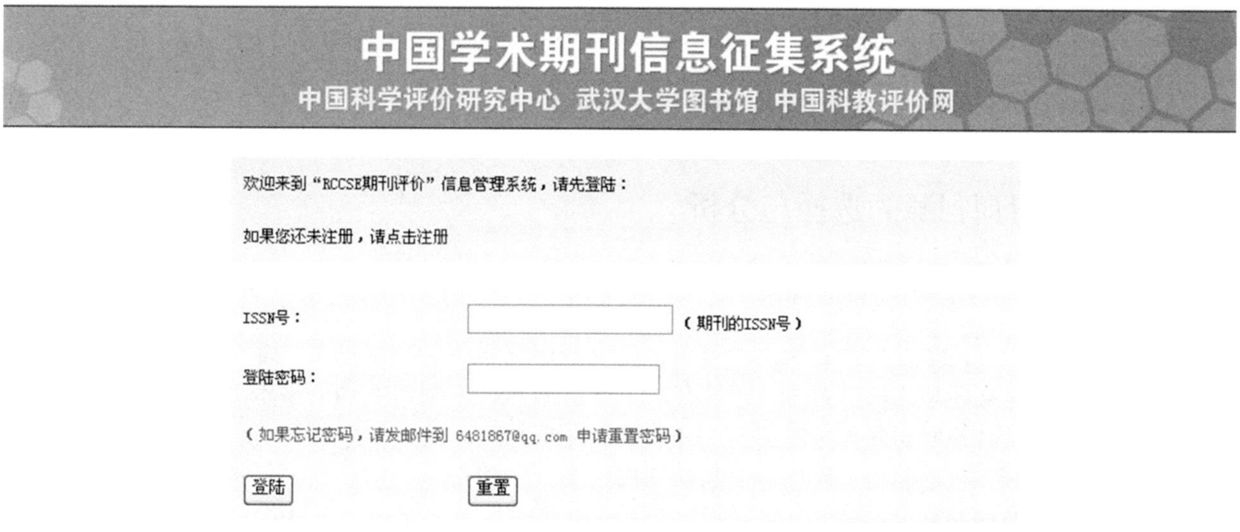

中国学术期刊信息征集系统
中国科学评价研究中心 武汉大学图书馆 中国科教评价网

欢迎来到"RCCSE期刊评价"信息管理系统，请先登陆：

如果您还未注册，请点击注册

ISSN号： _____ （期刊的ISSN号）

登陆密码： _____

（如果忘记密码，请发邮件到 6481867@qq.com 申请重置密码）

[登陆]　　　　　　[重置]

图 1-3　中国学术期刊信息征集系统登录页面

中国学术期刊信息征集系统
中国科学评价研究中心 武汉大学图书馆 中国科教评价网

第一步：提交基本信息 》》》第二步：提交图片及收录信息 》》》第三步：完成操作、查看数据

本次收集的数据核查后将用于贵刊的评价和宣传介绍，请贵刊务必准确填写，保证信息的及时性和正确性。由于贵刊提供数据错误导致期刊评价结果报导失真及其他恶劣影响，中国科学评价研究中心不承担相应责任。

您登陆的ISSN号为：【8888-8888】，请完善期刊基本信息：

英文刊名：* _____

中文刊名：* _____

曾用刊名： _____

省　份：* 选择地区 ▾

创刊年：* _____

出版频率：* _____ （季刊/月刊/半月刊/旬刊等）

主办单位：* _____

通信地址：* _____

邮　编：* _____

图 1-4　中国学术期刊信息征集系统信息填写页面

第三节　中国学术期刊评价研究的具体做法

一、学术期刊刊源的选择与分析

(一)学术期刊的定位与筛选标准

学术期刊是指以专门学者为作者和读者对象，以刊登研究报告、学术论文、综合评述为主要内容的期刊。应该说这种定义还是比较模糊的，并没有一个严格的标准来判断期刊的学术性并就此界定为学术期刊。同时，现有的各种期刊分类方法都不可避免地存在着缺陷。例如，《中国大百科全书》将期刊分为一般杂志、学术期刊、行业期刊、信息与文摘期刊四大类。一般杂志、信息与文摘期刊是比较容易界定为非学术的，但行业期刊就不一定了，实际上大多数行业期刊是学术期刊，如《中国电力》《黑龙江电力》《中国档案》《山西档案》《中国针灸》《中国酿造》《上海金融》等。《科学技术期刊管理办法》将科学技术期刊分为综合(指导)类、学术类、技术类、科普类、检索类五大类。如果说，仅有学术类科技期刊为学术期刊，那么根据相关研究者的统计和研究，中国学术类科技期刊只有1000多种，主要分布于数学、物理学、化学、天文学、地球科学、生命科学(含医学)这六大基础学科，这显然和事实不符，因为应用科学的科研人员以及各类工程技术类人员所撰写的科研论文可能大多发表在技术类和综合(指导)类期刊上，这些论文都应该是学术论文，全部发表这些学术论文的期刊或者以发表这些学术论文为主的期刊也应该归为学术期刊。《社会科学期刊质量管理标准(试行)》中将社会科学期刊分为学术理论类、工作指导类、时事政治类、文学艺术类、综合文化生活类、教育教学类、信息文摘类等七类，其学术理论类期刊显然是学术期刊，但同样并不能涵盖社会科学的全部学术期刊，比如工作指导类的《中国税务》《中国出版》，时事政治类中的《领导科学》《党建》，教学指导类的《课程·教材·教法》等也可视为学术期刊来进行评价。

通过对我国10000多种期刊的反复比较和研究，我们认为，就学术性而言，我国期刊大致可以分为三大类型：纯学术性期刊、半学术性期刊和非学术性期刊。纯学术性期刊包括科技期刊中的学术类和技术类、社会科学期刊的学术理论类，以及教育教学类的一部分期刊；非学术性期刊包括科技期刊中的科普类、社科期刊的综合文化生活类，以及非学术探究性的教育教学类、时事政治类、文艺展示类的部分期刊；半学术性期刊则主要指科技期刊和社科期刊中的工作或行业指导类综合性期刊。其中，最难以判断的就是工作或行业指导性的半学术性期刊，这类期刊多表现为行业期刊，往往刊登不少的行业政策、动态等信息，同时也包括一些学术论文。对此，为方便定量筛选，我们设定了人为的判断标准，即凡年刊载学术论文数量超过期刊年载文量总数的50%的期刊即为学术期刊，否则为非学术期刊。此外，我们评价的对象只针对刊载一次文献的学术性期刊，对于刊载非一次文献的学术期刊则不列入本次评价研究的范围。

(二)学术期刊的筛选结果

根据学术性与半学术性期刊的判断标准，我们以本版《报告》评价中的学术期刊刊源为基础，通过ISSN中国国家中心、国家新闻出版署官网、万方数据库、中国知网数据库、维普期刊资源总库及期刊出版机构的申请信息等来源对期刊更名、合并、停刊、新增、变更期刊文种、以书代刊、内刊、假刊等情况进行统计更新，在本版《报告》评价对象(6390种中文学术期刊)的基础上，新增了374种新刊，并剔除了295种不适合本次评价的期刊，最后筛选出6469种中文学术期刊作为本次期刊评价的评价刊源，其中有190余种学术期刊发生过更名，如《小氮肥》更名为《氮肥与合成气》，《地质科技情报》更名为《地质科技通报》，《飞航导弹》更名为《空天技术》，《互联网经济》更名为《数字经济》，《体育成人教育学刊》更名为《体育教育学刊》，《高等财经教育研究》更名为《统计学报》，《中国司法》更名为《中国法治》等；此外，还有近800种学术期刊的学科分类发生变化。

(三)学术期刊信息的更新与规范

近年来,国家政策持续引导,办刊竞争愈发激烈,传统期刊的发展进入优化调整期,诸多学术期刊结合新时代需求重新定位,重谋布局,致使学术期刊变更主办、刊名、刊期、主编、网站等现象非常普遍。此外,不同数据库的刊名录入信息、格式等常有不一致之处(这些都需要在数据比对前处理掉,哪怕是一个半角标点和全角标点的问题)。因此,在评价数据匹配前我们对学术期刊信息进行逐一更新和规范,该项工作分成以下三步进行:

①通过刊物官网、中国知网、万方数据库、维普资讯网等网站逐一核实、确认期刊的名称、ISSN、CN、刊期、联系方式等重要信息。

②形成标准化的期刊名称及 ISSN、CN 表的对照表,并对各数据库的期刊信息进行规范。

③按照标准期刊名称进行学术期刊去重处理,形成最终学术期刊评价对象总表。

二、学科划分标准与处理原则

(一) 中文学术期刊学科划分标准的选择

本次中文学术期刊的学科划分继续沿用了中国学科分类国家标准 2009 年版《学科分类与代码》(GB/T 13745 —2009)中的 62 个一级学科作为学术期刊学科分类的依据,同时考虑到期刊的特殊性,在此基础上,又增加了以下 5 个综合类目:

自然科学综合:主体学科涉及自然科学基础学科、农业科学、医药科学领域两个以上(含两个)学科的偏基础研究类学术期刊纳入此类。

工程技术综合:主体学科涉及工程技术科学两个以上(含两个)学科的学术期刊纳入此类。

医学综合:主体学科涉及医药科学两个以上(含两个)学科的学术期刊纳入此类。

社会科学综合:主体学科涉及社会科学两个以上(含两个)学科的学术期刊纳入此类。

人文科学综合:主体学科涉及人文科学两个以上(含两个)学科的学术期刊纳入此类。

因此,本次中文学术期刊评价共划分 67 个学科分类,即由 62 个一级学科和 5 个综合学科类组成。

《学科分类与代码》制订于 20 世纪 90 年代,适用于国家宏观管理和科技统计,其出发点是针对科学管理与科学评价,包括科研项目管理与评奖管理等都采用此体例。分类对象是学科,不同于专业和行业,不能代替文献、情报、图书分类及学术上的各种观点。学科分类原则:①科学性原则。根据学科研究对象的客观的、本质的属性和主要特征及其之间的相关联系,划分不同的从属关系和并列次序,组成一个有序的学科分类体系。②实用性原则。对学科进行分类和编码,直接为科技政策和科技发展规划,以及科研经费、科技人才、科研项目、科技成果统计和管理服务。③简明性原则。对学科层次的划分和组合力求简单明了。④兼容性原则。考虑国内传统分类体系的继承性和实际使用的延续性,并注意提高国际可比性。⑤扩延性原则。根据现代科学技术体系具有高度动态性特征,应为萌芽中的新兴学科留有余地,以便在分类体系相对稳定的情况下得到扩充和延续。⑥唯一性原则。在标准体系中,一个学科只能用一个名称、一个代码。该标准依据学科研究对象、研究特征、研究方法、学科的派生来源、研究目的等五方面进行划分。《学科分类与代码》应用至今,随着学科的发展及新兴学科的兴起,《学科分类与代码》的分类结构问题日益显现,《学科分类与代码》也在进行着修订完善,本次学术期刊评价中对于期刊的分类采用 2016 年最新第 2 次修订版。

(二)高职高专成高院校学术期刊学科划分标准的选择

高职高专成高院校学术期刊在原学术期刊学科分类下涉及的学科类别虽不多,但有很多学科分类下的学术期刊数量都较少,有的甚至只有几种,按一级学科分类来评价的话不具有统计学意义。考虑到高职高专成高院校学术期刊在原学术期刊分类中主要集中在社会科学综合、自然科学综合和自然科学相关工程与技术等类别下,而且高职高专成高院校学术期刊的报道内容主要集中在高职教育理论、高职教学实践、技能探究、高职人才培养、产学研协同发展等领域,学科集中度相对较高,故本部分评价工作的学科分类主要按社会科学综合大类和自然科学综合大类来进行。高职高专成高院校学术期刊的自然科学综合和社会科学综合的分类方法是按照原学术期刊分类的学科属性来划定的，将 22 个人文和社会科学类的一级学科和社会科学综合、人文科学综合共 24 个学科类的高职高专成高院校学术期刊划归到高职高专成高院校学术期刊—社会科学综合类，将其他 40 个自然科学类学科、医学综合学科、自然科学综合学科和工程技术综合学科共 43 个学科类的高职高专成高院校学术期刊划归高职高专成高院校学术期刊—自然科学综合类。经原学科分类统计，本次评价的 278 种高职高专成高院校学术期刊中，有 233 种归入高职高专成高院校学术期刊—社会科学综合类，有 45 种归入高职高专成高院校学术期刊—自然科学综合类。

(三) 中文 OA 学术期刊学科划分标准的选择

与高职高专成高院校学术期刊的分类情况相似，若按 62 个一级学科直接分类，每个学科划入的期刊同样非常少，在评价排序时仍不具有统计学意义。因此，本次中文 OA 学术期刊评价工作的学科分类依旧采用大类学科进行划分，即分别划分为：OA01 理学综合、OA02 农林水产综合、OA03 医学综合、OA04 工学综合和 OA05 社会科学综合五大类。

(四) 学术期刊的学科分类方法

分类方法：①依据期刊刊名信息；②查核期刊出版部门信息；③浏览期刊文章；④参考 CN 中的中图号分类；⑤参考图书馆馆藏分类；⑥咨询图书馆及学科专家。

在对期刊进行学科划分时，比较困难的是学报类的期刊，因为大学的多学科性，大多学报属于综合性期刊。对学报类期刊划分学科时，主要根据学报的版别、刊载论文的学科属性和其主办单位的性质进行划分。

此外，考虑到"760 艺术学""880 教育学"下二级学科的差异性较大，本次研制工作特根据各学科下二级学科的属性和学术期刊的数量分布特征做出二次分类设置。具体设置为：

①将"760 艺术学"一级学科分解为 760 艺术学—电影、电视，760 艺术学—工艺与设计 (含陶艺、雕塑)，760 艺术学—绘画与书法，760 艺术学—戏剧、戏曲与舞蹈，760 艺术学—艺术综合和 760 艺术学—音乐 6 个二级学科进行评价；②将"880 教育学"一级学科分解为 880 教育学—基础教育 (幼教和中小学教育)，880 教育学—职业教育 (含成人教育)，880 教育学—高等教育 (除高职教育外) 和 880 教育学—综合 4 个二级学科进行评价。使这两个学科的期刊评价研究结果更加符合学科内部的学术交流聚集规律。

(五) 学术期刊的学科分类变动情况

近些年，学术期刊办刊竞争加剧，为了寻得较好的发展方向和前景，不少期刊调整学科服务方向，致使诸多期刊的学科分类发生变化；此外，部分编辑部根据自身办刊内容和方向，结合《RCCSE 报告 (第六版)》评价中期刊的学科分类情况，单独来函说明情况，并提出期刊的学科分类变更申请，我们在收到这些编辑部的函件后，结合实际情况并咨询相关研究领域的专家，将部分期刊的学科分类进行了合理调整，以便在新一轮的评价工作中能更加科学合理地反映期刊的真实情况。

如《数学通报》的学科分类从"110 数学"调整为"880 教育学—基础教育 (幼教和中小学教育)"，《蛇志》的学科分类从"180 生物学"调整为"320 临床医学"，《山西能源学院学报》的学科分类从"440 矿山工程技术"调整为"ZH05 社会科学综合"，《中国表面工程》的学科分类从"460 机械工程"调整为"430 材料科学"，《吐鲁番学研究》的学科分类从"850 民族学与文化学"调整为"780 考古学"，《思想政治课研究》的学科分类从"880 教育学"调整为"810 政治学"等。

(六) 学术期刊的学科分布统计

在《RCCSE 报告 (第六版)》评价的学术期刊源的基础之上，我们对期刊源中期刊的更名、合并、停刊等情况进行处理后，并将新增加的学术期刊进行统计，同时通过万方数据库、中国知网数据库、期刊编辑部等途径，最后筛选确定出 6469 种中文学术性期刊、278 种高职高专成高院校学报和 156 种中文 OA 学术期刊作为本次学术期刊评价对象。其中将 6469 种中文学术期刊源按照 67 个一级学科进行划分，将 278

种高职高专成高院校学报分成两个综合性学科，将153种中文OA学术期刊分为5个大类学科，得到各学科的学术期刊数量分布表，如表1-1—表1-3所示。

考虑到国内正式出版发行的英文学术期刊语种的特殊性及其普遍的国际学术影响力，本次评价未将这些英文学术期刊收录进来与中文学术期刊一起进行评价，而是按照WoS中JCR所计算出的影响因子（Journal Impact Factor）进行排序。此外，EI检索体系也是国际上重要的检索平台，具有一定学术影响力。为此，本报告将国内被SCIE、SSCI、A&HCI、ESCI和EI检索平台收录的中英文学术期刊名单均以附录的形式列出，具体详见附录B和附录C。

表1-1　6469种中文学术期刊的学科划分及期刊数量分布

学　　科	数量	学　　科	数量	学　　科	数量
110 数学	23	460 机械工程	92	760 艺术学—艺术综合	45
120 信息科学与系统科学	6	470 动力与电气工程	145	760 艺术学—音乐	23
130 力学	14	480 能源科学技术	39	770 历史学	55
140 物理学	25	490 核科学技术	16	780 考古学	35
150 化学	37	510 电子与通信技术	119	790 经济学	422
160 天文学	5	520 计算机科学技术	72	810 政治学	201
170 地球科学	161	530 化学工程	161	820 法学	117
180 生物学	58	535 产品应用相关工程与技术	46	830 军事学	21
190 心理学	14	540 纺织科学技术	38	840 社会学	31
210 农学	210	550 食品科学技术	48	850 民族学与文化学	32
220 林学	65	560 土木建筑工程	163	860 新闻学与传播学—出版传播	19
230 畜牧、兽医科学	88	570 水利工程	71	860 新闻学与传播学—新闻传播	50
240 水产学	25	580 交通运输工程	158	870 图书馆、情报与文献学	70
310 基础医学	31	590 航空、航天科学技术	60	880 教育学—高等教育（除高职教育外）	58
320 临床医学	501	610 环境科学技术与资源科学技术	65	880 教育学—基础教育（幼教和中小学教育）	104
330 预防医学与公共卫生学	100	620 安全科学技术	18	880 教育学—职业教育（含成人教育）	59
340 军事医学与特种医学	18	630 管理学	81	880 教育学—综合	115
350 药学	61	710 马克思主义	20	890 体育科学	46
360 中医学与中药学	122	720 哲学	18	910 统计学	10
410 工程与技术科学基础学科	17	730 宗教学	10	ZH01 自然科学综合	175
413 信息与系统科学相关工程与技术	37	740 语言学	57	ZH02 工程与技术综合	215
416 自然科学相关工程与技术	66	750 文学	60	ZH03 医学综合	258
420 测绘科学技术	27	760 艺术学—电影、电视	11	ZH04 人文科学综合	424
430 材料科学	74	760 艺术学—工艺与设计（含陶艺、雕塑）	21	ZH05 社会科学综合	307
440 矿山工程技术	100	760 艺术学—绘画与书法	22	共计	6469
450 冶金工程技术	70	760 艺术学—戏剧、戏曲与舞蹈	11		

表1-2　278种高职高专成高院校学术期刊的学科分类及期刊数量分布

学　　科	数量	学　　科	数量	学　　科	数量
GZ01 自然科学综合（高职高专成高院校学术期刊）	45	GZ02 社会科学综合（高职高专成高院校学术期刊）	233	共计	278

表1-3　153种中文OA学术期刊的学科分类及期刊数量分布

学　　科	数量	学　　科	数量	学　　科	数量
OA01 理学综合	31	OA03 医学综合类	35	OA05 社会科学综合类	35
OA02 农林水产综合	6	OA04 工学综合类	46	共计	153

三、学术期刊的评价方法与主要步骤

本次评价主要采用定量评价与定性分析相结合的方法，其主要步骤如下：①确定尽可能包含所有公开出版的中文学术期刊的评价对象。②按科学的分类标准和程序对收录期刊进行学科分类。③选准数据来源工具，确定统计时段。④收集原始数据。收集各种学术期刊的各个评价指标的原始数据，并进行有序化整理。⑤在我们长期研究的基础上，选定评价指标并确定指标权重。⑥将整理后的原始数据导入系统中，并按照一定程序进行自动统计、计算和排序。⑦将各期刊按定量指标计算得分并排序后，按学科类别分别将期刊送给有关专家进行定性评审并打分。⑧按一定的指标权重将定量评价得分与专家打分集成，得出各期刊的综合得分。⑨分一级学科按得分进行排序，并按一定比例划分为A+（其中中文OA学术期刊的评价结果没有设置A+等级）、A、A-、B+、B、C共6（或5）个等级，从而得出最后的期刊评价结果。

四、中国学术期刊评价的指标体系与数据来源

学术期刊是科学研究活动中不可缺少的重要媒介，它在科学交流体系中所处的位置和所起的作用，以及在报道科技成果、传播科技知识的过程中所表现出的"影响力"应该成为评价体系中的主导部分。在网络时代构建学术期刊综合评价指标体系时，应该针对学术期刊的最主要特征和最重要的功能，也就是读者在利用期刊时最关注的问题，如科技创新性、学术影响力等进行评价。

本版《报告》继续采用"多元指标"和"分类评价"的评价原则，采用定量和定性评价相结合的评价方法，从期刊发文、期刊被引、第三方评价三个维度构建期刊评价指标体系，主要对学术期刊的出版质量和学术影响力进行系统评价。基于办刊功能定位和出版环境的差异，本版《报告》继续设立三项独立的评价工作模块，即中文学术期刊的评价模块、高职高专成高院校学术期刊的评价模块和中文OA学术期刊的评价模块。因此，每一项评价工作均构建了独立的评价指标体系。具体如下。

（一）中文学术期刊的评价指标体系

为较全面、准确、公正、客观地描述、评价和利用学术期刊，同时结合中文学术期刊的实际情况，本次中文学术期刊评价指标体系力求从期刊发文和被引两个方面定量反映期刊的学术质量和影响力，结合相关专家意见，选择了如下期刊测量指标：基金论文比、总被引频次、2年影响因子、5年影响因子、即年指标、Web即年下载率、二次文献转载情况（仅用于社会科学期刊）和国际数据库收录情况（仅用于自然科学类期刊）。这些指标都能从一定意义上反映学术期刊的学术质量和影响力。根据我们长期的研究经验和各方面专家的意见，建立"大"（即刊物的学科相对载文量大）而"强"（即刊物的论文质量高）的学术期刊出版状态是未来学术期刊特别是一流学术期刊的努力方向，为此，在定性的专家评审环节，本体系还设置了期刊量效指标（JMI）和学科相对年载文量作为期刊的"质"与"量"的观察指标，为专家在定性评价阶段的量化打分环节提供信息支撑。中文学术期刊综合评价指标体系由相应的评价指标及其权重系数组

成。本版《报告》的评价指标体系是在前期版本研制的基础上，根据当下学术期刊出版传播的主流趋势及各大学科评审专家的意见和建议作出适当调整而得出的结果。最终构建的中文学术期刊综合影响力的评价指标体系如表1-4所示。

表1-4　中文学术期刊综合影响力的评价指标体系

期刊类别	5年影响因子	2年影响因子	即年指标	总被引频次	Web即年下载率	基金论文比	二次文献转载/国际重要数据库收录	专家评审(配合量效指标JMI和年发文量等观察指标)
自然科学类	0.16	0.20	0.15	0.14	0.12	0.07	0.10	0.06
社会科学类	0.18	0.15	0.10	0.14	0.10	0.07	0.20	0.06

注：自然科学类权重适合于自然科学学科的学术期刊，社会科学类权重适合于社会科学学科的学术期刊。

(二)高职高专成高院校学报的评价指标体系

本项评价工作在广泛调研高职高专成高院校管理和教育专家、一线学报编辑和主编的基础上，综合考虑数据的可获得性，最终确定了2年影响因子、5年影响因子、即年指标、总被引频次、总下载频次、Web即年下载率、基金论文比、二次文献转载(或国外重要数据库收录)8个指标组成的定量评价和专家定性评价的综合评价体系。本次高职高专成高院校学报的评价指标体系在《RCCSE报告(第六版)》的基础上做了适度调整，具体如表1-5所示(权重部分保留2位小数)，其中需要说明的是，考虑到高职高专成高院校学报自然科学类期刊的学科综合性和国外数据库收录数据的学科局限性，研制小组适当调低了高职高专成高院校学报自然科学类的国外重要数据库收录指标的权重；也考虑到高职高专成高院校学报社会科学类期刊的学术性尚达不到众多二次文献转载文摘或数据库的标准，研制小组也适当调低了社会科学综合部分的二次文献转载指标的权重；而对体现网络传播效率的Web即年下载率指标和体现对期刊内容"普通使用"的总下载频次指标权重的设置有所倾斜。整体上来讲，本次指标体系的调整工作均是基于对高职高专成高院校学报事业发展水平和发展环境的现实考虑而作出的，因此，本版评价指标体系可以更符合或接近高职高专成高院校学报的发展实际。

表1-5　高职高专成高院校学术期刊综合影响力的评价指标体系

期刊类别	5年影响因子	2年影响因子	即年指标	总被引频次	web即年下载率	基金论文比	二次文献转载或国际重要数据库收录	总下载频次	专家评审
自然科学综合	0.12	0.14	0.11	0.14	0.12	0.10	0.05	0.16	0.06
社会科学综合	0.12	0.10	0.08	0.16	0.12	0.10	0.10	0.16	0.06

(三)中文OA学术期刊的评价指标体系

随着网络技术的飞速发展，开放存取(Open Access，OA)成为学术界传播及出版学术信息的一种新式。通过网络技术，任何人都可以免费获得各类文献，从而促进科学信息的广泛传播，推动学术信息的交流与出版，提升科学研究的共利用程度，保障科学信息的长期保存。开放存取期刊是经由同行评审的电子期刊，以免费的方式提供给读者检索、阅读、下载和复制。其质量源于所收录的期刊实行同行评审(或者有编辑作质量控制)，故而对学术研究内容有很高的参考价值。十几年来，开放存取期刊在全球范围内被学界和业界人士广泛呼吁和践行。由于OA学术期刊只通过在线网络方式传播，因此，评价OA学术期刊的影响力，一方面需要重点考察其在学术信息传递过程中的使用情况，另一方面则需要考察其在网络环境下的直接传播情况，而且，考察这两个大的方面也需要同时兼顾学术内容本身的质与量、内容传播效果的深与广。研制小组在理论研究的基础上，通过多种渠道和方式对OA办刊专家、新闻传播学学者以及其他业界和学界的专业人士进行深度调研后，在《RCCSE 报告(第六版)》的基础上总结确定本版《报告》中文 OA 学术期刊的综合影响力评价仍然采用定量评价和定性评议相结合的方式进行，其中定量评价部分采用"多指标"的综合评价法，定性评议部分采用专家打分法。作为中文 OA 学术期刊的首次评价研究，项目组确定了本次试行的定量评价指标，包括发文量、基金论文比、总被引频次、影响因子、即年下载率和即年浏览率 6 个定量评价指标，经过专家打分和层次分析法确定了各指标的权重，如表 1-6 所示。需要说明的是，虽然发文量是一个数量指标，在非 OA 学术期刊的评价中该指标不太推荐使用，但是就当前的学术成果发表环境来看，学术成果的认定机构对于在 OA 学术期刊上发表的成果还存在一定偏见，特别是对于中文 OA 学术期刊，学术成果认定环境还不成熟。可见，目前学者在 OA 学术期刊上发表学术成果实际上存在一定的后期风险。因此，当前与中文非 OA 学术期刊争夺优质稿源对中文 OA 学术期刊是一个不小的考验，将"发文量"作为当前中文 OA 学术期刊评价的一项指标应该是科学合理的，但也会引入期刊的量效指标来监控部分期刊的不正常的超量发文行为。

表 1-6 中文 OA 学术期刊综合影响力评价指标体系

评价指标	发文量	基金论文比	即年下载率	即年浏览率	影响因子	总被引频次	专家评审
指标权重	0.10	0.15	0.20	0.09	0.20	0.20	0.06

下面对中国学术期刊评价指标体系(3 个子体系)中的各项评价指标的定义及内涵进行详细说明：

发文量：属于来源期刊计量指标，即年发文量或者年载文量，是指来源期刊在某个年份中经过同行评审后公开出版的学术文献数量。也有用学科相对发文量的，是某一学科下一本期刊的年发文量与该学科下所有期刊的年发文量的平均值或中位值的比值。该指标是衡量期刊在该学科下专业学术内容数量的贡献指标。

基金论文比：属于来源期刊计量指标，是指来源期刊中各类基金资助的论文占全部论文的比例。一般来讲，受到各类基金资助，特别是受国家级项目基金资助的科研论文往往具有更高的学术质量和影响力，因此，基金论文比是衡量期刊论文学术质量的重要指标。

总被引频次：属于期刊引用计量指标，是指该刊自创刊以来所登载的全部论文在统计当年被引用的总次数。总被引频次是一个非常客观、实际的期刊评价指标，可以显示出期刊所刊载论文的学术质量和影响力，进而反映出期刊被研究领域研究者使用和受重视的程度，以及期刊在科学交流中的重要地位和作用。

影响因子：属于期刊引用计量指标，是指某一期刊前两年发表的论文在统计当年的被引用总次数除以该期刊在前两年内发表的论文总数。这是一个国际上通行的期刊评价指标，是加菲尔德博士于 1972 年提出的。由于影响因子是一个相对的统计量，因此可以较公平地评价各类期刊。通常，学术期刊的影响因子越大，它的学术影响力和作用也越大。影响因子的具体算法为：

$$影响因子 = \frac{该刊前两年发表论文在统计当年被引用的总次数}{该刊前两年发表论文总数}$$

5 年影响因子：属于期刊引用计量指标，是指某一期刊前五年发表的论文在统计当年的被引用总次数除以该期刊在前 5 年内发表的论文总数。随着信息传播方式的不断拓展，科学交流和信息传播效率的不断提升，大多学科文献的引用峰值和半衰期不断拉长，致使 5 年影响因子成为表征学术期刊整体内容引证效果的重要指标。

即年指标：属于期刊引用计量指标，是指某一期刊统计年发表的论文在统计当年的被引用次数除以该期刊在统计年内发表的论文总数。

总下载频次：属于期刊引用计量指标，是指在统计当年下载该期刊全部文献的总次数。

Web 即年下载率：属于期刊传播计量指标，Web 即年下载率作为网络环境下反映期刊传播效率的评价指标，是指来源期刊统计当年出版并上网的文献在当年下载的总频次与该期刊当年出版并上网的文献数量之比。Web 即年下载率表征期刊在网络环境下的即年传播速度，是研究期刊在网络环境下传播效率的一个重要指标。Web 即年下载率的具体算法为：

$$Web\ 即年下载率 = \frac{该刊当年出版并上网的文献在当年被下载的次数}{该刊当年出版并上网的文献数量}$$

Web 即年浏览率：是网络环境下特别是移动网络环境下反映期刊传播效率的另一评价指标，是指来源期刊统计当年出版并上网的文献在当年被在线浏览的总频次与该期刊当年出版并上网的文献数量之比。Web 即年浏览率从一定程度上反映了该期刊内容的即时关注程度。

量效指标(JMI)：是指某一刊影响因子与该刊影响因子对应的发文量的比值，意义是平均每篇文献对该刊影响因子的贡献值。JMI 越小表示发文规模越大而效用不高，也就是平均每篇文章对该刊影响因子的贡献值很小。

二次文献转载情况：是评价社会科学学术期刊的一项指标。二次文献转载情况计量是通过二次文摘转载期刊文献的形式及其数量进行赋值，并计算其转载情况总得分实现的。二次文摘主要包括《新华文摘》《人大复印报刊资料》《中国社会科学文摘》《高等学校文科学术文摘》等，转摘形式包括全文转载、论点摘编、题录 3 种。

国际重要数据库收录情况：是评价自然科学及其工程技术类学术期刊的一项指标。国内学术期刊被国外重要数据库收录的情况主要是按照高质量、高权威性、覆盖各学科领域的原则，选择了自然科学领域的 11 个外文二次数据库(表 1-7)，对 38 个属于自然科学及其工程技术类的学术期刊按被国际重要数据库收录情况进行统计处理。根据国际数据库权威性的不同，将其分为权威工具和核心工具两大类，并对权威工具收录和核心工具收录赋予不同权重，并计算其收录情况总得分。

表 1-7　不同学科期刊对应的国际重要数据库

学科分类	权威工具	核心工具
数学	SCIE	Mathsci、Scopus
信息科学与系统科学	SCIE	Mathsci、EI、Scopus
力学	SCIE	INSPEC、EI、Scopus
物理学	SCIE	INSPEC、EI、Scopus
化学	SCIE	EI、CA、Scopus
天文学	SCIE	EI、INSPEC、Scopus
地球科学	SCIE	EI、GeoRef、Scopus
生物学	SCIE	BP、CA、Scopus
农学	SCIE	CABI、BP、Scopus
林学	SCIE	CABI、BP、Scopus
畜牧、兽医科学	SCIE	CABI、BP、Scopus
水产学	SCIE	CABI、BP、Scopus
基础医学	SCIE	Medline、CA、Scopus
临床医学	SCIE	Medline、CA、Scopus
预防医学与公共卫生学	SCIE	Medline、CA、Scopus
军事医学与特种医学	SCIE	Medline、CA、Scopus
药学	SCIE	Medline、CA、Scopus
中医学与中药学	SCIE	Medline、CA、Scopus

学科分类	权威工具	核心工具
工程与技术科学基础学科	SCIE	EI、Mathsci、INSPEC、Scopus
测绘科学技术	SCIE	EI、GeoRef、Scopus
材料科学	SCIE	EI、Scopus
矿山工程技术	SCIE	EI、Scopus
冶金工程技术	SCIE	EI、Scopus
机械工程	SCIE	EI、Scopus
动力与电气工程	SCIE	EI、Scopus
能源科学技术	SCIE	EI、Scopus
核科学技术	SCIE	EI、Scopus
电子与通信技术	SCIE	EI、Scopus
计算机科学技术	SCIE	EI、INSPEC、Scopus
化学工程	SCIE	EI、Scopus
纺织科学技术	SCIE	EI、Scopus
食品科学技术	SCIE	EI、Scopus
土木建筑工程	SCIE	EI、Scopus
水利工程	SCIE	EI、Scopus
交通运输工程	SCIE	EI、Scopus
航空、航天科学技术	SCIE	EI、Scopus
环境科学技术与资源科学技术	SCIE	EI、Scopus
安全科学技术	SCIE	EI、Scopus

注：本次统计 SCIE 收录也包含 ESCI 收录名单在内。

（四）数据来源

对于中文学术期刊评价和高职高专成高院校学报的评价工作，所采用的评价指标如基金论文比、总被引频次、影响因子、5 年影响因子、Web 即年下载率、即年指标、总下载频次这 7 项评价指标的数据主要来自《中国学术期刊影响因子年报》（2021 年、2022 年）、《中国期刊引证报告（扩刊版）》（2021 年、2022 年）和维普中文期刊网期刊发文和引证数据（2021 年、2022 年）（需要说明的是，部分新刊或极少数老刊 2021 年和 2022 年的出版和引证数据缺失，暂通过 2023 年的数据予以补充）；社会科学期刊被二次文献（《新华文摘》《中国社会科学文摘》《人大复印报刊资料》《高等学校文科学术文摘》）转载数据的统计时段为 2020 年、2021 年和 2022 年上半年（考虑到二次文献转载的滞后周期）；自然科学期刊被国外重要数据库收录的统计时段为 2021 年和 2022 年两年。所有数据采集均采用人机协作方式进行，对同一来源同一指标的两年数据采取求平均数的处理方法，同一指标不同来源数据需在各自来源数据下归一化处理后方可再求平均值。

对于中文 OA 学术期刊的评价工作，所采用的评价指标如发文量、基金论文比、即年下载率、即年浏览率、总被引频次和影响因子等指标的数据均来自 OA 期刊网站和 Googlescholar 网站检索后统计所得。本次所有在线使用数据的统计对象为：2021 年和 2022 年各刊的出版论文。所有指标数据收集、核查后均采用同一学科单一指标归一化处理。

所有指标数据收集、核查后均需在单个指标内归一化处理。

五、中国学术期刊评价管理信息系统的建设

中国学术期刊评价管理信息系统采用 B/S 模式，用户使用方便、快捷，数据处理、分析、维护、检索一体化。

(一) 中国学术期刊评价管理信息系统分析与设计

该系统具有如下功能：

(1)输入功能。该系统不仅允许用户手工将各种原始数据导入数据库 MySQL，并进行必要的清理、校验，而且支持批量导入 Excel 数据，以完成基本数据库的建设。

(2)专家评审及意见汇总功能。为保证评价结果的合理性，本项目不仅采用了完全客观的基金论文比、总被引频次、影响因子、5 年影响因子、即年指标、Web 即年下载率、总下载量、二次文献转载或国际重要数据库收录等指标数据，而且采用了对专家评审意见进行汇总后得到的专家评审数据。为此，系统提供了专家评审及意见汇总这一功能。专家评审的参考依据：①根据定量评价指标进行得分汇总生成各学科的初步排名结果；②根据各期刊在学科下的出版规模、JMI 指数表现和公开获奖、获资助情况对每种期刊给出的 基准分值；③专家对相关期刊的综合性认可程度(具体打分标准详见表 1-8)。专家赋分流程：收集各学科专家名单的电子邮箱，向各学科专家发邮件，提供登录系统的域名和用户名、密码；各学科专家登录后选择学科类别，并进行打分，而且可以在备注输入框里增补不在名单内的优秀期刊；系统最后对各学科专家的意见进行汇总并形成各期刊的专家评审指标数据。对于未被专家评审的期刊，其专家评审得分均以基准分值统一赋分。

(3)归一化功能。获取基金论文比、总被引频次、影响因子、5 年影响因子、Web 即年下载率、即年指标、总下载频次、二次文献转载或国际重要数据库收录、专家评审得分的原始数据后，系统根据各指标的数据来源和年份对所有指标获取数据进行归一化。用户只需选择需要归一化的数据，点击归一化按钮，系统将自动完成数据归一化。

(4)数据维护功能。系统上线后，可能需要根据期刊的变动情况对基础数据进行修改，因此系统也提供了常规的数据库记录增删、修改等功能。

(5)期刊检索功能。系统支持按照各种可能的组合条件进行检索的要求，以满足系统用户的多样化需求。如按照期刊名称、期刊所属学科等进行单独或任意组合查询，同时，系统还根据期刊的 CN 号将期刊按省份进行了划分。提供了按省份管理期刊的功能。用户可以选择不同的省份，查看某一省份的期刊。

(6)权重修改功能。系统允许用户根据层次分析法计算出的权重系数自主调整各种权值，以得到不同于根据系统默认权值的期刊排名。系统能保证用户在调整完权值后，得到新权重系数下各期刊的排名。

(7)期刊排名功能。用户根据检索条件获得期刊基本信息后，点击某一种期刊的"详细信息"按钮，可以获取该期刊的详细信息。详细信息包括：期刊基本信息、期刊指标数据、期刊总序、期刊省内序、期刊学科序。

(二) 系统设计原则

从期刊评价项目的需求和实际情况出发，项目组在系统设计时遵循了以下原则：

(1)可靠性原则。在任何情况下，保证系统可靠、稳定的运行，确保数据的完整性、正确性和安全性无疑是系统设计的前提。数据处理是整个评价工作的基础，数据的准确性直接关系到期刊评价结果的可信度，故对此特别重视。系统不仅提供了多种数据校验手段，对各种组合查询的逻辑进行了精心设计和细致的测试，而且对重要数据进行了备份保存。

(2)实用性原则。期刊评价项目是分步实施，逐步深入的，因此系统的建设也是一个逐步完善的过程。由于时间、人力、经济、技术基础等各方面的条件都很有限，期望一次性地建立起全面完善的管理

信息系统是不现实的。因此，满足现实需求是系统设计的出发点，笔者在系统开发过程中采用了快速原型法逐步满足了各种需求。

（3）开放性原则。系统设计的实用性原则并不仅意味着建立一个"够用"的系统，随着项目的逐步深入，信息量将不断增加，功能需求也将越来越多，系统的整体架构、软硬件平台、应用模块也必须相应地扩展。因此，在系统设计中，充分考虑了系统的开放性和可扩展性，它不仅能灵活地与其他软件交换数据，而且其升级适应性也很强。这在保证期刊评价项目的连续性和避免重复投入上极为重要。

（4）灵活性原则。由于评价指标体系中各因素权重的大小直接影响到期刊评价的结果，因此系统在设计时充分考虑了这种需求，采用独立的配置文件来接受使用者提供的配置信息，可以满足使用者根据试验排名的结果自由地调试各种权重的数值，以得到合理的排名结果。此外，系统还保证了使用者能够按照各种有意义的比较项目进行检索，而且能够给出按单个或多个指标进行比较的期刊排名。

（三）系统功能的实现

1. 系统处理流程

期刊评价管理信息系统数据来源广泛、权威，评比指标众多，从而很好地保证了期刊评价结果的客观公正性。该系统技术先进、功能齐全、信息量大、检索途径多、使用方便，可以在期刊名称、所属学科、期刊类型等条目间实现强大的任意组合检索，而且可以给出相应检索条件下各期刊单项或多项指标的排名。系统整体框架如图 1-5 所示，其工作流程如下：

（1）用户进入系统登录界面。

（2）系统根据用户权限表给予用户相应的权限，用户权限主要分为普通用户和管理员两类。

（3）普通用户登录后，进入检索界面。

（4）普通用户通过输入检索条件，获取期刊检索结果。

（5）管理员登录后，进入系统后台管理界面。

（6）后台管理包括以下功能：基本数据维护、数据导入与导出、数据归一化和修改指标权重。

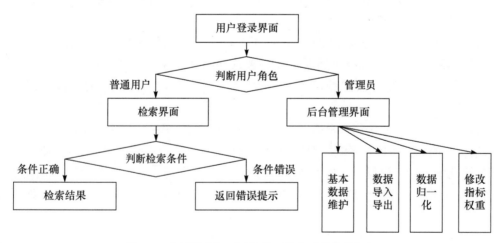

图 1-5   中国学术期刊评价管理信息系统整体框架

2. 系统的技术实现

作为一个数据库应用程序，期刊评价系统具有后台数据库和前台检索界面。其中后台数据库部分能够将项目初期搜集整理的原始数据规范化为数据库格式并衍生出相应的指标库。前台检索界面可以为用户提供检索、浏览、检索结果导出等功能，而且提供了必要的数据维护功能。该系统使用到的工具有PHP、MySQL、Excel。

该系统的特色之处在于：

(1)数据导入、导出方便。用户只需要选择需要导入和导出的数据，点击"导入"或者"导出"按钮即可，方便快捷。

(2)数据归一化由系统自动完成。系统会根据各指标权重和相应算法，对数据自动归一化，无须人工干预。

(3)检索方式丰富。系统提供了几乎所有能够检索的条件，包括期刊名称、所属学科、学报类型、省份。用户可以通过各种检索方式获取所需的期刊信息。

因此，该系统可以使社会各界能够从期刊排名中解读出更多信息，有助于各期刊更好地了解自己与其他期刊相比的优势和不足，以促进期刊更好地发展。

六、权威期刊与核心期刊的概念、特点与数量界定

(一)权威期刊与核心期刊的概念

按照邱均平教授的《信息计量学》中的定义，核心期刊(core periodicals)是指针对某一学科或专业领域来说，刊载大量专业论文和利用率较高的少数重要期刊，就称为该学科(专业)的核心期刊。而权威期刊是核心期刊中的核心，是最重要的核心期刊，在学术界与科研人员心目中享有权威地位和最高学术水平。在中文学术期刊各学科期刊排行榜中，排在最前面的5%的期刊(不同学科的比例还将根据学科办刊情况作出细微调整)为权威期刊，用A+表示；排在5%～30%的期刊均为核心期刊，其中5%～20%的期刊(高职高专成高院校学术期刊类略有调整)为A等级的核心期刊，用A表示，排在20%～30%的期刊(不同学科的比例还将根据学科办刊情况作出细微调整)为A-等级的核心期刊，用A-表示。考虑到学术质量的因素，中文OA学术期刊的评价结果呈现中没有设置权威期刊的等级，而均只设立了A和A-等级的核心期刊，将排在前20%的期刊(不同学科的比例还将根据学科办刊情况作出细微调整)确定为A等级，将排在20%～30%的期刊(不同学科的比例还将根据学科办刊情况作出细微调整)确定为A-等级。

(二)核心期刊的特点

核心期刊是期刊中学术水平较高、学术影响力较大的刊物，是我国学术评价体系的一个重要组成部分。从特性来看，核心期刊都具有客观性、相对性和动态性等共同特点。在文献生产和信息交流过程中，核心期刊是客观存在的，它既受文献分布集中与离散规律的制约和影响，也会因测定方法的不同而异；这些期刊对某一学科来说是核心期刊，而对另一学科来说就可能不是核心期刊了；并且，核心期刊也不是一成不变的，它会随着学科的发展和文献领域的变化而呈现出动态性的特点，也在不断地发展与变化中。因此，核心期刊的测定不能一劳永逸，而要不断地加以调整和完善，或者根据各学科文献老化的速度，每隔几年重新修订一次，以便及时反映期刊的最新变化。

(三)核心期刊数量的界定

在某一学科领域，计算出各刊的最终得分，并将期刊最终得分按照从高到低依次排列。以中文学术期刊评价为例，取总分前5%的期刊为权威期刊，取排5%～20%的期刊为A等级的核心期刊，取排20%～30%的期刊为A-等级的核心期刊。另外，在划分核心区时，考虑某些理论研究和基础研究性较强的期刊得到业内学者的公认，但因为受众面较小，使用量较少，引文量较少的期刊难以入选，则在本次评价中继续采纳学科专家的意见，扩大该学科领域入选核心期刊数量，使其进入核心区。

七、评审专家的遴选与定性评价

中国学术期刊评价是一个完整的系统工程，有一整套客观评价体系和指标。专家评审包括两个方面的工作，一是在已经由系统程序定量评价结果排序的基础上，按学科门类由业内专家进行人工评审和打分；二是甄别系统排序的合理性，减少因某些特殊因素没有被纳入评价指标而遗漏优秀期刊的可能性。

（一）专家组成

为了保证学术期刊评价的公正、公平、合理和权威性，参加对同一组期刊评审的专家来源于四个领域：一为学科专家，他们是期刊文献的直接创造者和使用者，来自该学科领域的理事会成员专家和高校教授；二为评价专家，他们是期刊文献的使用者和评价者，来自各学科领域专家和各政府机构领导；三为图书馆的学科馆员，他们是期刊文献服务的传播者和提供者，主要来自高校图书馆界；四为各领域的期刊一线的办刊专家，他们一般对自己所办刊物所属学科领域的期刊均十分了解，提供了来自编辑一线的权威意见。以上专家必须具有高级职称和长期的业内从业经验。评审专家根据评审细则，对该学科的期刊进行审查、排序及增补。

（二）评审打分细则

专家评审的内容共有五个分项，每一分项根据专家的综合判断赋予具体的分值，专家评审内容的满分值为100分。中国学术期刊评价专家评审细则见表1-8。

表1-8　中国学术期刊评价专家评审细则

评审分项	满分	评审内容说明
内容质量	30	1）指该刊发表论文的整体质量情况，包括刊载学科论文的整体创新性、重要性、新颖性程度等； 2）刊物的栏目设置情况及选题策划情况
作者和编委构成情况	20	1）作者的构成情况，如知名专家、教授的发文情况； 2）期刊编委会的成员组成情况等
专家使用、阅读情况	20	指专家使用阅读该刊的频率和阅览体验等
社会声誉	20	指期刊获奖情况、获资助情况、第三方评价情况等
编排质量	10	主要指出版形式质量，封面和内芯版式设计效果等
合计	100	

（三）期刊增补与定量结果排序调整

评审过程中，专家可通过分值的高低对期刊排序进行调整，如有优秀学术期刊不在被评审列表中，专家可以进行增补，在"增补期刊"一栏中填写期刊名称后按同样标准进行评分。同时，须对增补期刊的理由进行文字说明，并签上自己的姓名。

八、分类分级排序的表示方法与评价结果的确定

（一）分类分级排序的表示方法

在分一级学科的学术期刊评价中，按照集中与离散分布规律，我们按各期刊的综合评价得分排序并依次分为6个或5个等级：在评价结果中，学术期刊总评价按照学科领域分A+、A、A-、B+、B、C共6个等级排序，在数量分布上，A+取学科总得分排名前5%，A取排5%~20%范围的，A-取排20%~30%范围的，B+取排30%~60%范围的，B取排60%~90%范围的，C取排90%~100%范围的。高职高专成高院校学术期刊按照自然科学综合和社会科学综合两个综合分类，各学科类下的期刊等级分为：A+、A、A-、B+、B、C共6个等级，在数量分布上，A+取学科总得分排名前5%，A取排5%~15%的，A-取排15%~30%的，B+取排30%~60%的，B取排60%~90%的，C取排90%~100%的。中文OA学术期刊分为OA01理学综合、OA02农林水产综合、OA03医学综合、OA04工学综合和OA05社会科学综合五大类，各类下

的期刊等级分为：A、A−、B+、B、C 共 5 个等级，数量分布上按照 A 取学科总得分排名前 20%，A−取排 20%~30% 的，B+取排 30%~60% 的，B 取排 60%~90% 的，C 取排 90%~100% 的。这三种评价体系中的数量划分均呈现中间大、两头小的正态分布，也与文献计量学的期刊文献的载文规律和引用规律相吻合。

(二)评价结果的确定

进入本次评价的学术期刊有 6469 种，高职高专成高院校学报有 278 种，中文 OA 学术期刊有 153 种。三个部分分别得到的各等级的期刊数量分布情况如表 1-9—表 1-11 所示。

表 1-9　中文学术期刊评价结果中各等级的期刊数量分布

等级	总数	A+	A	A−	B+	B	C	W
期刊数量	6469	391	1110	832	2022	1633	399	82

注：W 标识为因部分数据不完整本次暂未给出分级的期刊。

表 1-10　高职高专成高院校学术期刊评价结果中各等级的期刊数量分布

等级	总数	A+	A	A−	B+	B	C
学报数量	278	15	26	58	99	62	18

表 1-11　中文 OA 学术期刊评价结果中各等级的期刊数量分布

等级	总数	A	A−	B+	B	C	W
期刊数量	153	32	18	44	29	4	26

注：W 标识为因部分数据不完整本次暂未给出分级的期刊。

第二章

中国学术期刊排行榜

第一节 中文学术期刊排行榜[*]

110 数学(共23种)

排名	期刊名称	等级	排名	期刊名称	等级	排名	期刊名称	等级
1	中国科学：数学	A+	9	大学数学	A−	17	数学进展	B+
2	应用数学学报	A+	10	高等数学研究	A−	18	应用泛函分析学报	B+
3	数学的实践与认识	A	11	工程数学学报	A−	19	数学杂志	B+
4	运筹学学报	A	12	数学物理学报	A−	20	纯粹数学与应用数学	B+
5	计算数学	A	13	应用数学	A−	21	数学年刊 A 辑（中文版）	B+
6	数学学报（中文版）	A	14	高校应用数学学报 A 辑	A−	22	数学理论与应用	B+
7	模糊系统与数学	A	15	应用概率统计	A−			
8	数学建模及其应用	A−	16	高等学校计算数学学报	B+			
B 等级（1 种）：数学译林。								

120 信息科学与系统科学(共6种)

排名	期刊名称	等级	排名	期刊名称	等级	排名	期刊名称	等级
1	系统工程理论与实践	A+	3	系统科学学报	A	5	复杂系统与复杂性科学	A−
2	系统工程	A	4	系统工程学报	A−	6	系统科学与数学	B+

130 力学(共14种)

排名	期刊名称	等级	排名	期刊名称	等级	排名	期刊名称	等级
1	工程力学	A+	6	振动工程学报	A−	11	力学与实践	B+
2	力学学报	A+	7	爆炸与冲击	A−	12	动力学与控制学报	B+
3	力学进展	A	8	应用力学学报	A−	13	实验力学	B+
4	振动与冲击	A	9	计算力学学报	B+	14	力学季刊	B+
5	应用数学和力学	A	10	固体力学学报	B+			

140 物理学(共25种)

排名	期刊名称	等级	排名	期刊名称	等级	排名	期刊名称	等级
1	光学学报	A+	7	物理学进展	A−	13	光学技术	B+
2	物理学报	A+	8	应用声学	A−	14	物理实验	B+
3	中国光学	A+	9	波谱学杂志	A−	15	高压物理学报	B+
4	光子学报	A	10	物理与工程	B+	16	计算物理	B+
5	应用光学	A	11	大学物理	B+	17	声学技术	B+
6	声学学报	A	12	噪声与振动控制	B+	18	大学物理实验	B+

---

* 未显示 C 等级和 W 类期刊信息。

续表

排名	期刊名称	等级	排名	期刊名称	等级	排名	期刊名称	等级
19	低温与超导	B+	21	物理	B+			
20	原子与分子物理学报	B+	22	低温物理学报	B+			
B 等级（3 种）：量子光学学报、现代应用物理、广西物理。								

150 化学(共 37 种)

排名	期刊名称	等级	排名	期刊名称	等级	排名	期刊名称	等级
1	色谱	A+	12	分析测试学报	A	23	化学分析计量	B+
2	光谱学与光谱分析	A+	13	大学化学	A-	24	化学试剂	B+
3	分析化学	A+	14	分子催化	A-	25	化学研究与应用	B+
4	化学学报	A	15	高分子通报	A-	26	化学通报	B+
5	物理化学学报	A	16	质谱学报	A-	27	化学研究	B+
6	高等学校化学学报	A	17	分析试验室	A-	28	电化学	B+
7	有机化学	A	18	中国无机分析化学	A-	29	化学世界	B+
8	化学进展	A	19	功能高分子学报	A-	30	盐湖研究	B+
9	无机化学学报	A	20	分析科学学报	A-	31	分子科学学报	B+
10	高分子学报	A	21	应用化学	B+			
11	中国科学：化学	A	22	理化检验–化学分册	B+			
B 等级（5 种）：广州化学、合成化学、分析测试技术与仪器、光散射学报、福建分析测试。								

160 天文学(共 5 种)

排名	期刊名称	等级	排名	期刊名称	等级	排名	期刊名称	等级
1	天文学报	A+	3	时间频率学报	A			
2	天文研究与技术	A	4	天文学进展	A-			

170 地球科学(共 161 种)

排名	期刊名称	等级	排名	期刊名称	等级	排名	期刊名称	等级
1	地理学报	A+	12	地球物理学报	A	23	矿床地质	A
2	地理研究	A+	13	地球学报	A	24	气象	A
3	岩石学报	A+	14	气候变化研究进展	A	25	高原气象	A
4	地理科学	A+	15	工程地质学报	A	26	古地理学报	A
5	石油与天然气地质	A+	16	人文地理	A	27	大地构造与成矿学	A
6	地质学报	A+	17	应用气象学报	A	28	石油地球物理勘探	A
7	地理科学进展	A+	18	沉积学报	A	29	地球科学与环境学报	A
8	地学前缘	A+	19	干旱区地理	A	30	地质通报	A
9	中国地质	A+	20	气象学报	A	31	大气科学	A
10	地球科学	A+	21	石油实验地质	A	32	天然气地球科学	A
11	中国科学：地球科学	A+	22	地质论评	A	33	现代地质	A

排名	期刊名称	等级	排名	期刊名称	等级	排名	期刊名称	等级
34	地球科学进展	A	60	暴雨灾害	B+	86	矿物岩石	B+
35	地震地质	A	61	干旱气象	B+	87	海洋通报	B+
36	冰川冻土	A	62	气象与环境学报	B+	88	地震学报	B+
37	石油物探	A	63	物探与化探	B+	89	地震	B+
38	吉林大学学报（地球科学版）	A	64	自然灾害学报	B+	90	海洋科学进展	B+
39	地质与勘探	A	65	海洋地质与第四纪地质	B+	91	地震工程学报	B+
40	气象与环境科学	A	66	应用海洋学学报	B+	92	工程地球物理学报	B+
41	热带地理	A-	67	岩石矿物学杂志	B+	93	极地研究	B+
42	世界地理研究	A-	68	高校地质学报	B+	94	东华理工大学学报（自然科学版）	B+
43	水文地质工程地质	A-	69	海洋科学	B+	95	地震工程与工程振动	B+
44	地质力学学报	A-	70	气候与环境研究	B+	96	沙漠与绿洲气象	B+
45	大气科学学报	A-	71	上海国土资源	B+	97	华东地质	B+
46	岩矿测试	A-	72	中国岩溶	B+	98	钻探工程	B+
47	中国沙漠	A-	73	矿物学报	B+	99	海洋气象学报	B+
48	地质科技通报	A-	74	热带气象学报	B+	100	世界地质	B+
49	西北地质	A-	75	矿物岩石地球化学通报	B+	101	铀矿地质	B+
50	第四纪研究	A-	76	华北地质	B+	102	贵州地质	B+
51	海洋学报	A-	77	地球化学	B+	103	中国地震	B+
52	地球物理学进展	A-	78	地质与资源	B+	104	地质学刊	B+
53	沉积与特提斯地质	A-	79	气象科学	B+	105	海洋地质前沿	B+
54	山地学报	A-	80	地球与行星物理论评（中英文）	B+	106	新疆地质	B+
55	成都理工大学学报（自然科学版）	A-	81	山东国土资源	B+	107	物探化探计算技术	B+
56	中国地质灾害与防治学报	A-	82	中国地质调查	B+	108	地层学杂志	B+
57	油气藏评价与开发	A-	83	气象科技	B+	109	气象研究与应用	B+
58	湿地科学	A-	84	地震研究	B+	110	海洋预报	B+
59	热带海洋学报	B+	85	地质科学	B+	111	防灾科技学院学报	B+

排名	期刊名称	等级	排名	期刊名称	等级	排名	期刊名称	等级
112	内陆地震	B+	113	华南地质	B+			

B 等级(40 种):城市地质、地质找矿论丛、华北地震科学、高原山地气象研究、空间科学学报、世界核地质科学、海洋湖沼通报、全球变化数据学报(中英文)、广东气象、陕西气象、震灾防御技术、中低纬山地气象、中国煤炭地质、华南地震、宝石和宝石学杂志、地震科学进展、气象与减灾研究、防灾减灾学报、地震地磁观测与研究、矿产与地质、海洋学研究、河北地质大学学报、气象科技进展、化工矿产地质、山西地震、西部探矿工程、安徽地质、四川地质学报、地质灾害与环境保护、南方自然资源、国土资源导刊、甘肃地质、气象灾害防御、四川地震、浙江气象、地质装备、高原地震、华北自然资源、西部资源、福建地质。

180 生物学(共 58 种)

排名	期刊名称	等级	排名	期刊名称	等级	排名	期刊名称	等级
1	生态学报	A+	16	西北植物学报	A−	31	中国应用生理学杂志	B+
2	应用生态学报	A+	17	微生物学报	A−	32	合成生物学	B+
3	植物生态学报	A+	18	植物学报	A−	33	中国实验动物学报	B+
4	生物多样性	A+	19	植物研究	A−	34	农业生物技术学报	B+
5	中国科学:生命科学	A+	20	植物资源与环境学报	A−	35	生命的化学	B+
6	生态学杂志	A+	21	广西植物	A−	36	生命科学研究	B+
7	遗传	A	22	生物化学与生物物理进展	A−	37	生物技术进展	B+
8	菌物学报	A	23	生态科学	A−	38	生物资源	B+
9	菌物研究	A	24	生理学报	A−	39	中国生物化学与分子生物学报	B+
10	微生物学通报	A	25	热带亚热带植物学报	B+	40	生态毒理学报	B+
11	应用与环境生物学报	A	26	植物科学学报	B+	41	湖南生态科学学报	B+
12	病毒学报	A	27	生物学杂志	B+	42	微生物学杂志	B+
13	植物生理学报	A	28	兽类学报	B+	43	中国野生植物资源	B+
14	生物工程学报	A	29	昆虫学报	B+			
15	水生生物学报	A	30	生物信息学	B+			

B 等级(15 种):生命科学、基因组学与应用生物学、激光生物学报、古生物学报、野生动物学报、工业微生物、四川动物、动物学杂志、中国细胞生物学学报、亚热带植物科学、微体古生物学报、生物技术、古脊椎动物学报(中英文)、武夷科学、蛛形学报。

190 心理学(共 14 种)

排名	期刊名称	等级	排名	期刊名称	等级	排名	期刊名称	等级
1	心理学报	A+	4	中国心理卫生杂志	A	7	中国健康心理学杂志	A−
2	心理科学进展	A	5	中国临床心理学杂志	A	8	心理与行为研究	A−
3	心理发展与教育	A	6	心理科学	A−	9	应用心理学	A−

排名	期刊名称	等级	排名	期刊名称	等级	排名	期刊名称	等级
10	心理技术与应用	B+	12	心理研究	B+			
11	心理学探新	B+	13	心理月刊	B+			
B 等级(1 种)：心理学通讯。								

210 农学(共 210 种)

排名	期刊名称	等级	排名	期刊名称	等级	排名	期刊名称	等级
1	中国农业科学	A+	23	农药学学报	A	45	江苏农业科学	A
2	土壤学报	A+	24	中国生物防治学报	A	46	中国烟草学报	A
3	作物学报	A+	25	植物保护学报	A	47	江西农业大学学报	A
4	植物营养与肥料学报	A+	26	麦类作物学报	A	48	浙江农业学报	A
5	中国生态农业学报（中英文）	A+	27	棉花学报	A	49	土壤与作物	A
6	中国水稻科学	A+	28	浙江大学学报（农业与生命科学版）	A	50	大豆科学	A
7	植物保护	A+	29	中国油料作物学报	A	51	沈阳农业大学学报	A
8	农业现代化研究	A+	30	玉米科学	A	52	土壤通报	A
9	果树学报	A+	31	河南农业科学	A	53	作物杂志	A
10	园艺学报	A+	32	中国农业气象	A	54	智慧农业（中英文）	A
11	茶叶科学	A+	33	南方农业学报	A	55	河南农业大学学报	A-
12	华南农业大学学报	A	34	中国农学通报	A	56	食用菌学报	A-
13	干旱区研究	A	35	吉林农业大学学报	A	57	中国糖料	A-
14	中国土壤与肥料	A	36	湖南农业大学学报（自然科学版）	A	58	中国稻米	A-
15	植物遗传资源学报	A	37	江苏农业学报	A	59	农业大数据学报	A-
16	中国农业大学学报	A	38	中国蔬菜	A	60	西北农业学报	A-
17	华中农业大学学报	A	39	干旱地区农业研究	A	61	植物病理学报	A-
18	核农学报	A	40	中国烟草科学	A	62	新疆农业科学	A-
19	南京农业大学学报	A	41	分子植物育种	A	63	北方园艺	A-
20	土壤	A	42	山西农业大学学报（自然科学版）	A	64	云南农业大学学报（自然科学）	A-
21	西北农林科技大学学报（自然科学版）	A	43	应用昆虫学报	A	65	安徽农业科学	A-
22	中国农业科技导报	A	44	烟草科技	A	66	江西农业学报	A-

排名	期刊名称	等级	排名	期刊名称	等级	排名	期刊名称	等级
67	热带作物学报	A-	91	福建农业学报	B+	115	植物检疫	B+
68	环境昆虫学报	A-	92	中国茶叶	B+	116	仲恺农业工程学院学报	B+
69	东北农业大学学报	A-	93	杂草科学	B+	117	天津农业科学	B+
70	西南农业学报	A-	94	中国果树	B+	118	中国南方果树	B+
71	福建农林大学学报（自然科学版）	A-	95	河北农业大学学报	B+	119	杂交水稻	B+
72	华北农学报	A-	96	北京农学院学报	B+	120	现代农业研究	B+
73	农学学报	A-	97	现代园艺	B+	121	中国棉花	B+
74	广东农业科学	A-	98	延边大学农学学报	B+	122	山地农业生物学报	B+
75	种子	B+	99	北方农业学报	B+	123	现代农业科技	B+
76	中国马铃薯	B+	100	湖北农业科学	B+	124	农业与技术	B+
77	中国瓜菜	B+	101	青岛农业大学学报（自然科学版）	B+	125	种子科技	B+
78	贵州农业科学	B+	102	作物研究	B+	126	中国种业	B+
79	扬州大学学报（农业与生命科学版）	B+	103	生物安全学报	B+	127	山东农业大学学报（自然科学版）	B+
80	安徽农业大学学报	B+	104	花生学报	B+	128	中国茶叶加工	B+
81	茶叶通讯	B+	105	内蒙古农业大学学报（自然科学版）	B+	129	天津农学院学报	B+
82	山西农业科学	B+	106	食药用菌	B+	130	甘肃农业科技	B+
83	甘肃农业大学学报	B+	107	中国植保导刊	B+	131	热带农业科学	B+
84	植物医学	B+	108	浙江农业科学	B+	132	湖南农业科学	B+
85	东北农业科学	B+	109	亚热带农业研究	B+	133	辽宁农业科学	B+
86	四川农业大学学报	B+	110	南方农机	B+	134	黑龙江农业科学	B+
87	山东农业科学	B+	111	食用菌	B+	135	热带生物学报	B+
88	中外葡萄与葡萄酒	B+	112	黑龙江八一农垦大学学报	B+	136	中国麻业科学	B+
89	特产研究	B+	113	中国果菜	B+	137	中国农业信息	B+
90	上海农业学报	B+	114	茶叶学报	B+	138	长江蔬菜	B+

B 等级（52 种）：北方水稻、蔬菜、中国农业文摘-农业工程、棉花科学、河北农业科学、高原农业、安徽农学通报、中国热带农业、河北科技师范学院学报、大豆科技、茶叶、农药科学与管理、中国农史、安徽科技学院学报、热带农业科技、生物灾害科学、四川农业科技、大麦与谷类科学、塔里木大学学报、粮食储藏、福建农业科技、果树资源学报、陕

续表

西农业科学、落叶果树、南方农业、现代农机、新疆农业大学学报、农业科学研究、辣椒杂志、福建茶叶、南方园艺、园艺与种苗、上海蔬菜、农业研究与应用、种业导刊、烟台果树、乡村科技、河南农业、北方果树、农村·农业·农民、农业科技通讯、云南农业科技、广西植保、上海农业科技、耕作与栽培、广东茶业、浙江柑橘、特种经济动植物、福建热作科技、现代化农业、广西农学报、西藏农业科技。

220 林学(共 65 种)

排名	期刊名称	等级	排名	期刊名称	等级	排名	期刊名称	等级
1	中南林业科技大学学报	A+	16	西南林业大学学报(自然科学)	A	31	四川林业科技	B+
2	南京林业大学学报(自然科学版)	A+	17	西部林业科学	A−	32	林业调查规划	B+
3	中国园林	A+	18	林业资源管理	A−	33	福建林业科技	B+
4	林业科学	A+	19	中国城市林业	A−	34	林业科技	B+
5	北京林业大学学报	A+	20	林业机械与木工设备	A−	35	温带林业研究	B+
6	林产工业	A	21	中国森林病虫	A−	36	湖南林业科技	B+
7	世界林业研究	A	22	林业与环境科学	A−	37	贵州林业科技	B+
8	浙江农林大学学报	A	23	世界竹藤通讯	A−	38	蚕桑茶叶通讯	B+
9	东北林业大学学报	A	24	林业与生态科学	B+	39	山东林业科技	B+
10	西北林学院学报	A	25	广西林业科学	B+	40	林业建设	B+
11	森林工程	A	26	南方林业科学	B+	41	林业科技情报	B+
12	林业工程学报	A	27	浙江林业科技	B+	42	内蒙古林业科技	B+
13	林业科学研究	A	28	园林	B+	43	竹子学报	B+
14	森林与环境学报	A	29	江苏林业科技	B+			
15	经济林研究	A	30	桉树科技	B+			

B 等级(17 种):湖北林业科技、中国林副特产、森林防火、林业和草原机械、吉林林业科技、辽宁林业科技、林业科技通讯、陕西林业科技、热带林业、中南林业调查规划、防护林科技、青海农林科技、河北林业科技、林业勘查设计、河南林业科技、山西林业科技、内蒙古林业调查设计。

230 畜牧、兽医科学(共 88 种)

排名	期刊名称	等级	排名	期刊名称	等级	排名	期刊名称	等级
1	动物营养学报	A+	5	中国畜牧杂志	A+	9	饲料工业	A
2	草业学报	A+	6	草业科学	A	10	中国动物检疫	A
3	草地学报	A+	7	中国畜牧兽医	A	11	中国动物传染病学报	A
4	中国草地学报	A+	8	畜牧兽医学报	A	12	中国兽医科学	A

排名	期刊名称	等级	排名	期刊名称	等级	排名	期刊名称	等级
13	中国兽医学报	A	29	今日畜牧兽医	B+	45	养殖与饲料	B+
14	中国饲料	A	30	草学	B+	46	贵州畜牧兽医	B+
15	饲料研究	A	31	中国兽医杂志	B+	47	现代畜牧科技	B+
16	中国家禽	A	32	中国兽药杂志	B+	48	黑龙江动物繁殖	B+
17	经济动物学报	A	33	畜禽业	B+	49	草原与草业	B+
18	畜牧与饲料科学	A	34	现代畜牧兽医	B+	50	当代畜禽养殖业	B+
19	中国预防兽医学报	A	35	中国畜禽种业	B+	51	广西蚕业	B+
20	家畜生态学报	A	36	中国牛业科学	B+	52	现代牧业	B+
21	动物医学进展	A	37	广东畜牧兽医科技	B+	53	青海畜牧兽医杂志	B+
22	草原与草坪	A	38	山东畜牧兽医	B+	54	上海畜牧兽医通讯	B+
23	黑龙江畜牧兽医	A−	39	养猪	B+	55	畜牧兽医杂志	B+
24	中国草食动物科学	A−	40	草食家畜	B+	56	广西畜牧兽医	B+
25	畜牧与兽医	A−	41	中国蚕业	B+	57	福建畜牧兽医	B+
26	粮食与饲料工业	A−	42	中兽医医药杂志	B+	58	广东饲料	B+
27	中国奶牛	A−	43	猪业科学	B+			
28	蚕业科学	A−	44	中国猪业	B+			

B 等级(25 种):江西畜牧兽医杂志、湖南饲料、云南畜牧兽医、家禽科学、中国动物保健、畜牧兽医科技信息、湖南畜牧兽医、青海草业、兽医导刊、中国养兔、北方蚕业、浙江畜牧兽医、甘肃畜牧兽医、四川畜牧兽医、饲料博览、今日养猪业、蚕学通讯、畜牧兽医科学(电子版)、国外畜牧学(猪与禽)、新疆畜牧业、四川蚕业、蚕桑通报、粮油与饲料科技、畜牧业环境、畜牧产业。

240 水产学(共 25 种)

排名	期刊名称	等级	排名	期刊名称	等级	排名	期刊名称	等级
1	水产学报	A+	8	中国海洋大学学报(自然科学版)	A	15	水产学杂志	A−
2	中国水产科学	A+	9	广东海洋大学学报	A−	16	渔业研究	A−
3	上海海洋大学学报	A	10	海洋渔业	A−	17	水产科技情报	B+
4	大连海洋大学学报	A	11	渔业科学进展	A−	18	渔业信息与战略	B+
5	南方水产科学	A	12	淡水渔业	A−	19	中国水产	B+
6	海洋与湖沼	A	13	渔业现代化	A−	20	黑龙江水产	B+
7	水产科学	A	14	中国渔业质量与标准	A−			

B 等级(8 种):浙江海洋大学学报(自然科学版)、水产养殖、河北渔业、江西水产科技。

310 基础医学(共 31 种)

排名	期刊名称	等级	排名	期刊名称	等级	排名	期刊名称	等级
1	中国免疫学杂志	A+	9	微生物与感染	A−	17	解剖学杂志	B+
2	中国病理生理杂志	A+	10	中华微生物学和免疫学杂志	A−	18	中国临床解剖学杂志	B+
3	中华病理学杂志	A	11	基础医学与临床	A−	19	中华医学遗传学杂志	B+
4	生理科学进展	A	12	中华实验和临床病毒学杂志	A−	20	国际免疫学杂志	B+
5	免疫学杂志	A	13	医学分子生物学杂志	A−	21	寄生虫与医学昆虫学报	B+
6	中国微生态学杂志	A	14	现代免疫学	B+	22	微生物学免疫学进展	B+
7	细胞与分子免疫学杂志	A	15	解剖学报	B+	23	解剖科学进展	B+
8	中国比较医学杂志	A−	16	神经解剖学杂志	B+			

B 等级(7 种)：实验动物与比较医学、解剖学研究、数理医药学杂志、四川解剖学杂志、实验动物科学、四川生理科学杂志、中国血液流变学杂志。

320 临床医学(共 501 种)

排名	期刊名称	等级	排名	期刊名称	等级	排名	期刊名称	等级
1	中华护理杂志	A+	16	中华神经科杂志	A+	31	中国癌症杂志	A
2	中华肿瘤杂志	A+	17	中国循证医学杂志	A+	32	华西口腔医学杂志	A
3	中国循环杂志	A+	18	中华儿科杂志	A+	33	中华胃肠外科杂志	A
4	中国感染控制杂志	A+	19	中国护理管理	A+	34	中华检验医学杂志	A
5	中华结核和呼吸杂志	A+	20	中华放射学杂志	A+	35	中国骨质疏松杂志	A
6	中华心血管病杂志	A+	21	中华骨科杂志	A+	36	中华物理医学与康复杂志	A
7	中华医院感染学杂志	A+	22	临床肝胆病杂志	A+	37	中国心血管杂志	A
8	中华妇产科杂志	A+	23	中国康复医学杂志	A+	38	护士进修杂志	A
9	护理研究	A+	24	中华内科杂志	A+	39	中国当代儿科杂志	A
10	护理学杂志	A+	25	中华危重病急救医学	A+	40	护理管理杂志	A
11	中国肿瘤	A+	26	中华肝脏病杂志	A+	41	中国呼吸与危重监护杂志	A
12	中国实用妇科与产科杂志	A+	27	中国实用外科杂志	A+	42	中国康复理论与实践	A
13	中华消化外科杂志	A+	28	中国肺癌杂志	A+	43	中华现代护理杂志	A
14	中国老年学杂志	A+	29	中华急诊医学杂志	A+	44	护理学报	A
15	中华糖尿病杂志	A+	30	中华外科杂志	A+	45	中国实用内科杂志	A

排名	期刊名称	等级	排名	期刊名称	等级	排名	期刊名称	等级
46	中国修复重建外科杂志	A	72	临床麻醉学杂志	A	98	中华实用诊断与治疗杂志	A
47	中国感染与化疗杂志	A	73	中华护理教育	A	99	中国运动医学杂志	A
48	中国寄生虫学与寄生虫病杂志	A	74	中国实验血液学杂志	A	100	分子诊断与治疗杂志	A
49	中华耳鼻咽喉头颈外科杂志	A	75	中华创伤杂志	A	101	中华临床感染病杂志	A
50	中国慢性病预防与控制	A	76	检验医学与临床	A	102	中华眼科杂志	A-
51	中国疼痛医学杂志	A	77	中华精神科杂志	A	103	肿瘤综合治疗电子杂志	A-
52	实用肝脏病杂志	A	78	中国实用护理杂志	A	104	中华围产医学杂志	A-
53	中国骨伤	A	79	中华肿瘤防治杂志	A	105	中华实用儿科临床杂志	A-
54	中华口腔医学杂志	A	80	实用妇产科杂志	A	106	现代肿瘤医学	A-
55	中华创伤骨科杂志	A	81	中国肿瘤临床	A	107	口腔疾病防治	A-
56	中国普通外科杂志	A	82	肿瘤防治研究	A	108	上海口腔医学	A-
57	实用临床医药杂志	A	83	中国糖尿病杂志	A	109	现代妇产科进展	A-
58	中华血液学杂志	A	84	临床和实验医学杂志	A	110	临床误诊误治	A-
59	中国临床医生杂志	A	85	国际眼科杂志	A	111	中华肾脏病杂志	A-
60	中国动脉硬化杂志	A	86	中华消化杂志	A	112	生殖医学杂志	A-
61	中华烧伤与创面修复杂志	A	87	中华泌尿外科杂志	A	113	实用老年医学	A-
62	器官移植	A	88	中华老年医学杂志	A	114	中国医学物理学杂志	A-
63	中国康复	A	89	实用心脑肺血管病杂志	A	115	临床耳鼻咽喉头颈外科杂志	A-
64	中华皮肤科杂志	A	90	中华实验眼科杂志	A	116	眼科新进展	A-
65	中国脑血管病杂志	A	91	中国微创外科杂志	A	117	中华男科学杂志	A-
66	实用肿瘤杂志	A	92	现代消化及介入诊疗	A	118	中国内镜杂志	A-
67	中国临床保健杂志	A	93	中华内分泌代谢杂志	A	119	中国临床医学	A-
68	现代生物医学进展	A	94	中国防痨杂志	A	120	现代临床护理	A-
69	中华老年心脑血管病杂志	A	95	中国急救医学	A	121	放射学实践	A-
70	中华行为医学与脑科学杂志	A	96	国际检验医学杂志	A	122	临床肺科杂志	A-
71	中国肿瘤生物治疗杂志	A	97	中华妇幼临床医学杂志（电子版）	A	123	中华全科医师杂志	A-

排名	期刊名称	等级	排名	期刊名称	等级	排名	期刊名称	等级
124	中国实用儿科杂志	A-	150	检验医学	A-	176	中国心血管病研究	B+
125	现代检验医学杂志	A-	151	中华老年骨科与康复电子杂志	A-	177	中华高血压杂志	B+
126	中国医学影像技术	A-	152	中华临床医师杂志(电子版)	A-	178	老年医学与保健	B+
127	中国 CT 和 MRI 杂志	A-	153	中国脊柱脊髓杂志	A-	179	中国卒中杂志	B+
128	中国妇产科临床杂志	A-	154	癌症	A-	180	中华麻醉学杂志	B+
129	中国皮肤性病学杂志	A-	155	中华普外科手术学杂志(电子版)	B+	181	中华肝脏外科手术学电子杂志	B+
130	临床荟萃	A-	156	中华肝胆外科杂志	B+	182	国际精神病学杂志	B+
131	国际口腔医学杂志	A-	157	中华耳科学杂志	B+	183	中华神经医学杂志	B+
132	中国实用神经疾病杂志	A-	158	中国临床研究	B+	184	中国神经精神疾病杂志	B+
133	临床心血管病杂志	A-	159	实用肿瘤学杂志	B+	185	中国癌症防治杂志	B+
134	国际妇产科学杂志	A-	160	中国现代神经疾病杂志	B+	186	中华危重症医学杂志(电子版)	B+
135	中华超声影像学杂志	A-	161	中华消化内镜杂志	B+	187	临床小儿外科杂志	B+
136	实用临床护理学电子杂志	A-	162	中国胸心血管外科临床杂志	B+	188	听力学及言语疾病杂志	B+
137	肠外与肠内营养	A-	163	国际老年医学杂志	B+	189	口腔医学研究	B+
138	齐鲁护理杂志	A-	164	实用口腔医学杂志	B+	190	中华口腔医学研究杂志(电子版)	B+
139	中华老年多器官疾病杂志	A-	165	标记免疫分析与临床	B+	191	中国神经免疫学和神经病学杂志	B+
140	山东大学耳鼻喉眼学报	A-	166	中华结直肠疾病电子杂志	B+	192	中国医疗设备	B+
141	中华骨质疏松和骨矿盐疾病杂志	A-	167	中国骨与关节损伤杂志	B+	193	中国介入影像与治疗学	B+
142	护理实践与研究	A-	168	中华损伤与修复杂志(电子版)	B+	194	胃肠病学和肝病学杂志	B+
143	临床肿瘤学杂志	A-	169	中国循证心血管医学杂志	B+	195	中华保健医学杂志	B+
144	上海护理	A-	170	中华显微外科杂志	B+	196	中国肿瘤外科杂志	B+
145	肿瘤	A-	171	中华实验和临床感染病杂志(电子版)	B+	197	中华肺部疾病杂志(电子版)	B+
146	中国病原生物学杂志	A-	172	中国血液净化	B+	198	创伤外科杂志	B+
147	磁共振成像	A-	173	中华整形外科杂志	B+	199	口腔医学	B+
148	中国矫形外科杂志	A-	174	实用医院临床杂志	B+	200	中华神经外科杂志	B+
149	保健医学研究与实践	A-	175	中国计划生育和妇产科	B+	201	中国超声医学杂志	B+

续表

排名	期刊名称	等级	排名	期刊名称	等级	排名	期刊名称	等级
202	实用癌症杂志	B+	228	中国实用口腔科杂志	B+	254	临床内科杂志	B+
203	肝胆胰外科杂志	B+	229	临床与实验病理学杂志	B+	255	中外医学研究	B+
204	临床输血与检验	B+	230	癌变·畸变·突变	B+	256	颈腰痛杂志	B+
205	临床精神医学杂志	B+	231	中华临床营养杂志	B+	257	中华核医学与分子影像杂志	B+
206	中国医学影像学杂志	B+	232	中华骨与关节外科杂志	B+	258	中国美容医学	B+
207	神经损伤与功能重建	B+	233	临床肾脏病杂志	B+	259	中国输血杂志	B+
208	中国普外基础与临床杂志	B+	234	中国临床医学影像杂志	B+	260	国际麻醉学与复苏杂志	B+
209	肿瘤预防与治疗	B+	235	肿瘤研究与临床	B+	261	肿瘤代谢与营养电子杂志	B+
210	腹腔镜外科杂志	B+	236	中国继续医学教育	B+	262	中华乳腺病杂志（电子版）	B+
211	国际消化病杂志	B+	237	中国肝脏病杂志（电子版）	B+	263	临床血液学杂志	B+
212	心血管康复医学杂志	B+	238	肿瘤药学	B+	264	临床皮肤科杂志	B+
213	局解手术学杂志	B+	239	临床神经外科杂志	B+	265	脑与神经疾病杂志	B+
214	心血管病学进展	B+	240	癌症进展	B+	266	中国急救复苏与灾害医学杂志	B+
215	临床检验杂志	B+	241	中国骨与关节杂志	B+	267	实验与检验医学	B+
216	骨科	B+	242	脊柱外科杂志	B+	268	中华医学超声杂志（电子版）	B+
217	影像科学与光化学	B+	243	中国实验诊断学	B+	269	国际骨科学杂志	B+
218	医学影像学杂志	B+	244	中华眼底病杂志	B+	270	临床与病理杂志	B+
219	中国介入心脏病学杂志	B+	245	中华普通外科学文献（电子版）	B+	271	胃肠病学	B+
220	心脑血管病防治	B+	246	国际医学放射学杂志	B+	272	临床医学研究与实践	B+
221	中华内分泌外科杂志	B+	247	临床放射学杂志	B+	273	中国小儿急救医学	B+
222	临床急诊杂志	B+	248	中风与神经疾病杂志	B+	274	中国现代普通外科进展	B+
223	肾脏病与透析肾移植杂志	B+	249	四川精神卫生	B+	275	中国临床新医学	B+
224	临床儿科杂志	B+	250	发育医学电子杂志	B+	276	临床骨科杂志	B+
225	中国综合临床	B+	251	中华诊断学电子杂志	B+	277	创伤与急危重病医学	B+
226	中国循证儿科杂志	B+	252	内科急危重症杂志	B+	278	中国肿瘤临床与康复	B+
227	肿瘤学杂志	B+	253	中华关节外科杂志（电子版）	B+	279	中华重症医学电子杂志（网络版）	B+

续表

排名	期刊名称	等级	排名	期刊名称	等级	排名	期刊名称	等级
280	现代泌尿外科杂志	B+	296	国际肿瘤学杂志	B+	312	精神医学杂志	B+
281	中华眼科医学杂志(电子版)	B+	297	中华腔镜泌尿外科杂志(电子版)	B+	313	中华移植杂志(电子版)	B+
282	中国耳鼻咽喉颅底外科杂志	B+	298	中华神经创伤外科电子杂志	B+	314	腹部外科	B+
283	中华放射肿瘤学杂志	B+	299	国际呼吸杂志	B+	315	中华肩肘外科电子杂志	B+
284	中国医学计算机成像杂志	B+	300	护理与康复	B+	316	中华眼视光学与视觉科学杂志	B+
285	临床神经病学杂志	B+	301	结直肠肛门外科	B+	317	国际心血管病杂志	B+
286	血栓与止血学	B+	302	实用骨科杂志	B+	318	中国临床护理	B+
287	微循环学杂志	B+	303	世界华人消化杂志	B+	319	口腔颌面外科杂志	B+
288	国际护理学杂志	B+	304	中华肾病研究电子杂志	B+	320	卒中与神经疾病	B+
289	中华老年病研究电子杂志	B+	305	心脏杂志	B+	321	临床超声医学杂志	B+
290	临床口腔医学杂志	B+	306	中国体外循环杂志	B+	322	国际病毒学杂志	B+
291	现代临床医学	B+	307	中国真菌学杂志	B+	323	中国医师进修杂志	B+
292	中华新生儿科杂志(中英文)	B+	308	心肺血管病杂志	B+	324	中华心律失常学杂志	B+
293	医学临床研究	B+	309	北京口腔医学	B+	325	中华普通外科杂志	B+
294	机器人外科学杂志(中英文)	B+	310	中华消化病与影像杂志(电子版)	B+	326	中国麻风皮肤病杂志	B+
295	当代护士(中旬刊)	B+	311	临床外科杂志	B+			

B 等级(139 种):中医儿科杂志、口腔颌面修复学杂志、结核与肺部疾病杂志、循证护理、实用放射学杂志、中华腔镜外科杂志(电子版)、中国美容整形外科杂志、中华小儿外科杂志、中国口腔颌面外科杂志、骨科临床与研究杂志、中国组织化学与细胞化学杂志、中华老年口腔医学杂志、分子影像学杂志、中国耳鼻咽喉头颈外科、肝脏、中华手外科杂志、中华卫生应急电子杂志、肿瘤影像学、中华风湿病学杂志、中华介入放射学电子杂志、中国临床神经外科杂志、中国男科学杂志、眼科、临床泌尿外科杂志、中华灾害救援医学、中国社区医师、中国临床神经科学、中华实验外科杂志、临床护理杂志、组织工程与重建外科、中华临床免疫和变态反应杂志、中华疝和腹壁外科杂志(电子版)、国际外科学杂志、口腔生物医学、国际神经病学神经外科学杂志、全科医学临床与教育、国际儿科学杂志、中华胰腺病杂志、中国血管外科杂志(电子版)、中华解剖与临床杂志、口腔材料器械杂志、内科、中国分子心脏病学杂志、中国现代手术学杂志、微创泌尿外科杂志、中国激光医学杂志、中国眼耳鼻喉科杂志、眼科学报、现代口腔医学杂志、肿瘤基础与临床、中国疗养医学、岭南心血管病杂志、中国小儿血液与肿瘤杂志、中华器官移植杂志、浙江临床医学、中华炎性肠病杂志(中英文)、中国烧伤创疡杂志、白血病·淋巴瘤、影像研究与医学应用、国际输血及血液学杂志、中华急危重症护理杂志、中国听力语言康复科学杂志、中华胃肠内镜电子杂志、实用心电学杂志、肝胆外科杂志、诊断学理论与实践、中国老年保健医学、麻醉安全与质控、国际泌尿系统杂志、临床消化病杂志、医疗装备、国际内分泌代谢杂志、中华脑血管病杂志(电子版)、中华产科急救电子杂志、国际脑血管病杂志、阿尔茨海默病及相关病杂志、影像诊断与介入放射学、中华血管外科杂志、足踝外科电子杂志、皮肤性病诊疗学杂志、天津护理、中华细胞与干细胞杂志(电子版)、循证医学、中华心力衰竭和心肌病杂志(中英文)、实用临床医学、外科理论与实践、中国临床实用医学、中华胸心血管外科杂志、临床医学工程、现代诊断与治疗、临床眼科杂志、临床心身疾病杂志、内科理论与实践、消化肿瘤杂志(电子版)、肝癌电子杂志、神经疾病与精神卫生、岭南现代临床外科、中国心脏起搏与心电生理杂志、实用器官移植电子杂

志、中外医疗、血管与腔内血管外科杂志、皮肤病与性病、中国斜视与小儿眼科杂志、神经病学与神经康复学杂志、临床医学、中华医学美学美容杂志、中国优生与遗传杂志、临床研究、中华胸部外科电子杂志、国际遗传学杂志、蛇志、心电与循环、妇产与遗传（电子版）、中华口腔正畸学杂志、寄生虫病与感染性疾病、国际眼科纵览、癫痫与神经电生理学杂志、中华疼痛学杂志、食管疾病、癫痫杂志、国际耳鼻咽喉头颈外科杂志、中国医疗美容、实用皮肤病学杂志、实用手外科杂志、中西医结合护理（中英文）、影像技术、立体定向和功能性神经外科杂志、中国产前诊断杂志（电子版）、实用医学影像杂志、中国口腔种植学杂志、中国骨科临床与基础研究杂志、浙江创伤外科、岭南急诊医学杂志、国际放射医学核医学杂志、中国医疗器械信息、诊断病理学杂志、现代医用影像学、神经药理学报、河南外科学杂志。

330 预防医学与公共卫生学(共 100 种)

排名	期刊名称	等级	排名	期刊名称	等级	排名	期刊名称	等级
1	中华流行病学杂志	A+	21	营养学报	A	41	中华健康管理学杂志	B+
2	中华预防医学杂志	A+	22	医学与社会	A-	42	卫生研究	B+
3	中国妇幼保健	A+	23	中国疫苗和免疫	A-	43	中国预防医学杂志	B+
4	中国医院管理	A+	24	新发传染病电子杂志	A-	44	中国妇幼健康研究	B+
5	现代预防医学	A+	25	中国卫生资源	A-	45	上海预防医学	B+
6	中国公共卫生	A+	26	中国卫生信息管理杂志	A-	46	中国卫生质量管理	B+
7	中国卫生事业管理	A	27	中国热带医学	A-	47	中华地方病学杂志	B+
8	中国学校卫生	A	28	国际生殖健康/计划生育杂志	A-	48	中华劳动卫生职业病杂志	B+
9	卫生经济研究	A	29	公共卫生与预防医学	A-	49	中国食品卫生杂志	B+
10	中国卫生政策研究	A	30	中华放射医学与防护杂志	A-	50	职业与健康	B+
11	中华疾病控制杂志	A	31	中国媒介生物学及控制杂志	A-	51	中国生育健康杂志	B+
12	中国病毒病杂志	A	32	中国艾滋病性病	A-	52	全科护理	B+
13	中国血吸虫病防治杂志	A	33	中华生殖与避孕杂志	A-	53	中国病案	B+
14	中国医院	A	34	中国性科学	A-	54	中国卫生检验杂志	B+
15	中国卫生经济	A	35	中国职业医学	A-	55	华南预防医学	B+
16	中国卫生统计	A	36	预防医学	A-	56	中国地方病防治	B+
17	实用预防医学	A	37	环境与职业医学	B+	57	预防医学情报杂志	B+
18	中华医院管理杂志	A	38	卫生软科学	B+	58	中国医疗保险	B+
19	中国计划生育学杂志	A	39	中国社会医学杂志	B+	59	现代医院管理	B+
20	中国人兽共患病学报	A	40	中华传染病杂志	B+	60	江苏预防医学	B+

排名	期刊名称	等级	排名	期刊名称	等级	排名	期刊名称	等级
61	环境卫生工程	B+	64	中国初级卫生保健	B+	67	中国公共卫生管理	B+
62	医学动物防制	B+	65	中华卫生杀虫药械	B+	68	中国卫生标准管理	B+
63	中国农村卫生事业管理	B+	66	职业卫生与应急救援	B+			

B 等级(25 种)：热带病与寄生虫学、国际流行病学传染病学杂志、疾病预防控制通报、中国医院统计、工业卫生与职业病、江苏卫生事业管理、首都公共卫生、毒理学杂志、环境与健康杂志、中国辐射卫生、中国食品药品监管、环境卫生学杂志、海峡预防医学杂志、应用预防医学、中国国境卫生检疫杂志、中国工业医学杂志、医院管理论坛、健康教育与健康促进、职业卫生与病伤、中国妇幼卫生杂志、中华医学科研管理杂志、河南预防医学杂志、中国卫生工程学、预防医学论坛、安徽预防医学杂志。

340 军事医学与特种医学(共 18 种)

排名	期刊名称	等级	排名	期刊名称	等级	排名	期刊名称	等级
1	解放军医学杂志	A+	6	东南国防医药	A	11	武警医学	B+
2	军事护理	A+	7	联勤军事医学	A-	12	空军医学杂志	B+
3	法医学杂志	A	8	海军医学杂志	A-	13	军事医学	B+
4	介入放射学杂志	A	9	解放军医院管理杂志	A-	14	人民军医	B+
5	西北国防医学杂志	A	10	中华航海医学与高气压医学杂志	B+			

B 等级(4 种)：中国法医学杂志、航空航天医学杂志、西南军医、中华航空航天医学杂志。

350 药学(共 61 种)

排名	期刊名称	等级	排名	期刊名称	等级	排名	期刊名称	等级
1	药学学报	A+	11	中国临床药理学与治疗学	A	21	中国药理学与毒理学杂志	A-
2	中国药理学通报	A+	12	中国药学杂志	A	22	中国药物应用与监测	A-
3	中国药房	A+	13	中国现代应用药学	A	23	中国医院用药评价与分析	A-
4	中国医院药学杂志	A+	14	中国药科大学学报	A-	24	中国药物警戒	A-
5	现代药物与临床	A	15	中国药物与临床	A-	25	中国药师	A-
6	中国临床药理学杂志	A	16	药物分析杂志	A-	26	儿科药学杂志	B+
7	医药导报	A	17	中国新药与临床杂志	A-	27	药学研究	B+
8	药物评价研究	A	18	中国新药杂志	A-	28	华西药学杂志	B+
9	西北药学杂志	A	19	实用药物与临床	A-	29	临床药物治疗杂志	B+
10	中国抗生素杂志	A	20	中国药业	A-	30	今日药学	B+

排名	期刊名称	等级	排名	期刊名称	等级	排名	期刊名称	等级
31	药学实践杂志	B+	35	中国现代药物应用	B+	39	临床合理用药杂志	B+
32	中国药事	B+	36	世界临床药物	B+	40	中国合理用药探索	B+
33	食品与药品	B+	37	沈阳药科大学学报	B+			
34	中南药学	B+	38	药物流行病学杂志	B+			

B 等级(20 种):药学与临床研究、药学服务与研究、药物不良反应杂志、中国医药工业杂志、药物生物技术、中国海洋药物、药学进展、中国临床药学杂志、中国药物评价、中国药物依赖性杂志、中国处方药、国外医药(抗生素分册)、天津药学、中国药物经济学、中国药品标准、海峡药学、中国药物化学杂志、北方药学、药品评价、抗感染药学。

360 中医学与中药学(共 122 种)

排名	期刊名称	等级	排名	期刊名称	等级	排名	期刊名称	等级
1	中国中药杂志	A+	19	中国现代中药	A	37	中国中医急症	A−
2	中医杂志	A+	20	中成药	A	38	长春中医药大学学报	A−
3	中草药	A+	21	中医学报	A	39	中国中医基础医学杂志	A−
4	中国实验方剂学杂志	A+	22	辽宁中医杂志	A	40	江苏中医药	A−
5	针刺研究	A+	23	天津中医药	A	41	安徽中医药大学学报	A−
6	中华中医药学刊	A+	24	湖南中医药大学学报	A	42	中国中西医结合消化杂志	A−
7	中国针灸	A+	25	广州中医药大学学报	A	43	时珍国医国药	A−
8	中国中西医结合杂志	A+	26	中药新药与临床药理	A	44	世界科学技术(中医药现代化)	A−
9	中华中医药杂志	A	27	中药材	A	45	天津中医药大学学报	B+
10	南京中医药大学学报	A	28	上海针灸杂志	A	46	中西医结合心脑血管病杂志	B+
11	世界中医药	A	29	吉林中医药	A	47	河北中医药学报	B+
12	中医药信息	A	30	中医药学报	A	48	现代中医临床	B+
13	辽宁中医药大学学报	A	31	上海中医药杂志	A−	49	环球中医药	B+
14	陕西中医	A	32	中药药理与临床	A−	50	北京中医药	B+
15	现代中西医结合杂志	A	33	上海中医药大学学报	A−	51	湖北中医药大学学报	B+
16	中国中医药信息杂志	A	34	康复学报	A−	52	山东中医杂志	B+
17	北京中医药大学学报	A	35	浙江中医药大学学报	A−	53	山东中医药大学学报	B+
18	针灸临床杂志	A	36	世界中西医结合杂志	A−	54	中国中医骨伤科杂志	B+

排名	期刊名称	等级	排名	期刊名称	等级	排名	期刊名称	等级
55	中国中西医结合外科杂志	B+	64	四川中医	B+	73	中医肿瘤学杂志	B+
56	中西医结合心血管病电子杂志	B+	65	现代中药研究与实践	B+	74	中国中西医结合皮肤性病学杂志	B+
57	西部中医药	B+	66	中医正骨	B+	75	新中医	B+
58	中医药导报	B+	67	陕西中医药大学学报	B+	76	中医药临床杂志	B+
59	河南中医	B+	68	中国中医药科技	B+	77	贵州中医药大学学报	B+
60	河北中医	B+	69	实用中医内科杂志	B+	78	国际中医中药杂志	B+
61	中国中医眼科杂志	B+	70	中国中西医结合肾病杂志	B+	79	中医临床研究	B+
62	成都中医药大学学报	B+	71	中医研究	B+	80	湖南中医杂志	B+
63	风湿病与关节炎	B+	72	中西医结合肝病杂志	B+			

B 等级(36 种)：亚太传统医药、云南中医学院学报、中医药通报、江西中医药大学学报、甘肃中医药大学学报、中国中西医结合儿科学、现代中医药、云南中医中药杂志、山西中医药大学学报、光明中医、中国中医药现代远程教育、中国中西医结合耳鼻咽喉科杂志、广西中医药大学学报、中西医结合研究、湖北中医杂志、中国中西医结合影像学杂志、人参研究、中华针灸电子杂志、福建中医药、浙江中西医结合杂志、江西中医药、广西中医药、中国民族民间医药、浙江中医杂志、新疆中医药、实用中医药杂志、国医论坛、内蒙古中医药、中药与临床、中医外治杂志、山西中医、中医文献杂志、按摩与康复医学、中国民间疗法、深圳中西医结合杂志、实用中西医结合临床。

410 工程与技术科学基础学科(共 17 种)

排名	期刊名称	等级	排名	期刊名称	等级	排名	期刊名称	等级
1	计量学报	A+	6	真空与低温	A−	11	大众标准化	B+
2	爆破	A	7	福建轻纺	B+	12	新型工业化	B+
3	真空科学与技术学报	A	8	真空	B+	13	中国检验检测	B+
4	工程爆破	A−	9	计测技术	B+	14	煤矿爆破	B+
5	中国计量大学学报	A−	10	工程研究(跨学科视野中的工程)	B+			

B 等级(3 种)：科技广场、市场监管与质量技术研究、物探装备。

413 信息与系统科学相关工程与技术(共 37 种)

排名	期刊名称	等级	排名	期刊名称	等级	排名	期刊名称	等级
1	自动化学报	A+	5	系统仿真学报	A	9	控制工程	A−
2	控制与决策	A+	6	信息安全研究	A	10	工业工程	A−
3	机器人	A+	7	无人系统技术	A	11	自动化仪表	A−
4	控制理论与应用	A	8	信息网络安全	A	12	自动化与仪表	B+

续表

排名	期刊名称	等级	排名	期刊名称	等级	排名	期刊名称	等级
13	网络安全技术与应用	B+	18	机械与电子	B+	23	办公自动化	B+
14	自动化与仪器仪表	B+	19	网络空间安全	B+	24	兵工自动化	B+
15	自动化技术与应用	B+	20	电气自动化	B+	25	机器人产业	B+
16	工业仪表与自动化装置	B+	21	人工智能	B+			
17	控制与信息技术	B+	22	无线互联科技	B+			

B等级(10种)：自动化与信息工程、全球定位系统、系统仿真技术、海洋信息技术与应用、中国信息安全、机器人技术与应用、机电一体化、北京电子科技学院学报、数字制造科学、传感器世界。

416 自然科学相关工程与技术(共66种)

排名	期刊名称	等级	排名	期刊名称	等级	排名	期刊名称	等级
1	农业机械学报	A+	17	生物加工过程	A	33	中国水土保持	B+
2	农业工程学报	A+	18	中国生物医学工程学报	A-	34	中华生物医学工程杂志	B+
3	水土保持研究	A+	19	医用生物力学	A-	35	生物医学工程学进展	B+
4	水土保持学报	A+	20	湖南包装	A-	36	农业开发与装备	B+
5	中国组织工程研究	A+	21	海洋开发与管理	A-	37	农业工程	B+
6	包装工程	A+	22	农产品加工	A-	38	水土保持应用技术	B+
7	灌溉排水学报	A	23	中国生物制品学杂志	A-	39	海洋技术学报	B+
8	生物技术通报	A	24	化肥设计	A-	40	生命科学仪器	B+
9	农机化研究	A	25	科技创新与生产力	A-	41	农业技术与装备	B+
10	生物医学工程学杂志	A	26	发酵科技通讯	A-	42	海岸工程	B+
11	排灌机械工程学报	A	27	生物医学工程研究	B+	43	贵州农机化	B+
12	中国农机化学报	A	28	现代农业装备	B+	44	农业科技与装备	B+
13	中国水土保持科学（中英文）	A	29	生物医学工程与临床	B+	45	国际生物医学工程杂志	B+
14	中国生物工程杂志	A	30	海洋工程	B+	46	新疆农机化	B+
15	水土保持通报	A	31	北京生物医学工程	B+	47	亚热带水土保持	B+
16	节水灌溉	A	32	包装学报	B+			

B等级(16种)：中国包装、中国海洋平台、数字农业与智能农机、中国医学工程、计量科学与技术、福建农机、中国农技推广、山东农机化、农业工程与装备、农业装备技术、拖拉机与农用运输车、广东蚕业、海洋工程装备与技术、江苏农机化、中国制笔、青海农技推广。

420 测绘科学技术(共 27 种)

排名	期刊名称	等级	排名	期刊名称	等级	排名	期刊名称	等级
1	遥感学报	A+	8	测绘科学	A	15	导航定位学报	B+
2	武汉大学学报(信息科学版)	A+	9	大地测量与地球动力学	A	16	地理空间信息	B+
3	测绘学报	A+	10	遥感技术与应用	A-	17	北京测绘	B+
4	地球信息科学学报	A	11	测绘工程	A-	18	地理信息世界	B+
5	地理与地理信息科学	A	12	测绘地理信息	A-	19	测绘科学技术学报	B+
6	测绘通报	A	13	遥感信息	A-	20	海洋测绘	B+
7	自然资源遥感	A	14	测绘与空间地理信息	A-	21	现代测绘	B+

B 等级(5 种)：遥测遥控、测绘技术装备、测绘标准化、江西测绘、测绘。

430 材料科学(共 74 种)

排名	期刊名称	等级	排名	期刊名称	等级	排名	期刊名称	等级
1	金属学报	A+	18	含能材料	A	35	塑料科技	B+
2	复合材料学报	A+	19	材料科学与工艺	A	36	金属功能材料	B+
3	材料导报	A+	20	塑料工业	A-	37	人工晶体学报	B+
4	中国有色金属学报	A+	21	中国塑料	A-	38	现代技术陶瓷	B+
5	材料工程	A+	22	精密成形工程	A-	39	有机硅材料	B+
6	表面技术	A+	23	材料研究学报	A-	40	宇航材料工艺	B+
7	无机材料学报	A	24	耐火材料	A-	41	合成材料老化与应用	B+
8	新型炭材料	A	25	化工新型材料	A-	42	材料保护	B+
9	橡胶工业	A	26	稀土	A-	43	钛工业进展	B+
10	中国材料进展	A	27	中国粉体技术	A-	44	热固性树脂	B+
11	中国稀土学报	A	28	材料科学与工程学报	A-	45	陶瓷	B+
12	稀有金属材料与工程	A	29	腐蚀与防护	A-	46	理化检验-物理分册	B+
13	工程塑料应用	A	30	陶瓷学报	A-	47	材料研究与应用	B+
14	中国表面工程	A	31	复合材料科学与工程	B+	48	稀有金属与硬质合金	B+
15	功能材料	A	32	上海塑料	B+	49	高科技纤维与应用	B+
16	中国腐蚀与防护学报	A	33	机械工程材料	B+	50	硬质合金	B+
17	高分子材料科学与工程	A	34	塑料	B+	51	纤维复合材料	B+

排名	期刊名称	等级	排名	期刊名称	等级	排名	期刊名称	等级
52	中国陶瓷	B+	54	轮胎工业	B+	56	失效分析与预防	B+
53	热喷涂技术	B+	55	中国陶瓷工业	B+			

B 等级(14 种):功能材料与器件学报、塑料助剂、轻金属、玻璃搪瓷与眼镜、玻璃、特种橡胶制品、塑料包装、材料开发与应用、玻璃纤维、超硬材料工程、合成润滑材料、金属制品、佛山陶瓷、人造纤维。

440 矿山工程技术(共 100 种)

排名	期刊名称	等级	排名	期刊名称	等级	排名	期刊名称	等级
1	石油勘探与开发	A+	22	西安科技大学学报	A	43	黄金科学技术	B+
2	煤炭学报	A+	23	中国海上油气	A	44	辽宁工程技术大学学报(自然科学版)	B+
3	中国石油勘探	A+	24	金属矿山	A	45	化工矿物与加工	B+
4	天然气工业	A+	25	矿业安全与环保	A	46	石油矿场机械	B+
5	石油学报	A+	26	西安石油大学学报(自然科学版)	A-	47	天然气与石油	B+
6	中国矿业大学学报	A+	27	矿产保护与利用	A-	48	能源与环保	B+
7	煤炭科学技术	A	28	非常规油气	A-	49	有色金属(矿山部分)	B+
8	采矿与安全工程学报	A	29	西南石油大学学报(自然科学版)	A-	50	矿冶	B+
9	油气地质与采收率	A	30	煤矿安全	A-	51	天然气技术与经济	B+
10	石油钻探技术	A	31	东北石油大学学报	A-	52	天然气勘探与开发	B+
11	油气储运	A	32	石油机械	A-	53	煤矿机械	B+
12	中国石油大学学报(自然科学版)	A	33	矿业研究与开发	A-	54	石油地质与工程	B+
13	工矿自动化	A	34	中国煤炭	A-	55	矿产勘查	B+
14	煤田地质与勘探	A	35	钻井液与完井液	A-	56	煤炭技术	B+
15	特种油气藏	A	36	石油钻采工艺	A-	57	黄金	B+
16	大庆石油地质与开发	A	37	非金属矿	A-	58	资源环境与工程	B+
17	断块油气田	A	38	油气井测试	A-	59	测井技术	B+
18	矿业科学学报	A	39	钻采工艺	A-	60	中国非金属矿工业导刊	B+
19	中国矿业	A	40	矿产综合利用	A-	61	选煤技术	B+
20	采矿与岩层控制工程学报	A	41	矿冶工程	B+	62	陕西煤炭	B+
21	煤炭工程	A	42	有色金属(选矿部分)	B+	63	油气田地面工程	B+

排名	期刊名称	等级	排名	期刊名称	等级	排名	期刊名称	等级
64	采矿技术	B+	65	地矿测绘	B+			

B 等级(28 种):管道技术与设备、矿山测量、煤炭科技、矿业工程研究、石油管材与仪器、海洋石油、新疆石油天然气、矿业装备、中国矿山工程、煤矿现代化、中国锰业、煤矿机电、现代矿业、中国煤层气、矿山机械、世界有色金属、露天采矿技术、山西煤炭、石油工业技术监督、铀矿冶、有色矿冶、煤、建井技术、石油石化节能、录井工程、石油工程建设、江西煤炭科技、山东煤炭科技。

450 冶金工程技术(共 70 种)

排名	期刊名称	等级	排名	期刊名称	等级	排名	期刊名称	等级
1	钢铁	A+	15	上海金属	A−	29	特殊钢	B+
2	稀有金属	A+	16	烧结球团	A−	30	中国金属通报	B+
3	中国冶金	A+	17	冶金自动化	A−	31	鞍钢技术	B+
4	有色金属(冶炼部分)	A	18	有色金属材料与工程	A−	32	有色冶金设计与研究	B+
5	有色金属科学与工程	A	19	贵金属	A−	33	中国钼业	B+
6	钢铁研究学报	A	20	中国有色冶金	A−	34	铝加工	B+
7	粉末冶金技术	A	21	材料与冶金学报	A−	35	物理测试	B+
8	冶金分析	A	22	河北冶金	B+	36	冶金与材料	B+
9	有色金属工程	A	23	冶金能源	B+	37	有色冶金节能	B+
10	湿法冶金	A	24	钢铁钒钛	B+	38	云南冶金	B+
11	粉末冶金工业	A	25	轻合金加工技术	B+	39	铜业工程	B+
12	轧钢	A	26	中国钨业	B+	40	金属世界	B+
13	炼钢	A	27	钢管	B+	41	四川有色金属	B+
14	粉末冶金材料科学与工程	A	28	湖南有色金属	B+	42	南方金属	B+

B 等级(21 种):江西冶金、山西冶金、福建冶金、宝钢技术、天津冶金、有色设备、炼铁、宽厚板、新疆有色金属、金属材料与冶金工程、山东冶金、甘肃冶金、四川冶金、冶金动力、现代交通与冶金材料、安徽冶金科技职业学院学报、铸造设备与工艺、铁合金、河南冶金、冶金设备、电工钢。

460 机械工程(共 92 种)

排名	期刊名称	等级	排名	期刊名称	等级	排名	期刊名称	等级
1	机械工程学报	A+	4	摩擦学学报	A+	7	振动、测试与诊断	A+
2	中国机械工程	A+	5	焊接学报	A+	8	机械科学与技术	A
3	液压与气动	A+	6	流体机械	A+	9	机电工程	A

排名	期刊名称	等级	排名	期刊名称	等级	排名	期刊名称	等级
10	塑性工程学报	A	27	连铸	A−	44	电焊机	B+
11	组合机床与自动化加工技术	A	28	轻工机械	A−	45	模具工业	B+
12	现代铸铁	A	29	金刚石与磨料磨具工程	A−	46	液压气动与密封	B+
13	工程设计学报	A	30	热加工工艺	A−	47	机械制造	B+
14	机械强度	A	31	特种铸造及有色合金	A−	48	设备管理与维修	B+
15	机械设计与制造	A	32	制造技术与机床	A−	49	重型机械	B+
16	金属热处理	A	33	机械	A−	50	机械工程与自动化	B+
17	机械传动	A	34	铸造	A−	51	模具技术	B+
18	锻压技术	A	35	轴承	B+	52	焊管	B+
19	机械设计	A	36	焊接	B+	53	热处理技术与装备	B+
20	材料热处理学报	A	37	机械制造与自动化	B+	54	电子机械工程	B+
21	机床与液压	A−	38	无损检测	B+	55	机电技术	B+
22	中国工程机械学报	A−	39	风机技术	B+	56	有色金属加工	B+
23	润滑与密封	A−	40	机电工程技术	B+	57	铸造技术	B+
24	现代制造工程	A−	41	电加工与模具	B+	58	装备机械	B+
25	机械设计与研究	A−	42	工具技术	B+	59	机械研究与应用	B+
26	制造业自动化	A−	43	机械设计与制造工程	B+			

B 等级(23 种):新技术新工艺、中国铸造装备与技术、机械工程师、热处理、机电产品开发与创新、金属加工(热加工)、现代机械、锻压装备与制造技术、精密制造与自动化、中国重型装备、机械管理开发、现代制造技术与装备、压缩机技术、工程机械、装备制造技术、智能制造、山东工业技术、木工机床、起重运输机械、特种设备安全技术、焊接技术、大型铸锻件、成组技术与生产现代化。

470 动力与电气工程(共 145 种)

排名	期刊名称	等级	排名	期刊名称	等级	排名	期刊名称	等级
1	中国电机工程学报	A+	6	电工技术学报	A+	11	电机与控制学报	A
2	电力系统自动化	A+	7	电力自动化设备	A+	12	电测与仪表	A
3	电网技术	A+	8	中国电力	A+	13	发电技术	A
4	电力系统保护与控制	A+	9	智慧电力	A	14	电力系统及其自动化学报	A
5	高电压技术	A+	10	电力科学与技术学报	A	15	热力发电	A

排名	期刊名称	等级	排名	期刊名称	等级	排名	期刊名称	等级
16	电网与清洁能源	A	42	电源技术	A-	68	建筑电气	B+
17	水力发电学报	A	43	热能动力工程	A-	69	微特电机	B+
18	电力建设	A	44	国外电子测量技术	A-	70	电子制作	B+
19	供用电	A	45	东北电力大学学报	A-	71	电池工业	B+
20	电力工程技术	A	46	湖北电力	A-	72	汽轮机技术	B+
21	内燃机学报	A	47	电器与能效管理技术	A-	73	大电机技术	B+
22	高压电器	A	48	电瓷避雷器	A-	74	内燃机与动力装置	B+
23	南方电网技术	A	49	水力发电	A-	75	锅炉技术	B+
24	电力需求侧管理	A	50	内蒙古电力技术	A-	76	制冷与空调	B+
25	电工电能新技术	A	51	电气传动	A-	77	电工材料	B+
26	华北电力大学学报（自然科学版）	A	52	电气工程学报	A-	78	工业加热	B+
27	现代电力	A	53	照明工程学报	B+	79	制冷与空调（四川）	B+
28	制冷学报	A	54	电力科学与工程	B+	80	重庆电力高等专科学校学报	B+
29	工程热物理学报	A	55	电机与控制应用	B+	81	发电设备	B+
30	广东电力	A	56	热科学与技术	B+	82	电工电气	B+
31	综合智慧能源	A	57	上海电力大学学报	B+	83	光源与照明	B+
32	电力电容器与无功补偿	A	58	电力大数据	B+	84	电器工业	B+
33	电源学报	A	59	微电机	B+	85	四川电力技术	B+
34	绝缘材料	A	60	制冷技术	B+	86	蓄电池	B+
35	燃烧科学与技术	A	61	电气技术	B+	87	广西电力	B+
36	动力工程学报	A	62	山东电力技术	B+	88	东北电力技术	B+
37	变压器	A-	63	低温工程	B+	89	上海电气技术	B+
38	浙江电力	A-	64	电力电子技术	B+	90	电线电缆	B+
39	电池	A-	65	湖南电力	B+	91	河北电力技术	B+
40	内燃机工程	A-	66	电力学报	B+	92	山西电力	B+
41	分布式能源	A-	67	内燃机与配件	B+	93	电气应用	B+

排名	期刊名称	等级	排名	期刊名称	等级	排名	期刊名称	等级
94	船电技术	B+	95	黑龙江电力	B+			

B 等级（40 种）：中国照明电器、工业锅炉、安徽电气工程职业技术学院学报、电站系统工程、水电与新能源、低温与特气、锅炉制造、电气开关、燃气轮机技术、电力勘测设计、制冷、热力透平、小型内燃机与车辆技术、电工技术、机电信息、内燃机、电气传动自动化、电动工具、云南电力技术、宁夏电力、防爆电机、家电科技、东方电气评论、柴油机、中国水能及电气化、吉林电力、农村电气化、水泵技术、机电元件、工业炉、电力安全技术、青海电力、电气防爆、移动电源与车辆、冷藏技术、东方汽轮机、水电站机电技术、电气时代、电机技术、中国电力教育。

480 能源科学技术(共 39 种)

排名	期刊名称	等级	排名	期刊名称	等级	排名	期刊名称	等级
1	岩性油气藏	A+	10	石油科学通报	A−	19	中外能源	B+
2	储能科学与技术	A+	11	南方能源建设	A−	20	能源与节能	B+
3	全球能源互联网	A	12	新能源进展	A−	21	能源工程	B+
4	新疆石油地质	A	13	中国沼气	A−	22	节能与环保	B+
5	太阳能学报	A	14	电力科技与环保	A−	23	电力与能源	B+
6	可再生能源	A	15	煤质技术	B+	24	上海节能	B+
7	海相油气地质	A	16	油气与新能源	B+	25	能源技术与管理	B+
8	中国能源	A	17	节能技术	B+	26	节能	B+
9	石油科技论坛	A	18	太阳能	B+			

B 等级（13 种）：能源研究与管理、能源与环境、世界石油工业、复杂油气藏、应用能源技术、能源研究与信息、石油石化绿色低碳、能源研究与利用、山东电力高等专科学校学报、能源科技、广西节能、石油商技、江汉石油职工大学学报。

490 核科学技术(共 16 种)

排名	期刊名称	等级	排名	期刊名称	等级	排名	期刊名称	等级
1	原子能科学技术	A+	7	核化学与放射化学	A−	13	原子核物理评论	B+
2	强激光与粒子束	A+	8	辐射防护	A−	14	中国核电	B+
3	辐射研究与辐射工艺学报	A	9	核科学与工程	A−	15	辐射防护通讯	B+
4	核技术	A	10	核聚变与等离子体物理	A−	16	核标准计量与质量	B+
5	核动力工程	A	11	核安全	A−			
6	同位素	A−	12	核电子学与探测技术	B+			

510 电子与通信技术(共 119 种)

排名	期刊名称	等级	排名	期刊名称	等级	排名	期刊名称	等级
1	通信学报	A+	27	电子技术应用	A−	53	量子电子学报	B+
2	中国激光	A+	28	电子显微学报	A−	54	微波学报	B+
3	电子测量与仪器学报	A+	29	信息通信技术与政策	A−	55	中国新通信	B+
4	电子与信息学报	A+	30	密码学报	A−	56	通信技术	B+
5	雷达学报	A+	31	激光与红外	A−	57	电信工程技术与标准化	B+
6	激光与光电子学进展	A+	32	移动通信	A−	58	数字通信世界	B+
7	系统工程与电子技术	A	33	中国电子科学研究院学报	A−	59	半导体技术	B+
8	物联网学报	A	34	邮电设计技术	A−	60	微电子学	B+
9	中兴通讯技术	A	35	电波科学学报	A−	61	天地一体化信息网络	B+
10	电子学报	A	36	电子器件	A−	62	集成电路应用	B+
11	电信科学	A	37	信息通信技术	A−	63	西安邮电大学学报	B+
12	信息与控制	A	38	激光杂志	A−	64	电子工艺技术	B+
13	现代电子技术	A	39	电讯技术	A−	65	电子与封装	B+
14	红外与激光工程	A	40	无线电工程	A−	66	数据通信	B+
15	西安电子科技大学学报	A	41	半导体光电	A−	67	长江信息通信	B+
16	光电工程	A	42	光电子·激光	A−	68	太赫兹科学与电子信息学报	B+
17	激光技术	A	43	应用激光	B+	69	光电技术应用	B+
18	液晶与显示	A	44	大气与环境光学学报	B+	70	电信快报	B+
19	发光学报	A	45	电子元件与材料	B+	71	雷达科学与技术	B+
20	红外与毫米波学报	A	46	光通信技术	B+	72	中国有线电视	B+
21	电子科技	A	47	压电与声光	B+	73	杭州电子科技大学学报(自然科学版)	B+
22	北京邮电大学学报	A	48	通讯世界	B+	74	通信电源技术	B+
23	信号处理	A	49	电子测试	B+	75	固体电子学研究与进展	B+
24	电子测量技术	A	50	现代雷达	B+	76	空间电子技术	B+
25	无线电通信技术	A−	51	光通信研究	B+	77	光学与光电技术	B+
26	红外技术	A−	52	微纳电子技术	B+	78	舰船电子工程	B+

B 等级(36 种)：红外、卫星电视与宽带多媒体、微纳电子与智能制造、桂林电子科技大学学报、光电子技术、磁性材料及器件、电视技术、广东通信技术、山西电子技术、电子信息对抗技术、电子产品可靠性与环境试验、信息工程大学学报、信息化研究、真空电子技术、通信与信息技术、广播与电视技术、电脑与电信、无线通信技术、舰船电子对抗、电子质量、火控雷达技术、现代导航、现代电影技术、电子产品世界、电声技术、数字传媒研究、广播电视网络、江苏通信、中国集成电路、影视制作、安全与电磁兼容、雷达与对抗、江西通信科技、电子工业专用设备、印制电路信息、山东通信技术。

520 计算机科学技术(共 72 种)

排名	期刊名称	等级	排名	期刊名称	等级	排名	期刊名称	等级
1	计算机学报	A+	17	图学学报	A-	33	计算机时代	B+
2	软件学报	A+	18	计算机工程与设计	A-	34	指挥信息系统与技术	B+
3	计算机集成制造系统	A+	19	小型微型计算机系统	A-	35	计算机与现代化	B+
4	计算机研究与发展	A+	20	智能科学与技术学报	A-	36	电子元器件与信息技术	B+
5	计算机工程与应用	A	21	信息安全学报	A-	37	电脑知识与技术	B+
6	计算机工程	A	22	计算机应用与软件	A-	38	计算机仿真	B+
7	大数据	A	23	中文信息学报	A-	39	微电子学与计算机	B+
8	计算机应用	A	24	计算机工程与科学	A-	40	软件	B+
9	计算机科学	A	25	计算机技术与发展	A-	41	数据与计算发展前沿	B+
10	计算机应用研究	A	26	网络与信息安全学报	B+	42	电脑编程技巧与维护	B+
11	计算机辅助设计与图形学学报	A	27	计算机系统应用	B+	43	网络安全与数据治理	B+
12	中国科学：信息科学	A	28	软件工程	B+	44	测试技术学报	B+
13	中国图象图形学报	A	29	数据采集与处理	B+	45	微型电脑应用	B+
14	模式识别与人工智能	A	30	计算机测量与控制	B+	46	信息安全与通信保密	B+
15	智能系统学报	A	31	物联网技术	B+	47	智能物联技术	B+
16	计算机科学与探索	A-	32	软件导刊	B+	48	CT 理论与应用研究	B+

B 等级(21 种)：电脑与信息技术、信息技术、数值计算与计算机应用、福建电脑、计算机与数字工程、计算技术与自动化、单片机与嵌入式系统应用、电子技术与软件工程、信息技术与信息化、工业控制计算机、数字技术与应用、信息系统工程、信息与电脑(理论版)、网络新媒体技术、现代计算机、智能计算机与应用、现代信息科技、计算机辅助工程、微处理机、信息技术与标准化、保密科学技术。

530 化学工程(共 161 种)

排名	期刊名称	等级	排名	期刊名称	等级	排名	期刊名称	等级
1	化工学报	A+	27	皮革科学与工程	A	53	中国胶粘剂	A-
2	天然产物研究与开发	A+	28	合成树脂及塑料	A	54	合成纤维工业	A-
3	化工进展	A+	29	纤维素科学与技术	A	55	合成橡胶工业	A-
4	硅酸盐学报	A+	30	辽宁石油化工大学学报	A	56	离子交换与吸附	A-
5	洁净煤技术	A+	31	化学工业与工程	A	57	香料香精化妆品	B+
6	中国造纸学报	A+	32	聚氨酯工业	A	58	世界农药	B+
7	精细化工	A+	33	涂料工业	A	59	化工管理	B+
8	燃料化学学报(中英文)	A+	34	皮革与化工	A-	60	化工科技	B+
9	硅酸盐通报	A+	35	当代化工	A-	61	化工时刊	B+
10	石油与天然气化工	A	36	现代农药	A-	62	爆破器材	B+
11	石油学报(石油加工)	A	37	中国皮革	A-	63	精细石油化工	B+
12	应用化工	A	38	广东化工	A-	64	化学工程	B+
13	油田化学	A	39	化学与生物工程	A-	65	润滑油	B+
14	林产化学与工业	A	40	吉林化工学院学报	A-	66	炼油技术与工程	B+
15	无机盐工业	A	41	石油化工	A-	67	生物化工	B+
16	中国造纸	A	42	化学工程师	A-	68	粘接	B+
17	煤炭转化	A	43	广州化工	A-	69	山东化工	B+
18	生物质化学工程	A	44	现代塑料加工应用	A-	70	工业催化	B+
19	现代化工	A	45	化学工业	A-	71	煤化工	B+
20	农药	A	46	当代石油石化	A-	72	能源化工	B+
21	日用化学工业	A	47	电镀与精饰	A-	73	化工设计通讯	B+
22	石油炼制与化工	A	48	煤炭加工与综合利用	A-	74	造纸科学与技术	B+
23	石油化工高等学校学报	A	49	弹性体	A-	75	石化技术与应用	B+
24	过程工程学报	A	50	日用化学品科学	A-	76	当代化工研究	B+
25	高校化学工程学报	A	51	电镀与涂饰	A-	77	石油化工设备	B+
26	膜科学与技术	A	52	天然气化工—C1 化学与化工	A-	78	化学与粘合	B+

续表

排名	期刊名称	等级	排名	期刊名称	等级	排名	期刊名称	等级
79	化工技术与开发	B+	91	中国石油和化工标准与质量	B+	103	肥料与健康	B+
80	安徽化工	B+	92	石油化工自动化	B+	104	石油化工设备技术	B+
81	石油化工腐蚀与防护	B+	93	江西化工	B+	105	石化技术	B+
82	胶体与聚合物	B+	94	有机氟工业	B+	106	天津化工	B+
83	现代盐化工	B+	95	精细与专用化学品	B+	107	炭素	B+
84	化学推进剂与高分子材料	B+	96	清洗世界	B+	108	石油沥青	B+
85	炭素技术	B+	97	四川化工	B+	109	染料与染色	B+
86	磷肥与复肥	B+	98	全面腐蚀控制	B+	110	上海涂料	B+
87	涂层与防护	B+	99	云南化工	B+	111	硫酸工业	B+
88	辽宁化工	B+	100	浙江化工	B+	112	中国洗涤用品工业	B+
89	橡胶科技	B+	101	河南化工	B+	113	中国涂料	B+
90	石油化工应用	B+	102	化工自动化及仪表	B+	114	沈阳化工大学学报	B+

B 等级(39 种)：化工机械、精细石油化工进展、合成技术及应用、化学反应工程与工艺、精细化工中间体、山东石油化工学院学报、化工设备与管道、山西化工、新世纪水泥导报、石油化工设计、化工设计、石油化工安全环保技术、橡塑技术与装备、燃料与化工、石油和化工设备、化学工程与装备、化工装备技术、杭州化工、化工生产与技术、炼油与化工、水泥工程、聚酯工业、黑龙江造纸、中氮肥、口腔护理用品工业、现代涂料与涂装、内蒙古石油化工、乙烯工业、硫磷设计与粉体工程、齐鲁石油化工、中国生漆、中国氯碱、天津造纸、水泥技术、纯碱工业、氯碱工业、耐火与石灰、大氮肥、中国化工装备。

535 产品应用相关工程与技术(共 46 种)

排名	期刊名称	等级	排名	期刊名称	等级	排名	期刊名称	等级
1	仪器仪表学报	A+	9	火炸药学报	A	17	兵器材料科学与工程	A-
2	光学精密工程	A+	10	航空兵器	A	18	水下无人系统学报	A-
3	家具	A	11	仪表技术与传感器	A	19	探测与控制学报	A-
4	家具与室内装饰	A	12	空天技术	A	20	分析仪器	B+
5	兵工学报	A	13	空天防御	A-	21	气象水文海洋仪器	B+
6	传感器与微系统	A	14	现代仪器与医疗	A-	22	弹道学报	B+
7	传感技术学报	A	15	战术导弹技术	A-	23	火炮发射与控制学报	B+
8	压力容器	A	16	兵器装备工程学报	A-	24	光学仪器	B+

续表

排名	期刊名称	等级	排名	期刊名称	等级	排名	期刊名称	等级
25	现代防御技术	B+	27	化学传感器	B+	29	印刷与数字媒体技术研究	B+
26	弹箭与制导学报	B+	28	仪器仪表与分析监测	B+	30	计量与测试技术	B+

B 等级(12 种)：轻工标准与质量、仪表技术、仪器仪表标准化与计量、仪器仪表用户、火工品、质量与认证、上海计量测试、中国仪器仪表、无损探伤、包装世界、工业计量、工程与试验。

540 纺织科学技术(共 38 种)

排名	期刊名称	等级	排名	期刊名称	等级	排名	期刊名称	等级
1	纺织学报	A+	10	现代纺织技术	A-	19	合成纤维	B+
2	纺织科学与工程学报	A+	11	服装学报	A-	20	西部皮革	B+
3	丝绸	A	12	针织工业	A-	21	产业用纺织品	B+
4	毛纺科技	A	13	北京服装学院学报(自然科学版)	A-	22	天津纺织科技	B+
5	纺织高校基础科学学报	A	14	印染助剂	A-	23	染整技术	B+
6	棉纺织技术	A	15	武汉纺织大学学报	A-	24	化纤与纺织技术	B+
7	印染	A	16	纺织科技进展	B+	25	上海纺织科技	B+
8	纺织导报	A	17	浙江纺织服装职业技术学院学报	B+			
9	天津工业大学学报	A-	18	河南工程学院学报(自然科学版)	B+			

B 等级(11 种)：现代丝绸科学与技术、山东纺织科技、辽宁丝绸、黑龙江纺织、纺织报告、纺织科学研究、中国纤检、江苏丝绸、纺织检测与标准、国际纺织导报、纺织器材。

550 食品科学技术(共 48 种)

排名	期刊名称	等级	排名	期刊名称	等级	排名	期刊名称	等级
1	食品科学	A+	9	中国酿造	A	17	中国食用菌	B+
2	食品工业科技	A+	10	食品安全质量检测学报	A	18	中国食物与营养	B+
3	食品科学技术学报	A+	11	中国调味品	A-	19	美食研究	B+
4	食品与发酵工业	A	12	保鲜与加工	A-	20	包装与食品机械	B+
5	中国食品学报	A	13	中国油脂	A-	21	食品与发酵科技	B+
6	食品研究与开发	A	14	食品与机械	A-	22	粮油食品科技	B+
7	现代食品科技	A	15	河南工业大学学报(自然科学版)	A-	23	粮食与油脂	B+
8	中国粮油学报	A	16	肉类研究	B+	24	食品科技	B+

排名	期刊名称	等级	排名	期刊名称	等级	排名	期刊名称	等级
25	中国食品添加剂	B+	28	甘蔗糖业	B+	31	酿酒科技	B+
26	中国乳品工业	B+	29	食品与生物技术学报	B+	32	乳业科学与技术	B+
27	食品工业	B+	30	轻工学报	B+			

B 等级(12 种):食品工程、酿酒、饮料工业、粮食与食品工业、江苏调味副食品、现代食品、肉类工业、中国乳业、粮食加工、现代面粉工业、盐科学与化工、中国甜菜糖业。

560 土木建筑工程(共 163 种)

排名	期刊名称	等级	排名	期刊名称	等级	排名	期刊名称	等级
1	岩石力学与工程学报	A+	21	上海城市规划	A	41	建筑节能(中英文)	A−
2	城市规划	A+	22	混凝土与水泥制品	A	42	暖通空调	A−
3	岩土力学	A+	23	地下空间与工程学报	A	43	工业建筑	A−
4	城市规划学刊	A+	24	混凝土	A	44	智能城市	A−
5	岩土工程学报	A+	25	中国给水排水	A	45	新建筑	A−
6	建筑结构学报	A+	26	建筑钢结构进展	A	46	时代建筑	A−
7	国际城市规划	A+	27	给水排水	A	47	湖南城市学院学报(自然科学版)	A−
8	土木工程学报	A+	28	木材科学与技术	A	48	山东建筑大学学报	A−
9	城市发展研究	A	29	绿色环保建材	A	49	城乡规划	A−
10	建筑材料学报	A	30	西安建筑科技大学学报(自然科学版)	A	50	建筑师	A−
11	风景园林	A	31	世界地震工程	A	51	四川水泥	B+
12	规划师	A	32	沈阳建筑大学学报(自然科学版)	A	52	砖瓦	B+
13	西部人居环境学刊	A	33	建筑科学	A	53	工程建设与设计	B+
14	现代城市研究	A	34	上海城市管理	A−	54	华中建筑	B+
15	施工技术(中英文)	A	35	净水技术	A−	55	建筑与预算	B+
16	建筑科学与工程学报	A	36	小城镇建设	A−	56	智能建筑与智慧城市	B+
17	南方建筑	A	37	北京建筑大学学报	A−	57	新材料产业	B+
18	建筑学报	A	38	青岛理工大学学报	A−	58	河南建材	B+
19	土木建筑工程信息技术	A	39	建筑结构	A−	59	工程勘察	B+
20	土木工程与管理学报	A	40	新型建筑材料	A−	60	建筑技术	B+

排名	期刊名称	等级	排名	期刊名称	等级	排名	期刊名称	等级
61	四川建筑科学研究	B+	77	粉煤灰综合利用	B+	93	北方建筑	B+
62	结构工程师	B+	78	建筑遗产	B+	94	建筑安全	B+
63	山西建筑	B+	79	岩土工程技术	B+	95	混凝土世界	B+
64	中国建筑金属结构	B+	80	中国医院建筑与装备	B+	96	广州建筑	B+
65	安徽建筑大学学报	B+	81	广东园林	B+	97	广东土木与建筑	B+
66	江西建材	B+	82	重庆建筑	B+	98	中国建材科技	B+
67	居业	B+	83	钢结构(中英文)	B+	99	天津城建大学学报	B+
68	城市勘测	B+	84	工程抗震与加固改造	B+	100	建设科技	B+
69	吉林建筑大学学报	B+	85	住区	B+	101	区域供热	B+
70	景观设计学(中英文)	B+	86	绿色建筑	B+	102	北京规划建设	B+
71	建筑史学刊	B+	87	城市建筑空间	B+	103	建筑科技	B+
72	散装水泥	B+	88	中国住宅设施	B+	104	四川建材	B+
73	城市	B+	89	空间结构	B+	105	城市建筑	B+
74	建筑与文化	B+	90	地基处理	B+	106	煤气与热力	B+
75	住宅科技	B+	91	安徽建筑	B+	107	城市管理与科技	B+
76	河南城建学院学报	B+	92	苏州科技大学学报(工程技术版)	B+			

B 等级(43 种)：建筑施工、建筑技术开发、中外建筑、中国勘察设计、河北建筑工程学院学报、建材技术与应用、市政技术、建筑技艺、中国市政工程、福建建材、广西城镇建设、世界建筑、低温建筑技术、中国建筑防水、浙江建筑、工程建设、洁净与空调技术、建筑热能通风空调、特种结构、土工基础、福建建设科技、城市建设理论研究(电子版)、防护工程、工程质量、现代建筑电气、建材世界、广东建材、福建建筑、天津建设科技、江苏建材、门窗、上海建材、城乡建设、中国建筑装饰装修、工程与建设、勘察科学技术、灯与照明、四川建筑、江苏建筑、住宅产业、建筑机械、古建园林技术、建筑设计管理。

570 水利工程(共 71 种)

排名	期刊名称	等级	排名	期刊名称	等级	排名	期刊名称	等级
1	水利学报	A+	5	河海大学学报(自然科学版)	A	9	长江科学院院报	A
2	水资源保护	A+	6	南水北调与水利科技(中英文)	A	10	水利水电科技进展	A
3	长江流域资源与环境	A+	7	人民长江	A	11	水利水电技术(中英文)	A
4	水科学进展	A+	8	人民黄河	A	12	华北水利水电大学学报(自然科学版)	A

续表

排名	期刊名称	等级	排名	期刊名称	等级	排名	期刊名称	等级
13	水处理技术	A	26	长江技术经济	A-	39	江苏水利	B+
14	中国农村水利水电	A	27	水动力学研究与进展 A辑	A-	40	湖南水利水电	B+
15	水利水运工程学报	A	28	水利信息化	B+	41	浙江水利科技	B+
16	水文	A	29	浙江水利水电学院学报	B+	42	水科学与工程技术	B+
17	水资源与水工程学报	A	30	中国防汛抗旱	B+	43	黑龙江水利科技	B+
18	水利规划与设计	A	31	黄河水利职业技术学院学报	B+	44	水利科技与经济	B+
19	水电能源科学	A-	32	水利发展研究	B+	45	吉林水利	B+
20	中国水利水电科学研究院学报(中英文)	A-	33	水利水电快报	B+	46	西北水电	B+
21	水利与建筑工程学报	A-	34	水电与抽水蓄能	B+	47	城镇供水	B+
22	泥沙研究	A-	35	广东水利水电	B+	48	东北水利水电	B+
23	中国水利	A-	36	水利建设与管理	B+	49	甘肃水利水电技术	B+
24	人民珠江	A-	37	地下水	B+	50	供水技术	B+
25	水利技术监督	A-	38	江西水利科技	B+			

B 等级(17 种):北京水务、水利科学与寒区工程、海河水利、广西水利水电、水电站设计、四川水利、陕西水利、红水河、云南水力发电、大坝与安全、小水电、四川水力发电、河南水利与南水北调、山东水利、治淮、山西水利科技、江淮水利科技。

580 交通运输工程(共 158 种)

排名	期刊名称	等级	排名	期刊名称	等级	排名	期刊名称	等级
1	中国公路学报	A+	10	铁道标准设计	A	19	铁道运输与经济	A
2	桥梁建设	A+	11	交通运输研究	A	20	公路交通科技	A
3	交通运输工程学报	A+	12	世界桥梁	A	21	北京交通大学学报	A
4	西南交通大学学报	A+	13	铁道工程学报	A	22	公路工程	A
5	中国铁道科学	A+	14	铁道科学与工程学报	A	23	中国铁路	A
6	隧道建设(中英文)	A+	15	重庆交通大学学报(自然科学版)	A	24	交通信息与安全	A
7	铁道学报	A+	16	长安大学学报(自然科学版)	A	25	中国舰船研究	A
8	交通运输系统工程与信息	A+	17	现代隧道技术	A	26	交通运输工程与信息学报	A
9	汽车工程	A	18	城市交通	A	27	铁道建筑	A

排名	期刊名称	等级	排名	期刊名称	等级	排名	期刊名称	等级
28	汽车安全与节能学报	A	51	大连交通大学学报	B+	74	船海工程	B+
29	公路	A	52	综合运输	B+	75	交通节能与环保	B+
30	汽车技术	A	53	水道港口	B+	76	湖北汽车工业学院学报	B+
31	都市快轨交通	A	54	铁路通信信号工程技术	B+	77	交通与运输	B+
32	上海海事大学学报	A	55	交通科学与工程	B+	78	汽车工程师	B+
33	交通科技与经济	A-	56	高速铁路技术	B+	79	中国交通信息化	B+
34	中外公路	A-	57	公路交通技术	B+	80	铁路节能环保与安全卫生	B+
35	铁路计算机应用	A-	58	时代汽车	B+	81	汽车工艺与材料	B+
36	中国造船	A-	59	汽车实用技术	B+	82	铁道通信信号	B+
37	船舶力学	A-	60	石家庄铁道大学学报（自然科学版）	B+	83	黑龙江交通科技	B+
38	铁道货运	A-	61	路基工程	B+	84	交通世界	B+
39	华东交通大学学报	A-	62	舰船科学技术	B+	85	交通科技	B+
40	大连海事大学学报	A-	63	水运工程	B+	86	国防交通工程与技术	B+
41	武汉理工大学学报（交通科学与工程版）	A-	64	山东交通学院学报	B+	87	中国水运	B+
42	汽车文摘	A-	65	机车电传动	B+	88	客车技术与研究	B+
43	隧道与地下工程灾害防治	A-	66	铁路技术创新	B+	89	汽车电器	B+
44	城市轨道交通研究	A-	67	公路与汽运	B+	90	物流技术与应用	B+
45	汽车工程学报	A-	68	车用发动机	B+	91	城市道桥与防洪	B+
46	铁道建筑技术	A-	69	交通工程	B+	92	广东公路交通	B+
47	现代城市轨道交通	A-	70	中国港湾建设	B+	93	北方交通	B+
48	兰州交通大学学报	A-	71	船舶工程	B+	94	汽车工业研究	B+
49	铁道勘察	B+	72	浙江交通职业技术学院学报	B+	95	内蒙古公路与运输	B+
50	中国航海	B+	73	铁道机车车辆	B+			

B 等级（49种）：船舶、现代交通技术、汽车零部件、青岛远洋船员职业学院学报、湖南交通科技、广州航海学院学报、中国公路、电气化铁道、造船技术、上海船舶运输科学研究所学报、铁道运营技术、交通与港航、上海汽车、珠江水运、船舶与海洋工程、石家庄铁路职业技术学院学报、汽车科技、车辆与动力技术、船舶物资与市场、铁道车辆、电力机车与城轨车辆、交通运输部管理干部学院学报、中国修船、西部交通科技、上海公路、水运管理、世界海运、铁道技

术监督、港工技术、福建交通科技、汽车与新动力、山西交通科技、船舶标准化工程师、港口科技、航海、山东交通科技、机电设备、中国海事、港口装卸、专用汽车、江苏船舶、青海交通科技、天津航海、机车车辆工艺、隧道与轨道交通、中国港口、广东造船、铁路采购与物流、北京汽车。

590 航空、航天科学技术(共 60 种)

排名	期刊名称	等级	排名	期刊名称	等级	排名	期刊名称	等级
1	航空学报	A+	15	测控技术	A-	29	飞行力学	B+
2	北京航空航天大学学报	A+	16	宇航总体技术	A-	30	载人航天	B+
3	航空材料学报	A+	17	航天返回与遥感	A-	31	气体物理	B+
4	宇航学报	A	18	航空科学技术	A-	32	航天控制	B+
5	中国惯性技术学报	A	19	上海航天(中英文)	A-	33	导航与控制	B+
6	航空动力学报	A	20	实验流体力学	A-	34	卫星应用	B+
7	航空制造技术	A	21	固体火箭技术	A-	35	航天器环境工程	B+
8	南京航空航天大学学报	A	22	航天器工程	B+	36	沈阳航空航天大学学报	B+
9	推进技术	A	23	火箭推进	B+	37	空间碎片研究	B+
10	空气动力学学报	A	24	航空工程进展	B+	38	强度与环境	B+
11	电光与控制	A	25	航空发动机	B+	39	中国民航大学学报	B+
12	中国空间科学技术	A	26	航空计算技术	B+	40	导弹与航天运载技术	B+
13	导航定位与授时	A	27	飞控与探测	B+			
14	深空探测学报(中英文)	A-	28	空间控制技术与应用	B+			

B 等级(20 种):航天电子对抗、中国民航飞行学院学报、宇航计测技术、航天制造技术、燃气涡轮试验与研究、西安航空学院学报、航空精密制造技术、航空动力、海军航空大学学报、航空电子技术、中国航天、民航学报、民用飞机设计与研究、直升机技术、飞机设计、航空标准化与质量、制导与引信、航天标准化、教练机、航空维修与工程。

610 环境科学技术与资源科学技术(共 65 种)

排名	期刊名称	等级	排名	期刊名称	等级	排名	期刊名称	等级
1	自然资源学报	A+	6	中国环境科学	A	11	环境科学学报	A
2	中国人口·资源与环境	A+	7	环境科学研究	A	12	干旱区资源与环境	A
3	环境科学	A+	8	农业资源与环境学报	A	13	生态环境学报	A
4	资源科学	A+	9	农业环境科学学报	A	14	中国环境管理	A-
5	湖泊科学	A	10	生态与农村环境学报	A	15	环境保护	A-

排名	期刊名称	等级	排名	期刊名称	等级	排名	期刊名称	等级
16	环境工程技术学报	A-	26	环境监测管理与技术	B+	36	自然资源信息化	B+
17	中国环境监测	A-	27	安全与环境学报	B+	37	河北环境工程学院学报	B+
18	环境工程学报	A-	28	环境科学与技术	B+	38	环境监控与预警	B+
19	地球与环境	A-	29	化工环保	B+	39	工业用水与废水	B+
20	环境化学	A-	30	环境保护科学	B+	40	湿地科学与管理	B+
21	三峡生态环境监测	A-	31	环境与可持续发展	B+	41	亚热带资源与环境学报	B+
22	工业水处理	A-	32	环境生态学	B+	42	四川环境	B+
23	环境工程	A-	33	海洋环境科学	B+	43	环境科学与管理	B+
24	环境污染与防治	B+	34	环境影响评价	B+			
25	水生态学杂志	B+	35	环境科技	B+			

B 等级(19 种)：地球环境学报、中国资源综合利用、资源节约与环保、再生资源与循环经济、环境科学导刊、能源环境保护、环境与发展、绿色科技、中国环保产业、云南地理环境研究、油气田环境保护、环保科技、水资源开发与管理、新疆环境保护、自然保护地、鄱阳湖学刊、环境保护与循环经济、干旱环境监测、世界环境。

620 安全科学技术(共 18 种)

排名	期刊名称	等级	排名	期刊名称	等级	排名	期刊名称	等级
1	中国安全科学学报	A+	6	防灾减灾工程学报	A	11	火灾科学	B+
2	中国安全生产科学技术	A+	7	今日消防	A-	12	中国应急救援	B+
3	灾害学	A	8	工业安全与环保	A-	13	安全、健康和环境	B+
4	安全与环境工程	A	9	安全	A-	14	中国安全防范技术与应用	B+
5	消防科学与技术	A	10	城市与减灾	B+	15	中国特种设备安全	B+

B 等级(3 种)：中国安防、中国减灾、中国个体防护装备。

630 管理学(共 81 种)

排名	期刊名称	等级	排名	期刊名称	等级	排名	期刊名称	等级
1	管理世界	A+	6	中国科学院院刊	A+	11	中国行政管理	A
2	南开管理评论	A+	7	科学学研究	A	12	管理学报	A
3	公共管理学报	A+	8	科研管理	A	13	科技进步与对策	A
4	中国软科学	A+	9	中国管理科学	A	14	管理科学学报	A
5	管理评论	A+	10	电子政务	A	15	行政管理改革	A

排名	期刊名称	等级	排名	期刊名称	等级	排名	期刊名称	等级
16	科学学与科学技术管理	A	29	公共管理评论	A-	42	创新科技	B+
17	管理工程学报	A	30	科学管理研究	A-	43	信息与管理研究	B+
18	研究与发展管理	A	31	工程管理学报	A-	44	中小企业管理与科技	B+
19	管理科学	A	32	中国高校科技	A-	45	科技与管理	B+
20	科技管理研究	A	33	技术与创新管理	A-	46	上海管理科学	B+
21	软科学	A	34	科学与社会	B+	47	管理工程师	B+
22	中国科技论坛	A-	35	科学与管理	B+	48	社会治理	B+
23	管理学刊	A-	36	未来与发展	B+	49	标准科学	B+
24	公共管理与政策评论	A-	37	物流工程与管理	B+	50	科技促进发展	B+
25	运筹与管理	A-	38	武汉理工大学学报(信息与管理工程版)	B+	51	领导科学	B+
26	管理案例研究与评论	A-	39	农业科技管理	B+	52	江苏科技信息	B+
27	科学决策	A-	40	中国科学基金	B+	53	经营与管理	B+
28	现代管理科学	A-	41	智库理论与实践	B+			

B 等级(21 种):办公室业务、中国人事科学、行政事业资产与财务、企业改革与管理、工程造价管理、清华管理评论、行政科学论坛、项目管理技术、中国应急管理科学、秘书、中国标准化、高校后勤研究、质量与市场、人才资源开发、中国房地产、云南科技管理、学会、石油化工管理干部学院学报、中国质量与标准导报、经营管理者、质量探索。

710 马克思主义(共 20 种)

排名	期刊名称	等级	排名	期刊名称	等级	排名	期刊名称	等级
1	求是	A+	7	马克思主义理论学科研究	A	13	文化软实力	B+
2	马克思主义研究	A+	8	毛泽东邓小平理论研究	A	14	毛泽东思想研究	B+
3	中国特色社会主义研究	A+	9	科学社会主义	A-	15	高校马克思主义理论研究	B+
4	马克思主义与现实	A	10	毛泽东研究	A-	16	苏区研究	B+
5	社会主义研究	A	11	理论视野	A-	17	邓小平研究	B+
6	当代世界与社会主义	A	12	当代世界社会主义问题	A-			

B 等级(3 种):辽宁省社会主义学院学报、知与行、广东党史与文献研究。

720 哲学(共 18 种)

排名	期刊名称	等级	排名	期刊名称	等级	排名	期刊名称	等级
1	哲学研究	A+	6	道德与文明	A-	11	中国哲学史	A-
2	哲学动态	A	7	世界哲学	A-	12	孔子研究	B+
3	自然辩证法研究	A	8	哲学分析	A-	13	逻辑学研究	B+
4	伦理学研究	A	9	现代哲学	A-	14	船山学刊	B+
5	自然辩证法通讯	A	10	科学技术哲学研究	A-	15	周易研究	B+
B 等级(2 种)：管子学刊、孔学堂。								

730 宗教学(共 10 种)

排名	期刊名称	等级	排名	期刊名称	等级	排名	期刊名称	等级
1	世界宗教研究	A+	5	五台山研究	A-	9	中国穆斯林	B+
2	世界宗教文化	A	6	中国道教	A-	10	法音	B+
3	宗教学研究	A	7	中国宗教	A-			
4	科学与无神论	A	8	佛学研究	B+			

740 语言学(共 57 种)

排名	期刊名称	等级	排名	期刊名称	等级	排名	期刊名称	等级
1	外语界	A+	14	外语电化教学	A	27	天津外国语大学学报	B+
2	现代外语	A+	15	上海翻译	A-	28	古汉语研究	B+
3	世界汉语教学	A+	16	汉语学报	A-	29	语文建设	B+
4	中国外语	A	17	语言文字应用	A-	30	汉字汉语研究	B+
5	外语教学与研究	A	18	外语学刊	A-	31	汉语学习	B+
6	外语教学	A	19	外语研究	A-	32	云南师范大学学报(对外汉语教学与研究版)	B+
7	语言战略研究	A	20	解放军外国语学院学报	A-	33	民族语文	B+
8	外语与外语教学	A	21	当代语言学	B+	34	西安外国语大学学报	B+
9	中国语文	A	22	语言科学	B+	35	当代外语研究	B+
10	语言教学与研究	A	23	山东外语教学	B+	36	国际汉语教学研究	B+
11	当代修辞学	A	24	北京第二外国语学院学报	B+	37	方言	B+
12	中国翻译	A	25	语文研究	B+	38	语言研究	B+
13	外国语(上海外国语大学学报)	A	26	外国语文	B+			

B 等级(16 种)：中国科技翻译、外语测试与教学、汉字文化、语文学刊、语言教育、英语广场、国际中文教育(中英文)、浙江外国语学院学报、外国语言文学、外语与翻译、中国俄语教学、东北亚外语研究、日语学习与研究、民族翻译、满语研究、语言与翻译。

750 文学(共 60 种)

排名	期刊名称	等级	排名	期刊名称	等级	排名	期刊名称	等级
1	文学评论	A+	15	外国文学评论	A-	29	红楼梦学刊	B+
2	文艺研究	A+	16	当代作家评论	A-	30	长江学术	B+
3	文艺理论研究	A+	17	电影文学	A-	31	文学教育	B+
4	文学遗产	A	18	广东外语外贸大学学报	A-	32	外国文学动态研究	B+
5	文艺争鸣	A	19	当代外国文学	A-	33	南京师范大学文学院学报	B+
6	外国文学	A	20	小说评论	B+	34	读书	B+
7	当代文坛	A	21	南方文坛	B+	35	现代中文学刊	B+
8	中国现代文学研究丛刊	A	22	中国文学研究	B+	36	名作欣赏	B+
9	中国当代文学研究	A	23	扬子江文学评论	B+	37	俄罗斯文艺	B+
10	中国比较文学	A	24	国外文学	B+	38	外文研究	B+
11	中国文学批评	A	25	辞书研究	B+	39	文艺评论	B+
12	外国文学研究	A	26	外国语文研究	B+	40	杜甫研究学刊	B+
13	文艺理论与批评	A-	27	鲁迅研究月刊	B+			
14	民族文学研究	A-	28	明清小说研究	B+			

B 等级(17 种)：新文学史料、写作、华文文学、苏州教育学院学报、文学与文化、汉语言文学研究、国际比较文学(中英文)、中国韵文学刊、曹雪芹研究、文艺论坛、蒲松龄研究、长江文艺评论、世界华文文学论坛、郭沫若学刊、名家名作、南腔北调、粤海风。

760 艺术学—电影、电视(共 11 种)

排名	期刊名称	等级	排名	期刊名称	等级	排名	期刊名称	等级
1	电影艺术	A+	5	当代电视	A-	9	当代动画	B+
2	当代电影	A	6	电影评介	A-	10	中国电影市场	B+
3	北京电影学院学报	A	7	电影新作	A-	11	电影理论研究(中英文)	B+
4	中国电视	A	8	世界电影	B+			

760 艺术学—工艺与设计(含陶艺、雕塑)(共 21 种)

排名	期刊名称	等级	排名	期刊名称	等级	排名	期刊名称	等级
1	装饰	A+	7	服饰导刊	A-	13	天工	B+
2	设计	A	8	美与时代(上)	B+	14	陶瓷研究	B+
3	工业工程设计	A	9	山东工艺美术学院学报	B+	15	苏州工艺美术职业技术学院学报	B+
4	艺术设计研究	A	10	创意与设计	B+	16	包装与设计	B+
5	设计艺术研究	A-	11	创意设计源	B+			
6	工业设计	A-	12	江苏陶瓷	B+			
B 等级(3 种)：雕塑、景德镇陶瓷、时尚设计与工程。								

760 艺术学—绘画与书法(共 22 种)

排名	期刊名称	等级	排名	期刊名称	等级	排名	期刊名称	等级
1	美术研究	A+	6	新美术	A	11	书法研究	B+
2	美术大观	A	7	世界美术	A-	12	西北美术	B+
3	美术	A	8	湖北美术学院学报	A-	13	美术文献	B+
4	美术观察	A	9	中国美术	A-	14	中国美术教育	B+
5	美术学报	A	10	中国书法	A-			
B 等级(6 种)：当代美术家、国画家、书法赏评、荣宝斋、天津美术学院学报、美术界。								

760 艺术学—戏剧、戏曲与舞蹈(共 11 种)

排名	期刊名称	等级	排名	期刊名称	等级	排名	期刊名称	等级
1	北京舞蹈学院学报	A+	5	戏曲艺术	A-	9	中国戏剧	B+
2	戏剧艺术	A	6	舞蹈	A-	10	戏剧与影视评论	B+
3	戏剧(中央戏剧学院学报)	A	7	戏剧文学	B+	11	黄梅戏艺术	B+
4	四川戏剧	A-	8	大舞台	B+			

760 艺术学—音乐(共 23 种)

排名	期刊名称	等级	排名	期刊名称	等级	排名	期刊名称	等级
1	音乐研究	A+	5	音乐艺术(上海音乐学院学报)	A	9	当代音乐	A-
2	中国音乐	A+	6	星海音乐学院学报	A	10	人民音乐	A-
3	中央音乐学院学报	A	7	南京艺术学院学报(音乐与表演)	A-	11	音乐探索	A-
4	中国音乐学	A	8	北方音乐	A-	12	中国音乐教育	B+

排名	期刊名称	等级	排名	期刊名称	等级	排名	期刊名称	等级
13	黄河之声	B+	16	音乐文化研究	B+	19	音乐创作	B+
14	黄钟(武汉音乐学院学报)	B+	17	交响(西安音乐学院学报)	B+	20	音乐生活	B+
15	天津音乐学院学报	B+	18	乐府新声(沈阳音乐学院学报)	B+			
B 等级(3 种):歌海、民族音乐、音乐天地。								

760 艺术学—艺术综合(共 45 种)

排名	期刊名称	等级	排名	期刊名称	等级	排名	期刊名称	等级
1	民族艺术	A+	12	南京艺术学院学报(美术与设计)	A-	23	艺术研究	B+
2	民族艺术研究	A+	13	大众文艺	A-	24	艺术广角	B+
3	中国文艺评论	A+	14	艺术评鉴	A-	25	齐鲁艺苑	B+
4	艺术百家	A	15	艺术探索	A-	26	新疆艺术学院学报	B+
5	艺术评论	A	16	艺术教育	B+	27	云南艺术学院学报	B+
6	戏剧之家	A	17	艺术工作	B+	28	中国民族博览	B+
7	文化艺术研究	A	18	贵州大学学报(艺术版)	B+	29	中国艺术	B+
8	美育学刊	A	19	艺海	B+	30	公共艺术	B+
9	美术教育研究	A	20	艺术与设计(理论)	B+	31	演艺科技	B+
10	艺术科技	A-	21	吉林艺术学院学报	B+			
11	艺术学研究	A-	22	内蒙古艺术学院学报	B+			
B 等级(10 种):艺苑、民族艺林、浙江艺术职业学院学报、上海艺术评论、艺术传播研究、西藏艺术研究、大观、中国书画、流行色、福建艺术。								

770 历史学(共 55 种)

排名	期刊名称	等级	排名	期刊名称	等级	排名	期刊名称	等级
1	历史研究	A+	7	史学理论研究	A	13	史林	A
2	中共党史研究	A+	8	中国史研究	A	14	当代中国史研究	A
3	近代史研究	A+	9	中国边疆史地研究	A	15	中国历史地理论丛	A
4	史学月刊	A+	10	世界历史	A	16	安徽史学	A-
5	史学集刊	A	11	华侨华人历史研究	A	17	古代文明	A-
6	清史研究	A	12	西域研究	A	18	史学史研究	A-

续表

排名	期刊名称	等级	排名	期刊名称	等级	排名	期刊名称	等级
19	中国社会经济史研究	A−	27	历史教学问题	B+	35	民国档案	B+
20	抗日战争研究	A−	28	国际汉学	B+	36	盐业史研究	B+
21	党史研究与教学	A−	29	中国史研究动态	B+	37	海交史研究	B+
22	中华文史论丛	A−	30	中国科技史杂志	B+	38	世界历史评论	B+
23	文史	A−	31	中国文化	B+	39	国学学刊	B+
24	党史纵横	A−	32	中国地方志	B+	40	黑龙江史志	B+
25	经济社会史评论	A−	33	日本侵华南京大屠杀研究	B+	41	史志学刊	B+
26	历史档案	A−	34	西夏研究	B+	42	上海地方志	B+

B 等级(8 种)：国家人文历史、广西地方志、贵州文史丛刊、福建史志、党史文苑、文史杂志、新疆地方志、寻根。

780 考古学(共 35 种)

排名	期刊名称	等级	排名	期刊名称	等级	排名	期刊名称	等级
1	考古	A+	10	江汉考古	A−	19	南方文物	B+
2	考古学报	A+	11	中原文物	A−	20	中国国家博物馆馆刊	B+
3	文物	A	12	故宫博物院院刊	A−	21	出土文献	B+
4	敦煌研究	A	13	文物保护与考古科学	A−	22	博物院	B+
5	东南文化	A	14	自然与文化遗产研究	A−	23	自然科学史研究	B+
6	敦煌学辑刊	A	15	中国文化遗产	B+	24	北方文物	B+
7	考古与文物	A	16	华夏考古	B+	25	文博	B+
8	人类学学报	A	17	农业考古	B+			
9	中国博物馆	A−	18	四川文物	B+			

B 等级(7 种)：文物季刊、吐鲁番学研究、文物春秋、文物鉴定与鉴赏、中国文物科学研究、草原文物、中国钱币。

790 经济学(共 422 种)

排名	期刊名称	等级	排名	期刊名称	等级	排名	期刊名称	等级
1	经济研究	A+	5	改革	A+	9	会计研究	A+
2	中国工业经济	A+	6	世界经济	A+	10	经济学(季刊)	A+
3	中国农村经济	A+	7	数量经济技术经济研究	A+	11	经济学动态	A+
4	金融研究	A+	8	财贸经济	A+	12	财经研究	A+

排名	期刊名称	等级	排名	期刊名称	等级	排名	期刊名称	等级
13	经济学家	A+	39	经济科学	A	65	财经论丛	A
14	农业经济问题	A+	40	经济社会体制比较	A	66	区域经济评论	A
15	经济管理	A+	41	北京工商大学学报（社会科学版）	A	67	金融经济学研究	A
16	经济地理	A+	42	中央财经大学学报	A	68	税务研究	A
17	中国流通经济	A+	43	当代财经	A	69	上海对外经贸大学学报	A
18	旅游学刊	A+	44	上海财经大学学报	A	70	西安财经大学学报	A
19	中国农村观察	A+	45	财经科学	A	71	宏观经济研究	A
20	经济纵横	A+	46	西南金融	A	72	财经理论与实践	A
21	审计研究	A+	47	上海经济研究	A	73	农村经济	A
22	外国经济与管理	A	48	当代经济科学	A	74	政治经济学评论	A
23	国际金融研究	A	49	南方经济	A	75	经济问题探索	A
24	经济评论	A	50	经济问题	A	76	工业工程与管理	A
25	经济理论与经济管理	A	51	南开经济研究	A	77	工业技术经济	A
26	世界经济研究	A	52	华东经济管理	A	78	金融论坛	A
27	国际经济评论	A	53	中南财经政法大学学报	A	79	经济体制改革	A
28	农业技术经济	A	54	现代经济探讨	A	80	生态经济	A
29	财政研究	A	55	国际经贸探索	A	81	中国人力资源开发	A
30	国际贸易问题	A	56	宏观质量研究	A	82	现代财经（天津财经大学学报）	A
31	财经问题研究	A	57	财会月刊	A	83	河北经贸大学学报	A
32	中国土地科学	A	58	证券市场导报	A	84	企业经济	A
33	产业经济研究	A	59	财贸研究	A	85	保险研究	A
34	审计与经济研究	A	60	会计之友	A	86	中国经济史研究	A
35	山西财经大学学报	A	61	商业经济与管理	A	87	南京审计大学学报	A
36	经济与管理研究	A	62	经济经纬	A	88	地域研究与开发	A
37	经济与管理评论	A	63	消费经济	A	89	当代经济研究	A
38	当代经济管理	A	64	广东财经大学学报	A	90	中国农业资源与区划	A

续表

排名	期刊名称	等级	排名	期刊名称	等级	排名	期刊名称	等级
91	国际贸易	A	117	产经评论	A-	143	调研世界	A-
92	江西财经大学学报	A	118	经济学报	A-	144	上海金融	A-
93	西部论坛	A	119	征信	A-	145	改革与战略	A-
94	金融监管研究	A	120	资源开发与市场	A-	146	经济论坛	A-
95	经济与管理	A	121	农业经济与管理	A-	147	上海商学院学报	A-
96	农林经济管理学报	A	122	系统管理学报	A-	148	南京财经大学学报	A-
97	贵州财经大学学报	A	123	世界经济与政治论坛	A-	149	广西财经学院学报	A-
98	南方金融	A	124	技术经济	A-	150	欧亚经济	A-
99	价格月刊	A	125	技术经济与管理研究	A-	151	经济师	A-
100	商业经济研究	A	126	世界农业	A-	152	农产品质量与安全	A-
101	中国经济问题	A	127	国际商务研究	A-	153	金融发展研究	A-
102	旅游科学	A	128	中国国土资源经济	A-	154	湖南财政经济学院学报	B+
103	管理现代化	A	129	世界经济文汇	A-	155	水利经济	B+
104	工程管理科技前沿	A	130	林业经济	A-	156	新金融	B+
105	金融理论与实践	A	131	环境经济研究	A-	157	宏观经济管理	B+
106	亚太经济	A	132	金融与经济	A-	158	价格理论与实践	B+
107	林业经济问题	A-	133	产业经济评论	A-	159	资源与产业	B+
108	商业研究	A-	134	山东财经大学学报	A-	160	中国林业经济	B+
109	财会通讯	A-	135	农业经济	A-	161	国际税收	B+
110	会计与经济研究	A-	136	税务与经济	A-	162	旅游导刊	B+
111	现代日本经济	A-	137	哈尔滨商业大学学报（社会科学版）	A-	163	投资研究	B+
112	首都经济贸易大学学报	A-	138	金融评论	A-	164	北京财贸职业学院学报	B+
113	云南财经大学学报	A-	139	财务研究	A-	165	旅游研究	B+
114	城市问题	A-	140	金融教育研究	A-	166	国际经济合作	B+
115	知识经济	A-	141	东北财经大学学报	A-	167	地方财政研究	B+
116	国际商务（对外经济贸易大学学报）	A-	142	劳动经济研究	A-	168	建筑经济	B+

续表

排名	期刊名称	等级	排名	期刊名称	等级	排名	期刊名称	等级
169	湖北经济学院学报	B+	195	物流技术	B+	221	中国注册会计师	B+
170	武汉金融	B+	196	供应链管理	B+	222	天津商务职业学院学报	B+
171	新疆财经	B+	197	财会学习	B+	223	科技和产业	B+
172	商业会计	B+	198	中国经济报告	B+	224	中国管理信息化	B+
173	全球化	B+	199	南方农村	B+	225	海洋经济	B+
174	农村金融研究	B+	200	新疆农垦经济	B+	226	经济研究导刊	B+
175	财经智库	B+	201	对外经贸实务	B+	227	金融经济	B+
176	开发研究	B+	202	国土资源科技管理	B+	228	贵州商学院学报	B+
177	科技与经济	B+	203	税收经济研究	B+	229	吉林工商学院学报	B+
178	开放导报	B+	204	财政科学	B+	230	江苏商论	B+
179	中国商论	B+	205	东北亚经济研究	B+	231	自然资源情报	B+
180	财经理论研究	B+	206	商学研究	B+	232	时代经贸	B+
181	四川旅游学院学报	B+	207	兰州财经大学学报	B+	233	武汉商学院学报	B+
182	天津商业大学学报	B+	208	现代商贸工业	B+	234	中国中小企业	B+
183	农业展望	B+	209	合作经济与科技	B+	235	煤炭经济研究	B+
184	旅游论坛	B+	210	对外经贸	B+	236	当代金融研究	B+
185	金融理论与教学	B+	211	国土与自然资源研究	B+	237	中国金融	B+
186	长春金融高等专科学校学报	B+	212	山东工商学院学报	B+	238	商场现代化	B+
187	商业经济	B+	213	当代经济	B+	239	生产力研究	B+
188	科学发展	B+	214	中国集体经济	B+	240	管理会计研究	B+
189	物流科技	B+	215	郑州航空工业管理学院学报	B+	241	上海立信会计金融学院学报	B+
190	城市观察	B+	216	区域金融研究	B+	242	改革与开放	B+
191	中国渔业经济	B+	217	台湾农业探索	B+	243	农村经济与科技	B+
192	经济研究参考	B+	218	上海经济	B+	244	国际石油经济	B+
193	中国市场	B+	219	金融理论探索	B+	245	内蒙古财经大学学报	B+
194	西部经济管理论坛	B+	220	公共财政研究	B+	246	现代商业	B+

续表

排名	期刊名称	等级	排名	期刊名称	等级	排名	期刊名称	等级
247	财务与会计	B+	251	财经界(学术版)	B+	255	全球科技经济瞭望	B+
248	特区经济	B+	252	经济视角	B+	256	财务与金融	B+
249	北方经贸	B+	253	海南金融	B+	257	时代金融	B+
250	中国乡镇企业会计	B+	254	海关与经贸研究	B+			

B 等级(126 种)：铁道经济研究、山东商业职业技术学院学报、中国发展、财务管理研究、中国发展观察、财会研究、粮食科技与经济、河北企业、中国土地、财政监督、现代营销(下旬刊)、统计理论与实践、新经济导刊、老字号品牌营销、现代经济信息、中国农业会计、浙江金融、国际金融、北京劳动保障职业学院学报、经济界、中国资产评估、产业创新研究、中国物价、华北金融、决策咨询、发展研究、中国内部审计、中国国情国力、广义虚拟经济研究、山东纺织经济、全国流通经济、保险职业学院学报、河南财政税务高等专科学校学报、上海市经济管理干部学院学报、科技经济市场、企业科技与发展、广东经济、市场论坛、农业农村部管理干部学院学报、工程经济、国际商务财会、广西经济、新会计、北方经济、辽宁经济、开发性金融研究、海峡科技与产业、当代农村财经、农业科研经济管理、当代会计、上海保险、绿色财会、福建金融、中国总会计师、现代企业、企业管理、新经济、会计师、福建金融管理干部学院学报、企业研究、铁路工程技术与经济、航空财会、中国储运、宁波经济(三江论坛)、环渤海经济瞭望、债券、天津经济、科技经济导刊、中国经贸导刊、金融纵横、现代工业经济和信息化、中国证券期货、上海商业、金融科技时代、粮食问题研究、河北金融、清华金融评论、上海房地、湖南税务高等专科学校学报、劳动保障世界、甘肃金融、中国人造板、中国市场监管研究、金融市场研究、交通企业管理、中国合作经济、中国保险、大陆桥视野、西部财会、市场周刊、可持续发展经济导刊、农场经济管理、北方金融、西部金融、经济资料译丛、品牌与标准化、银行家、发展、中国物流与采购、金融发展评论、冶金经济与管理、山西财政税务专科学校学报、中外企业文化、中国工业和信息化、交通财会、金融会计、中国工程咨询、预算管理与会计、石油化工技术与经济、现代审计与会计、旅游纵览(下半月)、吉林金融研究、现代金融、青海金融、邮政研究、中国金融电脑、内蒙古煤炭经济、冶金财会、经济导刊、中国财政、数字经济、上海农村经济、黑龙江粮食、山西财税、中国改革、中国政府采购。

810 政治学(共 201 种)

排名	期刊名称	等级	排名	期刊名称	等级	排名	期刊名称	等级
1	政治学研究	A+	11	国际问题研究	A+	21	太平洋学报	A
2	世界经济与政治	A+	12	理论与改革	A	22	现代国际关系	A
3	行政论坛	A+	13	东北亚论坛	A	23	北京行政学院学报	A
4	中国青年研究	A+	14	求实	A	24	人民论坛·学术前沿	A
5	探索	A+	15	公共行政评论	A	25	国际安全研究	A
6	中共中央党校(国家行政学院)学报	A+	16	国际展望	A	26	理论学刊	A
7	治理研究	A+	17	新视野	A	27	中国政法大学学报	A
8	外交评论(外交学院学报)	A+	18	上海行政学院学报	A	28	江苏行政学院学报	A
9	教学与研究	A+	19	理论探索	A	29	国际政治研究	A
10	理论探讨	A+	20	当代亚太	A	30	美国研究	A

排名	期刊名称	等级	排名	期刊名称	等级	排名	期刊名称	等级
31	天津行政学院学报	A	57	东南亚研究	A−	83	思想政治课研究	B+
32	国际政治科学	A	58	南洋问题研究	A−	84	台湾研究	B+
33	欧洲研究	A	59	云南行政学院学报	A−	85	宁夏党校学报	B+
34	国际观察	A	60	中共宁波市委党校学报	A−	86	阿拉伯世界研究	B+
35	国际论坛	A	61	治理现代化研究	A−	87	战略决策研究	B+
36	学习论坛	A	62	俄罗斯研究	A−	88	廉政文化研究	B+
37	湖湘论坛	A	63	国际关系研究	A−	89	南亚研究季刊	B+
38	党政研究	A	64	中国井冈山干部学院学报	A−	90	区域国别学刊	B+
39	甘肃行政学院学报	A	65	中国浦东干部学院学报	A−	91	拉丁美洲研究	B+
40	中共福建省委党校（福建行政学院）学报	A	66	台湾研究集刊	A−	92	湖北行政学院学报	B+
41	中国劳动关系学院学报	A	67	和平与发展	A−	93	广东青年研究	B+
42	人民论坛	A	68	红旗文稿	A−	94	安徽行政学院学报	B+
43	中共天津市委党校学报	A	69	党的文献	A−	95	闽台关系研究	B+
44	国外理论动态	A	70	社会主义核心价值观研究	A−	96	中国延安干部学院学报	B+
45	理论导刊	A	71	边界与海洋研究	A−	97	山东行政学院学报	B+
46	日本学刊	A	72	德国研究	A−	98	世界社会主义研究	B+
47	亚太安全与海洋研究	A−	73	理论建设	A−	99	中国党政干部论坛	B+
48	统一战线学研究	A−	74	前线	B+	100	哈尔滨市委党校学报	B+
49	西亚非洲	A−	75	贵州省党校学报	B+	101	东北亚学刊	B+
50	中共杭州市委党校学报	A−	76	人权研究	B+	102	湖南行政学院学报	B+
51	当代美国评论	A−	77	公共治理研究	B+	103	人权	B+
52	南亚研究	A−	78	俄罗斯东欧中亚研究	B+	104	中共南京市委党校学报	B+
53	中央社会主义学院学报	A−	79	工会理论研究（上海工会管理职业学院学报）	B+	105	红色文化学刊	B+
54	社会政策研究	A−	80	观察与思考	B+	106	辽宁行政学院学报	B+
55	当代世界	A−	81	港澳研究	B+	107	陕西行政学院学报	B+
56	地方治理研究	A−	82	印度洋经济体研究	B+	108	中共山西省委党校学报	B+

排名	期刊名称	等级	排名	期刊名称	等级	排名	期刊名称	等级
109	中共石家庄市委党校学报	B+	117	现代台湾研究	B+	125	湖南省社会主义学院学报	B+
110	四川行政学院学报	B+	118	国家治理	B+	126	外国问题研究	B+
111	上海市社会主义学院学报	B+	119	中共云南省委党校学报	B+	127	中共乐山市委党校学报	B+
112	大连干部学刊	B+	120	台海研究	B+	128	中共郑州市委党校学报	B+
113	南亚东南亚研究	B+	121	党内法规研究	B+	129	陕西社会主义学院学报	B+
114	东方学刊	B+	122	党政干部学刊	B+	130	桂海论丛	B+
115	实事求是	B+	123	西藏发展论坛	B+	131	成都行政学院学报	B+
116	理论研究	B+	124	东南亚纵横	B+			

B 等级(50 种)：中共成都市委党校学报、中共四川省委党校学报、长江论坛、江苏省社会主义学院学报、公安教育、三晋基层治理、八桂侨刊、福州党校学报、党建研究、特区实践与理论、江南社会学院学报、福建省社会主义学院学报、中共济南市委党校学报、中共南宁市委党校学报、广东省社会主义学院学报、党政论坛、长春市委党校学报、中共青岛市委党校·青岛行政学院学报、兵团党校学报、广西社会主义学院学报、党建、湖北省社会主义学院学报、人大研究、中共太原市委党校学报、政治思想史、山东省社会主义学院学报、当代韩国、重庆行政、延边党校学报、云南社会主义学院学报、天津市社会主义学院学报、上海党史与党建、中国领导科学、黑龙江省社会主义学院学报、河北省社会主义学院学报、天津市工会管理干部学院学报、广州社会主义学院学报、中共桂林市委党校学报、山西社会主义学院学报、贵州社会主义学院学报、国家安全研究、中共乌鲁木齐市委党校学报、沈阳干部学刊、贵阳市委党校学报、思想政治工作研究、北京党史、四川省社会主义学院学报、公共外交季刊、唯实、胜利油田党校学报。

820 法学(共 117 种)

排名	期刊名称	等级	排名	期刊名称	等级	排名	期刊名称	等级
1	中国法学	A+	12	现代法学	A	23	国家检察官学院学报	A
2	法学研究	A+	13	环球法律评论	A	24	知识产权	A
3	比较法研究	A+	14	法制与社会发展	A	25	河北法学	A
4	东方法学	A+	15	清华法学	A	26	政法论丛	A
5	中外法学	A+	16	华东政法大学学报	A	27	法治研究	A
6	法学	A+	17	中国刑事法杂志	A	28	中国法律评论	A
7	法律科学(西北政法大学学报)	A+	18	政法论坛	A	29	财经法学	A
8	政治与法律	A	19	当代法学	A	30	法律适用	A
9	法学家	A	20	行政法学研究	A	31	交大法学	A-
10	法商研究	A	21	法学论坛	A	32	上海政法学院学报(法治论丛)	A-
11	法学评论	A	22	法学杂志	A	33	北方法学	A-

续表

排名	期刊名称	等级	排名	期刊名称	等级	排名	期刊名称	等级
34	经贸法律评论	A-	49	时代法学	B+	64	辽宁警察学院学报	B+
35	中国人民公安大学学报(社会科学版)	A-	50	南大法学	B+	65	山西警察学院学报	B+
36	苏州大学学报(法学版)	A-	51	预防青少年犯罪研究	B+	66	政法学刊	B+
37	甘肃政法大学学报	A-	52	法治社会	B+	67	警学研究	B+
38	科技与法律(中英文)	A-	53	证据科学	B+	68	四川警察学院学报	B+
39	电子知识产权	A-	54	刑事技术	B+	69	云南警官学院学报	B+
40	河南财经政法大学学报	A-	55	竞争政策研究	B+	70	广西警察学院学报	B+
41	行政与法	A-	56	中国海商法研究	B+	71	犯罪研究	B+
42	国际法研究	A-	57	西部法学评论	B+	72	国际经济法学刊	B+
43	西南政法大学学报	A-	58	中国刑警学院学报	B+	73	海峡法学	B+
44	中国应用法学	B+	59	中国司法鉴定	B+	74	法制与社会	B+
45	地方立法研究	B+	60	湖北警官学院学报	B+	75	中国人民警察大学学报	B+
46	公安学研究	B+	61	北京警察学院学报	B+	76	江苏警官学院学报	B+
47	武大国际法评论	B+	62	医学与法学	B+	77	上海公安学院学报	B+
48	法治现代化研究	B+	63	山东警察学院学报	B+			

B 等级(28 种):山西省政法管理干部学院学报、江西警察学院学报、浙江警察学院学报、福建警察学院学报、黑龙江省政法管理干部学院学报、警察技术、天津法学、中国卫生法制、贵州警察学院学报、湖南警察学院学报、河南警察学院学报、河北公安警察职业学院学报、南海法学、人民司法、人民检察、山东法官培训学院学报、辽宁公安司法管理干部学院学报、铁道警察学院学报、法制博览、广西政法管理干部学院学报、北京政法职业学院学报、中国检察官、新疆警察学院学报、河南司法警官职业学院学报、武汉公安干部学院学报、中国版权、安徽警官职业学院学报、中国法治。

830 军事学(共 21 种)

排名	期刊名称	等级	排名	期刊名称	等级	排名	期刊名称	等级
1	指挥与控制学报	A+	6	军事历史研究	A-	11	空天预警研究学报	B+
2	火力与指挥控制	A	7	装备环境工程	A-	12	军事交通学报	B+
3	指挥控制与仿真	A	8	军事运筹与评估	A-	13	数字海洋与水下攻防	B+
4	海军工程大学学报	A	9	国防科技	B+			
5	空军工程大学学报	A	10	军事历史	B+			

B 等级(3 种):中国军转民、孙子研究、军事史林。

840 社会学(共 31 种)

排名	期刊名称	等级	排名	期刊名称	等级	排名	期刊名称	等级
1	社会学研究	A+	8	社会学评论	A-	15	青年研究	B+
2	人口研究	A+	9	社会保障研究	A-	16	社会工作	B+
3	社会	A	10	妇女研究论丛	A-	17	社会建设	B+
4	中国人口科学	A	11	人口与发展	A-	18	当代青年研究	B+
5	人口学刊	A	12	西北人口	B+	19	青少年犯罪问题	B+
6	人口与经济	A	13	社会发展研究	B+	20	人口与社会	B+
7	社会保障评论	A	14	青年探索	B+			

B 等级(7 种)：南方人口、残疾人研究、中国劳动、山东工会论坛、中华女子学院学报、老龄科学研究、青年学报。

850 民族学与文化学(共 32 种)

排名	期刊名称	等级	排名	期刊名称	等级	排名	期刊名称	等级
1	民族研究	A+	8	民族学刊	A	15	中国文化研究	B+
2	西北民族研究	A+	9	文化遗产	A-	16	中华文化论坛	B+
3	民俗研究	A	10	中国名城	A-	17	中国藏学	B+
4	广西民族研究	A	11	世界民族	A-	18	民间文化论坛	B+
5	贵州民族研究	A	12	原生态民族文化学刊	A-	19	民族论坛	B+
6	文化纵横	A	13	黑龙江民族丛刊	A-	20	中医药文化	B+
7	中原文化研究	A	14	青海民族研究	B+			

B 等级(8 种)：文化软实力研究、上海文化、人文天下、地方文化研究、文化产业、民族学论丛、文化学刊、满族研究。

860 新闻学与传播学—出版传播(共 19 种)

排名	期刊名称	等级	排名	期刊名称	等级	排名	期刊名称	等级
1	中国科技期刊研究	A+	6	出版发行研究	A	11	科技传播	B+
2	编辑之友	A+	7	科技与出版	A	12	编辑学刊	B+
3	编辑学报	A	8	现代出版	A-	13	出版与印刷	B+
4	出版科学	A	9	中国编辑	A-	14	中国图书评论	B+
5	中国出版	A	10	出版广角	A-			

B 等级(4 种)：出版参考、中国报业、中国出版史研究、传播与版权。

860 新闻学与传播学—新闻传播(共 50 种)

排名	期刊名称	等级	排名	期刊名称	等级	排名	期刊名称	等级
1	国际新闻界	A+	12	科普研究	A−	23	未来传播	B+
2	新闻与传播研究	A+	13	传媒	A−	24	东南传播	B+
3	现代传播(中国传媒大学学报)	A+	14	中国传媒科技	A−	25	记者摇篮	B+
4	新闻记者	A	15	新闻研究导刊	A−	26	新闻知识	B+
5	新闻界	A	16	青年记者	A−	27	今传媒	B+
6	新闻大学	A	17	新媒体研究	A−	28	教育传媒研究	B+
7	新闻与写作	A	18	传媒观察	B+	29	新闻论坛	B+
8	新闻与传播评论	A	19	对外传播	B+	30	中国广播电视学刊	B+
9	当代传播	A	20	西部广播电视	B+	31	新闻世界	B+
10	新闻爱好者	A	21	传媒论坛	B+	32	国际传播	B+
11	全球传媒学刊	A−	22	视听	B+	33	电视研究	B+

B 等级(12 种):新闻春秋、湖南大众传媒职业技术学院学报、新闻战线、中国广播、新闻传播、现代视听、视听界、中国记者、采写编、文化与传播、新闻前哨、媒体融合新观察。

870 图书馆、情报与文献学(共 70 种)

排名	期刊名称	等级	排名	期刊名称	等级	排名	期刊名称	等级
1	中国图书馆学报	A+	13	图书馆论坛	A	25	山西档案	A−
2	情报学报	A+	14	档案学研究	A	26	数字图书馆论坛	B+
3	图书情报工作	A+	15	信息资源管理学报	A	27	图书馆理论与实践	B+
4	情报理论与实践	A+	16	图书馆杂志	A	28	档案管理	B+
5	图书情报知识	A+	17	大学图书馆学报	A	29	档案与建设	B+
6	图书与情报	A	18	图书馆学研究	A	30	北京档案	B+
7	情报杂志	A	19	数据分析与知识发现	A−	31	高校图书馆工作	B+
8	情报资料工作	A	20	科技情报研究	A−	32	文献	B+
9	情报科学	A	21	图书馆建设	A−	33	大学图书情报学刊	B+
10	档案学通讯	A	22	图书馆工作与研究	A−	34	浙江档案	B+
11	现代情报	A	23	图书馆	A−	35	情报工程	B+
12	国家图书馆学刊	A	24	农业图书情报学报	A−	36	情报探索	B+

排名	期刊名称	等级	排名	期刊名称	等级	排名	期刊名称	等级
37	图书馆研究与工作	B+	41	中国中医药图书情报杂志	B+	45	中国档案	B+
38	图书情报导刊	B+	42	图书馆学刊	B+	46	图书馆研究	B+
39	新世纪图书馆	B+	43	中华医学图书情报杂志	B+			
40	中国科技资源导刊	B+	44	四川图书馆学报	B+			

B 等级(17 种)：中国发明与专利、兰台世界、兰台内外、文献与数据学报、河北科技图苑、晋图学刊、山东图书馆学刊、未来城市设计与运营、河南图书馆学刊、图书馆界、知识管理论坛、中国典籍与文化、古籍整理研究学刊、竞争情报、自然科学博物馆研究、档案、机电兵船档案。

880 教育学—高等教育(除高职教育外)(共 58 种)

排名	期刊名称	等级	排名	期刊名称	等级	排名	期刊名称	等级
1	中国高教研究	A+	15	高教探索	A	29	河南教育(高教)	B+
2	高等工程教育研究	A+	16	高教学刊	A-	30	高教论坛	B+
3	高等教育研究	A+	17	现代大学教育	A-	31	化工高等教育	B+
4	中国大学教学	A	18	高等建筑教育	A-	32	高校辅导员	B+
5	高校教育管理	A	19	高教发展与评估	A-	33	北京教育(高教)	B+
6	重庆高教研究	A	20	世界教育信息	A-	34	药学教育	B+
7	大学教育科学	A	21	大学教育	A-	35	高等理科教育	B+
8	江苏高教	A	22	扬州大学学报(高教研究版)	B+	36	高校生物学教学研究(电子版)	B+
9	国家教育行政学院学报	A	23	黑龙江教育(高教研究与评估)	B+	37	中国地质教育	B+
10	中国高等教育	A	24	西部素质教育	B+	38	高等农业教育	B+
11	复旦教育论坛	A	25	科教文汇	B+	39	创新与创业教育	B+
12	黑龙江高教研究	A	26	中国农业教育	B+	40	高等教育研究学报	B+
13	学位与研究生教育	A	27	大学与学科	B+			
14	研究生教育研究	A	28	高校辅导员学刊	B+			

B 等级(12 种)：纺织服装教育、中医教育、民族高等教育研究、中国冶金教育、辽宁科技学院学报、航海教育研究、山东高等教育、陕西教育(高教)、北华航天工业学院学报、成都中医药大学学报(教育科学版)、煤炭高等教育、大学。

880 教育学—基础教育(幼教和中小学教育)(共 104 种)

排名	期刊名称	等级	排名	期刊名称	等级	排名	期刊名称	等级
1	课程·教材·教法	A+	18	地理教学	A-	35	教育参考	B+
2	学前教育研究	A+	19	物理教师	A-	36	物理通报	B+
3	数学教育学报	A+	20	课程教育研究	B+	37	中小学德育	B+
4	教育科学研究	A+	21	生物学教学	B+	38	幼儿教育研究	B+
5	天津师范大学学报(基础教育版)	A	22	新课程	B+	39	课程教学研究	B+
6	基础教育	A	23	基础外语教育	B+	40	中学政治教学参考	B+
7	数学通报	A	24	教育科学论坛	B+	41	教书育人	B+
8	上海教育科研	A	25	华夏教师	B+	42	物理教学探讨	B+
9	中小学管理	A	26	生物学通报	B+	43	地理教育	B+
10	化学教育(中英文)	A	27	少年儿童研究	B+	44	黑河教育	B+
11	陕西学前师范学院学报	A-	28	思想政治课教学	B+	45	中国信息技术教育	B+
12	化学教学	A-	29	中学语文教学	B+	46	中国教师	B+
13	基础教育课程	A-	30	福建基础教育研究	B+	47	大连教育学院学报	B+
14	中小学教师培训	A-	31	物理教学	B+	48	语文教学通讯	B+
15	教学与管理	A-	32	中小学数字化教学	B+	49	数学教学通讯	B+
16	历史教学(上半月)	A-	33	中小学英语教学与研究	B+	50	教育与装备研究	B+
17	现代中小学教育	A-	34	中学地理教学参考	B+			

B 等级(42 种)：江苏教育、中学教研(数学)、甘肃教育、基础教育研究、中学生物教学、实验教学与仪器、英语学习·大视野、体育教学、中小学教材教学、中小学心理健康教育、基础教育参考、教育实践与研究、亚太教育、数学教学研究、中小学信息技术教育、教师、新课程研究、新教师、福建中学数学、小学语文、上海课程教学研究、中小学校长、中学数学教学、教学管理与教育研究、内蒙古教育、小学教学参考、语文教学之友、基础教育论坛、现代教育、数学教学、学语文、数学之友、江西教育、中等数学、数学通讯、新课程导学、现代教学、宁夏教育、高考、珠算与珠心算、河北理科教学研究。

880 教育学—职业教育(含成人教育)(共 59 种)

排名	期刊名称	等级	排名	期刊名称	等级	排名	期刊名称	等级
1	中国职业技术教育	A+	5	职业技术教育	A	9	中国成人教育	A
2	职教论坛	A+	6	当代职业教育	A	10	继续教育研究	A-
3	教育与职业	A+	7	高等职业教育探索	A	11	职业教育研究	A-
4	成人教育	A	8	职教发展研究	A	12	职教通讯	A-

排名	期刊名称	等级	排名	期刊名称	等级	排名	期刊名称	等级
13	教育科学探索	A-	21	天津中德应用技术大学学报	B+	29	河北大学成人教育学院学报	B+
14	高等继续教育学报	A-	22	广东轻工职业技术学院学报	B+	30	西北成人教育学院学报	B+
15	现代职业教育	A-	23	机械职业教育	B+	31	九江职业技术学院学报	B+
16	科技创业月刊	A-	24	创新创业理论研究与实践	B+	32	广西广播电视大学学报	B+
17	卫生职业教育	B+	25	辽宁高职学报	B+	33	兰州职业技术学院学报	B+
18	河北职业教育	B+	26	工业技术与职业教育	B+	34	现代特殊教育	B+
19	天津职业大学学报	B+	27	湖北开放大学学报	B+			
20	职业技术	B+	28	南京开放大学学报	B+			

B 等级(19 种)：船舶职业教育、滁州职业技术学院学报、长江工程职业技术学院学报、晋城职业技术学院学报、铜陵职业技术学院学报、哈尔滨职业技术学院学报、南方职业教育学刊、江苏高职教育、青岛职业技术学院学报、金华职业技术学院学报、广东职业技术教育与研究、职业、陕西青年职业学院学报、天津电大学报、新疆职业教育研究、武汉船舶职业技术学院学报、电大理工、应用型高等教育研究、贵州开放大学学报。

880 教育学—综合(共 115 种)

排名	期刊名称	等级	排名	期刊名称	等级	排名	期刊名称	等级
1	教育研究	A+	15	思想教育研究	A	29	思想政治教育研究	A
2	中国电化教育	A+	16	全球教育展望	A	30	苏州大学学报(教育科学版)	A
3	远程教育杂志	A+	17	现代远距离教育	A	31	外语教育研究前沿	A-
4	华东师范大学学报(教育科学版)	A+	18	教育与经济	A	32	教育研究与实验	A-
5	电化教育研究	A+	19	学校党建与思想教育	A	33	中国考试	A-
6	开放教育研究	A+	20	湖南师范大学教育科学学报	A	34	教育学术月刊	A-
7	现代远程教育研究	A+	21	清华大学教育研究	A	35	教育理论与实践	A-
8	思想理论教育	A	22	当代教育论坛	A	36	当代教育科学	A-
9	教育发展研究	A	23	北京大学教育评论	A	37	教育教学论坛	A-
10	现代教育技术	A	24	教育科学	A	38	外国教育研究	A-
11	中国远程教育	A	25	河北师范大学学报(教育科学版)	A	39	教育与教学研究	A-
12	现代教育管理	A	26	教育学报	A	40	民族教育研究	A-
13	中国教育学刊	A	27	比较教育研究	A	41	中国特殊教育	A-
14	思想理论教育导刊	A	28	教师教育研究	A	42	当代教育与文化	A-

续表

排名	期刊名称	等级	排名	期刊名称	等级	排名	期刊名称	等级
43	中国教育科学(中英文)	A−	54	教育导刊	B+	65	华文教学与研究	B+
44	教师教育学报	A−	55	宁波大学学报(教育科学版)	B+	66	教育现代化	B+
45	比较教育学报	A−	56	中国教育信息化	B+	67	教师发展研究	B+
46	教育探索	A−	57	学周刊	B+	68	上海教育评估研究	B+
47	外语教学理论与实践	A−	58	数字教育	B+	69	中国校外教育	B+
48	中国人民大学教育学刊	A−	59	当代教育理论与实践	B+	70	开放学习研究	B+
49	计算机教育	B+	60	电气电子教学学报	B+	71	集美大学学报(教育科学版)	B+
50	终身教育研究	B+	61	工业和信息化教育	B+	72	中国现代教育装备	B+
51	人民教育	B+	62	教育经济评论	B+	73	天津市教科院学报	B+
52	教育测量与评价	B+	63	教学研究	B+	74	内蒙古师范大学学报(教育科学版)	B+
53	教育评论	B+	64	现代教育科学	B+	75	新疆开放大学学报	B+

B 等级(29 种):青少年学刊、中国林业教育、教育文化论坛、当代教师教育、科教导刊、湖南第一师范学院学报、林区教学、兵团教育学院学报、宁波教育学院学报、中国轻工教育、中国德育、沈阳师范大学学报(教育科学版)、考试研究、青少年研究与实践、英语教师、科学教育与博物馆、现代教育论丛、江苏教育研究、广西青年干部学院学报、教育观察、豫章师范学院学报、文教资料、教师教育论坛、教育信息技术、中国教育技术装备、吕梁教育学院学报、福建教育学院学报、教育史研究、当代教育实践与教学研究。

890 体育科学(共 46 种)

排名	期刊名称	等级	排名	期刊名称	等级	排名	期刊名称	等级
1	体育科学	A+	11	首都体育学院学报	A	21	当代体育科技	B+
2	北京体育大学学报	A+	12	体育与科学	A−	22	体育科研	B+
3	武汉体育学院学报	A+	13	西安体育学院学报	A−	23	河北体育学院学报	B+
4	上海体育大学学报	A+	14	体育文化导刊	A−	24	浙江体育科学	B+
5	体育学研究	A	15	南京体育学院学报	A−	25	体育研究与教育	B+
6	体育学刊	A	16	冰雪运动	A−	26	吉林体育学院学报	B+
7	沈阳体育学院学报	A	17	广州体育学院学报	B+	27	辽宁体育科技	B+
8	天津体育学院学报	A	18	山东体育学院学报	B+	28	体育科技文献通报	B+
9	成都体育学院学报	A	19	哈尔滨体育学院学报	B+	29	湖北体育科技	B+
10	中国体育科技	A	20	体育教育学刊	B+	30	四川体育科学	B+

B 等级(10 种):体育科技、体育科学研究、福建体育科技、武术研究、体育师友、青少年体育、文体用品与科技、山东体育科技、安徽体育科技、中国体育教练员。

910 统计学(共 10 种)

排名	期刊名称	等级	排名	期刊名称	等级	排名	期刊名称	等级
1	统计研究	A+	5	统计学报	A−	9	统计与咨询	B+
2	统计与信息论坛	A	6	统计与管理	A−	10	中国统计	B+
3	统计与决策	A	7	内蒙古统计	B+			
4	数理统计与管理	A	8	统计科学与实践	B+			

ZH01 自然科学综合(共 175 种)

排名	期刊名称	等级	排名	期刊名称	等级	排名	期刊名称	等级
1	科学通报	A+	22	世界科技研究与发展	A	43	辽宁大学学报(自然科学版)	A
2	实验技术与管理	A+	23	四川大学学报(自然科学版)	A	44	上海大学学报(自然科学版)	A
3	北京大学学报(自然科学版)	A+	24	重庆师范大学学报(自然科学版)	A	45	广西科学	A
4	实验室研究与探索	A+	25	福州大学学报(自然科学版)	A	46	中南民族大学学报(自然科学版)	A
5	北京师范大学学报(自然科学版)	A+	26	贵州师范大学学报(自然科学版)	A	47	华东师范大学学报(自然科学版)	A
6	华中师范大学学报(自然科学版)	A+	27	吉林大学学报(理学版)	A	48	聊城大学学报(自然科学版)	A−
7	陕西师范大学学报(自然科学版)	A+	28	中国科学院大学学报	A	49	首都师范大学学报(自然科学版)	A−
8	科技导报	A+	29	信阳师范学院学报(自然科学版)	A	50	河南科技学院学报(自然科学版)	A−
9	西北大学学报(自然科学版)	A+	30	西北师范大学学报(自然科学版)	A	51	山东科学	A−
10	武汉大学学报(理学版)	A+	31	河南师范大学学报(自然科学版)	A	52	西南民族大学学报(自然科学版)	A−
11	西南大学学报(自然科学版)	A	32	河南大学学报(自然科学版)	A	53	安徽大学学报(自然科学版)	A−
12	湖南师范大学自然科学学报	A	33	兰州大学学报(自然科学版)	A	54	青岛大学学报(自然科学版)	A−
13	浙江大学学报(理学版)	A	34	中国科学:物理学 力学 天文学	A	55	新疆大学学报(自然科学版)(中英文)	A−
14	广西师范大学学报(自然科学版)	A	35	自然杂志	A	56	贵州大学学报(自然科学版)	A−
15	郑州大学学报(理学版)	A	36	复旦学报(自然科学版)	A	57	实验科学与技术	A−
16	厦门大学学报(自然科学版)	A	37	东北师大学报(自然科学版)	A	58	云南民族大学学报(自然科学版)	A−
17	西南师范大学学报(自然科学版)	A	38	华南师范大学学报(自然科学版)	A	59	杭州师范大学学报(自然科学版)	A−
18	中山大学学报(自然科学版)(中英文)	A	39	山东大学学报(理学版)	A	60	湖北民族大学学报(自然科学版)	A−
19	云南大学学报(自然科学版)	A	40	湖北大学学报(自然科学版)	A	61	浙江师范大学学报(自然科学版)	A−
20	南京师大学报(自然科学版)	A	41	福建师范大学学报(自然科学版)	A	62	江西师范大学学报(自然科学版)	A−
21	南京大学学报(自然科学版)	A	42	北华大学学报(自然科学版)	A	63	中国科学技术大学学报	A−

排名	期刊名称	等级	排名	期刊名称	等级	排名	期刊名称	等级
64	云南师范大学学报(自然科学版)	A-	90	廊坊师范学院学报(自然科学版)	B+	116	河北北方学院学报(自然科学版)	B+
65	烟台大学学报(自然科学与工程版)	A-	91	中国科技术语	B+	117	高原科学研究	B+
66	中央民族大学学报(自然科学版)	A-	92	内蒙古师范大学学报(自然科学汉文版)	B+	118	西昌学院学报(自然科学版)	B+
67	海南大学学报(自然科学版)	A-	93	宁波大学学报(理工版)	B+	119	阜阳师范大学学报(自然科学版)	B+
68	天津师范大学学报(自然科学版)	A-	94	江苏师范大学学报(自然科学版)	B+	120	西北民族大学学报(自然科学版)	B+
69	河北大学学报(自然科学版)	A-	95	实验室科学	B+	121	赤峰学院学报(自然科学版)	B+
70	石河子大学学报(自然科学版)	A-	96	山东师范大学学报(自然科学版)	B+	122	青海大学学报	B+
71	海南师范大学学报(自然科学版)	A-	97	河北师范大学学报(自然科学版)	B+	123	长春师范大学学报(自然科学版)	B+
72	吉林师范大学学报(自然科学版)	A-	98	曲阜师范大学学报(自然科学版)	B+	124	科学观察	B+
73	北京化工大学学报(自然科学版)	A-	99	湖南理工学院学报(自然科学版)	B+	125	科学	B+
74	山西大学学报(自然科学版)	A-	100	邵阳学院学报(自然科学版)	B+	126	甘肃科学学报	B+
75	江汉大学学报(自然科学版)	A-	101	内蒙古民族大学学报(自然科学版)	B+	127	渤海大学学报(自然科学版)	B+
76	四川师范大学学报(自然科学版)	A-	102	湖北理工学院学报	B+	128	苏州市职业大学学报	B+
77	沈阳师范大学学报(自然科学版)	A-	103	上海师范大学学报(自然科学版)	B+	129	湖北师范大学学报(自然科学版)	B+
78	内蒙古大学学报(自然科学版)	A-	104	黑龙江科学	B+	130	哈尔滨师范大学自然科学学报	B+
79	南开大学学报(自然科学版)	A-	105	南昌大学学报(理科版)	B+	131	新疆师范大学学报(自然科学版)	B+
80	湖南文理学院学报(自然科学版)	B+	106	山西师范大学学报(自然科学版)	B+	132	佛山科学技术学院学报(自然科学版)	B+
81	重庆工商大学学报(自然科学版)	B+	107	黑龙江大学自然科学学报	B+	133	江苏海洋大学学报(自然科学版)	B+
82	牡丹江师范学院学报(自然科学版)	B+	108	河南科学	B+	134	太原师范学院学报(自然科学版)	B+
83	苏州科技大学学报(自然科学版)	B+	109	宁夏大学学报(自然科学版)	B+	135	高师理科学刊	B+
84	辽宁师范大学学报(自然科学版)	B+	110	安庆师范大学学报(自然科学版)	B+	136	贵州科学	B+
85	西华师范大学学报(自然科学版)	B+	111	兰州文理学院学报(自然科学版)	B+	137	集美大学学报(自然科学版)	B+
86	西安文理学院学报(自然科学版)	B+	112	扬州大学学报(自然科学版)	B+	138	吉首大学学报(自然科学版)	B+
87	鲁东大学学报(自然科学版)	B+	113	成都大学学报(自然科学版)	B+	139	闽南师范大学学报(自然科学版)	B+
88	广西科学院学报	B+	114	江西科学	B+	140	井冈山大学学报(自然科学版)	B+
89	安徽师范大学学报(自然科学版)	B+	115	淮北师范大学学报(自然科学版)	B+	141	汕头大学学报(自然科学版)	B+

排名	期刊名称	等级	排名	期刊名称	等级	排名	期刊名称	等级
142	南宁师范大学学报(自然科学版)	B+	146	河南教育学院学报(自然科学版)	B+	150	贵阳学院学报(自然科学版)	B+
143	延安大学学报(自然科学版)	B+	147	宝鸡文理学院学报(自然科学版)	B+	151	中国传媒大学学报(自然科学版)	B+
144	宁德师范学院学报(自然科学版)	B+	148	淮阴师范学院学报(自然科学版)	B+			
145	山西大同大学学报(自然科学版)	B+	149	广州大学学报(自然科学版)	B+			

B 等级(13 种):五邑大学学报(自然科学版)、江苏理工学院学报、延边大学学报(自然科学版)、淮阴工学院学报、中国基础科学、温州大学学报(自然科学版)、大众科技、山西科技、天津科技、青海科技、广西民族大学学报(自然科学版)、伊犁师范大学学报(自然科学版)、内江科技。

ZH02 工程与技术综合(共 215 种)

排名	期刊名称	等级	排名	期刊名称	等级	排名	期刊名称	等级
1	中国工程科学	A+	19	西安工程大学学报	A	37	河南理工大学学报(自然科学版)	A
2	清华大学学报(自然科学版)	A+	20	南京邮电大学学报(自然科学版)	A	38	西北工业大学学报	A
3	电子科技大学学报	A+	21	上海交通大学学报	A	39	国防科技大学学报	A
4	工程科学学报	A+	22	土木与环境工程学报(中英文)	A	40	重庆理工大学学报(自然科学)	A
5	西安交通大学学报	A+	23	东北大学学报(自然科学版)	A	41	大连理工大学学报	A
6	同济大学学报(自然科学版)	A+	24	科学技术与工程	A	42	重庆邮电大学学报(自然科学版)	A
7	吉林大学学报(工学版)	A+	25	江苏大学学报(自然科学版)	A	43	山东科技大学学报(自然科学版)	A
8	哈尔滨工业大学学报	A+	26	应用基础与工程科学学报	A	44	浙江工业大学学报	A
9	中南大学学报(自然科学版)	A+	27	北京理工大学学报	A	45	河北科技大学学报	A
10	浙江大学学报(工学版)	A+	28	湖南大学学报(自然科学版)	A	46	山东大学学报(工学版)	A
11	华中科技大学学报(自然科学版)	A+	29	沈阳工业大学学报	A	47	燕山大学学报	A−
12	天津大学学报(自然科学与工程技术版)	A+	30	南京理工大学学报	A	48	桂林理工大学学报	A−
13	工程科学与技术	A+	31	华南理工大学学报(自然科学版)	A	49	广西科技大学学报	A−
14	中国科学:技术科学	A+	32	重庆大学学报	A	50	太原理工大学学报	A−
15	北京工业大学学报	A+	33	北京联合大学学报	A	51	应用科学学报	A−
16	东南大学学报(自然科学版)	A+	34	河南科技大学学报(自然科学版)	A	52	高技术通讯	A−
17	电力信息与通信技术	A	35	深圳大学学报(理工版)	A	53	郑州大学学报(工学版)	A−
18	哈尔滨工程大学学报	A	36	武汉大学学报(工学版)	A	54	三峡大学学报(自然科学版)	A−

排名	期刊名称	等级	排名	期刊名称	等级	排名	期刊名称	等级
55	广东工业大学学报	A−	81	北京工业职业技术学院学报	B+	107	电子世界	B+
56	电子设计工程	A−	82	科技资讯	B+	108	西南科技大学学报	B+
57	济南大学学报（自然科学版）	A−	83	兰州理工大学学报	B+	109	安徽工业大学学报（自然科学版）	B+
58	东华大学学报（自然科学版）	A−	84	科技创新与应用	B+	110	河北工程大学学报（自然科学版）	B+
59	南京信息工程大学学报（自然科学版）	A−	85	中国科技论文	B+	111	应用科技	B+
60	合肥工业大学学报（自然科学版）	A−	86	价值工程	B+	112	哈尔滨商业大学学报（自然科学版）	B+
61	青岛科技大学学报（自然科学版）	A−	87	昆明理工大学学报（自然科学版）	B+	113	齐齐哈尔大学学报（自然科学版）	B+
62	吉林大学学报（信息科学版）	A−	88	华北理工大学学报（自然科学版）	B+	114	辽宁工业大学学报（自然科学版）	B+
63	武汉工程大学学报	A−	89	江西理工大学学报	B+	115	长春工业大学学报	B+
64	哈尔滨理工大学学报	A−	90	湖南工业大学学报	B+	116	西安工业大学学报	B+
65	西安理工大学学报	A−	91	工程技术研究	B+	117	科学技术创新	B+
66	武汉科技大学学报	A−	92	上海理工大学学报	B+	118	科技视界	B+
67	中国测试	A−	93	沈阳大学学报（自然科学版）	B+	119	浙江科技学院学报	B+
68	长江大学学报（自然科学版）	A−	94	齐鲁工业大学学报	B+	120	南京师范大学学报（工程技术版）	B+
69	华东理工大学学报（自然科学版）	A−	95	陕西科技大学学报	B+	121	太原科技大学学报	B+
70	山东理工大学学报（自然科学版）	A−	96	常州大学学报（自然科学版）	B+	122	轻工科技	B+
71	南京工业大学学报（自然科学版）	A−	97	天津科技大学学报	B+	123	黑龙江科技大学学报	B+
72	华侨大学学报（自然科学版）	A−	98	湖南科技大学学报（自然科学版）	B+	124	东莞理工学院学报	B+
73	黑龙江工程学院学报	A−	99	大连工业大学学报	B+	125	四川轻化工大学学报（自然科学版）	B+
74	西华大学学报（自然科学版）	A−	100	浙江理工大学学报（自然科学版）	B+	126	北京信息科技大学学报（自然科学版）	B+
75	广西大学学报（自然科学版）	A−	101	低碳世界	B+	127	沈阳工程学院学报（自然科学版）	B+
76	科技风	B+	102	南昌工程学院学报	B+	128	河北省科学院学报	B+
77	中北大学学报（自然科学版）	B+	103	河北工业大学学报	B+	129	武汉轻工大学学报	B+
78	黑龙江大学工程学报	B+	104	长春理工大学学报（自然科学版）	B+	130	陕西理工大学学报（自然科学版）	B+
79	长沙理工大学学报（自然科学版）	B+	105	江苏科技大学学报（自然科学版）	B+	131	科技与创新	B+
80	河北工业科技	B+	106	徐州工程学院学报（自然科学版）	B+	132	湘潭大学学报（自然科学版）	B+

排名	期刊名称	等级	排名	期刊名称	等级	排名	期刊名称	等级
133	南昌大学学报(工科版)	B+	140	佳木斯大学学报(自然科学版)	B+	147	人类工效学	B+
134	河北水利电力学院学报	B+	141	南通大学学报(自然科学版)	B+	148	安阳工学院学报	B+
135	天津理工大学学报	B+	142	安徽工程大学学报	B+	149	轻纺工业与技术	B+
136	应用技术学报	B+	143	青岛大学学报(工程技术版)	B+	150	华北科技学院学报	B+
137	上海第二工业大学学报	B+	144	武汉理工大学学报	B+	151	湖南工程学院学报(自然科学版)	B+
138	重庆科技学院学报(自然科学版)	B+	145	集成技术	B+			
139	中国人民公安大学学报(自然科学版)	B+	146	科技创新导报	B+			

B 等级(45 种)：中国设备工程、科技通报、南京工程学院学报(自然科学版)、南华大学学报(自然科学版)、湖北工业大学学报、成都信息工程大学学报、技术与市场、绿色包装、南昌航空大学学报(自然科学版)、安徽理工大学学报(自然科学版)、辽东学院学报(自然科学版)、安徽电子信息职业技术学院学报、福建工程学院学报、沈阳理工大学学报、中国科技信息、辽宁科技大学学报、金陵科技学院学报、天津职业技术师范大学学报、内蒙古科技大学学报、中国新技术新产品、洛阳理工学院学报(自然科学版)、中原工学院学报、农业装备与车辆工程、北京石油化工学院学报、信息记录材料、广东石油化工学院学报、太原学院学报(自然科学版)、厦门理工学院学报、宁夏工程技术、上海电机学院学报、成都航空职业技术学院学报、盐城工学院学报(自然科学版)、内蒙古工业大学学报(自然科学版)、造纸装备及材料、广东交通职业技术学院学报、煤炭与化工、常州工学院学报、石河子科技、武汉工程职业技术学院学报、上海工程技术大学学报、甘肃科技纵横、兰州工业学院学报、江苏航运职业技术学院学报、河南工学院学报、昆明冶金高等专科学校学报。

ZH03 医学综合(共 258 种)

排名	期刊名称	等级	排名	期刊名称	等级	排名	期刊名称	等级
1	中国全科医学	A+	13	武汉大学学报(医学版)	A+	25	广东医学	A
2	南方医科大学学报	A+	14	浙江大学学报(医学版)	A	26	中国医学科学院学报	A
3	中华医学杂志	A+	15	暨南大学学报(自然科学与医学版)	A	27	医学新知	A
4	实用医学杂志	A+	16	安徽医药	A	28	山东大学学报(医学版)	A
5	海南医学院学报	A+	17	陕西医学杂志	A	29	新乡医学院学报	A
6	重庆医学	A+	18	中华全科医学	A	30	热带医学杂志	A
7	中国医学教育技术	A+	19	中国健康教育	A	31	河北医科大学学报	A
8	中国医药导报	A+	20	解放军医药杂志	A	32	郑州大学学报(医学版)	A
9	中国医科大学学报	A+	21	中南大学学报(医学版)	A	33	中国儿童保健杂志	A
10	北京大学学报(医学版)	A+	22	中国医药	A	34	中国医刊	A
11	复旦学报(医学版)	A+	23	疾病监测	A	35	医学综述	A
12	西安交通大学学报(医学版)	A+	24	山东医药	A	36	中国中西医结合急救杂志	A

续表

排名	期刊名称	等级	排名	期刊名称	等级	排名	期刊名称	等级
37	吉林大学学报（医学版）	A	63	天津医药	A-	89	高校医学教学研究（电子版）	B+
38	首都医科大学学报	A	64	中南医学科学杂志	A-	90	蚌埠医学院学报	B+
39	医学研究生学报	A	65	广东药科大学学报	A-	91	贵州医科大学学报	B+
40	中国现代医学杂志	A	66	同济大学学报（医学版）	A-	92	中国医疗管理科学	B+
41	疑难病杂志	A	67	安徽医学	A-	93	兰州大学学报（医学版）	B+
42	海南医学	A	68	川北医学院学报	A-	94	中国数字医学	B+
43	陆军军医大学学报	A	69	临床军医杂志	A-	95	中国医学装备	B+
44	成都医学院学报	A	70	贵州医药	A-	96	中国医疗器械杂志	B+
45	中国医学前沿杂志（电子版）	A	71	华西医学	A-	97	上海医学	B+
46	现代医院	A	72	皖南医学院学报	A-	98	南京医科大学学报（自然科学版）	B+
47	广西医科大学学报	A	73	重庆医科大学学报	A-	99	医学教育管理	B+
48	新疆医科大学学报	A	74	华中科技大学学报（医学版）	A-	100	东南大学学报（医学版）	B+
49	医学与哲学	A	75	西部医学	A-	101	温州医科大学学报	B+
50	海军军医大学学报	A	76	上海交通大学学报（医学版）	A-	102	中国煤炭工业医学杂志	B+
51	河北医药	A	77	中山大学学报（医学科学版）	A-	103	医学研究与教育	B+
52	四川大学学报（医学版）	A	78	广西医学	A-	104	大连医科大学学报	B+
53	河北医学	A	79	中国医药导刊	A-	105	新医学	B+
54	中国医师杂志	A-	80	湖南师范大学学报（医学版）	A-	106	吉林医药学院学报	B+
55	中国消毒学杂志	A-	81	江苏大学学报（医学版）	B+	107	中国医学创新	B+
56	南京医科大学学报（社会科学版）	A-	82	空军军医大学学报	B+	108	中华医学教育探索杂志	B+
57	协和医学杂志	A-	83	安徽医科大学学报	B+	109	中国毕业后医学教育	B+
58	中国医学伦理学	A-	84	中华医学教育杂志	B+	110	四川医学	B+
59	传染病信息	A-	85	医疗卫生装备	B+	111	山西医科大学学报	B+
60	医学教育研究与实践	A-	86	昆明医科大学学报	B+	112	中国当代医药	B+
61	山西医药杂志	A-	87	浙江医学	B+	113	医学信息学杂志	B+
62	基础医学教育	A-	88	解放军医学院学报	B+	114	中国基层医药	B+

排名	期刊名称	等级	排名	期刊名称	等级	排名	期刊名称	等级
115	内蒙古医科大学学报	B+	130	中国医药生物技术	B+	145	医学理论与实践	B+
116	北京医学	B+	131	转化医学杂志	B+	146	中国研究型医院	B+
117	医学研究杂志	B+	132	西南医科大学学报	B+	147	实用检验医师杂志	B+
118	中国医药科学	B+	133	健康研究	B+	148	广东医科大学学报	B+
119	中国实用医药	B+	134	中国医药指南	B+	149	山东第一医科大学(山东省医学科学院)学报	B+
120	江苏医药	B+	135	锦州医科大学学报	B+	150	医药高职教育与现代护理	B+
121	河南大学学报(医学版)	B+	136	济宁医学院学报	B+	151	河南医学研究	B+
122	中国现代医生	B+	137	华北理工大学学报(医学版)	B+	152	生物医学转化	B+
123	生物骨科材料与临床研究	B+	138	右江民族医学院学报	B+	153	教育生物学杂志	B+
124	上海医药	B+	139	天津医科大学学报	B+	154	福建医科大学学报	B+
125	青岛大学学报(医学版)	B+	140	徐州医科大学学报	B+	155	中国药物滥用防治杂志	B+
126	中国高等医学教育	B+	141	现代医学	B+	156	湖北民族大学学报(医学版)	B+
127	现代医药卫生	B+	142	沈阳医学院学报	B+	157	基层医学论坛	B+
128	宁夏医科大学学报	B+	143	南昌大学学报(医学版)	B+	158	现代医学与健康研究电子杂志	B+
129	吉林医学	B+	144	江西医药	B+			

B 等级(77 种)：当代医药论丛、湖北医药学院学报、遵义医科大学学报、中国高原医学与生物学杂志、哈尔滨医科大学学报、黑龙江医药、继续医学教育、浙江医学教育、国际医药卫生导报、中华临床实验室管理电子杂志、广州医科大学学报、宁夏医学杂志、右江医学、精准医学杂志、中华肥胖与代谢病电子杂志、感染·炎症·修复、牡丹江医学院学报、糖尿病新世界、广州医药、赣南医学院学报、中日友好医院学报、齐齐哈尔医学院学报、医学信息、微量元素与健康研究、中国实用医刊、九江学院学报(自然科学版)、现代实用医学、淮海医药、中国体视学与图像分析、系统医学、承德医学院学报、中华医史杂志、延安大学学报(医学科学版)、世界睡眠医学杂志、临床医药实践、湘南学院学报(医学版)、中国现代医药杂志、黑龙江医学、中国卫生产业、新疆医学、湖北科技学院学报(医学版)、巴楚医学、中国校医、包头医学院学报、福建医药杂志、内蒙古医学杂志、微创医学、滨州医学院学报、青岛医药卫生、南通大学学报(医学版)、云南医药、质量安全与检验检测、罕少疾病杂志、首都食品与医药、汕头大学医学院学报、交通医学、中国民康医学、长治医学院学报、实用医技杂志、中外女性健康研究、黑龙江医药科学、皮肤科学通报、华夏医学、中医药管理杂志、医药论坛杂志、黔南民族医专学报、河南医学高等专科学校学报、哈尔滨医药、安徽医专学报、山东医学高等专科学校学报、菏泽医学专科学校学报、辽宁医学杂志、延边大学医学学报、中国冶金工业医学杂志、老年医学研究、包头医学、山西卫生健康职业学院学报。

ZH04 人文科学综合(共 424 种)

排名	期刊名称	等级	排名	期刊名称	等级	排名	期刊名称	等级
1	学术月刊	A+	3	北京大学学报(哲学社会科学版)	A+	5	清华大学学报(哲学社会科学版)	A+
2	北京师范大学学报(社会科学版)	A+	4	社会科学	A+	6	社会科学战线	A+

排名	期刊名称	等级	排名	期刊名称	等级	排名	期刊名称	等级
7	学术研究	A+	33	广西师范大学学报（哲学社会科学版）	A	59	江西师范大学学报（哲学社会科学版）	A
8	广东社会科学	A+	34	天津社会科学	A	60	学术交流	A
9	江海学刊	A+	35	上海师范大学学报（哲学社会科学版）	A	61	华侨大学学报（哲学社会科学版）	A
10	浙江大学学报（人文社会科学版）	A+	36	江汉学术	A	62	山东师范大学学报（人文社会科学版）	A
11	复旦学报（社会科学版）	A+	37	湖南大学学报（社会科学版）	A	63	郑州大学学报（哲学社会科学版）	A
12	文史哲	A+	38	中南大学学报（社会科学版）	A	64	济南大学学报（社会科学版）	A
13	东岳论丛	A+	39	中央民族大学学报（哲学社会科学版）	A	65	南昌大学学报（人文社会科学版）	A
14	南京大学学报（哲学·人文科学·社会科学）	A+	40	江苏大学学报（社会科学版）	A	66	天津大学学报（社会科学版）	A
15	中国高校社会科学	A+	41	湖北民族大学学报（哲学社会科学版）	A	67	贵州师范大学学报（社会科学版）	A
16	华东师范大学学报（哲学社会科学版）	A+	42	河南师范大学学报（哲学社会科学版）	A	68	南宁师范大学学报（哲学社会科学版）	A
17	南开学报（哲学社会科学版）	A+	43	深圳大学学报（人文社会科学版）	A	69	中国社会科学院大学学报	A
18	中山大学学报（社会科学版）	A+	44	安徽大学学报（哲学社会科学版）	A	70	山西师大学报（社会科学版）	A
19	四川大学学报（哲学社会科学版）	A+	45	河北大学学报（哲学社会科学版）	A	71	中国社会科学评价	A
20	湖北大学学报（哲学社会科学版）	A+	46	南通大学学报（社会科学版）	A	72	海南大学学报（人文社会科学版）	A
21	人文杂志	A+	47	山西大学学报（哲学社会科学版）	A	73	云南大学学报（社会科学版）	A
22	东北师大学报（哲学社会科学版）	A+	48	北方民族大学学报	A	74	南京理工大学学报（社会科学版）	A
23	西北大学学报（哲学社会科学版）	A	49	南京林业大学学报（人文社会科学版）	A	75	北京林业大学学报（社会科学版）	A
24	西北师大学报（社会科学版）	A	50	北京社会科学	A	76	新疆大学学报（哲学社会科学版）	A
25	上海大学学报（社会科学版）	A	51	首都师范大学学报（社会科学版）	A	77	天津师范大学学报（社会科学版）	A
26	浙江学刊	A	52	扬州大学学报（人文社会科学版）	A	78	浙江理工大学学报（社会科学版）	A
27	求是学刊	A	53	西北民族大学学报（哲学社会科学版）	A	79	北京科技大学学报（社会科学版）	A
28	河北学刊	A	54	兰州学刊	A	80	贵州大学学报（社会科学版）	A
29	云南师范大学学报（哲学社会科学版）	A	55	哈尔滨工业大学学报（社会科学版）	A	81	西南交通大学学报（社会科学版）	A
30	江西社会科学	A	56	湖南科技大学学报（社会科学版）	A	82	长沙理工大学学报（社会科学版）	A
31	江汉论坛	A	57	安徽师范大学学报（人文社会科学版）	A	83	杭州师范大学学报（社会科学版）	A
32	学术界	A	58	同济大学学报（社会科学版）	A	84	延边大学学报（社会科学版）	A

排名	期刊名称	等级	排名	期刊名称	等级	排名	期刊名称	等级
85	江南大学学报（人文社会科学版）	A-	111	重庆交通大学学报（社会科学版）	A-	137	广东第二师范学院学报	B+
86	重庆文理学院学报（社会科学版）	A-	112	北方论丛	A-	138	遵义师范学院学报	B+
87	阅江学刊	A-	113	东方论坛	A-	139	山东理工大学学报（社会科学版）	B+
88	江苏海洋大学学报（人文社会科学版）	A-	114	创新	A-	140	福建医科大学学报（社会科学版）	B+
89	牡丹江师范学院学报（社会科学版）	A-	115	湖北师范大学学报（哲学社会科学版）	A-	141	海南热带海洋学院学报	B+
90	西华大学学报（哲学社会科学版）	A-	116	烟台大学学报（哲学社会科学版）	A-	142	皖西学院学报	B+
91	信阳师范学院学报（哲学社会科学版）	A-	117	湖北理工学院学报（人文社会科学版）	A-	143	大庆师范学院学报	B+
92	齐鲁学刊	A-	118	南都学坛	A-	144	黑龙江工业学院学报（综合版）	B+
93	沈阳师范大学学报（社会科学版）	A-	119	通化师范学院学报	A-	145	福州大学学报（哲学社会科学版）	B+
94	华北理工大学学报（社会科学版）	A-	120	大理大学学报	A-	146	安徽开放大学学报	B+
95	长春大学学报	A-	121	成都大学学报（社会科学版）	A-	147	宁波工程学院学报	B+
96	沈阳建筑大学学报（社会科学版）	A-	122	长江师范学院学报	A-	148	赣南师范大学学报	B+
97	辽宁师范大学学报（社会科学版）	A-	123	中北大学学报（社会科学版）	A-	149	南华大学学报（社会科学版）	B+
98	东华理工大学学报（社会科学版）	A-	124	湖南工业大学学报（社会科学版）	A-	150	宁波职业技术学院学报	B+
99	浙江师范大学学报（社会科学版）	A-	125	内江师范学院学报	A-	151	黄冈师范学院学报	B+
100	南京中医药大学学报（社会科学版）	A-	126	三峡大学学报（人文社会科学版）	A-	152	攀枝花学院学报	B+
101	江苏师范大学学报（哲学社会科学版）	A-	127	长沙大学学报	A-	153	西华师范大学学报（哲学社会科学版）	B+
102	华北水利水电大学学报（社会科学版）	A-	128	石河子大学学报（哲学社会科学版）	A-	154	西昌学院学报（社会科学版）	B+
103	云梦学刊	A-	129	山东农业工程学院学报	B+	155	保定学院学报	B+
104	西藏大学学报（社会科学版）	A-	130	南阳师范学院学报	B+	156	杨凌职业技术学院学报	B+
105	锦州医科大学学报（社会科学版）	A-	131	文化创新比较研究	B+	157	宁波大学学报（人文科学版）	B+
106	吉林农业科技学院学报	A-	132	河南理工大学学报（社会科学版）	B+	158	贵州民族大学学报（哲学社会科学版）	B+
107	长春师范大学学报	A-	133	河北师范大学学报（哲学社会科学版）	B+	159	合肥工业大学学报（社会科学版）	B+
108	黑龙江教师发展学院学报	A-	134	昌吉学院学报	B+	160	漯河职业技术学院学报	B+
109	晋阳学刊	A-	135	吉林师范大学学报（人文社会科学版）	B+	161	石家庄学院学报	B+
110	燕山大学学报（哲学社会科学版）	A-	136	延安大学学报（社会科学版）	B+	162	阿坝师范学院学报	B+

排名	期刊名称	等级	排名	期刊名称	等级	排名	期刊名称	等级
163	大连民族大学学报	B+	189	贵州师范学院学报	B+	215	枣庄学院学报	B+
164	长江大学学报（社会科学版）	B+	190	吉林工程技术师范学院学报	B+	216	赤峰学院学报（汉文哲学社会科学版）	B+
165	齐齐哈尔大学学报（哲学社会科学版）	B+	191	河南科技大学学报（社会科学版）	B+	217	东疆学刊	B+
166	西安建筑科技大学学报（社会科学版）	B+	192	海南师范大学学报（社会科学版）	B+	218	嘉兴学院学报	B+
167	湖北工程学院学报	B+	193	淮北师范大学学报（哲学社会科学版）	B+	219	鄂州大学学报	B+
168	上海理工大学学报（社会科学版）	B+	194	河北民族师范学院学报	B+	220	三明学院学报	B+
169	北京印刷学院学报	B+	195	重庆三峡学院学报	B+	221	黄山学院学报	B+
170	湖州师范学院学报	B+	196	江西科技师范大学学报	B+	222	黄冈职业技术学院学报	B+
171	陕西理工大学学报（社会科学版）	B+	197	长春工程学院学报（社会科学版）	B+	223	甘肃高师学报	B+
172	南通职业大学学报	B+	198	惠州学院学报	B+	224	宜宾学院学报	B+
173	北华大学学报（社会科学版）	B+	199	广西民族师范学院学报	B+	225	河南教育学院学报（哲学社会科学版）	B+
174	中州大学学报	B+	200	安徽理工大学学报（社会科学版）	B+	226	聊城大学学报（社会科学版）	B+
175	武陵学刊	B+	201	湖北第二师范学院学报	B+	227	衡阳师范学院学报	B+
176	井冈山大学学报（社会科学版）	B+	202	四川文理学院学报	B+	228	菏泽学院学报	B+
177	蚌埠学院学报	B+	203	东华大学学报（社会科学版）	B+	229	徐州工程学院学报（社会科学版）	B+
178	邵阳学院学报（社会科学版）	B+	204	南昌航空大学学报（社会科学版）	B+	230	晋中学院学报	B+
179	榆林学院学报	B+	205	临沂大学学报	B+	231	绍兴文理学院学报（人文社会科学）	B+
180	商洛学院学报	B+	206	合肥学院学报（综合版）	B+	232	牡丹江大学学报	B+
181	洛阳师范学院学报	B+	207	佳木斯大学社会科学学报	B+	233	开封文化艺术职业学院学报	B+
182	西藏研究	B+	208	邢台学院学报	B+	234	福建技术师范学院学报	B+
183	成都工业学院学报	B+	209	西南科技大学学报（哲学社会科学版）	B+	235	渤海大学学报（哲学社会科学版）	B+
184	深圳职业技术学院学报	B+	210	湖南工程学院学报（社会科学版）	B+	236	湖南人文科技学院学报	B+
185	社会科学动态	B+	211	哈尔滨学院学报	B+	237	常熟理工学院学报	B+
186	六盘水师范学院学报	B+	212	绥化学院学报	B+	238	青海民族大学学报（社会科学版）	B+
187	齐鲁师范学院学报	B+	213	重庆师范大学学报（社会科学版）	B+	239	池州学院学报	B+
188	渭南师范学院学报	B+	214	浙江海洋大学学报（人文科学版）	B+	240	安庆师范大学学报（社会科学版）	B+

排名	期刊名称	等级	排名	期刊名称	等级	排名	期刊名称	等级
241	外语教育研究	B+	255	黔南民族师范学院学报	B+	269	桂林师范高等专科学校学报	B+
242	洛阳理工学院学报（社会科学版）	B+	256	集美大学学报（哲学社会科学版）	B+	270	科学·经济·社会	B+
243	四川民族学院学报	B+	257	许昌学院学报	B+	271	铜仁学院学报	B+
244	鞍山师范学院学报	B+	258	南京晓庄学院学报	B+	272	曲靖师范学院学报	B+
245	台州学院学报	B+	259	苏州科技大学学报（社会科学版）	B+	273	辽宁工程技术大学学报（社会科学版）	B+
246	丽水学院学报	B+	260	安阳师范学院学报	B+	274	平顶山学院学报	B+
247	商丘师范学院学报	B+	261	辽东学院学报（社会科学版）	B+	275	广西职业技术学院学报	B+
248	绵阳师范学院学报	B+	262	龙岩学院学报	B+	276	鲁东大学学报（哲学社会科学版）	B+
249	怀化学院学报	B+	263	贵阳学院学报（社会科学版）	B+	277	闽南师范大学学报（哲学社会科学版）	B+
250	温州大学学报（社会科学版）	B+	264	湖北文理学院学报	B+	278	荆楚理工学院学报	B+
251	昆明学院学报	B+	265	信阳农林学院学报	B+	279	盐城师范学院学报（人文社会科学版）	B+
252	北方工业大学学报	B+	266	黑河学院学报	B+	280	新余学院学报	B+
253	宜春学院学报	B+	267	广西科技师范学院学报	B+			
254	沧州师范学院学报	B+	268	宿州学院学报	B+			

B 等级(108 种)：湘南学院学报、湖南工业职业技术学院学报、百色学院学报、绍兴文理学院学报、合肥师范学院学报、牡丹江教育学院学报、乐山师范学院学报、山西大同大学学报(社会科学版)、淮南师范学院学报、岳阳职业技术学院学报、巢湖学院学报、肇庆学院学报、红河学院学报、南宁职业技术学院学报、阜阳师范大学学报(社会科学版)、内蒙古大学学报(哲学社会科学版)、韶关学院学报、莆田学院学报、普洱学院学报、淮北职业技术学院学报、商丘职业技术学院学报、泉州师范学院学报、河西学院学报、衡水学院学报、兰州文理学院学报(社会科学版)、闽江学院学报、运城学院学报、陇东学院学报、嘉应学院学报、安顺学院学报、吕梁学院学报、湖北科技学院学报、滁州学院学报、宝鸡文理学院学报(社会科学版)、漳州职业技术学院学报、兴义民族师范学院学报、德州学院学报、江苏第二师范学院学报、西安文理学院学报(社会科学版)、湖南科技学院学报、河北科技师范学院学报(社会科学版)、汉江师范学院学报、襄阳职业技术学院学报、白城师范学院学报、盐城工学院学报(社会科学版)、喀什大学学报、法国研究、哈尔滨师范大学社会科学学报、上饶师范学院学报、柳州职业技术学院学报、凯里学院学报、五邑大学学报(社会科学版)、济宁学院学报、清远职业技术学院学报、内蒙古师范大学学报(哲学社会科学版)、廊坊师范学院学报(社会科学版)、唐都学刊、梧州学院学报、理论界、新乡学院学报、郑州铁路职业技术学院学报、景德镇学院学报、四川职业技术学院学报、岭南师范学院学报、吉林广播电视大学学报、黎明职业大学学报、江苏科技大学学报(社会科学版)、佛山科学技术学院学报(社会科学版)、温州职业技术学院学报、保山学院学报、安康学院学报、顺德职业技术学院学报、濮阳职业技术学院学报、邯郸学院学报、北部湾大学学报、河池学院学报、韩山师范学院学报、延安职业技术学院学报、忻州师范学院学报、和田师范专科学校学报、郑州航空工业管理学院学报(社会科学版)、楚雄师范学院学报、汕头大学学报(人文社会科学版)、湖北职业技术学院学报、大连大学学报、西部学刊、青海师范大学学报(哲学社会科学版)、河北北方学院学报(社会科学版)、宁夏师范学院学报、东吴学术、长治学院学报、天中学刊、贵州工程应用技术学院学报、萍乡学院学报、焦作大学学报、太原学院学报(社会科学版)、连云港师范高等专科学校学报、内蒙古民族大学学报(社会科学版)、两岸终身教育、武夷学院学报、宁夏大学学报(人文社会科学版)、扬州教育学院学报、闽西职业技术学院学报、泰山学院学报、社会科学论坛、海南开放大学学报、成都理工大学学报(社会科学版)、国际社会科学杂志(中文版)。

ZH05 社会科学综合(共 307 种)

排名	期刊名称	等级	排名	期刊名称	等级	排名	期刊名称	等级
1	中国社会科学	A+	27	西南大学学报(社会科学版)	A	53	中国矿业大学学报(社会科学版)	A
2	中国人民大学学报	A+	28	社会科学辑刊	A	54	贵州社会科学	A
3	武汉大学学报(哲学社会科学版)	A+	29	陕西师范大学学报(哲学社会科学版)	A	55	学习与实践	A
4	华中师范大学学报(人文社会科学版)	A+	30	北京理工大学学报(社会科学版)	A	56	河南社会科学	A
5	西安交通大学学报(社会科学版)	A+	31	中国农业大学学报(社会科学版)	A	57	暨南学报(哲学社会科学版)	A
6	北京工业大学学报(社会科学版)	A+	32	甘肃社会科学	A	58	苏州大学学报(哲学社会科学版)	A
7	探索与争鸣	A+	33	湖南师范大学社会科学学报	A	59	重庆社会科学	A
8	南京社会科学	A+	34	北京交通大学学报(社会科学版)	A	60	中南林业科技大学学报(社会科学版)	A
9	重庆大学学报(社会科学版)	A+	35	南京师大学报(社会科学版)	A	61	四川师范大学学报(社会科学版)	A
10	新疆师范大学学报(哲学社会科学版)	A+	36	思想战线	A	62	上海交通大学学报(哲学社会科学版)	A
11	南京农业大学学报(社会科学版)	A+	37	开放时代	A	63	南京工业大学学报(社会科学版)	A
12	西北农林科技大学学报(社会科学版)	A+	38	华南师范大学学报(社会科学版)	A	64	东北大学学报(社会科学版)	A
13	华中农业大学学报(社会科学版)	A+	39	大连理工大学学报(社会科学版)	A	65	学术论坛	A
14	学习与探索	A+	40	河海大学学报(哲学社会科学版)	A	66	广西社会科学	A
15	山东大学学报(哲学社会科学版)	A+	41	中国青年社会科学	A	67	吉首大学学报(社会科学版)	A
16	华南农业大学学报(社会科学版)	A	42	中南民族大学学报(人文社会科学版)	A	68	兰州大学学报(社会科学版)	A
17	东南学术	A	43	华中科技大学学报(社会科学版)	A	69	国外社会科学	A
18	中州学刊	A	44	中国地质大学学报(社会科学版)	A	70	理论月刊	A
19	江苏社会科学	A	45	学海	A	71	北京联合大学学报(人文社会科学版)	A
20	求索	A	46	内蒙古社会科学	A	72	福建论坛(人文社会科学版)	A
21	浙江社会科学	A	47	浙江工商大学学报	A	73	华东理工大学学报(社会科学版)	A
22	西南民族大学学报(人文社会科学版)	A	48	福建师范大学学报(哲学社会科学版)	A	74	宁夏社会科学	A
23	山东社会科学	A	49	云南社会科学	A	75	湖北社会科学	A
24	社会科学研究	A	50	江淮论坛	A	76	湖南农业大学学报(社会科学版)	A
25	吉林大学社会科学学报	A	51	云南民族大学学报(哲学社会科学版)	A	77	社会科学家	A
26	厦门大学学报(哲学社会科学版)	A	52	四川轻化工大学学报(社会科学版)	A	78	湖南社会科学	A

排名	期刊名称	等级	排名	期刊名称	等级	排名	期刊名称	等级
79	重庆邮电大学学报（社会科学版）	A	105	河南科技学院学报	A-	131	河北工程大学学报（社会科学版）	B+
80	湘潭大学学报（哲学社会科学版）	A-	106	青岛科技大学学报（社会科学版）	A-	132	长春理工大学学报（社会科学版）	B+
81	长白学刊	A-	107	北京邮电大学学报（社会科学版）	A-	133	安徽农业大学学报（社会科学版）	B+
82	东南大学学报（哲学社会科学版）	A-	108	山东科技大学学报（社会科学版）	A-	134	河北青年管理干部学院学报	B+
83	重庆工商大学学报（社会科学版）	A-	109	云南农业大学学报（社会科学）	A-	135	浙江工业大学学报（社会科学版）	B+
84	广西民族大学学报（哲学社会科学版）	A-	110	杭州电子科技大学学报（社会科学版）	A-	136	郑州轻工业大学学报（社会科学版）	B+
85	青海社会科学	A-	111	河北科技大学学报（社会科学版）	A-	137	安徽职业技术学院学报	B+
86	电子科技大学学报（社科版）	A-	112	深圳社会科学	A-	138	南京航空航天大学学报（社会科学版）	B+
87	中国海洋大学学报（社会科学版）	A-	113	河北农业大学学报（社会科学版）	B+	139	安徽商贸职业技术学院学报（社会科学版）	B+
88	河南大学学报（社会科学版）	A-	114	常州大学学报（社会科学版）	B+	140	西南石油大学学报（社会科学版）	B+
89	华南理工大学学报（社会科学版）	A-	115	黑龙江社会科学	B+	141	北京农业职业学院学报	B+
90	重庆理工大学学报（社会科学）	A-	116	中国石油大学学报（社会科学版）	B+	142	武汉交通职业学院学报	B+
91	长安大学学报（社会科学版）	A-	117	湖北经济学院学报（人文社会科学版）	B+	143	常州信息职业技术学院学报	B+
92	沈阳工业大学学报（社会科学版）	A-	118	福建农林大学学报（哲学社会科学版）	B+	144	城市学刊	B+
93	学术探索	A-	119	广西大学学报（哲学社会科学版）	B+	145	岭南学刊	B+
94	社会工作与管理	A-	120	重庆科技学院学报（社会科学版）	B+	146	教育财会研究	B+
95	广州大学学报（社会科学版）	A-	121	城市与环境研究	B+	147	武汉理工大学学报（社会科学版）	B+
96	武汉科技大学学报（社会科学版）	A-	122	成都师范学院学报	B+	148	河北经贸大学学报（综合版）	B+
97	山西农业大学学报（社会科学版）	A-	123	商展经济	B+	149	武汉职业技术学院学报	B+
98	北京航空航天大学学报（社会科学版）	A-	124	南京邮电大学学报（社会科学版）	B+	150	石家庄铁道大学学报社会科学版	B+
99	重庆理工大学学报（社会科学版）	A-	125	产业与科技论坛	B+	151	河南工业大学学报（社会科学版）	B+
100	新疆社会科学	A-	126	辽宁工业大学学报（社会科学版）	B+	152	西南林业大学学报（社会科学）	B+
101	西北工业大学学报（社会科学版）	A-	127	山西高等学校社会科学学报	B+	153	沈阳工程学院学报（社会科学版）	B+
102	辽宁大学学报（哲学社会科学版）	A-	128	内蒙古农业大学学报（社会科学版）	B+	154	石家庄铁道大学学报（社会科学版）	B+
103	江汉大学学报（社会科学版）	A-	129	沈阳大学学报（社会科学版）	B+	155	金陵科技学院学报（社会科学版）	B+
104	昆明理工大学学报（社会科学版）	A-	130	南海学刊	B+	156	西安电子科技大学学报（社会科学版）	B+

排名	期刊名称	等级	排名	期刊名称	等级	排名	期刊名称	等级
157	北京城市学院学报	B+	173	理论与现代化	B+	189	淮南职业技术学院学报	B+
158	山东青年政治学院学报	B+	174	国外社会科学前沿	B+	190	江苏经贸职业技术学院学报	B+
159	新疆财经大学学报	B+	175	西安石油大学学报（社会科学版）	B+	191	太原城市职业技术学院学报	B+
160	日本问题研究	B+	176	广州城市职业学院学报	B+	192	河北软件职业技术学院学报	B+
161	北京青年研究	B+	177	沈阳农业大学学报（社会科学版）	B+	193	广东技术师范大学学报	B+
162	社科纵横	B+	178	华北电力大学学报（社会科学版）	B+	194	宁德师范学院学报（哲学社会科学版）	B+
163	科技创新发展战略研究	B+	179	甘肃理论学刊	B+	195	江苏建筑职业技术学院学报	B+
164	东北农业大学学报（社会科学版）	B+	180	天府新论	B+	196	山东开放大学学报	B+
165	湖南邮电职业技术学院学报	B+	181	北京化工大学学报（社会科学版）	B+	197	北京教育学院学报	B+
166	黑龙江生态工程职业学院学报	B+	182	浙江树人大学学报（人文社会科学版）	B+	198	福建江夏学院学报	B+
167	吉林省教育学院学报	B+	183	无锡商业职业技术学院学报	B+	199	阜阳职业技术学院学报	B+
168	大连海事大学学报（社会科学版）	B+	184	厦门城市职业学院学报	B+	200	河北能源职业技术学院学报	B+
169	浙江万里学院学报	B+	185	太原理工大学学报（社会科学版）	B+	201	广西职业师范学院学报	B+
170	辽宁农业职业技术学院学报	B+	186	青年发展论坛	B+	202	佳木斯职业学院学报	B+
171	湖北开放职业学院学报	B+	187	西藏民族大学学报（哲学社会科学版）	B+			
172	决策与信息	B+	188	宿州教育学院学报	B+			

B 等级（77 种）：现代交际、铜陵学院学报、青岛农业大学学报（社会科学版）、山东农业大学学报（社会科学版）、中国西部、湖北成人教育学院学报、前沿、深圳信息职业技术学院学报、河北工业大学学报（社会科学版）、俄罗斯学刊、浙江工商职业技术学院学报、安徽工业大学学报（社会科学版）、黄河科技学院学报、南京工程学院学报（社会科学版）、重庆第二师范学院学报、云南开放大学学报、江西开放大学学报、学理论、广东农工商职业技术学院学报、呼伦贝尔学院学报、无锡职业技术学院学报、广西教育学院学报、南昌师范学院学报、广东开放大学学报、山西经济管理干部学院学报、日本研究、济源职业技术学院学报、领导科学论坛、福建商学院学报、中共合肥市委党校学报、芜湖职业技术学院学报、边疆经济与文化、经济与社会发展、河北旅游职业学院学报、新疆社科论坛、连云港职业技术学院学报、中共南昌市委党校学报、河南工程学院学报（社会科学版）、黑河学刊、浙江工贸职业技术学院学报、科技智囊、包头职业技术学院学报、长沙民政职业技术学院学报、潍坊工程职业学院学报、广州广播电视大学学报、石家庄职业技术学院学报、乌鲁木齐职业大学学报、探求、邢台职业技术学院学报、河南牧业经济学院学报、天津职业院校联合学报、辽宁经济职业技术学院. 辽宁经济管理干部学院学报、攀登、湖州职业技术学院学报、武汉冶金管理干部学院学报、大庆社会科学、天水行政学院学报、长沙航空职业技术学院学报、辽宁开放大学学报、济南职业学院学报、厦门特区党校学报、桂林航天工业学院学报、山西能源学院学报、河南广播电视大学学报、北京经济管理职业学院学报、辽宁省交通高等专科学校学报、河北开放大学学报、张家口职业技术学院学报、南方论刊、江苏工程职业技术学院学报、内蒙古科技与经济、西伯利亚研究、宁波开放大学学报、沿海企业与科技、福建开放大学学报、理论观察、湖南广播电视大学学报。

第二节 高职高专成高院校学术期刊排行榜

GZ01 自然科学综合(高职高专成高院校学术期刊)(共45种)

排名	期刊名称	等级	排名	期刊名称	等级	排名	期刊名称	等级
1	纺织科学与工程学报	A+	12	苏州市职业大学学报	A-	23	成都航空职业技术学院学报	B+
2	种子	A+	13	吉林水利	A-	24	武汉工程职业技术学院学报	B+
3	现代中药研究与实践	A	14	浙江交通职业技术学院学报	A-	25	广东交通职业技术学院学报	B+
4	继续医学教育	A	15	医药高职教育与现代护理	A-	26	石家庄铁路职业技术学院学报	B+
5	北京工业职业技术学院学报	A	16	山东电力高等专科学校学报	A-	27	安徽医专学报	B+
6	上海城市管理	A	17	安徽冶金科技职业学院学报	B+	28	昆明冶金高等专科学校学报	B+
7	湖南生态科学学报	A	18	江汉石油职工大学学报	B+	29	山东医学高等专科学校学报	B+
8	实用中医药杂志	A-	19	国医论坛	B+	30	山西卫生健康职业学院学报	B+
9	浙江纺织服装职业技术学院学报	A-	20	安徽电子信息职业技术学院学报	B+	31	重庆电力高等专科学校学报	B+
10	黄河水利职业技术学院学报	A-	21	耕作与栽培	B+	32	云南农业	B+
11	黑龙江医药	A-	22	青岛远洋船员职业学院学报	B+			

B等级(10种)：广东印刷、江苏航运职业技术学院学报、承德石油高等专科学校学报、建材技术与应用、辽宁师专学报(自然科学版)、河南医学高等专科学校学报、黔南民族医专学报、菏泽医学专科学校学报、癫痫与神经电生理学杂志、交通运输部管理干部学院学报。

GZ02 社会科学综合(高职高专成高院校学术期刊)(共233种)

排名	期刊名称	等级	排名	期刊名称	等级	排名	期刊名称	等级
1	远程教育杂志	A+	9	中国远程教育	A+	17	辽宁高职学报	A
2	开放教育研究	A+	10	法律适用	A+	18	湖北开放大学学报	A
3	现代远程教育研究	A+	11	现代远距离教育	A+	19	天津职业大学学报	A
4	成人教育	A+	12	国家检察官学院学报	A+	20	牡丹江大学学报	A
5	国家教育行政学院学报	A+	13	中小学管理	A+	21	广东轻工职业技术学院学报	A
6	当代职业教育	A+	14	旅游科学	A	22	工业技术与职业教育	A
7	河北法学	A+	15	黑龙江教师发展学院学报	A	23	创意设计源	A
8	高等职业教育探索	A+	16	征信	A	24	南京开放大学学报	A

续表

排名	期刊名称	等级	排名	期刊名称	等级	排名	期刊名称	等级
25	广西广播电视大学学报	A	51	中国检察官	A-	77	社会福利(理论版)	A-
26	终身教育研究	A	52	杨凌职业技术学院学报	A-	78	河北软件职业技术学院学报	A-
27	安徽开放大学学报	A	53	福建基础教育研究	A-	79	北京经济管理职业学院学报	A-
28	宁波职业技术学院学报	A	54	太原城市职业技术学院学报	A-	80	广西职业技术学院学报	A-
29	南通职业大学学报	A	55	吉林省教育学院学报	A-	81	青年发展论坛	A-
30	武汉职业技术学院学报	A	56	黄冈职业技术学院学报	A-	82	天津法学	A-
31	武汉交通职业学院学报	A	57	桂林师范高等专科学校学报	A-	83	北京劳动保障职业学院学报	A-
32	江苏建筑职业技术学院学报	A	58	湖南工业职业技术学院学报	A-	84	哈尔滨职业技术学院学报	B+
33	东北亚经济研究	A	59	深圳职业技术学院学报	A-	85	船舶职业教育	B+
34	天津商务职业学院学报	A	60	天津电大学报	A-	86	滁州职业技术学院学报	B+
35	开封文化艺术职业学院学报	A-	61	广东青年研究	A-	87	南宁职业技术学院学报	B+
36	湖北开放职业学院学报	A-	62	岳阳职业技术学院学报	A-	88	晋城职业技术学院学报	B+
37	职业技术	A-	63	工会理论研究(上海工会管理职业学院学报)	A-	89	铜陵职业技术学院学报	B+
38	兰州职业技术学院学报	A-	64	青年学报	A-	90	南方职业教育学刊	B+
39	佳木斯职业学院学报	A-	65	教师发展研究	A-	91	新疆职业教育研究	B+
40	漯河职业技术学院学报	A-	66	开放学习研究	A-	92	陕西青年职业学院学报	B+
41	苏州教育学院学报	A-	67	出版与印刷	A-	93	濮阳职业技术学院学报	B+
42	牡丹江教育学院学报	A-	68	北京农业职业学院学报	A-	94	淮北职业技术学院学报	B+
43	九江职业技术学院学报	A-	69	温州职业技术学院学报	A-	95	齐齐哈尔师范高等专科学校学报	B+
44	小学教学参考	A-	70	安徽商贸职业技术学院学报(社会科学版)	A-	96	和田师范专科学校学报	B+
45	长江工程职业技术学院学报	A-	71	无锡商业职业技术学院学报	A-	97	襄阳职业技术学院学报	B+
46	青岛职业技术学院学报	A-	72	北方经贸	A-	98	商丘职业技术学院学报	B+
47	江苏高职教育	A-	73	北京青年研究	A-	99	武汉船舶职业技术学院学报	B+
48	鄂州大学学报	A-	74	长春金融高等专科学校学报	A-	100	四川职业技术学院学报	B+
49	吉林广播电视大学学报	A-	75	湖北成人教育学院学报	A-	101	湖南大众传媒职业技术学院学报	B+
50	金华职业技术学院学报	A-	76	北京教育学院学报	A-	102	苏州工艺美术职业技术学院学报	B+

排名	期刊名称	等级	排名	期刊名称	等级	排名	期刊名称	等级
103	艺苑	B+	125	淮南职业技术学院学报	B+	147	三门峡职业技术学院学报	B+
104	电大理工	B+	126	镇江高专学报	B+	148	四川省干部函授学院学报	B+
105	延安职业技术学院学报	B+	127	北京财贸职业学院学报	B+	149	扬州职业大学学报	B+
106	林区教学	B+	128	兵团教育学院学报	B+	150	河北能源职业技术学院学报	B+
107	柳州职业技术学院学报	B+	129	顺德职业技术学院学报	B+	151	厦门城市职业学院学报	B+
108	黑龙江省政法管理干部学院学报	B+	130	海南开放大学学报	B+	152	阜阳职业技术学院学报	B+
109	漳州职业技术学院学报	B+	131	甘肃开放大学学报	B+	153	山东开放大学学报	B+
110	河北青年管理干部学院学报	B+	132	广西教育学院学报	B+	154	泰州职业技术学院学报	B+
111	黑龙江生态工程职业学院学报	B+	133	长春教育学院学报	B+	155	安徽体育科技	B+
112	焦作大学学报	B+	134	浙江艺术职业学院学报	B+	156	深圳信息职业技术学院学报	B+
113	清远职业技术学院学报	B+	135	山西省政法管理干部学院学报	B+	157	浙江工商职业技术学院学报	B+
114	贵州开放大学学报	B+	136	辽宁农业职业技术学院学报	B+	158	鹿城学刊	B+
115	郑州铁路职业技术学院学报	B+	137	扬州教育学院学报	B+	159	无锡职业技术学院学报	B+
116	宿州教育学院学报	B+	138	湖南邮电职业技术学院学报	B+	160	辽宁经济职业技术学院.辽宁经济管理干部学院学报	B+
117	安徽职业技术学院学报	B+	139	闽西职业技术学院学报	B+			
118	新疆开放大学学报	B+	140	焦作师范高等专科学校学报	B+	161	天津职业院校联合学报	B+
119	常州信息职业技术学院学报	B+	141	江苏经贸职业技术学院学报	B+	162	包头职业技术学院学报	B+
120	湖北职业技术学院学报	B+	142	两岸终身教育	B+	163	湖州职业技术学院学报	B+
121	宁波教育学院学报	B+	143	广州城市职业学院学报	B+	164	新疆职业大学学报	B+
122	连云港师范高等专科学校学报	B+	144	山东法官培训学院学报	B+	165	上海市经济管理干部学院学报	B+
123	黎明职业大学学报	B+	145	吕梁教育学院学报	B+	166	大连教育学院学报	B+
124	福建教育学院学报	B+	146	广西青年干部学院学报	B+			

B 等级(52 种)：陕西开放大学学报、云南开放大学学报、辽宁公安司法管理干部学院学报、乌鲁木齐职业大学学报、广东开放大学学报、河北旅游职业学院学报、山西经济管理干部学院学报、广东农工商职业技术学院学报、济源职业技术学院学报、江西广播电视大学学报、潍坊工程职业学院学报、连云港职业技术学院学报、芜湖职业技术学院学报、长沙民政职业技术学院学报、安徽警官职业学院学报、江南社会学院学报、广州广播电视大学学报、河北公安警察职业学院学报、济南职业学院学报、邢台职业技术学院学报、辽宁开放大学学报、北京市工会干部学院学报、开封大学学报、石家庄职业技术学院学报、浙江工贸职业技术学院学报、武汉冶金管理干部学院学报、内蒙古电大学刊、河南广播电视大

续表

学学报、河北开放大学学报、北京政法职业学院学报、江西电力职业技术学院学报、长沙航空职业技术学院学报、重庆电子工程职业学院学报、辽宁省交通高等专科学校学报、天津市工会管理干部学院学报、张家口职业技术学院学报、辽宁师专学报(社会科学版)、福建开放大学学报、江苏工程职业技术学院学报、新疆教育学院学报、湖北工业职业技术学院学报、宁波开放大学学报、山西广播电视大学学报、延边教育学院学报、兰州石化职业技术学院学报、河南司法警官职业学院学报、山东商业职业技术学院学报、北京宣武红旗业余大学学报、武汉公安干部学院学报、保险职业学院学报、福建金融管理干部学院学报、重庆广播电视大学学报。

第三节　中文 OA 学术期刊排行榜

OA01 理学综合类(共 31 种)

排名	期刊名称	等级	排名	期刊名称	等级	排名	期刊名称	等级
1	应用数学进展	A	9	地理科学研究	A-	17	运筹与模糊学	B+
2	地球科学前沿	A	10	药物化学	A-	18	生物过程	B+
3	应用物理	A	11	分析化学进展	B+	19	声学与振动	B+
4	统计学与应用	A	12	生物物理学	B+	20	计算生物学	B+
5	土壤科学	A	13	现代物理	B+	21	力学研究	B+
6	微生物前沿	A	14	凝聚态物理学进展	B+	22	流体动力学	B+
7	理论数学	A	15	比较化学	B+	23	合成化学研究	B+
8	自然科学	A-	16	物理化学进展	B+			

B 等级(3 种)：有机化学研究、渗流力学进展、天文与天体物理。

OA02 农林水产综合类(共 6 种)

排名	期刊名称	等级	排名	期刊名称	等级	排名	期刊名称	等级
1	农业科学	A	3	水产研究	A-	5	海洋科学前沿	B+
2	植物学研究	A	4	林业世界	A-			

OA03 医学综合类(共 35 种)

排名	期刊名称	等级	排名	期刊名称	等级	排名	期刊名称	等级
1	临床医学进展	A	5	世界肿瘤研究	A	9	亚洲肿瘤科病例研究	A-
2	护理学	A	6	国际神经精神科学杂志	A	10	亚洲兽医病例研究	A-
3	中医学	A	7	生物医学	A	11	眼科学	A-
4	药物资讯	A	8	中西医结合护理	A-	12	亚洲急诊医学病例研究	B+

排名	期刊名称	等级	排名	期刊名称	等级	排名	期刊名称	等级
13	医学诊断	B+	15	亚洲外科手术病例研究	B+	17	亚洲心脑血管病例研究	B+
14	亚洲儿科病例研究	B+	16	外科	B+			

B 等级(7种)：免疫学研究、亚洲麻醉科病例研究、医学美容、亚洲耳鼻咽喉科病例研究、亚洲妇产科病例研究、亚洲遗传病病例研究、临床个性化医学。

OA04 工学综合类(共 46 种)

排名	期刊名称	等级	排名	期刊名称	等级	排名	期刊名称	等级
1	计算机科学与应用	A	11	土木工程	A-	21	动力系统与控制	B+
2	水资源研究	A	12	石油天然气学报	A-	22	矿山工程	B+
3	材料科学	A	13	材料化学前沿	A-	23	建模与仿真	B+
4	环境保护前沿	A	14	数据挖掘	A-	24	传感器技术与应用	B+
5	食品与营养科学	A	15	水土保持	B+	25	光电子	B+
6	水污染及处理	A	16	化学工程与技术	B+	26	机械工程与技术	B+
7	人工智能与机器人研究	A	17	测绘科学技术	B+	27	电路与系统	B+
8	图像与信号处理	A	18	气候变化研究快报	B+	28	冶金工程	B+
9	世界生态学	A	19	纳米技术	B+			
10	软件工程与应用	A-	20	交通技术	B+			

B 等级(11种)：电力与能源进展、输配电工程与技术、无线通信、安防技术、国际航空航天科学、核科学与技术、智能电网、可持续能源、城镇化与集约用地、仪器与设备、电气工程。

OA05 社会科学综合类(共 35 种)

排名	期刊名称	等级	排名	期刊名称	等级	排名	期刊名称	等级
1	设计	A	8	老龄化研究	A-	15	财富涌现与流转	B+
2	职业教育	A	9	心理学进展	A-	16	低碳经济	B+
3	教育进展	A	10	现代语言学	A-	17	金融	B+
4	法学	A	11	可持续发展	A-	18	电子商务评论	B+
5	创新教育研究	A	12	现代管理	B+	19	服务科学和管理	B+
6	社会科学前沿	A	13	管理科学与工程	B+	20	国际会计前沿	B+
7	评价与管理	A	14	现代市场营销	B+	21	商业全球化	B+

B 等级(7种)：历史学研究、新闻传播科学、体育科学进展、艺术研究快报、世界经济探索、哲学进展、世界文学研究。

第 三 章

权威(核心)期刊排名
结果与指南

第一节　理学类权威期刊指南

一、110 数学（A+：2）

1. 中国科学：数学（1/23，A+）

外文刊名：Scientia Sinica Mathematica

期刊简介：该刊主要报道基础数学、应用数学、计算数学、概率统计学等方面具有重要意义的研究成果。现设有学科进展、科学论坛、成果简介、基金纵横、资料·信息等栏目。被 JST、CSCD、《中文核心期刊要目总览》等收录。

创刊时间：1950 年	出版周期：月刊
主办单位：中国科学院；国家自然科学基金委员会	通信地址：中国科学院；国家自然科学基金委员会（100717）
主编：袁亚湘	联系电话：
ISSN：1674-7216	E-mail：mathematics@ scichina. org
CN：11-5836/O1	Web：mathcn. scichina. com

2. 应用数学学报（2/23，A+）

外文刊名：Acta Mathematicae Applicatae Sinica

期刊简介：该刊主要刊登国际、国内应用数学及相关领域有关理论、方法或应用方面的研究论文，注重论文的创新性及学术水平。国内所有的核心期刊评选机构都将该刊列为核心期刊，被国外数学领域有重要影响的数学文摘刊物，如 MR、俄罗斯的《数学文摘》、SA 及 ZM 等收录。曾获全国优秀科技期刊、中国科学院优秀科技期刊奖，曾入选中国期刊方阵"双奖"期刊、百种中国杰出学术期刊等。

创刊时间：1976 年	出版周期：双月刊
主办单位：中国数学会；中国科院数学与系统科学研究院	通信地址：北京市海淀区中关村东路 55 号（100190）

主 编：丁夏畦	联系电话：010-62567844
ISSN：0254-3079	E-mail：amas@ amath8. amt. ac. cn
CN：11-2040/O1	

二、120 信息科学与系统科学（A+：1）

1. 系统工程理论与实践（1/6，A+）

外文刊名：Systems Engineering-Theory & Practice

期刊简介：该刊主要报道系统工程理论与方法及其在管理、信息、金融、经济、能源、环境、军事、工业、农业、教育等领域中具有重要学术影响的创新理论和具有重要应用价值的优秀成果。现设有综述论文、研究论文等栏目。面向从事系统科学与系统工程、管理科学、信息科学等领域研究的师生、科研人员以及与决策有关的管理人员、领导干部等。被 EI、CSSCI 等收录。曾荣获第三届中国出版政府奖期刊奖提名奖、百种中国杰出学术期刊、中国精品科技期刊。

创刊时间：1981 年	出版周期：月刊
主办单位：中国系统工程学会	通信地址：北京市海淀区中关村东路 55 号思源楼 P330（100190）
主编：杨晓光	联系电话：010-82541428
ISSN：1000-6788	E-mail：xtll@ chinajournal. net. cn
CN：11-2267/N	

三、130 力学（A+：2）

1. 工程力学（1/14，A+）

外文刊名：Engineering Mechanics

期刊简介：该刊主要刊载力学在科研、设计、施工、教学和生产方面具有学术水平、创造性和实用价值的论文，包括力学在土木建筑、水工港工、公路铁路、桥梁隧道、航海造船、航空航天、矿山冶金、机械化工、国防军工、防灾减灾、能源环保等应用且具有一定学术水平的研究成果。面向国内外从事科学研究及设计施工的力学和结构工程人员、高校师生。被 EI、SCIE 等数据库收录。是中国学术期刊编辑委员会《CAJ-CD 规范》执行优秀期刊。

创刊时间：1984 年	出版周期：月刊

主办单位：中国力学学会	通信地址：北京清华大学新水利馆 114 室(100084)
主编：袁驷	联系电话：010-62788648
ISSN：1000-4750	E-mail：gclxbjb@ tsinghua. edu. cn
CN：11-2595/O3	Web：http：//gclx. tsinghua. edu. cn

2. 力学学报（2/14，A+）

外文刊名：Chinese Journal of Theoretical and Applied Mechanics

期刊简介：该刊主要报道在理论上、方法上以及对国民经济建设方面，具有创造性的力学理论、实验和应用研究论文，综述性的专题论文以及研究简报，学术讨论等。设有研究论文、研究简报等栏目。面向从事力学工作的科研人员、高等院校师生以及工程技术人员。被 EI、INSPEC、MR、AJ/PЖ 等收录。曾荣获中国科学院优秀自然科技期刊一等奖和特别奖、全国优秀自然科技期刊二等奖、首届国家期刊奖、中国期刊方阵"双奖"期刊、第二届国家期刊奖重点期刊奖、第四届百种中国杰出学术期刊奖等称号。

创刊时间：1957 年	出版周期：双月刊
主办单位：中国力学学会；中国科学院力学研究所	通信地址：北京北四环西路 15 号(100190)
主编：程耿东	联系电话：010-62536271
ISSN：0459-1879	E-mail：lxxb@ cstam. org. cn
CN：11-2062/O3	Web：lxxb. cstam. org. cn

四、140 物理学（A+：3）

1. 光学学报（1/25，A+）

外文刊名：Acta Optica Sinica

期刊简介：该刊反映中国光学科技的新概念、新成果、新进展。被 EI、CA、AJ/PЖ、INSPEC 等收录，也是被中信所、北大图书馆同时收录的双核心期刊。曾荣获第三届中国百强报刊，并多次获得百种中国杰出学术期刊、中国精品科技期刊、中国最具国际影响力学术期刊等称号，2019 年入选中国科技期刊卓越行动计划项目——梯队期刊，2022 年入选光学工程和光学领域高质量科技期刊分级目录 T1 级。等收录。

创刊时间：1981 年	出版周期：半月刊
主办单位：中国光学学会	通信地址：中国光学学会(201800)

主编：龚旗煌	联系电话：021-69916837
ISSN：0253-2239	E-mail：gxxb@mail.shcnc.ac.cn
CN：31-1252/O4	

2. 物理学报（2/25，A+）

外文刊名：Acta Physica Sinica

期刊简介：该刊报道和刊登国内外物理学各学科领域具有创新性、高学术水平的研究论文、研究快讯和前沿研究综述等，重点关注我国凝聚态物理学及其相关交叉学科的优秀科研成果。被 SCIE、CA、INSPEC、JST、AJ/РЖ 和 MR 等数据库收录。曾多次获得中国科学院、中国科协优秀期刊一等奖，百种中国杰出学术期刊、国家期刊奖、新中国 60 年有影响力的期刊、中国出版政府奖期刊奖。多次获得国家自然科学基金、中国科协精品科技期刊项目、中国科学院出版基金等资助。

创刊时间：1933 年	出版周期：半月刊
主办单位：中国物理学会；中科院物理研究所	通信地址：北京 603 信箱（100190）
主编：欧阳钟灿	联系电话：01082649840，82649863
ISSN：1000-3290	E-mail：wulixb@iphy.ac.cn
CN：11-1958/O4	Web：wulixb.iphy.ac.cn

3. 中国光学（3/25，A+）

五、150 化学（A+：3）

1. 色谱（1/37，A+）

外文刊名：Chinese Journal of Chromatography

期刊简介：该刊主要报道色谱学科的基础性研究成果、色谱及其交叉学科的重要应用成果及其进展，包括新方法、新技术、新仪器在各个领域的应用，以及色谱仪器与部件的研制和开发。适于科研院所等从事色谱基础和应用技术研究的科研人员、色谱及其相关学科的硕士及博士研究生、分析测试领域的基层科研人员、色谱仪器开发及经营单位的有关人员阅读。被 CA、Medline、AJ/РЖ、JST、IC、AA 数据库收录。是中国科技核心期刊、中国科技精品期刊、中国科协精品科技期刊示范项目中的化学类精品科技期刊。

创刊时间：1984 年	出版周期：月刊

主办单位：中国化学会；中国科学院大连化学物理研究所	通信地址：大连市中山路 457 号(116023)
主编：张玉奎	联系电话：0411-84379021
ISSN：1000-8713	E-mail：sepu@ dicp. ac. cn
CN：21-1185/O6	Web：http：//www. chrom-China. com

2. 光谱学与光谱分析（2/37，A+）

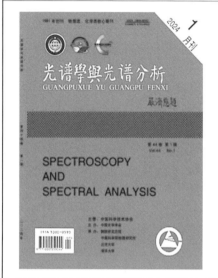

外文刊名：Spectroscopy and Spectral Analysis

期刊简介：该刊主要报道激光光谱测量、红外、拉曼、紫外、可见光谱、发射光谱、吸收光谱、X 射线荧光光谱、激光显微光谱、光谱化学分析、国内外光谱化学分析领域的最新研究成果、开创性研究论文、学科发展前沿和最新进展、综合评述、研究简报、书刊评述。适用于冶金、地质、机械、环境保护、国防、天文、医药、农林、化学化工、商检等各领域的科研单位、高等院校、仪器制造厂家，从事光谱学与光谱分析的研究人员、高校有关专业师生、管理干部。被 CSCD、SCIE、Ei、CA、AA、AJ/РЖ、MEDLINE 等数据库收录，该刊为我国首批自然科学核心期刊、中国科协优秀科技期刊、中国科协择优支持基础性高科技学术期刊，现为中国科协精品科技期刊。

创刊时间：1981 年	出版周期：月刊
主办单位：中国光学学会；钢铁研究总院	通信地址：北京市海淀区学院南路 76 号 光谱学与光谱分析期刊社(100081)
主编：黄本立	联系电话：010-62181070
ISSN：1000-0593	E-mail：chngpxygpfx@ vip. sina. com
CN：11-2200/O4	Web：www. gpxygpfx. com

3. 分析化学（3/37，A+）

外文刊名：Chinese Journal of Analytical Chemistry

期刊简介：该刊主要报道我国分析化学创新性研究成果，反映国内外分析化学学科的前沿和进展。现设有特约来稿、快报、研究报告、评述与进展、仪器装置与实验技术、NEWS 等栏目。面向大专院校、研究机构、从事该领域的企事业人员。被 SCIE、EI 等收录。曾荣获第四届中国科协精品期刊工程 TOP50 项目资助、2016 中国百种杰出学术期刊、中国科技核心期刊、2016 中国最具国际影响力学术期刊、2016 期刊数字影响力百强、2018 中国科协中文科技期刊精品建设计划。

创刊时间：1972 年	出版周期：月刊

主办单位：中国科学院	通信地址：长春市人民大街 5625 号（130022）
主编：杨秀荣	联系电话：0431-85262017
ISSN：0253-3820	E-mail：fxhx@ ciac. ac. cn
CN：22-1125/O6	Web：http：//www. analchem. cn

六、160 天文学（A+：1）

1. 天文学报（1/5，A+）

外文刊名：Acta Astronomica Sinica

期刊简介：该刊主要报道天体物理、天体力学、天体测量等天文各大分支学科以及天文仪器、天文学史和天文观测新发现等方面的科学成果，反映我国天文学的迅速发展面貌。设有研究报道、快讯、博士学位论文摘要选等栏目。面向天文及相关领域科研工作者、天文学专业研究生及大专院校天文学专业高年级学生等。被 SA 和 AJ/PЖ 收录。曾荣获中国科协优秀期刊三等奖，中科院优秀期刊三等奖，曾被评为"百种中国杰出期刊"。

创刊时间：1953 年	出版周期：双月刊
主办单位：中国天文学会	通信地址：南京市北京西路 2 号《天文学报》编辑部（210008）
主编：甘为群	联系电话：025-83332133
ISSN：0001-5245	E-mail：shanyang19560317@ sina. com
CN：32-1113/P	Web：www. twxb. org

七、170 地球科学（A+：11）

1. 地理学报（1/161，A+）

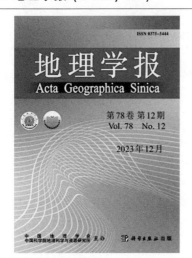

外文刊名：Acta Geographica Sinica

期刊简介：该刊是中国地理学会和中国科学院地理科学与资源研究所主办的学报级综合性学术刊物，主要刊登能反映地理学科最高学术水平的最新研究成果，地理学与相邻学科的综合研究进展，地理学各分支学科研究前沿理论，与国民经济密切相关并有较大应用价值的地理科学论文。被 EI 数据库收录。

创刊时间：1934 年	出版周期：月刊

主办单位：中国科学院地理科学与资源研究所；中国地理学会	通信地址：北京朝阳区大屯路甲 11 号(100101)
主编：刘昌明	联系电话：010-64889295
ISSN：0375-5444	E-mail：acta@ igsnrr. ac. cn
CN：11-4546/P	Web：www. geog. com. cn

2. 地理研究 (2/161，A+)

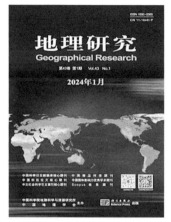

外文刊名：Geographical Research

期刊简介：该刊主要报道地理学及其分支学科、交叉学科有创新性的论文、研究报告，对地理学发展有指导意义的综述、评论，地理学研究进展等。设有该刊特稿、地表过程研究、环境与生态、气候与全球变化、城市与乡村、地球信息科学等板块栏目。曾荣获中国地理优秀期刊称号。

创刊时间：1982 年	出版周期：月刊
主办单位：国科学院地理科学与资源研究所	通信地址：北京安外大屯路 917 大楼(100101)
主编：刘毅	联系电话：010-64034563
ISSN：1000-0585	E-mail：dlyj@ igsnrr. ac. cn
CN：11-1848/P	Web：www. dlyj. ac. cn/CN/volumn/home. shtml

3. 岩石学报 (3/161，A+)

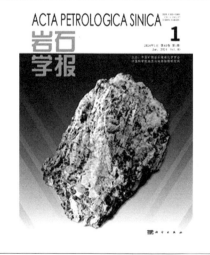

外文刊名：Acta Petrologica Sinica

期刊简介：该刊主要报道有关岩石学基础理论的岩石学领域各学科，包括岩浆岩石学、变质岩石学、沉积岩石学、岩石大地构造学、岩石同位素年代学和同位素地球化学、岩石成矿学、造岩矿物学等方面的重要基础理论和应用研究成果、综述性文章、问题讨论、学术动态以及书评等。设有综述性文章、问题讨论、学术动态等板块栏目。面向从事地质学领域研究的科研人员及有关大专院校师生。2000 年获中国科学院优秀期刊一等奖。

创刊时间：1985 年	出版周期：双月刊
主办单位：中国科学院地质与地球物理研究所	通信地址：北京市德外祁家豁子中科院地质研究所(北京 9825 信箱)(100029)

主编：陈辉	联系电话：010-62008121
ISSN：1000-0569	E-mail：ysxb@china.com
CN：11-1922/P	Web：www.ysxb.ac.cn

4. 地理科学（4/161，A+）

外文刊名：Scientia Geographica Sinica

期刊简介：该刊主要介绍我国地理学及各分支学科具有先进水平的学术论文和研究成果、地理学的新理论、新观点、新方法，学科定位于地理学与相邻学科及各分支学科的交叉汇合，关注人地关系、人口、资源、环境、能源、海平面上升、气候变化、区域发展等热门课题的重大研究成果，同时也支持相对较薄弱的分支学科等，注重区域性和综合性。被 CSCD、CAJCED、中国地理科学文摘、CAB Abstracts、Georef、JST、UPD、AJ/PЖ 等收录。

创刊时间：1981 年	出版周期：月刊
主办单位：中国科学院东北地理与农业生态研究所	通信地址：吉林省长春市高新北区盛北大街 4888 号（130102）
主编：陆大道	联系电话：0431-85542324
ISSN：1000-0690	E-mail：geoscien@neigae.ac.cn
CN：22-1124/P	Web：http://geoscien.neigae.ac.cn

5. 石油与天然气地质（5/161，A+）

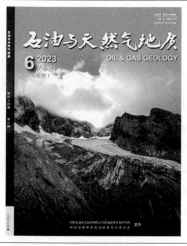

外文刊名：Oil & Gas Geology

期刊简介：该刊主要记录我国石油地质领域的重大科研成果，反映本学科的最新科技水平和前沿信息。设有专家论坛、油气地质勘探开发和技术方法等栏目。面向石油地质行业的广大科研人员和高等院校师生。被 CSCD 核心版收录。曾荣获全国优秀科技期刊三等奖、湖北省优秀期刊奖、湖北省五十佳重点创建期刊、百种中国杰出学术期刊、全国第三届国家期刊奖百种重点期刊、中国精品科技期刊称号。

创刊时间：1980 年	出版周期：双月刊
主办单位：中国石油化工股份有限公司石油勘探开发研究院；中国地质学会石油地质专业委员会	通信地址：北京市海淀区学院路 31 号（100083）

主编：蔡立国	联系电话：010-82312982
ISSN：0253-9985	E-mail：ogg. syky@ sinopec. com
CN：11-4820/TE	Web：http://ogg. pepris. com

6. 地质学报 (6/161，A+)

外文刊名：Acta Geologica Sinica

期刊简介：该刊主要报道涉及地学和相关学科各领域，包括地层学、古生物学、地史学、构造地质学、大地构造学、矿物学、岩石学、地球化学、地球物理学、矿床地质学、水文地质学、工程地质学、环境地质学、区域地质学以及地质勘查的新理论和新技术等。面向地质工作者、科研人员、地质爱好者、大专院校师生等。被 Ei、Scopus 等收录。曾荣获全国优秀科技期刊评比一等奖、百种中国杰出学术期刊、第三届中国科协优秀科技期刊一等奖、第二届国家期刊奖提名奖、第三届国家期刊奖，2008 年被评为2008 年度中国精品科技期刊即中国精品科技期刊顶尖学术论文（F5000）等荣誉。

创刊时间：1922 年	出版周期：月刊
主办单位：中国地质学会	通信地址：北京市西城区百万庄 26 号(100037)
主编：杨经绥	联系电话：010-68312410
ISSN：0001-5717	E-mail：dizhixuebao@ 163. com
CN：11-1951/P	Web：http://www. geojournals. cn/dzxb/ch/index. aspx

7. 地理科学进展 (7/161，A+)

外文刊名：Progress in Geography

期刊简介：该刊主要报道地理科学前沿研究进展。现设有研究综述、研究论文、名家观点、书评、专栏等栏目。面向从事地理科学研究的老师和研究人员。被 CSCD、CSSCI、北大中文核心期刊、CSTPCD、JST、UPD 等收录。曾荣获中国国际影响力优秀学术期刊、中国精品科技期刊等称号。

创刊时间：1982 年	出版周期：月刊
主办单位：中国科学院地理科学与资源研究所；中国地理学会	通信地址：北京朝阳区大屯路甲 11 号（100101）
主编：廖小罕	联系电话：010-64889313
ISSN：1007-6301	E-mail：dlkxjz@ igsnrr. ac. cn
CN：11-3858/P	Web：http：//www. progressingeography. com

8. 地学前缘（8/161，A+）

9. 中国地质（9/161，A+）

10. 地球科学（10/161，A+）

11. 中国科学：地球科学（11/161，A+）

八、180 生物学（A+：6）

1. 生态学报（1/58，A+）

外文刊名：Acta Ecologica Sinica

期刊简介：该刊主要报道动物生态、植物生态、微生物生态、农业生态、森林生态、草地生态、土壤生态、海洋生态、淡水生态、景观生态、区域生态、化学生态、污染生态、经济生态、系统生态、城市生态、人类生态等生态学各领域的学术论文。设有专论与综述、问题讨论、研究简报等板块栏目。面向从事生态学研究的科研人员和相关专业高校师生。被 BA、CA、EA、CBST、AJ/РЖ 等数据库收录。曾荣获全国优秀科技期刊三等奖、中国科学院优秀期刊二等奖、百种中国杰出学术期刊、中国科协精品科技期刊、中国精品科技期刊等称号。

创刊时间：1981 年	出版周期：半月刊
主办单位：中国生态学学会；中国科学院生态环境研究中心	通信地址：北京市海淀区双清路 18 号（100085）
主编：傅伯杰	联系电话：010-62941099
ISSN：1000-0933	E-mail：shengtaixuebao@ rcees. ac. cn
CN：11-2031/Q	

2. 应用生态学报（2/58，A+）

外文刊名：Chinese Journal of Ecology

期刊简介：该刊设有研究论文、综合评述等栏目，内容主要包括森林生态学、农业生态学、草地生态学、渔业生态学、海洋与湿地生态学、资源生态学、景观生态学、全球变化生态学、城市生态学、产业生态学、生态规划与生态设计、污染生态学、化学生态学、恢复生态学、生态工程学、生物入侵与生物多样性保护生态学、流行病生态学、旅游生态学和生态系统管理等。面向从事生态学、地学、林学、农学和环境科学研究、教学、生产的科技工作者，有关专业学生及经济管理和决策部门的工作者。被CSCD、Medline、BA、CA、EA、CBST 和 AJ/РЖ 等数据库收录。曾荣获全国优秀科技期刊三等奖、中国科学院优秀期刊二等奖、百种中国杰出学术期刊称号等。

创刊时间：1990 年	出版周期：月刊
主办单位：中国科学院沈阳应用生态研究所；中国生态学学会	通信地址：沈阳市沈河区文化路 72 号（110016）
主编：韩兴国	联系电话：02483970393
ISSN：1001-9332	E-mail：cjae@ iae. ac. cn
CN：21-1253/Q	Web：www. cjae. net

3. 植物生态学报（3/58，A+）

外文刊名：Chinese Journal of Plant Ecology

期刊简介：该刊主要报道植物生态学领域具有创新性的论文，包括以植物与环境关系为内核的生态学基础研究、应用基础研究等方面的内容。现设有侯学煜评述、综述、研究论文、资料论文、方法与技术、论坛等栏目。面向从事植物生态学及相关领域研究的科研、技术及管理人员，各大专院校相关专业师生。被 BP、CA、UPD、CSTPCD、CSCD、CAJCED 等收录。曾荣获中国科技期刊卓越行动计划梯队期刊、百种中国杰出学术期刊、中国精品科技期刊、RCCSE 中国权威学术期刊、中国国际影响力优秀学术期刊等称号，入选高质量科技期刊分级目录植物科学领域高质量中文期刊和生态学领域 T1 区。

创刊时间：1955 年	出版周期：月刊
主办单位：中国科学院植物研究所；中国植物学会	通信地址：北京海淀区香山南辛村 20 号（100093）
主编：方精云	联系电话：010-62836134，62836138
ISSN：1005-264X	E-mail：apes@ ibcas. ac. cn
CN：11-3397/Q	Web：www. plant-ecology. com

4. 生物多样性（4/58，A+）

5. 中国科学：生命科学（5/58，A+）

6. 生态学杂志（6/58，A+）	
	外文刊名：Chinese Journal of Ecology 期刊简介：该刊设有研究报告、专论与综述、研究简报、新方法与新技术、学术动态等栏目。内容主要包括：生态系统生态学、分子生态学、种群生态学、群落生态学、景观生态学等，尤其鼓励生物地球化学循环、生态系统生态学、动植物微生物之间相互作用、微生物生态学、分子生态学、气候变化等领域的研究成果。面向从事生态学、生物学、地学、林农牧渔业、海洋学、气象学、环境保护、经济管理、卫生和城建部门的科技工作者，有关决策部门的科技管理人员及高等院校师生。被 CSCD、BA、CA、EA、CBST 和 AJ/PЖ 等数据库收录。曾荣获中国科协优秀学术期刊二等奖、全国优秀科技期刊三等奖、中国科学院优秀期刊三等奖、辽宁省一级期刊等。
创刊时间：1982 年	出版周期：月刊
主办单位：中国生态学学会	通信地址：沈阳市沈河区文化路 72 号（110016）
主编：孙铁珩	联系电话：02483970394
ISSN：1000-4890	E-mail：cje@iae.ac.cn
CN：21-1148/Q	Web：www.cje.net.cn

九、190 心理学（A+：1）

1. 心理学报（1/14，A+）	
	外文刊名：Acta Psychologica Sinica 期刊简介：该刊主要报道心理学各领域（包括认知与实验心理、发展与教育心理、生理与医学心理、企业管理与社会心理、心理测验、心理学史与基本理论、研究方法等）具有原创性的研究报告和研究综述，是反映我国心理学研究水平的主要窗口。面向从事心理学、工程、生物学、医学、教育学及哲学的科技工作者、大专院校师生及其他有关人员。该刊是中国科技论文统计源期刊，被 CSCD、CSSCI、PA 和 PsycINFO 等收录。
创刊时间：1956 年	出版周期：月刊
主办单位：中国心理学会；中国科学院心理研究所	通信地址：北京市朝阳区大屯路甲 4 号中科院心理所（100101）
主编：林文娟	联系电话：010-64850861
ISSN：0439-755X	E-mail：xuebao@psych.ac.cn
CN：11-1911/B	Web：http://journal.psych.ac.cn

第二节　农林水产类权威期刊指南

一、210 农学 (A+：11)

1. 中国农业科学 (1/210，A+)

外文刊名：Scientia Agricultura Sinica

期刊简介：该刊是农业多学科学术性刊物，包括作物科学、畜牧兽医科学、农业资源/生态/环境、食品科学等。刊发的农业基础与应用基础类研究论文，代表了我国农业科学研究水平。被国内外多家数据库收录。曾获得国家期刊奖、"双高"期刊、国家期刊奖提名奖、中国农学会全国农业优秀期刊特等奖、新中国 60 年有影响力的期刊、第二届中国出版政府奖期刊奖提名奖、百种中国杰出学术期刊、中国精品科技期刊等称号。

创刊时间：1960 年	出版周期：半月刊
主办单位：中国农业科学院	通信地址：北京海淀区中关村南大街 12 号(100081)
主编：万建民	联系电话：010-82109808
ISSN：0578-1752	E-mail：zgnykx@ caas. cn
CN：11-1328/S	Web：http：//www. ChinaAgriSci. com

2. 土壤学报 (2/210，A+)

外文刊名：Acta Pedologica Sinica

期刊简介：该刊主要报道土壤学各分支学科有创新或有新意的、具有较高学术价值的研究成果，主要刊登土壤科学及相关领域，如植物营养科学、肥料科学、环境科学、国土资源等领域中具有创造性的研究论文或简报、前沿问题评述与进展。现设有研究论文、研究简报、综述与评论、新视角与前沿、问题讨论、书评等栏目。面向土壤学及相关学科的科技人员、高等院校师生和管理人员。被 CSCD、CA、CAB Abstracts、CBST、JST 等收录。曾荣获中国百种杰出学术期刊、中国精品科技期刊、RCCSE 中国权威学术期刊、中国最具国际影响力学术期刊、中国国际影响力优秀学术期刊、期刊数字影响力百强期刊等称号。

创刊时间：1948 年	出版周期：双月刊
主办单位：中国土壤学会	通信地址：南京市北京东路 71 号 中国科学院南京土壤研究所《土壤学报》编辑部(210008)

主编：史学正	联系电话：025-86881237
ISSN：0564-3929	E-mail：actapedo@ issas. ac. cn
CN：32-1119/P	Web：http：//pedologica. issas. ac. cn

3. 作物学报（3/210，A+）

外文刊名：Acta Agronomica Sinica

期刊简介：该刊主要刊登农作物遗传育种、耕作栽培、生理生化、生态、种质资源、谷物化学、贮藏加工以及与农作物有关的生物技术、生物数学、生物物理、农业气象等领域以第一手资料撰写的学术论文、研究报告、简报以及专题综述、评述等。面向从事农作物科学研究的科技工作者、大专院校师生和具有同等水平的专业人士。曾多次获国家自然科学基金重点学术期刊专项基金的资助及中国科协精品科技期刊工程项目（B类）资助，并曾获百种中国杰出学术期刊、第二届中国出版政府奖期刊奖提名奖、第三届国家期刊奖提名奖授予、新中国60年有影响力的期刊等称号。

创刊时间：1962 年	出版周期：月刊
主办单位：中国作物学会；中国农业科学院作物科学研究所；中国科技出版传媒股份有限公司	通信地址：北京市海淀区中关村南大街12 号（100081）
主编：万建民	联系电话：010-82108548
ISSN：0496-3490	E-mail：zwxb301@ caas. cn
CN：11-1809/S	Web：http：//zwxb. chinacrops. org/

4. 植物营养与肥料学报（4/210，A+）

外文刊名：Journal of Plant Nutrition and Fertilizer

期刊简介：该刊主要报道本学科具有创造性的学术论文，新技术和新方法的研究报告、简报、文献评述和问题讨论等。具体包括土壤、肥料和作物间的关系，养分变化和平衡；各种肥料在土壤中的变化规律和配施原理；农作物遗传种质特性对养分反应；作物根际营养；施肥与环境；施肥与农产品品质；农业生物学和生物化学应用；肥料的新剂型新品种的研制、应用及作用机理；本学科领域中新手段、新方法的研究以及与本学科相关联的边缘学科等。现设有研究论文、研究简报、专题评述等栏目。面向国内外高校、研究院所的植物营养与肥料领域的专家、学生等。曾获"中国科协精品期刊提升项目"及中国科协精品期刊学术创新引领项目资助，并荣获中国精品科技期刊称号。

创刊时间：1994 年	出版周期：月刊

主办单位：中国植物营养与肥料学会	通信地址：北京市中关村南大街 12 号中国农科院资源区划所内(100081)
主编：白由路	联系电话：010-82108653
ISSN：1008-505X	E-mail：zwyf@ caas. cn
CN：11-3996/S	Web：www. plantnutrifert. org

5. 中国生态农业学报(中英文)（5/210，A+）

外文刊名：Chinese Journal of Eco-Agriculture

期刊简介：该刊主要报道农业生态学、农业生态经济学、农业资源与环境及生态农业建设等领域的创新性研究成果。现设有农业生态系统及其调控、作物栽培与生理生态、农业资源与环境、农业生态经济与生态农业等栏目。面向国内外从事农业生态学、农业生态经济学及农业资源与环境等领域的科研人员、高等院校有关专业师生、管理工作者和基层从事生态农业建设的广大技术人员。被 CSCD、CSTPCD、CABI、CA、IC 等收录。曾荣获百种中国杰出学术期刊、中国精品科技期刊、河北省优秀(十佳)期刊。

创刊时间：1993 年	出版周期：月刊
主办单位：中国科学院遗传与发育生物学研究所；中国生态经济学学会	通信地址：石家庄市槐中路 286 号(050022)
主编：刘昌明	联系电话：0311-85818007
ISSN：2096-6237	E-mail：editor@ sjziam. ac. cn
CN：13-1432/S	Web：www. ecoagri. ac. cn

6. 中国水稻科学 （6/210，A+）

外文刊名：Chinese Journal of Rice Science

期刊简介：该刊主要报道以水稻为研究对象的未经发表的原始论文。所设栏目包括研究报告、研究简报、研究快报、研究简讯、实验技术、学术专论、文献综述等。面向国内外从事水稻科研、教学、生产和管理的有关人员。曾获 1992 年首届全国优秀科技期刊二等奖、农业部优秀科技期刊、中国农业科学院优秀科技期刊、1997 年第二届全国优秀科技期刊三等奖、2001 年中国期刊方阵"双百"期刊、2005 年国家期刊奖百种重点期刊、2008 年中国精品科技期刊、2009 年百种中国杰出学术期刊等称号。

创刊时间：1986 年	出版周期：双月刊

主办单位：中国水稻研究所	通信地址：杭州市体育场路 359 号中国水稻研究所内《中国水稻科学》编辑部（310006）
主编：程式华	联系电话：0571-63370278
ISSN：1001-7216	E-mail：cjrs@ 263. net
CN：33-1146/S	Web：www. ricesci. cn

7. 植物保护（7/210，A+）

外文刊名：Plant Protection

期刊简介：该刊主要报道有关植物病理、农林业昆虫、杂草及鼠害等农作物有害生物、植物检疫、农药等植物保护学科各领域原始研究性论文和具有创新性、实用性技术成果文章。现设有研究报告、调查研究、研究简报、技术与应用、专论与综述、实验方法与技术、基础知识、有害生物动态、专家视角、争鸣、图说植保、科技信息、学会活动、书讯、会讯等栏目。面向大专院校教师、研究生、农林科研院所研究人员、各级植保科技人员、各级植检工作者、农药企业研究与开发人员、植物医生、各级农技干部、农技推广人员、园林、园艺工作者。

创刊时间：1963 年	出版周期：双月刊
主办单位：中国植物保护学会；中国农业科学院植物保护研究所	通信地址：北京海淀区圆明园西路 2 号中国农科院植保所院内（100193）
主编：陈万权	联系电话：62819059
ISSN：0529-1542	E-mail：zwbh1963@ 263. net
CN：11-1982/S	

8. 农业现代化研究（8/210，A+）

外文刊名：Research of Agricultural Modernization

期刊简介：该刊是国内唯一以农业现代化为主题内容，以自然科学为主，兼融人文社会科学为特色的学术性、综合性农业学术期刊。主要刊登农业发展战略和农业基础科学及其交叉学科的基础理论研究和应用研究方面的学术论文、科研报告、研究简报等，内容包括：农业发展战略、农业可持续发展、区域农业、生态农业、农业生物工程、信息农业、农村生态环境、循环农业、农业经济、农业产业化、农业系统工程、农业机械化、高新技术应用、资源利用与保护、国外农业等。

创刊时间：1980 年	出版周期：双月刊

主办单位：中国科学院亚热带农业生态研究所	通信地址：湖南省长沙市芙蓉区远大二路 644 号（410125）
主编：王克林	联系电话：0731-84615231
ISSN：1000-0275	E-mail：nyxdhyj@ isa. ac. cn
CN：43-1132/S	Web：http：//nyxdhyj. isa. ac. cn/

9. 果树学报（9/210，A+）

外文刊名：Journal of Fruit Science

期刊简介：该刊主要报道密切结合我国果树科研、教学、生产实际，反映学科学术水平和发展动向的优秀稿件，及时报道重大科研成果、阶段性成果和科研进展情况。现设有种质资源·遗传育种·分子生物学、栽培·生理·生态、植物保护·果品质量与安全、贮藏·加工、专论与综述、技术与方法、新品种选育报告及科技简讯等栏目。面向果树专业科研人员、大专院校师生及具有同等水平的专业技术人员。被 CSCD、CA、AJ/РЖ、CBST 等数据库收录。曾荣获全国优秀农业科技期刊一等奖河南省自然科学一级学术期刊及河南省自然科学二十佳期刊、中国精品科技期刊、中国农业期刊领军期刊等荣誉。

创刊时间：1984 年	出版周期：月刊
主办单位：中国农业科学院郑州果树研究所	通信地址：河南省郑州市管城回族区未来路南端（450009）
主编：方金豹	联系电话：0371-63387308
ISSN：1009-9980	E-mail：guoshuxuebao@ caas. cn
CN：41-1308/S	Web：http：//fruitsci. zzgss. cn

10. 园艺学报（10/210，A+）

外文刊名：Acta Horticulturae Sinica

期刊简介：该刊主要刊载有关果树、蔬菜、观赏植物、茶及药用植物等方面的学术论文、研究报告、专题文献综述、问题与讨论、新技术、新品种以及研究动态与信息等。现设有学术论文、研究报告、专题文献综述、问题与讨论、新技术、新品种以及研究动态与信息等栏目。面向从事园艺科学研究的科技工作者、大专院校师生和农业技术部门专业人员。被 CA、AJ/РЖ、CAB Abstracts、AGRIS、JST、CSCD、CAJCED 等收录。曾荣获第二届国家期刊提名奖、第三届国家期刊奖、百种中国杰出学术期刊、中国精品科技期刊新中国 60 年有影响力的期刊、中国国际影响力优秀学术期刊"等荣誉。

创刊时间：1962 年	出版周期：月刊

主办单位：中国园艺学会	通信地址：北京海淀中关村南大街 12 号中国农业科学院蔬菜花卉研究所（100081）
主编：孙日飞	联系电话：010-82109523
ISSN：0513-353X	E-mail：yuanyixuebao@ 126. com
CN：11-1924/S	

11. 茶叶科学（11/210，A+）

外文刊名：Journal of Tea Science

期刊简介：该刊主要报道涉茶最新科技成果，内容包括茶树栽培、育种、病虫害防治，茶叶加工，茶叶生理生化，茶叶机械，茶经济文化，茶饮料、食品和保健品，茶的医用保健等。现设有学术论文（综述）、研究报告、研究简报等栏目。面向茶叶科技工作者、茶产业管理者、茶业经营者、茶文化工作者等。被 CA、CABI、CSCD 等数据库收录。被列入中国科协精品期刊示范项目，曾荣获浙江省优秀科技期刊一等奖、中国农学会农业期刊一等奖、中国科协精品期刊示范项目等。

创刊时间：1964 年	出版周期：双月刊
主办单位：中国茶叶学会；中国农业科学院茶叶研究所	通信地址：浙江省杭州市梅灵南路 9 号（310008）
主编：江用文	联系电话：0571-86651902
ISSN：1000-369X	E-mail：cykx@ vip. 163. com
CN：33-1115/S	Web：www. tea-science. com

二、220 林学（A+：5）

1. 中南林业科技大学学报（1/65，A+）

外文刊名：Journal of Central South University of Forestry & Technology

期刊简介：该刊主要报道林学、林业工程、生态学、生物学、风景园林学等一级学科研究成果，同时兼顾环境科学与工程、食品科学与工程、生态旅游、家具设计、林业经济管理等学科。现设有林学、林业工程、生态学、生物学、环境科学与工程、食品科学与工程、风景园林学等栏目。面向农林院校师生以及农林科研院所、农林管理部门和生产单位的科技和管理人员，以及相关学科和专业的其他高校师生和科技人员阅读。被 CSCD 核心库、CA、JST 等收录。曾入选中国精品科技期刊、RCCSE 中国权威学术期刊、全国中文核心期刊、中国科技核心期刊、中国高校百佳科技期刊、中国高校优秀科技期刊。

创刊时间：1981 年	出版周期：月刊
主办单位：中南林业科技大学	通信地址：湖南省长沙市韶山南路 498 号中南林业科技大学期刊社(410004)
主编：吴义强	联系电话：0731-85623395
ISSN：1673-923X	E-mail：xb-csfu@ 163. com
CN：43-1470/S	Web：qks. csuft. edu. cn

2. 南京林业大学学报(自然科学版) (2/65，A+)

外文刊名：Journal of Nanjing Forestry University (Natrual Sciences Edition)

期刊简介：该刊主要报道以"大森林、大生态、大环境"为内容特色，报道重点为"生态环境建设，林业资源的培育、保护、综合利用"，包括生态学、林学、植物保护学、生物学、环境科学与工程、城乡规划学、风景园林学、生物工程、园艺学、农林经济管理学等一级学科，以及与之相关的二级学科、交叉学科研究成果。现设有点问题特稿、研究论文、综合述评、研究简报、专题报道等栏目。面向国内外林学、生态学、环境科学及相关的科研院所、行业部门、产业单位研究人员。被 CAS、CABI、JST 等收录。曾入选中国期刊方阵，荣获全国高校优秀学术期刊一等奖、全国高校优秀科技期刊一等奖、全国高校学报精品·优秀·特色期刊中的优秀科技期刊等荣誉入选中国精品科技期刊 F5000 来源刊。

创刊时间：1958 年	出版周期：双月刊
主办单位：南京林业大学	通信地址：南京市龙蟠路 159 号(210037)
主编：曹福亮	联系电话：025-85428247
ISSN：1000-2006	E-mail：xuebao@ njfu. edu. cn
CN：32-1161/S	Web：http：//nldxb. njfu. edu. cn

3. 中国园林 (3/65，A+)

外文刊名：Chinese Lanscape Architecture

期刊简介：该刊主要刊登风景园林学科及交叉学科的基础研究与应用研究方面的学术论文、研究报告、规划设计优秀实例、专题综述、评论文章、科技新材料与新方法等内容。现设有主题、风景园林论坛、风景园林植物、规划设计理论、风景园林文史哲、城市绿地系统、国家公园等栏目。面向风景园林学科及交叉学科的高校教师、学生，设计院设计师，行业同仁以及对风景园林学科感兴趣的朋友。被中文核心期刊、中国科技核心期刊等收录。曾荣获期刊数字影响力 100 强。

创刊时间：1985 年	出版周期：月刊
主办单位：中国风景园林学会	通信地址：北京市海淀区甘家口 21 号楼 708、711 室（100037）
主编：王绍增	联系电话：010-88382517
ISSN：1000-6664	E-mail：jcla@ vip. sina. com
CN：11-2165/TU	Web：www. jchla. com

4. 林业科学（4/65，A+）

外文刊名：Scientia Silvae Sicinae

期刊简介：该刊主要报道林业领域高质量的林业原创科研成果。现设有论文、研究报告、综合评述、问题讨论、研究简报、书刊评介等栏目。面向林业科技工作者。被 EI 等数据库收录。曾荣获国家期刊奖、国家期刊奖提名奖、新中国 60 年有影响力的期刊、中国百强科技期刊、中国百种杰出学术期刊、中国国际影响力优秀学术期刊。

创刊时间：1955 年	出版周期：月刊
主办单位：中国林学会	通信地址：北京市海淀区香山路中国林学会（100091）
主编：尹伟伦	联系电话：010-62889820
ISSN：1001-7488	E-mail：31318960@ qq. com
CN：11-1908/S	

5. 北京林业大学学报（5/65，A+）

外文刊名：Journal of Beijing Forestry University

期刊简介：该刊主要刊登代表中国林业科学研究前沿创新水平的稿件。被 CA、AJ/РЖ、CABI、ZR、CSCD 等收录。曾荣获第二届国家期刊奖提名奖、第三届国家期刊奖百种重点期刊、中国高校精品科技期刊、中国精品科技期刊，以及教育部科技发展中心"中国科技论文在线优秀期刊"一等奖。

创刊时间：1979 年	出版周期：双月刊

主办单位：北京林业大学	通信地址：北京市海淀区清华东路 35 号北京林业大学 148 信箱（100083）
主编：尹伟伦	联系电话：010-62337673
ISSN：1000-1522	E-mail：bldxeb@ bjfu. edu. cn
CN：11-1932/S	Web：journal. bjfu. edu. cn；www. bjfujournal. cn

三、230 畜牧、兽医科学（A+：5）

1. 动物营养学报（1/88，A+）

	外文刊名：Chinese Journal of Animal Nutrition 期刊简介：该刊主要报道反映动物营养与饲料科学各学科前沿的研究动态与进展、对学科发展有指导意义的综述，以及原创性研究论文和简报。现设有专论、综述、猪营养、禽营养、反刍动物与草食动物营养、水产动物营养、特种经济动物营养、饲料营养、饲料安全、饲料资源开发、饲料检测、研究简报等栏目。面向大、专院校的师生和各级畜牧兽医生产、科研工作者等。中文核心期刊、中国科技核心期刊、CSCD 核心库、RCCSE 中国权威学术期刊、CAB Abstracts、CA 等数据库收录。曾荣获第八届中国畜牧兽医学术类精品期刊、中国科协精品期刊等称号。
创刊时间：1989 年	出版周期：月刊
主办单位：中国畜牧兽医学会	通信地址：北京市海淀区圆明园西路 2 号中国农业大学动科大楼 153 室（100193）
主编：卢德勋	联系电话：010-62817823
ISSN：1006-267X	E-mail：cjan@ vip. 163. com
CN：11-5461/S	Web：www. Chinajan. com

2. 草业学报（2/88，A+）

	外文刊名：Acta Prataculturae Sinica 期刊简介：该刊主要报道草业科学及其相关领域，如畜牧学、农学、林学、经济学等领域的高水平理论研究和技术创新成果。现设有研究论文、综合评述和研究简报等栏目。面向从事农林牧渔、园林绿化、生态环境、国土资源等领域的科研管理及教学等专业人员。被 CABI、CSCD 核心期刊、中文核心期刊要目总览、中国科技核心期刊、RCCSE 中国权威学术期刊等收录。曾荣获全国百强报刊、百种中国杰出学术期刊、中国精品科技期刊、甘肃省"十佳期刊"（科技类）。

创刊时间：1990 年	出版周期：月刊
主办单位：中国草学会；兰州大学	通信地址：兰州市嘉峪关西路 768 号（730020）
主编：南志标	联系电话：0931-8913494
ISSN：1004-5759	E-mail：cyxb@ lzu. edu. cn
CN：62-1105/S	Web：http：//cyxb. lzu. edu. cn

3. 草地学报（3/88，A+）

外文刊名：Acta Agrestia Sinica

期刊简介：该刊主要报道国内外草地科学研究及相关领域的新成果、新理论、新进展。现设有专论与进展：专稿和综述；研究论文；技术研发；研究专报等栏目。面向从事草地科学、草地生态草地畜牧业和草坪业及相关领域的高校师生和科研院所站的科研人员。被 CSCD 核心库、CA、CABI、ZR、IC 等数据库收录。

创刊时间：1991 年	出版周期：双月刊
主办单位：中国草学会	通信地址：北京海淀区圆明园西路 2 号中国农业大学动科大楼 152 室（100193）
主编：王堃	联系电话：010-62733894
ISSN：1007-0435	E-mail：cdxb@ cau. edu. cn
CN：11-3362/S	Web：http：//www. cdxb. org

4. 中国草地学报（4/88，A+）

外文刊名：Chinese Journal of Grassland

期刊简介：该刊内容以草学基础理论研究和应用理论研究为主，兼纳高新技术研究和产生生态效益、经济效益的开发性研究。主要报道中国草学研究领域的重要成果与最新理论，介绍新进展与发展动态，包括草原学、牧草学、草地学和草坪学等学科领域内有关草地与牧草资源、草地经营与管理、草原改良与利用、牧草遗传育种与引种栽培、草地生态、草原建设与保护、草地生产与饲草料加工调制等。栏目有研究报告、综述与专论、研究简报。面向从事草业科研、教学的高中级科研人员，也可供畜牧学等相关领域的科技人员阅读。被 CSCD 等数据库收录。多次荣获优秀期刊或优秀科技期刊奖。

创刊时间：1979 年	出版周期：双月刊

主办单位：中国农业科学院草原研究所；中国草学会	通信地址：呼和浩特市乌兰察布东街 120 号(010010)
主编：侯向阳；执行主编：刘天明	联系电话：0471-4926880；0471-4928361
ISSN：1673-5021	E-mail：zgcdxb@126.com
CN：15-1344/S	

5. 中国畜牧杂志 (5/88，A+)

外文刊名：Chinese Journal of Animal Science

期刊简介：该刊主要报道畜牧行业科技及产业研究成果，以国内外畜牧科技前沿、产业应用技术与管理技术创新传播为核心。现设有遗传育种、繁殖生理、饲料营养、检测技术、食品安全、环境控制与动物福利、动物健康、科技应用、产业经济、政策法规、行业调研、产业透视、综述、名企追踪、行业动态、科技动态等栏目。面向国内外畜牧科技与产业研究领域，服务于政府、行业、高校及研究院所师生。被全国中文核心期刊、中国核心期刊(遴选)数据库农家书屋等收录。曾荣获国家新闻出版广电总局第一批认定学术期刊名单、全国"农家书屋"重点报刊。

创刊时间：1953 年	出版周期：月刊
主办单位：中国畜牧兽医学会	通信地址：北京市海淀区圆明园西路 2 号院北京畜牧兽医研究所牧 6 楼一层 C06 室(100193)
主编：呙于明	联系电话：010-62732723
ISSN：0258-7033	E-mail：zhaonan@boyar.cn
CN：11-2083/S	Web：www.zgxmzz.cn

四、240 水产学 (A+：2)

1. 水产学报 (1/25，A+)

外文刊名：Journal of Fisheries of China

期刊简介：该刊主要刊载水产基础研究、水产养殖和增殖、渔业水域环境保护、水产品保鲜加工与综合利用、渔业机械仪器等方面的论文、研究简报、综述等。面向广大从事水产科学研究的科研人员、生产管理人员及高等院校师生。被 CSCD 核心期刊、RCCSE 中国权威学术期刊、ISTIC 核心期刊、中文核心期刊要目总览、CA、CSA、UPD、ZR、CABI、AJ/PЖ、JST 等数据库收录。曾荣获百种中国杰出学术期刊、中国国际影响力优秀学术期刊等称号，获中国精品科技期刊工程项目(C 类)和(B 类)资助。

创刊时间：1964 年	出版周期：月刊
主办单位：中国水产学会	通信地址：上海沪城环路 999 号上海海洋大学 201 信箱（201306）
主编：黄硕琳	联系电话：021-61900232
ISSN：1000-0615	E-mail：jfc@ shou. edu. cn
CN：31-1283/S	Web：http：//www. scxuebao. cn/scxuebao/ch/index. aspx

2. 中国水产科学（2/25，A+）

外文刊名：Journal of Fishery Sciences of China

期刊简介：该刊主要报道水产科学基础研究、水产生物病害与防治、水产生物营养与饲料、渔业生态和水域环境保护、水产养殖与增殖、水产资源、海淡水捕捞以及水产品保鲜、加工与综合利用等方面的研究论文及综述。现设有研究论文、综述、行业聚焦等栏目。面向中国水产科研院所、高校以及相关领域的研究人员、教师及学生，渔业管理相关部门工作人员，水产推广技术领域工作人员。曾荣获中国精品科技期刊称号，获中国水产学会精品科技期刊奖。

创刊时间：1994 年	出版周期：月刊
主办单位：中国水产科学研究院；中国水产学会；科学出版社	通信地址：北京市丰台区青塔村 150 号（100141）
主编：王小虎	联系电话：010-68673921
ISSN：1005-8737	E-mail：zgsckx@ cafs. ac. cn
CN：11-3446	Web：www. fishscichina. com

第三节　医药类权威期刊指南

一、310 基础医学（A+：2）

1. 中国免疫学杂志（1/31，A+）

外文刊名：Chinese Journal of Immunology

期刊简介：该刊主要报道我国免疫学科最新研究成果，交流各分支学科间工作经验，介绍国内外免疫学科发展动态。现设有专家述评、基础免疫学、中医中药与免疫、肿瘤免疫学、兽医免疫学、免疫学技术与方法、临床免疫学、教学园地、专题综述、短篇快讯、信息速递等栏目。面向国内科研机构、高等院校及医药单位的免疫学工作者及相关工作人员。被 CA、SCIE、IC 等收录。曾荣获中国杰出百种学术期刊、中国精品科技期刊、全国百强科技期刊、中国期刊方阵"双效"期刊。

创刊时间：1985 年	出版周期：月刊
主办单位：中国免疫学会；吉林省医学期刊社	通信地址：吉林省长春市朝阳区建政路 971 号（130061）
主编：杨贵贞	联系电话：0431-88925027
ISSN：1000-484X	E-mail：zhmizazh@ 126. com
CN：22-1126/R	Web：http://www. immune99. com

2. 中国病理生理杂志（2/31，A+）

外文刊名：Chinese Journal of Pathophysiology

期刊简介：该刊主要报道我国病理生理学领域的最新教学科研成果和国外病理生理学的新进展。现设有论著、短篇论著、综述、实验技术等栏目。面向医药院校教学科研人员、研究生、广大临床医务工作者和高年级医学生。被中文核心期刊、中国科技核心期刊、RCCSE 中国权威学术期刊、中国香港《中国医药文摘》、CA、JST 等收录。曾荣获百种中国杰出学术期刊、中国精品科技期刊、2016 期刊数字影响力 100 强(学术类期刊)、中国科协优秀科技期刊三等奖、广东省出版政府奖、广东省优秀品牌期刊、广东省优秀科技期刊一等奖、广东省精品科技期刊等。

创刊时间：1985 年	出版周期：月刊
主办单位：中国病理生理学会	通信地址：广州市天河区黄埔大道西 601 号暨南大学医学院楼 649 室（510632）

主编：陆大祥	联系电话：020-85220269
ISSN：1000-4718	E-mail：365909531@ qq. com
CN：44-1187/R	Web：http：//www. cjpp. net

二、320 临床医学（A+：30）

1. 中华护理杂志（1/501，A+）

外文刊名：Chinese Journal of Nursing

期刊简介：该刊主要报道护理学领域领先的科研成果和临床经验，以及对护理临床有指导作用的护理理论研究。设有护理研究、专科护理、护理管理、护理教育、综述、手术室护理、基础护理、心理卫生等主要栏目。面向全国广大护理工作者。被 Medline 数据库收录。曾获得中国科协优秀科技期刊奖、中国百种杰出学术期刊称号。

创刊时间：1954 年	出版周期：月刊
主办单位：中华护理学会	通信地址：北京市朝阳区十里堡甘露西园 1 号楼 314 室（100025）
主编：刘苏君	联系电话：010-65561480
ISSN：0254-1769	E-mail：nursing@ 263. net
CN：11-2234/R	Web：zhhl. chinajournal. net. cn

2. 中华肿瘤杂志（2/501，A+）

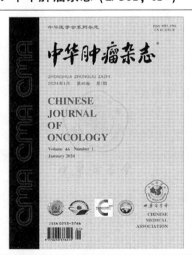

外文刊名：Chinese Journal of Oncology

期刊简介：该刊重点报道中国肿瘤防治研究工作的成就、进展及新动向。现设有监测与趋势、基础研究、临床研究、临床应用、预防研究、专题综论、癌症论坛、病例报告等栏目。面向肿瘤专业的临床工作者和科研工作者。被国内外 14 个数据库、25 个文摘期刊收录，包括 IM、EM、Medline、中国生物医学数据库、AJ/PЖ 等收录。曾荣获第三届中国科协优秀期刊三等奖、中华医学会优秀期刊一等奖、百种中国杰出学术期刊称号，2006—2012 年连续七年获得中国科协精品科技期刊工程项目资助。

创刊时间：1979 年	出版周期：月刊
主办单位：中华医学会	通信地址：北京市朝阳区潘家园南里 17 号（100021）

主编：赫捷	联系电话：67762118
ISSN：0253-3766	E-mail：xiaoqiudai@163.com
CN：11-2152/R	

3. 中国循环杂志 (3/501，A+)

4. 中国感染控制杂志 (4/501，A+)

外文刊名：Chinese Journal of Infection Control

期刊简介：该刊主要报道临床各科感染性疾病的诊疗经验与研究成果，新、老传染病的流行病学调查及其预防与控制，医院感染与社区感染防控，抗感染药物应用与研究，消毒灭菌，临床微生物学，医院卫生管理等。现设有专家论坛、论著、病例报告、综述、译文、经验交流、学术动态等栏目。面向临床各科医师、护士、检验人员、医院感染监控专职人员，从事医院流行病学、消毒灭菌等预防医学专业人员、临床微生物学与抗微生物治疗专业人员以及医院管理人员。被 CA、AJ/РЖ、WPRIM、CBM 等收录。曾荣获《CAJ-CD 规范》执行优秀期刊，该刊论文"全国医院感染横断面调查结果的变化趋势研究"入选 2011 年中国百篇最具影响国内学术论文。

创刊时间：2002 年	出版周期：月刊
主办单位：中南大学	通信地址：湖南省长沙市湘雅路 87 号(410008)
主编：吴安华	联系电话：073184327658
ISSN：1671-9638	E-mail：zggrkz2002@vip.sina.com
CN：43-1390/R	Web：http://www.zggrkz.com

5. 中华结核和呼吸杂志 (5/501，A+)

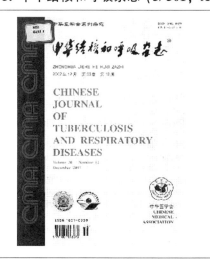

外文刊名：Chinese Journal of Tuberculosis and Respiratory Diseases

期刊简介：该刊重点报道有关结核和呼吸系疾病的预防、医疗和基础理论研究方面新的或更深入的实践经验和科研成果。主要栏目有述评、专题笔谈、论著、短篇论著、学术争鸣、论坛、综述、讲座、继续教育园地、会议纪要、临床病例(理)讨论、读片园地、经验荟萃、病例报告等。面向与结核病和呼吸系统疾病预防、临床和科研有关的医药卫生人员。被 Index Medicus、Medline、BA 及 AJ/РЖ 等数据库收录。曾荣获全国优秀期刊二等奖、中国期刊方阵"双效"期刊、百种中国杰出学术期刊称号以及中国科协优秀科技期刊二等奖。

创刊时间：1953 年	出版周期：月刊

主办单位：中华医学会	通信地址：北京市东四西大街 42 号（100710）
主编：刘又宁	联系电话：010-85158252
ISSN：1001-0939	E-mail：cmahx@ cma. org. cn
CN：11-2147/R	Web：www. medline. org. cn

6. 中华心血管病杂志（6/501，A+）

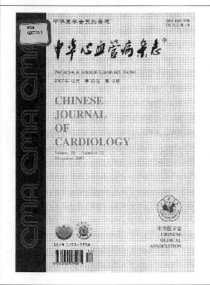

外文刊名：Chinese Journal of Cardiology

期刊简介：该刊是心血管病及其相关学科的专业学术期刊。主要栏目设有述评、对策研究、临床研究、基础研究、流行病学与人群防治、综述、继续教育园地等。面向从事心血管病预防、医疗与科研的医务工作者。被 Medline 数据库收录。曾荣获中国期刊方阵"双效"期刊、中国科协优秀期刊二等奖。

创刊时间：1973 年	出版周期：月刊
主办单位：中华医学会	通信地址：北京市东四西大街 42 号（100710）
主编：胡大一	联系电话：010-85158281
ISSN：0253-3758	E-mail：cjc@ cma. org. cn
CN：11-2148/R	Web：www. medline. org. cn

7. 中华医院感染学杂志（7/501，A+）

外文刊名：Chinese Journal Nosocomiology

期刊简介：该刊主要报道医学感染专业理论与应用性刊物，报道医院感染及相关领域的基础研究与临床应用的最新成果。现设有实验研究、临床抗感染研究、内科感染研究、外科感染研究、妇儿感染研究、感染管理研究、技术方法、综述等栏目。面向医院感染管理人员、医院管理人员、临床医护人员、疾控人员。被 CA、CSA、CAB、GH、JST、IC、WPRIM、UPD、CSCD、中文核心期刊要目总览、RCCSE 中国权威学术期刊等收录。曾荣获中华预防医学优秀期刊一等奖、中国精品科技期刊、百种中国杰出学术期刊、全军优秀医学期刊。

创刊时间：1991 年	出版周期：半月刊

主办单位：中华预防医学会；中国人民解放军总医院	通信地址：北京复兴路 28 号(100039)
主编：魏华	联系电话：010-66939264
ISSN：1005-4529	E-mail：66939264@163.com
CN：11-3456/R	Web：http://www.zhyg.net

8. 中华妇产科杂志（8/501，A+）

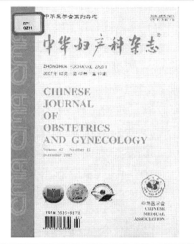

外文刊名：Chinese Journal of Obstetrics and Gynecology

期刊简介：该刊报道我国妇产科领域领先的科研成果及临床诊疗经验。主要栏目设有述评、论著、论著摘要、综述、讲座、会议纪要、技术交流、国际学术动态等。被 Medline 收录。曾多次荣获国家科委及中国科协优秀科技期刊奖。

创刊时间：1953 年	出版周期：月刊
主办单位：中华医学会	通信地址：北京市东四西大街 42 号(100710)
主编：郎景和	联系电话：010-85158215
ISSN：0529-567X	E-mail：cjog@cma.org.cn
CN：11-2141/R	Web：www.medline.org.cn

9. 护理研究（9/501，A+）

外文刊名：Chinese Nursing Research

期刊简介：报道文章以护理学研究为主，涉及护理科研与临床实践的各个方面，及时反映国内外护理学科发展动态及护理专家经验荟萃，展示近年来我国护理事业飞跃发展的丰硕成果，将最优秀的护理论文介绍给广大读者。设有护理科研成果交流、国外来稿、专家论坛、护理程序专题笔谈、护理理论探讨、论著、综述、调查研究、社区护理、护理教育、护理管理、临床护理经验交流、专利产品介绍、个案护理、经验教训、小改革、小经验、国际交往、写作辅导等栏目。曾连续 6 年获山西省一级期刊。

创刊时间：1987 年	出版周期：双月刊
主办单位：中华护理学会山西分会；山西医科大学第一医院山西医科大学护理学院	通信地址：山西省太原市解放南路 85 号(030001)

主编：王益锵 等	联系电话：0351-4639626/4639059
ISSN：1009-6493	E-mail：sxhulizz@ public. ty. sx. cn
CN：14-1272/R	Web：www. suo1. cn

10. 护理学杂志（10/501，A+）

11. 中国肿瘤（11/501，A+）

	外文刊名：China Cancer 期刊简介：该刊主要报道肿瘤防治研究的政策法规、规划计划及战略探讨，肿瘤防治研究工作动态、发展，肿瘤高发地区防治工作状况，全国肿瘤登记工作现状及进展，各地肿瘤流行情况及癌情监测状况，各地肿瘤医院管理状况及经验分享，肿瘤科学研究前沿进展等。现设有专题报道、癌情监测、防治工作、医院管理、研究进展、论著等栏目。面向各级卫生事业发展决策部门、全国肿瘤防治工作者，包括肿瘤预防、流行病学、肿瘤临床、肿瘤科研和教学等研究者。被中文核心期刊要目总览、CSCD 核心库、中国科技核心期刊、高质量科技期刊分级目录、WJCI 等收录。曾荣获中国精品科技期刊、百杰期刊称号。
创刊时间：1992 年	出版周期：月刊
主办单位：中国医学科学院	通信地址：北京市朝阳区左安门外潘家园南里 17 号（100021）
主编：赫捷	联系电话：0571-88122280
ISSN：1004-0242	E-mail：zgzl_ 09@ 126. com
CN：11-2859/R	Web：www. chinaoncology. cn

12. 中国实用妇科与产科杂志（12/501，A+）

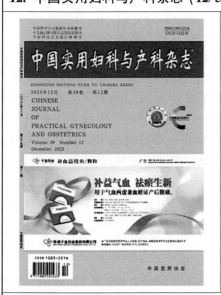

	外文刊名：Chinese Journal of Practical Gynecology and Obstetrics 期刊简介：该刊设有述评，专题笔谈，研究与创新(探索)（发表基础与临床的前沿性研究论文，具有科学性、先进性兼具实用性），论著，讲座与综述，疑难病例讨论，术式讨论，短篇论著，病案报告，教训分析，短篇报道，临床用药，国外医学动态，女性健康，妇幼保健，争鸣，继续医学教育园地，读者、作者、编者等栏目。为中国科技论文统计源期刊。
创刊时间：1985 年	出版周期：月刊

主办单位：中国医师协会；中国实用医学杂志社	通信地址：沈阳市和平区南京南路9号（110001）
主编：张淑兰	联系电话：024-23866489
ISSN：1005-2216	E-mail：fck23394474@sina.com
CN：21-1332/R	Web：www.zgsyz.com/

13. 中华消化外科杂志（13/501，A+）

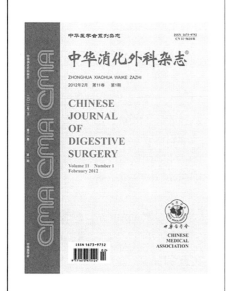

外文刊名：Chinese Journal of Digestive Surgery

期刊简介：该刊主要报道消化外科各领域的临床与基础研究，包括食管、胃、肠、肝、胆、胰、脾、疝与腹壁外科及其相关的血管、内镜、介入治疗、外科营养支持、代谢外科等研究。现设有院士论坛、述评、专家论坛、专家论坛·热点对话、菁英论坛、专家点评、论著、论著·菁英荟研究报告、论著·外科天地、论著·影像集锦、论著·新技术、指南与共识、短篇论著、经验交流、病例报道、大巡诊、综述、争鸣、讲座、学术动态、读者来信等栏目。面向医学院校、科研单位、教师、研究生、医学生以及县级或相当于县级以上的医院、医疗机构的广大临床外科医师和研究人员。被中文核心期刊要目总览、CSCD核心库、RCCSE中国核心学术期刊、CA、CABI、WPRIM、JST等收录。曾荣获全国百强报刊、百种中国杰出学术期刊、中国精品科技期刊、中国精品科技期刊顶尖学术论文（F5000）项目来源期刊、中华医学会优秀期刊等。

创刊时间：2002年	出版周期：双月刊
主办单位：中华医学会	通信地址：重庆市沙坪坝区高滩岩正街29号（400038）
主编：董家鸿	联系电话：023-65317637
ISSN：1673-9752	E-mail：digsurg@263.net
CN：11-5610/R	Web：www.zhxhwk.com

14. 中国老年学杂志（14/501，A+）

外文刊名：Chinese Journal of Gerontology

期刊简介：该刊主要报道老年医药学方面的最新成果，并兼顾老年社会学、老年心理学、衰老生物学及抗衰老研究等方面的最新成果。现设有临床研究、基础研究、经验交流、调查研究、综述与述评等栏目。面向老年学及相关学科的科研、教学和医疗的科研人员、医务工作者及广大师生。被中国科技核心期刊、中文核心期刊要目总览、CSCD、CAJCED等收录。曾荣获吉林省精品期刊50强、第二届北方期刊优秀期刊、吉林省十佳期刊称号，基础研究栏目被评为吉林省科技期刊名栏，连续多年被评为吉林省一级科技期刊。

创刊时间：1981 年	出版周期：半月刊
主办单位：中国老年学学会；吉林省医学期刊社	通信地址：长春市建政路 971 号(130061)
主编：陈可冀 赵吉光	联系电话：0431-88923384
ISSN：1005-9202	E-mail：okgood911@ 126. com
CN：22-1241/R	

15. 中华糖尿病杂志（15/501，A+）

16. 中华神经科杂志（16/501，A+）

17. 中国循证医学杂志（17/501，A+）

外文刊名：Chinese Journal of Evidence-based Medicine

期刊简介：该刊为中国循证医学事业的领军期刊，主要报道循证医学的最新研究成果，反映循证医学学科发展趋势，引领循证医学发展前沿，促进循证决策、循证实践和循证教育。

创刊时间：2001 年	出版周期：月刊
主办单位：四川大学	通信地址：四川大学华西医院水塔楼 3 楼(610041)
主编：李幼平	联系电话：028-85422052
ISSN：1672-2531	E-mail：editor@ cjebm. com
CN：51-1656/R	

18. 中华儿科杂志（18/501，A+）

外文刊名：Chinese Journal of Pediatrics

期刊简介：该刊重点报道儿科医学领域的新理论、新成果、新方法、新技术及成熟的临床经验。读者对象为儿科临床、科研与教学人员，儿童保健工作者。设有专论、论著、论著摘要、综述、病例报告、讲座会议纪要等栏目。被 Medline、BP、AJ/РЖ、IM 等数据库收录。

创刊时间：1950 年	出版周期：月刊
主办单位：中华医学会	通信地址：北京市东四西大街 42 号(100710)
主编：杨锡强	联系电话：010-85158220
ISSN：0578-1310	E-mail：cjp@ cma. org. cn
CN：11-2140/R	Web：www. cmaped. org. cn，medline. org. cn

19. 中国护理管理（19/501，A+）

20. 中华放射学杂志（20/501，A+）

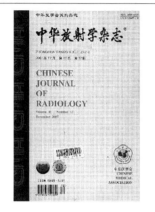

外文刊名：Chinese Journal of Radiology

期刊简介：该刊主要报道我国医学影像学临床科研工作的重大进展，促进国内外医学影像学术交流。设有述评、专论、人体各系统放射学、实验研究、介入放射学、读片集萃、计算机在医学中的应用、影像学技术、设备设计、器械维修等栏目。主要面向中高级医学影像学工作者。被 Medline 收录。曾获中华医学会优秀期刊一、二等奖，连续 6 年荣获全国百佳学术期刊。

创刊时间：1953 年	出版周期：月刊
主办单位：中华医学会	通信地址：北京东四西大街 42 号(100710)
主编：郭启勇	联系电话：010-85158384
ISSN：1005-1201	E-mail：cjr@ cma. org. cn
CN：11-2149/R	Web：www. medline. org. cn，cps. medu-online. cn，www. cjrjournal. org/web/

21. 中华骨科杂志（21/501，A+）

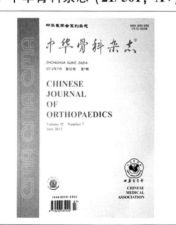

外文刊名：Chinese Journal of Orthopaedics

期刊简介：该刊重点报道骨科领域临床诊疗新进展以及基础理论研究。面向骨科医师及骨科研究人员。被 CABI、CA、IC、JST、UPD、AJ/РЖ 等数据库收录。曾多次荣获中国科协百种中国杰出学术期刊、中国科协优秀科技期刊三等奖、中华医学会优秀期刊奖、中国期刊方阵"双效"期刊。

创刊时间：1981 年	出版周期：月刊
主办单位：中华医学会	通信地址：天津市河西区解放南路 406 号天津医院内(300211)

主编：邱贵兴	联系电话：022-28334734
ISSN：0253-2352	E-mail：gktougao@ 126. com
CN：12-1113/R	Web：www. chinjorthop. com

22. 临床肝胆病杂志（22/501，A+）

外文刊名：Journal of Clinical Hepatology

期刊简介：该刊主要报道国内外肝胆胰领域先进的科研成果、临床诊疗经验、与临床密切结合且对临床有指导意义的基础理论研究、新技术。现设有述评、防治指南、专家论坛、论著、病例报告、综述、病例讨论、学术争鸣、临床病例讨论、国外研究进展介绍等栏目。面向从事肝胆胰疾病学科领域相关工作的医疗机构从业人员、医药技术和科研人员及各大专院校师生。被 AJ/РЖ、CA、CSA、IC、CABI、JST、WPRIM、UPD 等收录。曾荣获百种中国杰出学术期刊、第三届吉林省高校科技期刊奖·精品奖、第五届吉林省新闻出版奖精品奖·期刊精品奖、第 5 届中国精品科技期刊暨"中国精品科技期刊顶尖学术论文（F5000）"项目来源期刊、中国高校优秀科技期刊奖。

创刊时间：1985 年	出版周期：月刊
主办单位：吉林大学	通信地址：吉林省长春市朝阳区吉林大学第一医院转化医学研究院 医学出版中心《临床肝胆病杂志》编辑部（130061）
主编：贾继东；执行主编：牛俊奇	联系电话：0431-88782542
ISSN：1001-5256	E-mail：lcgdb@ vip. 163. com
CN：22-1108/R	Web：lcgdbzz. org

23. 中国康复医学杂志（23/501，A+）

24. 中华内科杂志（24/501，A+）

外文刊名：Chinese Journal of Internal Medicine

期刊简介：该刊重点报道内科领域领先的科研成果和临床诊疗经验，以及对内科临床有指导作用、且与内科临床密切结合的基础理论研究。以广大内科医师为主要读者对象。设有专论、内科论坛、论著、论著摘要、病例报告、经验与教训、讲座、综述、会议纪要、继续教育园地、标准与讨论、临床病例(例)讨论等栏目。被 IM、CA、CSA、Medline、BP、AJ/РЖ 等收录。曾获得全国优秀科技期刊三等奖、中国科协优秀期刊一等奖和二等奖。

创刊时间：1953 年	出版周期：月刊
主办单位：中华医学会	通信地址：北京市东四西大街 42 号(100710)
主编：王海燕	联系电话：010-85158279/85158280
ISSN：0578-1426	E-mail：cjim@ cma. org. cn
CN：11-2138/R	Web：www. medline. org. cn

25. 中华危重病急救医学 (25/501，A+)

外文刊名：Chinese Critical Care Medicine

期刊简介：该刊主要报道我国危重病急救医学基础理论及临床科研成果、传递国内外危重病急救医学前沿信息、推广现代危重病急救医学先进技术、交流危重病患者的诊治经验、普及医学科技新知识。现设有述评、专家论坛、标准与指南、发明与创新、论著、调查报告、研究报告、经验交流、病例报告、方法介绍、综述、讲座、理论探讨、基层园地、临床病理(病例)讨论、CCCM论坛、国际交流、科研新闻速递、医学人文、读者来信等栏目。面向各级、各专业从事危重病急救医学实验研究与临床研究及医学教学人员。被 Medline、CA、EM、WPRIM、UPD、JST 等收录。曾荣获第三届国家期刊奖、中国出版政府奖期刊提名奖、中国百强报刊、中国精品学术期刊、百种中国杰出学术期刊等多种称号。

创刊时间：1989 年	出版周期：月刊
主办单位：中华医学会；天津市第一中心医院；天津市天津医院	通信地址：天津市和平区睦南道 122 号(300050)
主编：沈中阳	联系电话：022-23197150，23306917
ISSN：2095-4352	E-mail：cccm@ em120. com
CN：12-1430/R	Web：www. cccm-em120. com

26. 中华肝脏病杂志 (26/501，A+)

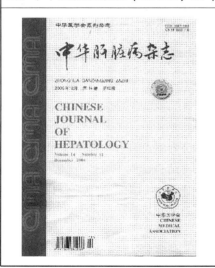

外文刊名：Chinese Journal of Hepatology

期刊简介：该刊反映肝脏疾病基础研究和临床实践的最新水平，报道国内最新研究成果，内容包括肝脏的生理，各种肝脏疾病的病原学、流行病学、病理、病理生理、免疫学、发病机制、临床诊断治疗及预防的实践经验和研究成果，以及新技术、新方法的重要进展。设有基础(实验)研究、临床研究、临床经验交流、诊疗技术、述评、专论、临床精粹、科研信息、基层医院论坛、综述、讲座、国际交流、会议纪要等栏目。面向县级以上医疗卫生机构从事肝病防治研究及临床实践的医务人员、预防工作者和基础学科科技人员。被 CA、Medline 数据库收录。曾被评为中国期刊方阵"双效"期刊。

创刊时间：1993 年	出版周期：月刊
主办单位：中华医学会	通信地址：重庆市渝中区临江路 74 号（400010）
主编：任红	联系电话：023-63706512
ISSN：1007-3418	E-mail：chnhepa@ online. cq. cn
CN：50-1113/R	Web：www. chinesehepatology. net. cn；www. medline. org. cn

27. 中国实用外科杂志（27/501，A+）

28. 中国肺癌杂志（28/501，A+）

	外文刊名：Chinese Journal of Lung Cancer 期刊简介：该刊主要报道国内外有关肺癌的学术动态、研究报告和治疗经验等，促进国内外肺癌界学术交流。现设有专家共识、综述、基础研究、临床研究、病例报道等栏目。面向临床与基础肺癌从业人员。被 Medline、CA、CSCD、北大核心期刊、科技核心期刊等收录。曾荣获第五届中国精品科技期刊称号。
创刊时间：1998 年	出版周期：月刊
主办单位：中国抗癌协会；中国防痨协会；天津医科大学总医院	通信地址：天津市和平区鞍山道 154 号（300052）
主编：周清华	联系电话：022-27219219
ISSN：1009-3419	E-mail：cnlungca@ 163. com
CN：12-1395/R	Web：www. lungca. org

29. 中华急诊医学杂志（29/501，A+）

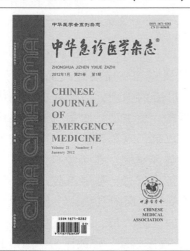	外文刊名：Chinese Journal of Emergency Medicine 期刊简介：该刊主要报道我国急诊医学领域最新的科研成果和临床诊疗经验。现设有述评、基础研究、临床研究、经验交流、院前急救、学科建设、病例报告、综述等栏目。面向中国从事急诊临床工作的医护人员，特别是中、高级急诊医学专业医师和从事急诊医学科研、管理人员。被 CSCD、中文核心期刊要目总览、CA、CSA、EM、CABI、WPRIM 等收录。曾荣获中国科协精品科技期刊及中国科协精品科技期刊示范项目，并获得中国科协自然科学基础性、高科技学术期刊经费资助。
创刊时间：1990 年	出版周期：月刊

主办单位：中华医学会	通信地址：浙江省杭州市解放路 88 号（310009）
主编：马岳峰	联系电话：0571-87783951
ISSN：1671-0282	E-mail：zhjzw@ vip. 163. com
CN：11-4656/R	Web：www. cem. org. cn

30. 中华外科杂志（30/501，A+）

三、330 预防医学与公共卫生学（A+：6）

1. 中华流行病学杂志（1/100，A+）

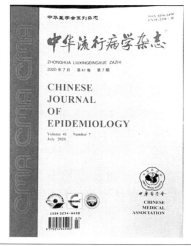

外文刊名：Chinese Journal of Epidemiology

期刊简介：该刊主要报道涵盖流行病学及其各分支学科的科研成果和进展、疾病预防控制、现场调查和监测、临床流行病学、相关实验室研究、教学及方法、循证和转化医学、大数据分析应用等。现设有述评、专家论坛、重点号（专栏）现场流行病学、监测、实验室研究、临床流行病学、基础理论与方法等主要栏目。面向从事预防医学与公共卫生、基础医学、临床医学的广大工作者。被 Medline、PubMed、CA、中国科技核心期刊、中文核心期刊要目总览、CSCD 等收录。曾荣获百种中国杰出学术期刊、中国精品科技期刊、中国最具国际影响力学术期刊等称号。

创刊时间：1981 年	出版周期：月刊
主办单位：中华医学会	通信地址：北京市昌平区昌百路 155 号中华流行病学杂志编辑部（102206）
主编：王岚	联系电话：010-58900730
ISSN：0254-6450	E-mail：zhlxb1981@ sina. com
CN：11-2338/R	Web：chinaepi. icdc. cn

2. 中华预防医学杂志（2/100，A+）

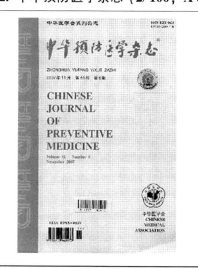

外文刊名：Chinese Journal of Preventive Medicine

期刊简介：该刊主要报道流行病学、环境卫生、营养与食品卫生、劳动卫生、儿童少年卫生学、卫生毒理、疾病检测与计划免疫、疾病预防与健康促进等所有与预防医学及公共卫生类学科相关的研究成果。现设有述评、人物述林、专论、论著、综述、讲座、专题调查、实验研究等栏目。被 Medline、CA、BA 等数据库收录。

创刊时间：1953 年	出版周期：月刊
主办单位：中华医学会	通信地址：北京市东城区东四西大街 42 号（ ）
主编：陈君石	联系电话：010-85158377
ISSN：0253-9624	E-mail：cjpm@ cma. org. cn
CN：11-2150/R	

3. 中国妇幼保健（3/100，A+）

外文刊名：Maternal and Child Health Care of China

期刊简介：该刊主要刊载国家自然科学基金资助项目、国家"十一五"发展规划课题研究，省、市级科技计划项目等。设有改革管理、健康教育、人才培养、妇女保健、儿童保健、生殖健康、调查研究、更年期保健、实验与基础研究、适宜技术、遗传和优生、综述和基层园地等栏目。面向各级卫生行政管理和妇幼保健管理人员，妇幼保健、计划生育管理和专业技术人员，大中专院校妇幼保健专业和卫生管理专业的师生，综合医院的妇产科、儿科等专业技术人员。被中文科技期刊、CSA、CA 和 IC 等数据库收录。曾荣获吉林省一级期刊、北方优秀期刊、吉林省精品期刊 50 强等称号。

创刊时间：1986 年	出版周期：半月刊
主办单位：中华预防医学会；吉林省医学期刊社	通信地址：吉林省长春市建政路 971 号（130061）
主编：马继波	联系电话：0431-88929639；88923066
ISSN：1001-4411	E-mail：huizhi@ zgfybjzz. com
CN：22-1127/R	Web：fybj. jlsyxqks. org

4. 中国医院管理（4/100，A+）

外文刊名：Chinese Hospital Management

期刊简介：该刊按照"理论与实践相结合"的办刊理念，全面报道我国医院管理理论和实践创新成果，为增进医院管理学术交流和推进医院管理科学的学科发展和医院管理水平的提高做出了贡献，同时，培养了一大批医院管理工作者，受到读者、作者的欢迎。被收录为中国科技论文统计源期刊（中国科技核心期刊），曾荣获第二届中国精品科技期刊。

创刊时间：1981 年	出版周期：月刊
主办单位：中国医院管理杂志社	通信地址：哈尔滨市香坊区香顺街 41 号(150036)
主编：王环增	联系电话：0451-87253020
ISSN：1001-5329	E-mail：chm@ vip. 163. com
CN：23-1041/C	Web：http//www. zgyygl. com

5. 现代预防医学（5/100，A+）

6. 中国公共卫生（6/100，A+）

外文刊名：Chinese Journal of Public Health

期刊简介：该刊综合反映中国公共卫生与预防医学的业务进展与动态，推广学术研究成果，交流各级各类卫生预防保健机构的业务经验与技术方法。坚持"以学术为根本，以服务为宗旨，以作者读者为中心，以创新发展为主题，以人才为基础"的发展理念。具有学术性、综合性、实用性，适合于卫生行政管理人员和专业技术人员作为业务参考，以全面掌握公共卫生与预防医学的学术进展与业务动态。

创刊时间：1985 年	出版周期：月刊
主办单位：中华预防医学会	通信地址：辽宁省沈阳市和平区砂阳路 242 号(110005)
主编：王宇	联系电话：024-83380101
ISSN：1001-0580	E-mail：hyhfuping@ 163. com
CN：21-1234/R	Web：http：//www. zgggws. com

四、340 军事医学与特种医学（A+：2）

1. 解放军医学杂志（1/18，A+）

外文刊名：Medical Journal of Chinese People's Liboration Army

期刊简介：该刊设有专家(院士)论坛、专题研究、基础论著、临床论著、技术与方法、军事医学等栏目，另开设述评、学术争鸣、讲座、专家经验谈、病例讨论和综述等机动栏目。面向医学领域中、高级临床、科研、教学工作者。被 CSCD、WPRIM、CA、AJ/PЖ、IC 等数据库收录。曾被评为中国精品科技期刊、编校质量优秀期刊、第二届国家期刊奖百种重点期刊、首届中国人民解放军期刊奖、全军医学期刊评比优秀期刊奖、北京市全优期刊奖。

创刊时间：1964 年	出版周期：月刊
主办单位：人民军医出版社	通信地址：北京海淀区复兴路 22 号甲 3 号 75 楼（100842）
主编：盛志勇	联系电话：010-51927306
ISSN：0577-7402	E-mail：jfjyxzz@ sohu. com
CN：11-1056/R	Web：www. jfjyxzz. org. cn

2. 军事护理（2/18，A+）

五、350 药学（A+：4）

1. 药学学报（1/61，A+）

外文刊名：Acta Pharmaceutica Sinica

期刊简介：该刊主要报道我国药学科研成果，药理学、合成药物化学、天然药物化学、药物分析学、生药学、药剂学和抗生素等领域的研究论文、研究简报、述评、综述与学术动态等。设有研究论文、述评与综述、研究简报、学术动态等栏目。面向本学科从事科研和高等教育的专业人员。被 CA、Medline、BA、国际药学文摘、CBST、AJ/PЖ、CSA、IC 等收录。曾荣获国家期刊奖、入选、中国期刊方阵"双高"期刊、百种重点科技期刊、中国优秀科技期刊奖、百种中国杰出学术期刊、首届中国精品科技期刊等称号。

创刊时间：1953 年	出版周期：月刊
主办单位：中国药学会	通信地址：北京市先农坛街 1 号（100050）
主编：王晓良	联系电话：010-63035012，63026192
ISSN：0513-4870	E-mail：yxxb@ imm. ac. cn
CN：11-2163/R	Web：www. yxxb. com. cn

2. 中国药理学通报（2/61，A+）

外文刊名：Chinese Pharmacological Bulletin

期刊简介：该刊主要报道药理学创新性研究成果，反映国内药理学及相关学科的最新研究前沿和进展。现设有综述、论著、实验方法学、复方药物药理学、小专论、研究简报等栏目。面向从事药理学、药学、生物医学领域研究工作的科技人员、专家、院校师生及相关人员。被 CA、CBST、BA、EM、IC、Kunst and Wissen（德国）、CABI、WPRIM、BP、RCCSE 中国权威学术期刊等国内多个数据库收录。曾荣获国家期刊奖百种重点期刊奖、中国百强报刊、百种中国杰出学术期刊、中国精品科技期刊、中国高校百佳优秀期刊、中国国际影响力优秀学术期刊等称号。

创刊时间：1985 年	出版周期：月刊
主办单位：中国药理学会	通信地址：安徽省合肥市梅山路安徽医科大学校内（230032）
主编：魏伟、李俊	联系电话：0551-65161222
ISSN：1001-1978	E-mail：huanghs8@ 163. com
CN：34-1086/R	Web：http：//www. zgylxtb. cn； http：//yaol. chinajournal. net. cn； http：//zgylxtb. periodicals. net. cn

3. 中国药房（3/61，A+）

外文刊名：China Pharmacy

期刊简介：该刊主要报道业界普遍关注的热点、焦点问题，理论研究，药物政策，基础实验研究，医药市场动态分析与预测，医院药剂科管理经验交流，药物经济学方法学研究和应用实践，大样本的医院用药分析，新药、进口药品临床药理，临床用药疗效观察，药品的监督、检验、不良反应监测工作探讨，新药或药学新进展综述，国内外药房（药事）管理，药店管理与经营。现设有医药热点、药事管理、药学研究、药物经济学、药物与临床、循证药学、药师与药学服务、综述等栏目。面向从事医院药剂科（药学部）、社会药房工作的各级各类人员以及药品研制、生产、经营、临床应用和监督管理人员。被 CA、AJ/PЖ、IPA、WPRIM、UPD、JST 等收录。曾荣获重庆市精品期刊奖、重庆市最美期刊等称号。

创刊时间：1990 年	出版周期：旬刊
主办单位：中国医院协会；重庆大学附属肿瘤医院	通信地址：重庆市渝中区大坪正街 129 号四环大厦 8 楼（400042）
主编：马劲	联系电话：023-89809890
ISSN：1001-0408	E-mail：info@ china-pharmacy. com
CN：50-1055/R	Web：http：//www. china-pharmacy. com

4. 中国医院药学杂志（4/61，A+）

外文刊名：Chinese Journal of Hospital Pharmacy

期刊简介：该刊主要报道药剂、药理、药物经济学、药事管理、临床药学等相关方向文章。现设有研究论文、药物与临床、综述、药学监护、药学实践、药物警戒、指南与共识等栏目。面向全国医院药学工作者、医务人员和广大药学工作者。被中文核心期刊要目总览、CSCD、WJCI、CA、CBST 等收录。曾荣获中国科协优秀期刊三等奖、中国精品科技期刊湖北最具影响力学术期刊等称号。

创刊时间：1981 年	出版周期：半月刊
主办单位：中国药学会	通信地址：湖北省武汉市胜利街 155 号（430014）
主编：张玉	联系电话：027-82809190
ISSN：1001-5213	E-mail：pharmacy@ vip. 163. com
CN：42-1204/R	Web：http：//www. zgyyyx. com

六、360 中医学与中药学（A+：8）

1. 中国中药杂志（1/122，A+）

外文刊名：China Journal of Chinese Materia Medica

期刊简介：该刊全面反映我国中药与天然药物学科领域最新进展与研究动态。被 Medline、PubMed、CA、AJ/РЖ、CABI、IPA、UPD、JST、RSC、GH、EM、CSCD 等数据库收录。

创刊时间：1955 年	出版周期：半月刊
主办单位：中国药学会	通信地址：北京市东直门内南小街 16 号（100700）
主编：王永炎	联系电话：010-64058556
ISSN：1001-5302	E-mail：cjcmm2006@ 188. com
CN：11-2272/R	Web：www. cjcmm. com. cn

2. 中医杂志（2/122，A+）

3. 中草药（3/122，A+）

外文刊名：Chinese Traditional and Herbal Drugs

期刊简介：该刊主要报道中草药化学成分；药剂工艺、生药炮制、产品质量、检验方法；药理实验和临床观察；药用动、植物的饲养、栽培、药材资源调查等方面的研究论文，突出报道中药新药研究的新理论、新成果、新技术、新方法和临床应用，促进中药现代化、标准化、国际化。现设有专论、中药现代化、化学成分、药剂与工艺、药理与临床、药材与资源、综述等栏目。面向广大医药科研院所、医药企业、高校及医院等科研开发人员，从事医药行业相关研究的学者、机构及中外制药企业。被 IPA、EM、UPD、WPRIM、IC、JST、CSA、CABI 等收录。曾荣获全国优秀科技期刊一等奖、中国期刊方阵"双奖"期刊、国家期刊奖、国家期刊奖提名奖、百种中国杰出学术期刊、中国精品科技期刊、新中国 60 年有影响力的期刊、中国出版政府奖、中国最具国际影响力学术期刊、中国百强科技期刊。

创刊时间：1970 年	出版周期：半月刊
主办单位：天津药物研究院；中国药学会	通信地址：天津市南开区鞍山西道 308 号(300193)
主编：汤立达	联系电话：022-27474913
ISSN：0253-2670	E-mail：zcy@ tiprpress. com
CN：12-1108/R	Web：www. tiprpress. com

4. 中国实验方剂学杂志 (4/122，A+)

外文刊名：Chinese Journal of Experimental Traditional Medical Formulae

期刊简介：该刊主要报道中医药方剂及其主要组成药物的最新研究成果、新技术、新发明、新疗法等。现设有配伍、经典名方、药理、毒理、临床、药物代谢、药剂与炮制、资源与质量评价、数据挖掘、综述、专论、教学研究、专题专栏等栏目。面向中、西医药尤其是方剂教学、科研、医疗、生产的高级、中级工作者及中医药院校的高年级学生等。被中文核心期刊要目总览、中国科技核心期刊、CSCD 核心期刊、RCCSE 中国权威学术期刊、CA、JST、UPD 等收录。曾荣获中国中医药优秀期刊奖、中国学术期刊(光盘版)优秀期刊奖。

创刊时间：1995 年	出版周期：半月刊
主办单位：中国中医科学院中药研究所；中华中医药学会	通信地址：北京市东城区东直门内南小街 16 号(100700)
主编：吴以岭	联系电话：010-84076882
ISSN：1005-9903	E-mail：ytong@ icmm. ac. cn
CN：11-3495/R	Web：www. syfjxzz. com

5. 针刺研究 (5/122，A+)

外文刊名：Acupuncture Reseach

期刊简介：该刊主要报道针灸科研领域最新研究成果与进展。现设有机制探讨、临床研究、文献研究、思路与方法、综述等栏目。面向针灸科研工作者、大专院校师生及相关领域科研人员。被 Medline、CSCD 核心库、中文核心期刊、中国科技核心期刊等收录。曾荣获中国精品科技期刊称号。

创刊时间：1976 年	出版周期：双月刊
主办单位：中国中医科学院针灸研究所；中国针灸学会	通信地址：北京东直门内南小街 16 号（100700）
主编：朱兵	联系电话：010-84014607
ISSN：1000-0607	E-mail：zcyj2468@ sina. com
CN：11-2274/R	Web：www. zhenciyanjiu. cn

6. 中华中医药学刊（6/122，A+）

外文刊名：Chinese Archives of Traditional Chinese Medicine

期刊简介：该刊与中医药学术发展同步，重点报道专家、学者及各级立项课题的最新发展动态，并为国家级科研项目开辟有绿色快速通道。现设有博士导师新论、国家项目点击、省级项目平台、地方项目宽带、专家经验论坛、博士课题网络、硕士课题网站、中药研究扫描、基础研究主页、临床研究传真等栏目。面向中医药高等院校师生及国内外从事中医药的临床医师、药师以及医（药）科研院所的中医药科研人员和中医药爱好者。被中国科技核心期刊、RCCSE 中国核心学术期刊、CA 等收录。曾荣获国家科协优秀论文奖、国家中医药管理局优秀期刊。

创刊时间：1982 年	出版周期：月刊
主办单位：中华中医药学会；辽宁中医药大学	通信地址：辽宁省沈阳市皇姑区崇山东路 79 号（110032）
主编：石岩	联系电话：024-31207045
ISSN：1673-7717	E-mail：zhzyyxk@ vip. 163. com
CN：21-1546/R	Web：zhzyyxk. cbpt. cnki. net

7. 中国针灸（7/122，A+）

外文刊名：Chinese Acupuncture and Moxibustion

期刊简介：该刊主要报道针灸临床研究、经验介绍、经络与腧穴研究、理论探讨、学术争鸣及针灸教学、针灸器械研究与相关技术培训、会议消息、最新研究成果等。现设有临床研究、临证经验、经络与腧穴、刺法与灸法、针家精要、机制探讨、教学园地、理论探讨、学术争鸣、文献研究、医案选辑、百家园、述评等栏目。面向中医针灸临床工作者、针灸教学、科研、医学院校学生及针灸爱好者。被中文核心期刊、CSCD 核心库、中国科技核心期刊、Medline、CA、IC 等收录。曾荣获中国国际影响力优秀期刊，入选中国期刊海外发行百强排行榜、中文报刊海外发行最受海外读者欢迎 TOP50 榜单。

创刊时间：1981 年	出版周期：月刊
主办单位：中国针灸学会；中国中医科学院针灸研究所	通信地址：北京东直门内南小街 16 号(100700)
主编：刘保延	联系电话：010-84014607
ISSN：0255-2930	E-mail：zhenjiubj@ vip. sina. com
CN：11-2024/R	Web：www. cjacupuncture. com

8. 中国中西医结合杂志（8/122，A+）

外文刊名：Chinese Journal of Integrated Traditional and Western Medicine

期刊简介：该刊报道我国中西医结合在临床、科研、预防、教学等方面的经验和成果，探讨中西医结合的思路和方法，介绍海内外有关本专业的进展，开展学术讨论。设有述评、专家论坛、专题笔谈、临床论著、实验研究、临床报道、学术探讨、思路与方法学、病例报告、中医英译、会议纪要、临床试验方法学、综述等栏目。面向从事中西医结合医学、中医药学研究的科学院所、各级医院、高等院校、国家重点实验室的科研人员、临床医生、院校师生等相关人员。被 Medline 收录。曾荣获全国优秀科技期刊奖、全国中医药优秀期刊奖一等奖、中国期刊方阵"双效"期刊、百种中国杰出学术期刊、中国精品科技期刊等称号，获得中国科协择优支持基础性和高科技学术期刊专项资助、中国科协精品科技期刊工程项目资助、国家自然科学基金重点学术期刊专项基金资助。

创刊时间：1981 年	出版周期：月刊
主办单位：中国中西医结合学会；中国中医科学院	通信地址：北京西苑操场 1 号(100091)
主编：陈可冀	联系电话：010-62876547(8)
ISSN：1003-5370	E-mail：cjim@ cjim. cn
CN：11-2787/R	Web：http；www. cjim. cn

第四节　工学类权威期刊指南

一、410 工程与技术科学基础学科（A+：1）

1. 计量学报（1/17，A+）

二、413 信息与系统科学相关工程与技术（A+：3）

1. 自动化学报（1/37，A+）

外文刊名：Acta Automatica Sinica

期刊简介：该刊主要报道自动化科学与技术领域的高水平理论性和应用性的科研成果，包括自动控制、系统理论与系统工程、自动化工程技术与应用、机器人、人工智能与智能控制、模式识别与图像处理等。现设有综述、论文、短文、前沿热点专刊专题等栏目。面向自动化、信息与系统科学工程技术领域的科研人员、高校教师、研究生及领域从业人员等。被 EI、SA、CBST、AJ/PЖ等收录。曾荣获百强报刊、精品科技期刊、百种杰出学术期刊、中国最具国际影响力学术期刊等称号，入选中国科技期刊卓越行动计划。

创刊时间：1963 年	出版周期：月刊
主办单位：中国自动化学会；中国科学院自动化研究所	通信地址：北京市海淀区中关村东路 95 号（100190）
主编：柴天佑	联系电话：010-82544653
ISSN：0254-4156	E-mail：aas@ ia. ac. cn
CN：11-2109/TP	Web：www. aas. net. cn

2. 控制与决策（2/37，A+）

外文刊名：Control and Decision

期刊简介：该刊主要报道自动化和决策领域的先进科研成果。现设有综述与评论、论文、短文等栏目。面向高校及研究所等科研人员。被 EI、RCCSE 中国权威学术期刊等收录。曾荣获百种中国杰出学术期刊、中国高校精品科技期刊、中国高校百佳科技期刊、中国最具国际影响力学术期刊、中国国际影响力优秀学术期刊、中国精品科技期刊等。

创刊时间：1986 年	出版周期：月刊

主办单位：东北大学	通信地址：沈阳东北大学 125 信箱（110004）
主编：王福利、杨光红	联系电话：024-83687778
ISSN：1001-0920	E-mail：kzyjc@ mail. neu. edu. cn
CN：21-1124/TP	

3. 机器人（3/37，A+）

	外文刊名：Robot 期刊简介：该刊主要报道中国在机器人学及相关领域中的学术进展及研究成果，机器人在第一、第二、第三产业中的应用实例，刊载机器人控制、机构学、传感器技术、机器智能与模式识别、机器视觉等方面的论文。现设有综述与介绍、论文与报告、研究通讯、实际问题研讨、短文等栏目。面向国内外高校、科研机构和相关技术领域的教师、研究人员、工程技术人员和博硕士研究生等。被 EI、INSPEC、CAS、JST、中文科技核心期刊、CSCD 等收录。曾荣获 2017/2018 年中国国际影响力优秀学术期刊、2018/2019 年中国科学院自然科学期刊编辑研究会项目资助二等奖、2018 年论文入选中信所中国百篇最具影响国内学术论文、2019 年论文入选第四届中国科协优秀科技论文。
创刊时间：1979 年	出版周期：双月刊
主办单位：中国科学院沈阳自动化研究所；中国自动化学会	通信地址：沈阳市创新路 135 号（100169）
主编：于海斌	联系电话：024-23970050
ISSN：1002-0446	E-mail：jqr@ sia. cn
CN：21-1137/TP	Web：http://robot. sia. cn

三、416 自然科学相关工程与技术（A+：6）

1. 农业机械学报（1/66，A+）

	外文刊名：Transactions of the Chinese Society for Agricultural Machinery 期刊简介：该刊主要报道我国农业机械、农业工程领域的最新科研成果。现设有车辆与动力工程、农业装备与机械化工程、农业水土工程、农村能源与生物质资源利用、农产品加工工程、农业自动化与环境控制、先进制作技术与基础理论等栏目。面向本行业中高级技术人员、高等院校师生及科研单位的科技人员。被 EI、CA、CSA、CSCD、RCCSE 中国权威学术期刊等收录。曾荣获中国科协精品科技期刊。
创刊时间：1957 年	出版周期：月刊

主办单位：中国农业机械学会；中国农业机械化科学研究院	通信地址：北京市朝阳区德胜门外北沙滩 1 号（100083）
主编：任露泉	联系电话：010-64882610，010-64882231
ISSN：1000-1298	E-mail：njxb@ caams. org. cn
CN：11-1964/S	Web：www. j-csam. org

2. 农业工程学报（2/66，A+）

外文刊名：Transactions of the Chinese Society of Agricultural Engineering

期刊简介：该刊主要刊登农业工程学科领域的应用技术基础研究、农业水土工程、农业机械与农业机械化工程、设施农业与生物环境控制工程、农村能源农业废弃物处理与环保工程、农产品产后处理与加工工程、农业自动化与农业信息技术、土地整理工程等方面的学术论文、综述及专家论坛，以及实用技术研究及生产实践运用成果报告。现设有综合研究·关键技术、争鸣与讨论、农业装备工程与机械化、农业水土工程、农业信息与电气技术、农业生物环境与能源工程、土地整理工程、农产品加工工程等栏目。面向农业工程学科及相关领域的科研、教学及生产科技人员、技术管理及推广人员和广大院校师生。被 EII、CABI、CA 等收录。曾荣获"百强报刊"中国科协精品科技期刊 TOP50、百种中国杰出学术期刊、中国精品科技期刊 RCCSE 中国权威学术期刊、期刊数字影响力 100 强。

创刊时间：1985 年	出版周期：半月刊
主办单位：中国农业工程学会	通信地址：北京市朝阳区麦子店街 41 号（100125）
主编：朱明	联系电话：010-59197077
ISSN：1002-6819	E-mail：tcsae@ tcsae. org
CN：11-2047/S	Web：www. tcsae. org

3. 水土保持研究（3/66，A+）

外文刊名：Research of Soil and Water Conservation

期刊简介：该刊主要报道土壤侵蚀、旱涝、滑坡、泥石流、风蚀等水土流失灾害的现状与发展动态，水土流失规律研究、监测预报技术研发成就与监测预报结果，水土流失治理措施与效益分析，水土流失地区生态环境建设与社会经济可持续发展研究，计算机、遥感工程、生物工程等边缘学科新技术、新理论、新方法在水土保持科研及其实践中的应用，国外水土流失现状及水土保持研究新动态等。现设有学术研究、研究综述、研究简报等栏目。面向从事水保科技研究、教学与推广的科教工作者及有关行政管理人员，国内外环境科学、地学、农业、林业、水利等相关学科科教人员及大专院校师生。被中文核心期刊、CSCD、中国科技核心期刊、RCCSE 中国核心学术期刊等收录。曾多次荣获陕西省科技期刊精品奖、优秀奖。

创刊时间：1985 年	出版周期：双月刊
主办单位：中国科学院水利部水土保持研究所	通信地址：陕西杨凌西农路 26 号(712100)
主编：王飞	联系电话：029-87012705
ISSN：1005-3409	E-mail：research@ ms. iswc. ac. cn
CN：61-1272/P	

4. 水土保持学报（4/66，A+）

外文刊名：Journal of Soil and Water Conservation

期刊简介：该刊主要报道土壤侵蚀、水土保持的应用研究和综述性文章，流域植被修复与生态环境建设，水土保持效益评价最新研究成果。面向国内外从事水土保持、土壤侵蚀及其相关学科的科研人员、高等院校师生和有关管理工作者等。被 SCIE、CAB Abstracts、CSCD、RCCSE 中国核心学术期刊等收录。曾荣获中国精品科技期刊、陕西省精品科技期刊、陕西省三秦卓越科技期刊称号。

创刊时间：1987 年	出版周期：双月刊
主办单位：中国土壤学会和中国科学院水利部水土保持研究所	通信地址：陕西省杨凌区西农路 26 号中科院水利部水土保持研究所《水土保持学报》编辑部(7212100)
主编：刘宝元	联系电话：029-87012707
ISSN：1009-2242	E-mail：stbcxb@ nwsuaf. edu. cn
CN：61-1362/TV	Web：http：//stbcxb. alljournal. com. cn/ch/index. aspx

5. 中国组织工程研究（5/66，A+）

外文刊名：Chinese Journal of Tissue Engineering Research

期刊简介：该刊主要报道中国组织工程领域干细胞研究与移植、生物材料选择和应用、硬组织植入物、组织构建细胞学实验、组织工程动物模型的最新进展，发表涉及上述内容的实验动物研究及与人类疾病治疗明确相关的转化实验研究和高水平临床应用研究的中英文原创性文章。现设有研究原著、综述、学术探讨、评论、编读交流、研究快报等栏目。被中国科技核心期刊、CSCD、EM、CSA、IC、AJ/PЖ、CA 等收录。曾荣获中国百种杰出学术期刊。

创刊时间：1997 年	出版周期：周刊

主办单位：中国康复医学会	通信地址：沈阳 10002 邮政信箱（110180）
主编：唐佩福	联系电话：024-23380579
ISSN：2095-4344	E-mail：crter@crter.org
CN：21-1581/R	Web：www.cjter.com

6. 包装工程（6/66，A+）

外文刊名：Packaging Engineering

期刊简介：该刊主要报道包装工程及其交叉领域的基础研究和应用研究的最新成果。现设有农产品贮藏加工、食品流通与包装、新材料技术、工艺与装备、缓冲与隔振、图文信息技术、装备防护等栏目。

创刊时间：1980 年	出版周期：半月刊
主办单位：中国兵器工业第五九研究所	通信地址：重庆市九龙坡区渝州路 33 号（400039）
主编：吴护林	联系电话：02368792294
ISSN：1001-3563	E-mail：112501848@qq.com
CN：50-1199/TB	

四、420 测绘科学技术（A+：3）

1. 遥感学报（1/27，A+）

外文刊名：Journal of Remote Sensing

期刊简介：该刊报道遥感领域及其相关学科创新性的研究报告和阶段性研究成果以及高水平的述评，内容涉及遥感基础理论，遥感技术发展及遥感在农业、林业、水文、地矿、海洋、测绘等资源环境领域和灾害监测中的应用，地理信息系统研究，遥感与 GIS 及空间定位系统（GPS）的结合及其应用等方面。被 AJ/РЖ、IC、JST、UPD、CSA 等数据库收录。入选中国科技精品期刊、百种中国杰出学术期刊、期刊方阵期刊、全国优秀测绘期刊奖、中国科学院优秀期刊奖、全国优秀地理期刊奖等殊荣。

创刊时间：1997 年	出版周期：双月刊

主办单位：中国科学院遥感应用研究所；中国地理学会环境遥感分会	通信地址：北京市朝阳区大屯路甲 20 号中国科学院遥感应用研究所《遥感学报》编辑部（100101）
主编：顾行发	联系电话：010-64806643
ISSN：1007-4619	E-mail：jrs@irsa.ac.cn
CN：11-3841/TP	Web：www.jors.cn

2. 武汉大学学报(信息科学版)（2/27，A+）

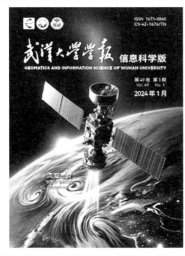

外文刊名：Geomatics and Information Science of Wuhan University

期刊简介：该刊主要刊登有关大地测量学与导航、摄影测量学与遥感、地图学与地理信息等相关的学术论文。现设有院士论坛、学术论文、BDS/GNSS 数据处理、遥感与地质灾害等栏目。面向测绘专业的高校师生、科研院所和测绘行业的从业人员。被 EI、AJ/РЖ、CSA 等收录。曾荣获湖北省优秀期刊、湖北省十大有影响力的自然科学学术期刊、湖北十大名刊、中国高校精品科技期刊、全国优秀测绘期刊一等奖、国家期刊奖提名奖、中国科技论文在线优秀期刊一等奖、国际影响力优秀学术期刊、全国优秀测绘地理信息期刊奖、中国高校百佳科技期刊中华人民共和国成立 70 周年精品期刊、中国科技期刊卓越行动计划入选期刊。

创刊时间：1957 年	出版周期：月刊
主办单位：武汉大学	通信地址：武汉市武汉大学文理学部本科生院楼北楼武汉大学学报信息科学版编辑部（430079）
主编：刘经南	联系电话：027-68778045
ISSN：1671-8860	E-mail：zpyan@whu.edu.cn
CN：42-1676/TN	

3. 测绘学报（3/27，A+）

外文刊名：Acta Geodaetica et Cartographica Sinica

期刊简介：该刊内容涉及大地测量与 GNSS、工程测量、遥感、航空摄影测量、地图学、地理信息系统、矿山测量、海洋测绘、地籍测绘、地图印刷、测绘仪器、信息传输等测绘学科及其相关相邻学科。主要栏目有测绘快报、学术论文、博士论文摘要等。面向国内外测绘地理信息相关研究机构的科研人员、高等院校师生，测绘地理信息行业从业人员、相关相邻学科的科技工作者。被 EI、CSA、AJ/РЖ、JST、CSCD 等数据库收录。曾获得中国精品科技期刊、中国百种杰出学术期刊、中国科学技术协会优秀期刊、中国学术期刊检索与评价数据规范执行优秀期刊等称号。

创刊时间：1957 年	出版周期：双月刊
主办单位：中国测绘学会	通信地址：西城区三里河路 50 号（100045）
主编：陈俊勇	联系电话：010-68531244
ISSN：1001-1595	E-mail：appleka@ sina. com
CN：11-2089/P	Web：http：//xb. sinomaps. com

五、430 材料科学（A+：6）

1. 金属学报（1/74，A+）

外文刊名：Acta Metallurgica Sinica

期刊简介：该刊主要报道金属和材料科学及冶金技术领域重要科技成果。内容包括金属物理、物理冶金、断裂、金属材料科学、冶金工艺、冶金过程物理化、腐蚀与防护、亚稳材料、铸造、金属压力加工、焊接、粘接、复合材料、实验技术等方面。设有原始论文、短文快报、综合评述等栏目。面向金属与材料科学、冶金技术领域的科技人员及相关专业的大专院校师等。被 SCIE、EI、CA、SA、AJ/PЖ、JST 等收录。曾荣获国家期刊奖、国家期刊方阵"双高"期刊奖、中国科协优秀期刊一等奖以及中国科学院历届优秀期刊奖等。

创刊时间：1956 年	出版周期：月刊
主办单位：中国金属学会	通信地址：沈阳文化路 72 号（110016）
主编：柯俊	联系电话：024-23971286
ISSN：0412-1961	E-mail：jsxb@ imr. ac. cn
CN：21-1139/TG	Web：www. ams. org. cn

2. 复合材料学报（2/74，A+）

3. 材料导报（3/74，A+）

外文刊名：Materials Review

期刊简介：该刊主要报道材料科学的国家发展规划、最新研究进展及产业化应用现状，以及材料科学中最新的具有原创性、新颖性的实验研究成果及理论方法。设有研究篇、综述篇等栏目。面向从事材料规划、决策的各级领导和管理人员，材料研究开发的科研工作者、大专院校师生，材料生产、应用的工矿企业人员、高新技术开发区管理人员等。被 EI、CSCD 核心库、中文核心期刊等收录。曾荣获中国精品科技期刊、中国精品科技期刊、百强科技期刊、中国期刊数字影响力 100 强等称号。

创刊时间：1987 年	出版周期：半月刊
主办单位：重庆西南信息有限公司	通信地址：重庆市渝北区洪湖西路 18 号(401121)
主编：徐书令	联系电话：023-63505701
ISSN：1005-023X	E-mail：yubo@ mat-rev. com
CN：50-1078/TB	Web：www. mat-rev. com

4. 中国有色金属学报（4/74，A+）

外文刊名：The Chinese Journal of Nonferrous Metals

期刊简介：该刊主要报道有色金属领域新理论、新技术和新方法，紧密跟踪有色金属科技发展新动向，从多个层面优先、快速发表国内具有领先水平的原创性研究成果。现设有材料科学与工程，冶金工程·矿业工程·化学与化工等栏目。面向与有色金属科学领域相关的厂矿企业和研究院所的科研人员，以及高等院校的本、硕、博研究生。被 EI、INSPEC、CA、AJ/РЖ、JST、CSCD 等收录。曾入选 2018 中国期刊数字影响力 100 强、2019 年中国科技期刊卓越行动计划梯队期刊项目、2020 中国国际影响力优秀学术期刊、第五届中国精品科技期刊、有色金属领域高质量科技期刊分级目录 T1 级别。

创刊时间：1991 年	出版周期：月刊
主办单位：中国有色金属学会	通信地址：湖南省长沙市岳麓区中南大学校本部(410083)
主编：黄伯云	联系电话：0731-88876765
ISSN：1004-0609	E-mail：f-ysxb@ csu. edu. cn
CN：43-1238/TG	Web：www. ysxbcn. com

5. 材料工程（5/74，A+）

外文刊名：Journal of Materials Engineering

期刊简介：该刊主要报道高新科技领域新材料研究进展，材料新工艺、新方法的研究情况，含实验、材料计算、数值模拟、材料性能及表征等研究方向。现设有石墨烯、新能源、纳米材料、增材制造等栏目。面向国内外航空航天、冶金、石化、机械电子、轻工业、建材工业等相关领域的大专院校、研究机构和企业领导、科研人员、工程技术人员等。被 EI、CSA、CA、UPD、INSPEC、JST、中文核心期刊要目总览、CSCD 核心库、RCCSE 中国核心学术期刊等收录。曾荣获中国精品科技期刊称号。

创刊时间：1956 年	出版周期：月刊
主办单位：中国航发北京航空材料研究院	通信地址：北京 81 信箱 44 分箱（100095）
主编：陈祥宝	联系电话：15321507678
ISSN：1001-4381	E-mail：gaoleibuaa@ 126. com
CN：11-1800/TB	

6. 表面技术（6/74，A+）

外文刊名：Surface Technology

期刊简介：该刊主要报道涂镀膜层技术，表面摩擦磨损与润滑，表面失效及防护，表面光电磁等功能化，表面光整加工及其他表面技术领域的科学研究、新技术、新工艺等，聚焦行业热点问题。现设有研究综述、表面功能化、表面摩擦磨损与润滑、表面失效及防护、膜层材料与技术、表面质量控制及检测等栏目。面向国内外从事相关工作的科研人员和工程技术人员。被 EI、CSCD 核心库、中文核心期刊、中国科技核心期刊等收录。曾荣获第三届全国百强报刊、第四届中国精品科技期刊称号。

创刊时间：1972 年	出版周期：月刊
主办单位：中国兵器工业第五九研究所	通信地址：重庆市九龙坡区渝州路 33 号（400039）
主编：吴护林	联系电话：023-68792193
ISSN：1001-3660	E-mail：wjqkbm@ 163. com
CN：50-1083/TG	Web：http：//www. surface-techj. com/

六、440 矿山工程技术（A+：6）

1. 石油勘探与开发（1/100，A+）

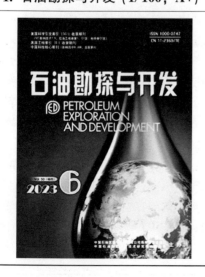

外文刊名：Petroleum Exploration and Development

期刊简介：该刊主要报道中国与世界油气勘探、油气田开发、石油工程、新能源新领域最新理论技术发展动态与研究成果。现设有油气勘探、油气田开发、石油工程、新能源新领域等栏目。面向国内外石油公司、研究机构、大专院校的中高级科研、技术及管理人员。被 SCIE、EI、PA、CA、GeoRef、CSA、AJ /PЖ、JST、CSCD 等收录。曾荣获百种中国杰出学术期刊奖、中国最具国际影响力学术期刊、中国精品科技期刊、RCCSE 中国权威学术期刊，有 13 篇论文入选中国百篇最具影响国内学术论文。

创刊时间：1974 年	出版周期：双月刊
主办单位：中国石油勘探开发研究院	通信地址：北京市海淀区学院路 20 号文献档案馆《石油勘探与开发》编辑部（100083）
主编：戴金星	联系电话：010-83597424
ISSN：1000-0747	E-mail：skykeg@ petrochina. com. cn
CN：11-2360/TE	Web：www. cpedm. com

2. 煤炭学报（2/100，A+）

外文刊名：Journal of China Coal Society

期刊简介：该刊主要报道与煤炭科学技术相关的基础理论和重大工程研究的理论成果，包括煤田地质学、矿山岩体力学、采矿工程、煤矿安全、环境保护、煤矿机电一体化、煤的加工与利用、煤炭经济研究等领域的学术论文。设有专题述评、问题探讨、试验研究、经验交流、医疗卫生等栏目。面向煤炭系统及相关领域的科研、设计人员，大专院校师生，以及有关工程技术人员。被 EI、CSCD、CBST、AJ/PЖ 等收录。曾荣获首届全国优秀科技期刊二等奖、全国第二届优秀科技期刊一等奖、首届国家期刊奖。

创刊时间：1964 年	出版周期：月刊
主办单位：中国煤炭学会	通信地址：北京市朝阳区和平里青年沟 5 号天地大厦 206（100013）
主编：刘峰	联系电话：18600806217；010-84262930-805
ISSN：0253-9993	E-mail：changchen@ chinacs. org. cn
CN：11-2190/TD	

3. 中国石油勘探（3/100，A+）

4. 天然气工业（4/100，A+）

外文刊名：Natural Gas Industry

期刊简介：该刊及时报道中国天然气工业上、中、下游的科技成果。主要栏目设有本期视点、大气田巡礼、地质勘探、开发工程、钻井工程、集输工程、加工利用、安全环保、经济管理、新能源。被国内外多家数据库收录。曾荣获三届国家期刊奖、第二届中国出版政府奖期刊奖提名奖、连续两届被评为中国精品科技期刊。

创刊时间：1981 年	出版周期：月刊
主办单位：中国石油四川石油管理局	通信地址：四川省成都市府青路一段 3 号（610051）
主编：冉隆辉	联系电话：028-86012712
ISSN：1000-0976	E-mail：jwq@ trqgy. cn
CN：51-1179/TE	Web：www. trqgy. cn

5. 石油学报（5/100，A+）

外文刊名：Acta Petrolei Sinica

期刊简介：该刊主要报道石油和天然气地质勘探、油气田开发技术与工艺、石油与天然气钻井、海洋油气工程、油气储运、石油矿场机械以及相关分支学科、交叉学科的基础和应用研究的创新性成果和高水平论文。主要设有三大固定专栏，即地质勘探、油田开发和石油工程，不定期开设学术论坛、综述、来稿选登等专栏。面向国内外石油科研人员、油田矿场技术人员和高等院校师生。被 EI、CA、PA、GeoRef、CAS、CBST、IC 和 AJ/PЖ 等收录。曾多次荣获国家期刊奖"百种重点期刊"、百种中国杰出学术期刊奖、中国科协精品科技期刊等称号。

创刊时间：1980 年	出版周期：双月刊
主办单位：中国石油学会	通信地址：北京市西城区六铺炕街 6 号中国石油学会《石油学报》编辑部（100724）
主编：赵宗举	联系电话：010-62067137/62067128
ISSN：0253-2697	E-mail：syxb@ cnpc. com. cn
CN：11-2128/TE	Web：www. syxb-cps. com. cn

6. 中国矿业大学学报（6/100，A+）

外文刊名：Journal of China University of Mining & Technology

期刊简介：该刊主要报道自然科学各个领域最新研究成果，以矿业领域、能源开发为刊用重点范围。现设有采矿工程、安全工程、岩石力学、岩土工程、能源地质、矿物加工、洁净煤技术、矿产资源综合利用等栏目。面向全国高校、科研院所科研人员。被 EI、AJ/PЖ、CA、CSCD 等收录。曾荣获百种中国杰出学术期刊、中国精品科技期刊、中国高校精品科技期刊、中国最具国际影响力学术期刊称号，得到中国科技期刊卓越行动计划项目资助。

创刊时间：1955 年	出版周期：双月刊
主办单位：中国矿业大学	通信地址：江苏徐州中国矿业大学文昌校区校期刊中心（221008）
主编：贺靖峰	联系电话：0516-83995113
ISSN：1000-1964	E-mail：journal@ cumt. edu. cn
CN：32-1152/TD	Web：http：//xb. cumt. edu. cn

七、450 冶金工程技术（A+：3）

1. 钢铁（1/70，A+）

2. 稀有金属（2/70，A+）

外文刊名：Chinese Journal of Rare Metals

期刊简介：该刊主要报道稀有金属、贵金属、稀土金属及镍、钴等有色金属在材料研制、合金加工、选矿、冶炼、理化分析测试等方面的最新科研成果及应用，同时还报道超导材料、半导体材料、复合材料、陶瓷材料、纳米材料、磁性材料等新材料的研究开发及应用。主要栏目有研究论文、综合评述、研究简报、行业信息等。面向稀有及有色金属、冶金、石油化工、地质、能源、航空航天等领域的研究与应用机构、公司厂矿企业和高等院校的科技人员。被 CSCD、CA 等数据库收录。

创刊时间：1977 年	出版周期：双月刊
主办单位：北京有色金属研究总院	通信地址：北京新街口外大街 2 号（100088）
主编：屠海令	联系电话：010-82240869；82241917
ISSN：0258-7076	E-mail：xxsf@ grinm. com
CN：11-2111/TF	

3. 中国冶金（3/70，A+）

八、460 机械工程（A+：7）

1. 机械工程学报（1/92，A+）

外文刊名：Chinese Journal of Mechanical Engineering

期刊简介：该刊选登机械工程方面的基础理论、科研设计和制造工艺等方面的学术论文，主要报道机械工程领域及其交叉学科、新兴学科、边缘学科等领域具有创新性及重要意义的前沿基础研究、应用研究的最新科研成果。设有综述、基础理论、工程技术应用等栏目。面向机械工程及边缘科学方面的专家和专业技术人员及相关院校的师生。被 EI 等国内外多种文摘和数据库收录。曾荣获中国期刊奖。

创刊时间：1953 年	出版周期：半月刊
主办单位：中国机械工程学会	通信地址：北京百万庄大街 22 号（100037）
主编：宋天虎	联系电话：010-88379907
ISSN：0577-6686	E-mail：2978695471@ qq. com
CN：11-2187/TH	Web：www. cjmenet. com. cn

2. 中国机械工程（2/92，A+）

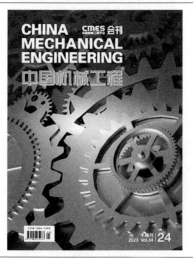

外文刊名：China Mechanical Engineering

期刊简介：该刊主要报道中国机械工程领域的重大学术进展、重大机械科技成果，中国机械工程学会系统的最新学术信息。现设有机械基础工程、智能制造、可持续制造、先进材料加工工程、增材制造、工程前沿、争鸣与反思、阅读导引等栏目。面向机械工程领域的科技人员、高等院校机械及相关专业师生。被 EI、AJ/PЖ、CA、CSA、JST 等收录。曾荣获中国期刊方阵中的高学术水平、高知名度的"双高"期刊、国家期刊奖期刊、中国百种杰出学术期刊、湖北十大名刊、湖北十大名刊成就奖期刊、全国百强科技期刊等荣誉。

创刊时间：1990 年	出版周期：半月刊
主办单位：中国机械工程学会	通信地址：湖北工业大学 772 信箱（430068）
主编：董仕节	联系电话：027-88011893
ISSN：1004-132X	E-mail：paper@ cmemo. org. cn
CN：42-1294/TH	Web：www. cmemo. org. cn

3. 液压与气动 (3/92, A+)

外文刊名：Chinese Hyduralic & Pneumatics

期刊简介：该刊主要报道液压与气动技术及其在国民经济各个部门应用方面的新的技术、工艺、设计、设备、材料，基础知识，产品、企业和行业信息。现设有专题、研究·设计、主机·应用、元件·介质、使用·维修等栏目。面向流体传动与控制行业的工程技术人员、销售人员、管理人员、液压和气动设备的安装、调试、使用、维修人员以及大专院校师生。被中文核心期刊要目总览、中国科技核心等收录。曾荣获机械工业优秀期刊三等奖、《CAJ-CD 规范》执行优秀奖。

创刊时间：1977 年	出版周期：月刊
主办单位：北京机械工业自动化研究所	通信地址：北京市西城区德胜门外教场口 1 号(100120)
主编：赵曼琳	联系电话：13671020990
ISSN：1000-4858	E-mail：zhaoml@ riamb. ac. cn
CN：11-2059/TH	Web：http：//journal. yeyanet. com

4. 摩擦学学报 (4/92, A+)

外文刊名：Triobology

期刊简介：该刊主要报道摩擦学设计、摩擦力学、摩擦化学、摩擦学材料、摩擦学表面工程、特殊工况下的摩擦学、摩擦学测试技术与设备及摩擦学系统工程与应用等重要的基础研究和应用研究新成果，其报道范围包括机械科学与技术、材料科学与工程、物理学、化学和力学等交叉学科。面向从事摩擦学研究和新材料研制的科研技术人员及高等院校相关专业的教师和研究生以及工业领域的技术人员等。被 CSCD、EI、CA、MA、CSA 等数据库收录。

创刊时间：1981 年	出版周期：双月刊
主办单位：中科院兰州化学物理研究所	通信地址：甘肃省兰州市天水中路 18 号(730000)
主编：薛群基	联系电话：0931-4968238
ISSN：1004-0595	E-mail：tribology@ licp. cas. cn
CN：62-1095/O4	Web：www. tribology. com. cn

5. 焊接学报（5/92，A+）

外文刊名：Transactions of the China Welding Institution

期刊简介：该刊主要刊登中国焊接各学科领域的最新科学技术研究成果，包括焊接新材料、新设备、新工艺方法、新检测方法的专题学术论文及专题综述。面向国内外广大的焊接工作者。被 EI、CA、AJ/PЖ 等收录。曾荣获首届黑龙江省出版精品工程奖、中国精品科技期刊、中国科协精品科技期刊示范项目荣誉称号。

创刊时间：1980 年	出版周期：月刊
主办单位：中国机械工程学会	通信地址：哈尔滨市松北区创新路 2077 号焊接学报编辑部（150028）
主编：王亚	联系电话：0451-86323218
ISSN：0253-360X	E-mail：hjxbbjb@ 126. com
CN：23-1178/TG	Web：magazines. hwi. com. cn

6. 流体机械（6/92，A+）

外文刊名：Fluidm Machinery

期刊简介：该刊主要报道各种气体压缩机，鼓风机和通风机，水泵、油泵和其他介质输送泵、计量泵，离心机、过滤机等分离机械，制冷空调和冷冻干燥设备等，工业阀门与管道，机械密封、填料密封等流体机械轴封装置，喷射设备。现设有试验研究、设计计算、产品开发、制造工艺、故障分析、运行监测、技术综述、经验交流、信息报道等栏目。面向从事流体机械与制冷空调工作的工程技术人员、大专院校师生以及生产使用单位的高级技工。被 CSCD、RCCSE 中国权威学术期刊、中文核心期刊、中国科技核心期刊、中国科技期刊精品数据库期刊等收录。曾荣获华东地区优秀期刊、安徽省优秀期刊称号。

创刊时间：1972 年	出版周期：月刊
主办单位：中国机械工程学会	通信地址：安徽省合肥市长江西路 888 号（300031）
主编：宋东岚	联系电话：0551-65335505
ISSN：1005-0329	E-mail：ltjxzzs@ 163. com
CN：34-1144/TH	Web：http：//ltjx. cbpt. cnki. net

7. 振动、测试与诊断（7/92，A+）

外文刊名：Journal of Vibration，Measurement & Diagnosis

期刊简介：该刊主要报道国内外以振动测试与故障诊断为中心的动态测试理论、方法和手段的研究及应用方面的技术文献、专题报告和学术动态。现设有专家论坛和论文等栏目。面向高校、科研院所、企业技术人员等。被 EI、JST、CSCD 核心库、WJCI、中文核心期刊要目总览等收录。曾荣获中国高校百佳科技期刊、华东地区优秀期刊、RCCSE 中国权威学术期刊、江苏省高校精品期刊等。分别入选机械工程领域和振动工程领域高质量科技期刊分级目录 T2 级、航空航天类高质量科技期刊分级目录 T3 级，有 114 篇论文入选中国知网《学术精要数据库》（2012—2022）高影响力论文。

创刊时间：1980 年	出版周期：双月刊
主办单位：南京航空航天大学；全国高校机械工程测试技术研究会	通信地址：江苏省南京市秦淮区御道街 29 号（210016）
主编：赵淳生	联系电话：025-84893332
ISSN：1004-6801	E-mail：qchen@ nuaa. edu. cn
CN：32-1361/V	Web：http：//zdcs. nuaa. edu. cn

九、470 动力与电气工程（A+：8）

1. 中国电机工程学报（1/145，A+）

外文刊名：Proceedings of the CSEE

期刊简介：该刊主要报道电力系统及其自动化、发电及动力工程、电工电机领域的新理论、新方法、新技术、新成果。现设有教育与教学、智能电网、大电网规划与运行、智能配用电、输变电技术、电力电子与电力传动、电机与电器、电工理论与新技术、高电压技术、发电等栏目。面向全球电力与动力工程领域的学者。被 EI、INSPEC、CSCD、RCCSE 中国权威学术期刊等数据库收录。曾荣获第四届中国出版政府奖期刊奖、第三届全国百强报刊，连续 15 年被评为中国百种杰出学术期刊、连续三届被评为中国精品科技期刊、多次获得中国最具国际影响力期刊、中国期刊方阵"双效"期刊、国家期刊奖百种重点期刊等称号。

创刊时间：1964 年	出版周期：半月刊
主办单位：中国电机工程学会	通信地址：北京市海淀区清河小营东路 15 号（100192）
主编：汤涌	联系电话：010-82812975
ISSN：0258-8013	E-mail：csee_lizerong@ 163. com
CN：11-2107/TM	Web：http：//www. pcsee. org

2. 电力系统自动化（2/145，A+）

外文刊名：Automation of Electric Power Systems

期刊简介：该刊主要报道智能电网，电力系统运行、分析与控制，电力市场，电网调度自动化，配电自动化，电力系统远动、通信、继电保护、信息管理，厂站信息能源系统，智能电网，电力系统规划、运行、分析与控制，交直流输电，智能配用电，分布式发电与微电网，智能调度，厂站自动化，继电保护，绿色电力自动化，电力市场，电能质量，以及电力电子、信息通信技术、智能化仪器仪表在电力系统中的应用等。现设有观点、综述、学术研究、研制与开发、工程应用、新技术新产品、讨论园地、微文、信息动态等，以及针对行业技术发展和热点课题的特约专稿、专辑、专题等栏目。面向电力行业从事科研、设计、运行、试验、制造、管理与营销的专业技术人员以及相关专业的大专院校师生、电力产品用户等。被 EI、INSPEC、CSA、AJ/PЖ、JST、CSCD、RCCSE 中国权威学术期刊等收录。曾荣获国家期刊奖、百种中国杰出学术期刊、中国期刊方阵"双高"期刊、中国精品科技期刊、新中国 60 年最有影响力的期刊、中国政府出版奖期刊奖、中国国际影响力优秀学术期刊、中国最具国际影响力学术期刊等称号，2002 年、2007 年获国家自然科学基金重点学术期刊专项资助。

创刊时间：1977 年	出版周期：半月刊
主办单位：国网电力科学研究院有限公司	通信地址：江苏省南京市江宁区诚信大道 19 号国网电力科学研究院有限公司期刊中心（211106）
主编：薛禹胜	联系电话：025-81093050
ISSN：1000-1026	E-mail：aeps@ alljournals. cn
CN：32-1180/TP	Web：http：//www. aeps-info. com

3. 电网技术（3/145，A+）

外文刊名：Power System Technology

期刊简介：该刊重点报道中国电力和能源建设及发展规划、超/特高压输变电技术、国家和电力行业重大科技攻关项目及重大电力建设项目中的关键技术、大区联网和全国电网互联及其运行技术、电力市场建设及运行等。适时增设热点专栏，如专家论坛、特约专稿、特高压输电技术、智能电网技术等。面向电力、电工、铁道、煤炭、石化等系统工程技术人员和高等院校师生。被 EI 等国内外数据库收录。曾荣获百种中国杰出学术期刊、中国精品科技期刊等称号。

创刊时间：1957 年	出版周期：月刊
主办单位：国家电网有限公司	通信地址：海淀区清河小营东路 15 号（100192）
主编：郭剑波	联系电话：010-82812532

| ISSN：1000-3673 | E-mail：pst@ epri. sgcc. com. cn |
| CN：11-2410/TM | Web：www. dwjs. com. cn |

4. 电力系统保护与控制（4/145，A+）

外文刊名：Power System Protection and Control

期刊简介：该刊主要刊登涉及电力系统保护与控制专业领域的新技术、新成果及运行经验、技术改进、国内外先进技术等方面的论文。现设有理论分析、应用研究、设计开发、工程应用、综述以及针对行业技术发展和热点课题的特约专稿、专辑、专题等栏目。面向国内外高等院校、科研机构和相关技术领域的教师、研究人员、工程技术人员和博硕士研究生等。被中文核心期刊、中国科技核心期刊、CSCD 核心库、CSA、UPD、SA、INSPEC、AJ/PЖ、RCCSE 中国权威学术期刊等收录。曾荣获中国国际影响力优秀学术期刊、中国最具国际影响力学术期刊等。

创刊时间：1973 年	出版周期：半月刊
主办单位：许昌开普电气研究院	通信地址：河南省许昌市建安区尚德路 17 号(461000)
主编：罗安	联系电话：0374-3212058
ISSN：1674-3415	E-mail：pspc@ vip. 126. com
CN：41-1401/TM	Web：www. dlbh. net

5. 高电压技术（5/145，A+）

外文刊名：High Voltage Engineering

期刊简介：该刊主要报道高电压及其相关交叉学科研究进展，致力于促进学术交流、引领科技进步。现设有高电压大功率电力电子与智能输电、电气绝缘与测试、输配电设备状态评价与故障诊断、放电等离子体与脉冲功率、电磁环境与电磁生物效应、城市电网智能化等栏目。面向广大专家学者、科研工作者。被 EI 等 10余种数据库收录。曾荣获中国精品科技期刊、RCCSE 中国权威学术期刊、中国最具国际影响力学术期刊、湖北最具影响力十大自然科学学术期刊、第六届湖北十大名刊等称号。

创刊时间：1975 年	出版周期：月刊
主办单位：国家高电压计量站；中国电机工程学会	通信地址：武汉市洪山区珞瑜路 143 号(430074)
主编：郭剑波	联系电话：027-59258041
ISSN：1003-6520	E-mail：hve@ epri. sgcc. com. cn
CN：42-1239/TM	Web：hve. epri. sgcc. com. cn

6. 电工技术学报（6/145，A+）

外文刊名：Transactions of China Electrotechnical Society

期刊简介：该刊主要刊登电气领域的理论探讨、科研成果、设计制造、测试控制及系统配套等方面的学术论文，主要涉及电机与控制、电器、电力电子技术、电力系统、工业自动控制、电工测试、理论电工、电气绝缘、材料、信息化技术等内容。面向电气科技工作者、大专院校师生。被 EI、AJ/PЖ 等国内外数据库收录。曾获得中国科协科技期刊评比三等奖、机械系统优秀科技期刊三等奖。

创刊时间：1986 年	出版周期：月刊
主办单位：中国电工技术学会	通信地址：北京百万庄大街 22 号（100037）
主编：严陆光	联系电话：010-88379629/9848
ISSN：1000-6753	E-mail：xuebao@ vip. 163. com
CN：11-2188/TM	Web：www. eage. com. cn

7. 电力自动化设备（7/145，A+）

外文刊名：Electric Power Automation Equipment

期刊简介：该刊主要报道国内外电力自动化技术及自动化设备的研究成果，内容涉及各型电站的自动控制及综合自动化、电力系统继电保护、电网调度自动化、电力系统分析、电力电子、新能源、电力环保等。主要栏目有专家论坛、清洁能源、特高压技术论坛、中国电力教育大学院（校）长联席会学术论文专栏、分析与研究、探讨与应用、设计与研制、现场运行等。面向电力行业从事科研、设计、制造、运行的专家学者及科技人员。被 CSCD、CSA、AJ/PЖ 等国内外数据库收录。曾荣获第四届华东地区优秀期刊、江苏期刊方阵双十佳期刊、第三届国家期刊奖提名奖获奖期刊称号。

创刊时间：1973 年	出版周期：月刊
主办单位：南京电力自动化研究所有限公司；国电南京自动化股份有限公司	通信地址：南京市高新技术产业开发区星火路 8 号《电力自动化设备》杂志社（210032）
主编：郭效军	联系电话：025-83537347，51859279
ISSN：1006-6047	E-mail：epae@ sac-china. com
CN：32-1318/TM	Web：www. epae. cn

8. 中国电力 (8/145, A+)

外文刊名：Electric Power

期刊简介：该刊主要报道国家科技进步和电力工业改革与发展的各项方针政策，传播发电厂、电力网、供用电等有关电力设计施工、生产运行、科学研究以及电力信息资源开发利用的成果，介绍电力工业宏观经济研究、经营管理、企业研发经验以及新产品、新技术推广和应用情况，刊登电力工业技术规程、标准及电力统计数据等。现设有专稿、电力规划、发电技术、电网技术(含输电、配电及供用电等)、电力信息与通信、技术经济、节能与环保、应用技术和国外电力等栏目。面向电力行业工程技术人员、经营管理人员、大专院校师生，以及其他行业的相关人员。被中文核心期刊要目总览、CSCD 等数据库收录。

创刊时间：1956 年	出版周期：月刊
主办单位：国网能源研究院	通信地址：北京市昌平区北七家镇未来科技城 国家电网公司园区 B315(100052)
主编：胡兆光	联系电话：010-66603958
ISSN：1004-9649	E-mail：zgdl@ sgeri. sgcc. com. cn
CN：11-3265/TM	Web：www. chinapower. org

十、480 能源科学技术 (A+: 2)

1. 岩性油气藏 (1/39, A+)

2. 储能科学与技术 (2/39, A+)

外文刊名：Energy Storage Science and Technology

期刊简介：该刊主要报道化学储能(各类电池)、抽水储能、压缩空气储能、深冷储能、热储存和冷储能、超导储能、燃料电池、飞轮储能及超级电容等的最新科研及技术成果、示范项目及储能业界标准编制和经济动态等。现设有特约评述、热点点评、学术争鸣、储能材料与器件、储能系统与工程、储能测试与评价等栏目。面向储能行业从事科研、设计、制造、管理与营销的专业技术人员，相关专业的大中专院校师生、储能产品用户，以及与储能领域相关行业的科研及生产管理人员。被 CSCD、中国科技核心期刊、UPD、INSPEC、CA 等收录。曾荣获第 8 届全国石油和化工行业优秀报刊二等奖、全国石油和化工期刊百强、全国石油和化工精品期刊 40 强、全国石油和化工数字期刊 20 强。

创刊时间：2020 年	出版周期：双月刊
主办单位：化学工业出版社有限公司；中国化工学会	通信地址：北京市东城区青年湖南街 13 号(100011)

主编：黄学杰	联系电话：010-64519601
ISSN：2095-4239	E-mail：esst2012@ cip. com. cn
CN：10-1076/TK	Web：http：//www. energystorage-journal. com/

十一、490 核科学技术（A+：2）

1. 原子能科学技术（1/16，A+）

2. 强激光与粒子束（2/16，A+）

外文刊名：High Power Laser and Particle Beams

期刊简介：该刊主要报道高功率激光、惯性约束聚变、高功率微波、等离子体物理、高能量密度物理、粒子物理，以及脉冲功率技术、加速器技术、太赫兹技术、纳米技术、核科学技术等。现设有高功率激光与光学、ICF 与激光等离子体、高功率微波、太赫兹技术、复杂电磁环境、粒子束技术、加速器技术、脉冲功率技术、微纳技术、核科学与工程等栏目。面向科研院所及高校研究生、一线科研工作者及管理人员。被 INSPEC、CA、JST 等收录。曾荣获中国国际影响力学术期刊、国家期刊方阵"双效"期刊称号，并入选 RCSSE 权威期刊。

创刊时间：1989 年	出版周期：月刊
主办单位：《强激光与粒子束》编辑部	通信地址：四川省绵阳市 919-805 信箱（621900）
主编：张维岩	联系电话：0816-2485753
ISSN：1001-4322	E-mail：hplpb@ caep. cn
CN：51-1311/O4	Web：http：//www. hplpb. com. cn/

十二、510 电子与通信技术（A+：6）

1. 通信学报（1/119，A+）

外文刊名：Journal on Communications

期刊简介：该刊及时反映中国通信科学技术发展水平，交流国内外通信科技新成果，促进学术进步和人才成长，探索新理论、新技术。主要栏目有学术论文、技术报告、短文、学术通信、研究简报、研究简报等。面向通信及相关技术领域的科研机构的研究人员、大专院校通信及相关专业的教师和研究生。被 EI、SA、INSPEC、CSA、JST 等收录。

创刊时间：1980 年	出版周期：月刊

主办单位：中国通信学会	通信地址：北京市崇文区广渠门内大街 80 号通正国际大夏 6 层(100062)
主编：杨义先	联系电话：010-67110006 转 869/868/881/878
ISSN：1000-436X	E-mail：xuebao@ ptpress. com. cn
CN：11-2102/TN	Web：www. joconline. com. cn

2. 中国激光（2/119，A+）

外文刊名：Chinese Journal of Lasers

期刊简介：该刊主要发表我国在激光、光学、材料应用及激光医学方面卓有成就的科学家的研究论文，涉及领域包括激光器件、新型激光器、非成像光学、激光在材料中的应用、激光及光纤技术在医学中的使用、锁模超短脉冲技术、精密光谱学、强光物理、量子光学、全息技术及光信息处理。现被 EI、AJ/PЖ、CA、INSPEC 等国内外重要检索系统收录。多次荣获中国百种杰出学术期刊称号。

创刊时间：1974 年	出版周期：月刊
主办单位：中国光学学会；中国科学院上海光学精密机械研究所	通信地址：上海市嘉定区清河路 390 号 中国激光杂志社（201800）
主编：周炳琨	联系电话：021-69918691
ISSN：0258-7025	E-mail：zhujungang@ siom. ac. cn
CN：31-1339/TN	Web：www. opticsjournal. net/zgjg. htm

3. 电子测量与仪器学报（3/119，A+）

4. 电子与信息学报（4/119，A+）

5. 雷达学报（5/119，A+）

外文刊名：Journal of Radars

期刊简介：该刊主要报道雷达理论、雷达系统、新体制雷达、合成孔径雷达等研究的中文论文和英文论文。现设有论文、综述、专题、专刊、研究简报、学术讨论等栏目。面向国内外雷达相关领域的专家学者、科研人员、院校师生、专业工程技术人员及对本领域感兴趣的各类人员。被 CSCD、中国科技核心期刊、中文核心期刊要目总览、JST 等多个数据库收录。

创刊时间：2012 年	出版周期：双月刊
主办单位：中国科学院电子学研究所；中国雷达行业协会	通信地址：北京市海淀区北四环西路 19 号（100190）
主编：吴一戎	联系电话：010-58887062
ISSN：2095-283X	E-mail：radars@ mail. ie. ac. cn
CN：10-1030/TN	Web：http：//radars. ie. ac. cn

6. 激光与光电子学进展（6/119，A+）

十三、520 计算机科学技术（A+：4）

1. 计算机学报（1/72，A+）

外文刊名：Chinese Journal of Computers

期刊简介：该刊内容覆盖了计算机领域的各个学科，报道计算机科学理论、计算机体系结构、计算机软件、人工智能、数据库、计算机网络、多媒体技术、计算机辅助设计与图形学等。主要栏目有综论、学术论文与技术报告、短文、学术通信、学术活动等。面向各个领域与计算机相关的科研人员及高校教师和学生。被 EI、SA、CBST、AJ/PЖ 等数据库收录。

创刊时间：1978 年	出版周期：月刊
主办单位：中国计算机学会；中国科学院计算技术研究所	通信地址：中国科学院计算技术研究所（北京 2704 信箱）（100190）
主编：孙凝晖	E-mail：cjc@ ict. ac. cn
ISSN：0254-4164	Web：cjc. ict. ac. cn
CN：11-1826/TP	

2. 软件学报（2/72，A+）

外文刊名：Journal of Software

期刊简介：该刊注重刊登反映计算机科学和计算机软件新理论、新方法和新技术以及学科发展趋势的文章，主要涉及理论计算机科学、算法设计与分析、系统软件与软件工程、模式识别与人工智能、数据库技术、计算机网络、信息安全、计算机图形学与计算机辅助设计、多媒体技术及其他相关的内容。主要栏目有理论计算机科学、算法设计与分析、系统软件与软件工程、模式识别与人工智能、数据库设计、计算机网络与信息安全、计算机图形学与辅助设计等。被 EI、INSPEC、SA、AJ/PЖ 等数据库收录。曾荣获百种中国杰出学术期刊奖。

创刊时间：1990 年	出版周期：月刊
主办单位：中国科学院软件研究所；中国计算机学会	通信地址：北京海淀区中关村南 4 街 4 号中科院软件所（8718 信箱）（100190）
主编：李明树	联系电话：010-62562563
ISSN：1000-9825	E-mail：jos@iscas.ac.cn
CN：11-2560/TP	Web：www.jos.org.cn

3. 计算机集成制造系统（3/72，A+）

外文刊名：Computer Integrated Manufacturing Systems

期刊简介：该刊主要报道国内外有关制造业信息化的研究热点、发展趋势、学术研究成果及其推广应用、产品开发和学术活动等内容。面向从事制造业信息化研究、开发和应用的高等院校师生、科研院所和应用企业的科技人员。被 EI、INSPEC、AJ/PЖ、CSA、IC 等国内外数据库收录。2005 年获得百种重点期刊奖，2008 年获得中国兵器工业优秀科技期刊一等奖。

创刊时间：1995 年	出版周期：月刊
主办单位：中国兵器工业集团第 210 研究所	通信地址：北京市海淀区车道沟 10 号科技 1 号楼 1404 室（100089）
主编：杨海成	联系电话：010-68962468、68962479
ISSN：1006-5911	E-mail：bamt@onet.com.cn
CN：11-5946/TP	Web：http://www.cims-journal.cn

4. 计算机研究与发展（4/72，A+）

外文刊名：Journal of Computer Research and Development

期刊简介：该刊主要刊登计算机科学技术领域高水平的学术论文、最新科研成果和重大应用成果以及技术进展。内容包括：述评、计算机基础理论、软件技术、信息安全、计算机网络、图形图象、体系结构、人工智能、计算机应用、数据库技术、存储技术及计算机相关领域。被 EI、CBST、AJ/PЖ、SA、CSCD 等收录。多次被评为中国百种杰出学术期刊。

创刊时间：1958 年	出版周期：月刊

主办单位：中国科学院计算技术研究所；中国计算机学会	通信地址：北京 2704 信箱（100190）
主编：徐志伟	联系电话：010-62620696
ISSN：1000-1239	E-mail：crad@ict.ac.cn
CN：11-1777/TP	Web：http://crad.ict.ac.cn

十四、530 化学工程（A+：9）

1. 化工学报（1/161，A+）

外文刊名：CIESC Journal

期刊简介：该刊主要刊载化工及相关领域具有创造性的学术论文，报道有价值的基础数据，阶段性研究成果，重要研究工作的最新进展，选载对学科发展起指导作用的综述与专论。设有热力学，流体力学与传递现象，催化、动力学与反应器，分离工程，过程系统工程，表面与界面工程，生物化学工程与技术，能源和环境工程，材料化学工程与纳米技术，现代化工技术等栏目。面向过程科学及技术领域和相关过程工业的科研、设计人员、高校师生。被 EI、CA、AJ/PЖ、CBST 等数据库收录。曾荣获国家期刊奖提名奖期刊、中国百种杰出学术期刊、中国精品科技期刊、中国科协精品科技期刊等称号。

创刊时间：1923 年	出版周期：月刊
主办单位：中国化工学会；化学工业出版社	通信地址：北京市东城区青年湖南街 13 号（100011）
主编：李静海	联系电话：010-64519451
ISSN：0438-1157	E-mail：hgxb@cip.com.cn
CN：11-1946/TQ	Web：www.hgxb.com.cn

2. 天然产物研究与开发（2/161，A+）

外文刊名：Natural Product Research and Development

期刊简介：该刊主要报道具生物活性的天然产物以及药用动植物的研究与开发的创新性成果。现设有研究论文、研究简报、开发研究、数据研究、综述等栏目。面向天然产物领域的科研教学、开发、管理人员、大专院校师生等。被 CSCD、中文核心期刊要目总览、中国科技核心期刊等收录。曾荣获四川省一、二届优秀期刊、中国国际影响力优秀学术期刊、中华优秀出版物（出版科研论文）奖。

创刊时间：1989 年	出版周期：月刊
主办单位：中国科学院成都文献情报中心	通信地址：四川天府新区群贤南街 289 号(610299)
主编：李伯刚	联系电话：028-85210304
ISSN：1001-6880	E-mail：re_trcw@clas.ac.cn
CN：51-1335/Q	Web：www.trcw.ac.cn

3. 化工进展（3/161，A+）

外文刊名：Cheimcal Industry and Engineering Progress

期刊简介：该刊以反映国内外化工行业最新成果、动态，介绍高新技术，传播化工知识，促进化工科技进步为办刊宗旨，始终倡导科技期刊为学科发展及化工产业服务的理念，关注科研、技术及产业。设有特约评述、化工过程与装备、能源加工与技术、工业催化、材料科学与技术、生物与医药化工、精细化工、资源与环境化工、应用技术、化工园区等栏目。被中文核心期刊、科技核心期刊、CSCD、CA、JST、EI 等收录。2019 年入选中国科协科技期刊卓越行动计划项目梯队期刊，2006 年入选中国科协精品科技期刊资助项目，曾荣获国际影响力优秀学术期刊、百种中国杰出学术期刊、中国精品科技期刊等。

创刊时间：1981 年	出版周期：月刊
主办单位：中国化工学会；化学工业出版社有限公司	通信地址：北京市东城区青年湖南街 13 号期刊社（100011）
主编：谭天伟	联系电话：010-64519466，9499，9500
ISSN：1000-6613	E-mail：2280885943@qq.com
CN：11-1954/TQ	Web：www.hgjz.com.cn

4. 硅酸盐学报（4/161，A+）

外文刊名：Journal of the Chinese Ceramic Society

期刊简介：该刊为无机非金属材料研究领域的综合性学术期刊，主要报道陶瓷、水泥基材料、玻璃、耐火材料、人工晶体、矿物材料及其复合材料等学科具有原创性或创新性的研究成果。现设有先进陶瓷、水泥基材料、玻璃、耐火材料、人工晶体、矿物材料及其复合材料等栏目。面向全国高等学校、研究机构等。被 EI、SA、CA、AJ/PЖ、中文核心期刊等收录。曾荣获"双效"期刊、中国精品科技期刊、百种中国杰出学术期刊、中国科协精品科技期刊。

创刊时间：1957 年	出版周期：月刊
主办单位：中国硅酸盐学会	通信地址：北京市海淀区三里河路 11 号（100831）

主编：南策文	联系电话：010-57811253
ISSN：0454-5648	E-mail：jccsoc@ vip. 163. com
CN：11-2310/TQ	Web：www. jccsoc. com

5. 洁净煤技术（5/161，A+）

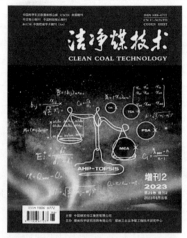

外文刊名：Clean Coal Technology

期刊简介：该刊主要报道煤化学、煤炭加工、煤炭高效洁净燃烧、煤炭转化、污染控制与废弃物管理、节能减排技术等方面的学术论文、研究报告、专题评述等。现设有煤炭加工、煤炭转化、煤炭洁净燃烧、节能减排等栏目。面向煤炭、电力、冶金、化工、机械等领域的相关人员。被 UPD、JST、AJ/PЖ 等收录。曾荣获首届《CAJ-CD 规范》执行优秀奖。

创刊时间：1995 年	出版周期：双月刊
主办单位：煤炭科学研究总院；煤炭工业洁净煤工程技术研究中心	通信地址：北京市和平里青年沟东路 5 号煤炭大厦 1215（100013）
主编：解强	联系电话：010-87986451/87986452
ISSN：1006-6772	E-mail：jjmjs@ 263. net
CN：11-3676/TD	Web：www. jjmjs. com. cn

6. 中国造纸学报（6/161，A+）

7. 精细化工（7/161，A+）

外文刊名：Fine Chemicals

期刊简介：该刊主要报道涉及当代中国精细化工科学与工业的众多新兴领域。现设有研究报告、市场动态、文献综述等栏目。面向科技人员、学生等科技工作者。被 EI、CA、CSSCI 等收录。曾荣获中国百种杰出学术期刊、中国精品科技期刊、全国石油和化工行业优秀报刊一等奖。

创刊时间：1984 年	出版周期：月刊
主办单位：中昊（大学）化工研究设计院有限公司；中国化工学会精细化工专业委员会	通信地址：大连市高新区黄浦路 201 号（116023）

主编：韩建国	联系电话：0411-84699773、84685669
ISSN：1003-5214	E-mail：jxhgbjb@126.com
CN：21-1203/TQ	

8. 燃料化学学报(中英文)（8/161，A+）

9. 硅酸盐通报（9/161，A+）

十五、535 产品应用相关工程与技术（A+：2）

1. 仪器仪表学报（1/46，A+）

外文刊名：Chinese Journal of Scientific Instrumentation

期刊简介：该刊主要报道中国仪器仪表及自动化领域的学术论文、综述性文章、论坛信息等。设有学术论文、研究通讯和短文、综述、信息等栏目。面向从事仪器仪表及自动化科研、设计、制造、应用及高校师生。被 EI、CA、INSPEC、AJ/PЖ 等数据库收录。曾获得机械部科技进步三等奖、中国科协优秀科技期刊三等奖。

创刊时间：1980 年	出版周期：月刊
主办单位：中国仪器仪表学会	通信地址：北京市东城区北河沿大街 79 号 2 楼(100009)
主编：张钟华	联系电话：010-84050563
ISSN：0254-3087	E-mail：yqyb@vip.163.com
CN：11-2179/TH	Web：www.etmchina.com

2. 光学精密工程（2/46，A+）

外文刊名：Optics and Precision Engineering

期刊简介：该刊主要报道现代应用光学与微纳米技术和精密工程领域的高水平理论性和应用性的科研成果现设有现代应用光学、微纳技术与精密机械、信息科学等栏目。面向光学、微纳技术、精密机械与信息科学等相关专业从事科研、教学、生产、运行的研究人员和工程技术人员以及研究生等。被 EI、中文核心期刊、CSCD、INSPEC、CA、CSA、AJ/PЖ、RCCSE 中国权威学术期刊等收录。曾荣获第三届出版政府奖期刊提名奖、中国最具国际影响力学术期刊、F5000 中国精品科技期刊、中国精品学术期刊、百种中国杰出学术期刊、中国科协期刊优秀学术论文奖等。

创刊时间：1959 年	出版周期：月刊
主办单位：中国科学院长春光学精密机械与物理研究所	通信地址：长春市东南湖大路 3888 号(130033)

主编：曹健林	联系电话：0431-86176855
ISSN：1004-924X	E-mail：gxjmgc@ ciomp. ac. cn
CN：22-1198/TH	Web：www. eope. net

十六、540 纺织科学技术（A+：2）

1. 纺织学报（1/38，A+）

外文刊名：Journal of Textile Research

期刊简介：该刊主要报道国内外最新纺织科研成果，学术理论探讨，新技术、新产品、新设备的开发，国内外纺织动向综述或评论等。设有纤维材料、纺织工程、染整与化学品、服装工程、机械与器材、管理与信息化、综合述评等栏目。面向相关科学院所、高等院校、企事业单位相关人员。被 CA、CSCD 等收录。曾入选科技部中国精品科技期刊项目和中国科协精品科技期刊示范项目。

创刊时间：1979 年	出版周期：月刊
主办单位：中国纺织工程学会	通信地址：北京朝阳区延静里中街 3 号主楼六层(100025)
主编：刘军	联系电话：010-65972191
ISSN：0253-9721	E-mail：fangzhixuebao@ vip. 126. com
CN：11-5167/TS	Web：www. fzxb. org. cn

2. 纺织科学与工程学报（2/38，A+）

十七、550 食品科学技术（A+：3）

1. 食品科学（1/48，A+）

外文刊名：Food Science

期刊简介：该刊主要报道国内外食品行业的高新技术和新的研究开发成果。现设有基础研究、生物工程、营养卫生、工艺技术、成分分析、包装贮运、安全检测、专题论述等栏目。面向高校、科研院所、食品企业等科研人员。被 EI、CA、FSTA、IC、JST、CSCD 等收录。曾荣获全国商业科技进步二等奖、中国百强报刊奖、第三届中国出版政府奖期刊提名奖。

创刊时间：1980 年	出版周期：半月刊

主办单位：北京食品科学研究院	通信地址：北京市西城区禄长街头条 4 号(100050)
主编：孙勇	联系电话：010-83155446 转 8006/8026/8010
ISSN：1002-6630	E-mail：foodsci@ 126. com
CN：11-2206/TS	Web：http：//www. chnfood. cn/

2. 食品工业科技 (2/48，A+)

外文刊名：Science and Technology of Food Industry

期刊简介：该刊主要报道食品类、生物类的科研论文。现设有研究与探讨、生物工程、工艺技术、包装与机械、食品添加剂、食品安全、分析检测、贮运保鲜、营养与保健、专题综述等栏目。面向食品、生物类的高等院校及研究机构，全国大中型食品企业，政府管理机构。被 CA、FSTA、JST、WJCI、中国科技核心期刊、中文核心期刊要目总览、RCCSE 中国核心学术期刊等收录。曾荣获中国精品科技期刊称号。

创刊时间：1979 年	出版周期：半月刊
主办单位：北京一轻研究院有限公司	通信地址：北京市东城区永定门外沙子口路 70 号研究所南楼 5 层(100075)
主编：张铁鹰	联系电话：010-87244116，18910259306
ISSN：1002-0306	E-mail：happynessfood@ 163. com
CN：11-1759/TS	Web：www. spgykj. com

3. 食品科学技术学报 (3/48，A+)

外文刊名：Journal of Food Science and Technology

期刊简介：该刊主要报道食品科技及相关领域的基础研究、加工工艺、贮藏保鲜、分析检测、清洁生产、安全监管、机械与包装技术等方面最新科研成果，包括探索新理论、新方法、新技术的研究论文，以及反映食品学科前沿发展动态的高质量综述文章。现设有本刊特稿、专家论坛、专题研究、基础研究、应用技术、安全监管等栏目。面向食品科技及相关领域的专家学者及科研人员。被 CA、AJ/РЖFSTA、SA、INSPEC、UPD 等收录。曾荣获中国高校特色科技期刊奖、全国高校科技期刊优秀编辑质量奖、北方优秀期刊奖、北京市优秀期刊奖等。

创刊时间：1983 年	出版周期：双月刊
主办单位：北京工商大学	通信地址：北京市海淀区阜成路 33 号(100048)

主编：孙宝国	联系电话：（010）68984535，68986223
ISSN：2095-6002	E-mail：spxb@ btbu. edu. cn
CN：10-1151/TS	Web：http：//www. btbuspxb. com

十八、560 土木建筑工程（A+：8）

1. 岩石力学与工程学报（1/163，A+）

外文刊名：Chinese Journal of Rock Mechanics and Engineering

期刊简介：该刊主要反映我国岩石力学与工程的新成就、新理论、新方法、新经验、新动向，促进海内外学术交流，特别欢迎国家重大项目、国家自然科学基金项目及其他重要项目的研究成果。被 EI 等国内外数据库收录。曾获得国家自然科学基金重点学术期刊资助、中国科协精品期刊示范项目 C 类和 B 类资助、中科院科学出版基金(科技期刊)三等资助。曾荣获百种中国杰出学术期刊、湖北省十大有影响的自然科学学术期刊称号。

创刊时间：1982 年	出版周期：月刊
主办单位：中国岩石力学与工程学会	通信地址：湖北省武汉市武昌小洪山中国科学院武汉岩土力学研究所（430071）
主编：冯夏庭	联系电话：027-87199250
ISSN：1000-6915	E-mail：rock@ whrsm. ac. cn
CN：42-1397/O3	Web：www. rockmech. org

2. 城市规划（2/163，A+）

外文刊名：Chity Planning Review

期刊简介：该刊主要报道学科领域的学术科研成果。现设有规划研究、研究综述、高层信息、独家专稿、本刊特稿、热点追踪、海外快递、国外规划研究等栏目。面向各级城市规划及城市建设主管部门、城市规划研究机构、国内外城市规划设计咨询单位、全国相关专业大专院校、城市建设领域单位等。被 CSCD 等数据库收录。曾荣获国内最具影响力学术期刊、中国最具国际影响力学术期刊、百强科技期刊、中国最美期刊称号。

创刊时间：1977 年	出版周期：月刊
主办单位：中国城市规划学会	通信地址：北京市三里河路 9 号建设部北配楼 111 室（100037）

主编：吴良镛	联系电话：010-58323867
ISSN：1002-1329	E-mail：bjb@ planning. org. cn
CN：11-2378/TU	Web：wwww. planning. com. cn

3. 岩土力学 (3/163，A+)

外文刊名：Rock and Soil Mechanics

期刊简介：该刊主要刊载岩土力学与工程领域的新理论、新方法、新技术、新成果等方面的文章。是中国岩土力学与工程领域著名的学术期刊之一。被中文核心期刊、EI 等收录。多次获得湖北省优秀期刊、百种中国杰出学术期刊、第二届中国精品科技期刊称号。

创刊时间：1979 年	出版周期：月刊
主办单位：中国科学院武汉岩土力学研究所	通信地址：湖北省武汉市武昌区水果湖街小洪山2号 (430071)
主编：白世伟	联系电话：027-87199252，87199253，87198484，87198752
ISSN：1000-7598	E-mail：ytlx@ whrsm. ac. cn
CN：42-1199/O3	Web：ytlx. whrsm. ac. cn

4. 城市规划学刊 (4/163，A+)

外文刊名：Urban Planning Forum

期刊简介：该刊立足于中国城市发展的现实问题，关注城市规划学科发展最新研究成果，并兼顾与相邻学科的交叉研究，以学术性和前瞻性为办刊特色。研究内容涵盖区域和城市空间发展、城市开发与土地经济、城市设计与详细规划、城市交通与市政基础设施、城乡发展历史与遗产保护、城市社区发展与住房建设、城乡规划管理与政策、城乡规划方法与技术、城乡可持续发展等诸多领域。面向建筑和规划设计单位、科研机构、高校相关人员等。被中文核心期刊、中国科技核心期刊、中国人文社会科学核心期刊、CSSCI 收录。

创刊时间：1957 年	出版周期：双月刊
主办单位：同济大学	通信地址：上海市四平路 1239 号同济大学建筑与城市规划学院 C 楼 702 室 (200092)
主编：董鉴泓	联系电话：021-65983507
ISSN：1000-3363	E-mail：upforum@ 126. com
CN：31-1938/TU	Web：http：//www. upforum. org/

5. 岩土工程学报（5/163，A+）

外文刊名：Chinese Journal of Getechnical Engineering

期刊简介：该刊主要刊登岩土力学、岩石力学及岩土工程领域中代表当今先进理论和实践水平的科学研究和工程实践成果，关注水利水电、土木建筑、交通运输和资源环境等领域中的岩土工程问题，以黄文熙讲座、论文、短文、焦点论坛和讨论等形式报道有关岩土工程方面的优秀学术成果。现设有黄文熙讲座、论文、短文、焦点论坛和讨论等等栏目。面向土木建筑、水利电力、交通运输、矿山冶金、工程地质等领域中从事岩土工程及相关专业的科研人员、设计人员、施工人员、监理人员和大专院校师生。被中文核心期刊要目总览、中国科技核心期刊、CSCD、EI、JST等收录。曾荣获百种中国杰出学术期刊、中国精品科技期刊、中国最具国际影响力学术期刊称号。

创刊时间：1979 年	出版周期：月刊
主办单位：中国水利学会；中国土木工程学会；中国力学学会；中国建筑学会；中国水力发电工程学会；中国振动工程学会	通信地址：南京市鼓楼区虎踞关 34 号岩土工程学报编辑部（210029）
主编：蔡正银	联系电话：13913878844
ISSN：1000-4548	E-mail：zysun@ nhri. cn
CN：32-1124/TU	

6. 建筑结构学报（6/163，A+）

外文刊名：Journal of Building Structures

期刊简介：该刊主要刊登建筑结构、抗震防震、地基基础等学科的基础理论研究、应用研究和科学实验技术的学术论文、研究报告及最新进展动态，为我国建筑科学技术研究的发展服务。被 EI、CSCD 等数据库收录。

创刊时间：1980 年	出版周期：月刊
主办单位：中国建筑学会	通信地址：北京三里河路 9 号建设部内中国建筑学会《建筑结构学报》编辑部（100835）
主编：陈以一	联系电话：010-58933734/58933573

ISSN：1000-6869	E-mail：ascjgxb@126.com
CN：11-1931/TU	Web：http：//jzjgxb. chinaasc. org

7. 国际城市规划（7/163，A+）

外文刊名：Urban Planning International

期刊简介：该刊以放眼国际，立足中国，重点关注国际城市规划理论、方法和设计实践发展为宗旨，努力搭建中外对比研究的平台，着力推动中国范式的探讨。该刊是中国建筑科学类核心期刊。

创刊时间：1986 年	出版周期：双月刊
主办单位：中国城市规划设计研究院	通信地址：北京市海淀区三里河路 7 号新疆大厦 B 座 8 层（100044）
主编：王静霞	联系电话：010-88305103
ISSN：1673-9493	E-mail：upi@vip. 163. com
CN：11-5583/TU	Web：www. upi-planning. org

8. 土木工程学报（8/163，A+）

外文刊名：China Civil Engineering Journal

期刊简介：该刊主要报道结构工程、桥梁工程、岩土力学及地基基础、隧道工程、防护工程、道路及交通工程、建设管理等专业在科研、设计、施工等方面的重要成果及发展状况，重视刊登结合工程实践的论著，并报道行业综述、科技信息和动态，促进国内外土木工程界的学术交流。以土木工程界中高级工程技术人员为主要读者对象。被 EI、CSCD 核心库等收录。

创刊时间：1954 年	出版周期：月刊
主办单位：中国土木工程学会	通信地址：北京市三里河路 9 号建设部内（100835）
主编：王俊	联系电话：010-58934211

ISSN：1000-131X	E-mail：tumuxuebao@263.net
CN：11-2120/TU	Web：http：//www.cces.net.cn/guild/sites/tmxb/default.asp

十九、570 水利工程（A+：4）

1. 水利学报（1/71，A+）

外文刊名：Journal of Hydraulic Engineering

期刊简介：该刊主要报道反映水利、水电、水运领域较高水平的学术论文、专题综述和工程技术总结，开展学术论文的讨论和评论，介绍国内外科技动态和消息。现设有水文及水资源、防洪减灾、灌溉排水、水力学、泥沙、河港水运、岩土工程、水工结构及材料、水利水电施工及监理、水力机电、水利经济、水环境、水利史研究等栏目。面向国内外水利研究工作者。被 EI、CSA、CBST、中文核心期刊要目总览、CSCD、RCCSE 中国权威学术期刊等收录。曾荣获百种中国杰出学术期刊、新中国 60 年有影响力的期刊、中国最具国际影响力学术期刊。

创刊时间：1956 年	出版周期：月刊
主办单位：中国水利学会；中国大坝协会	通信地址：北京复兴路甲一号（100038）
主编：陈炳新	联系电话：010-68786919
ISSN：0559-9350	E-mail：slxb@iwhr.com
CN：11-1882/TV	Web：http：//jhe.ches.org.cn/jhe/ch/login.aspx

2. 水资源保护（2/71，A+）

外文刊名：Water Resources Protection

期刊简介：该刊主要报道水资源利用、配置、节约和保护，大江大河的综合治理，水环境与水生态保护，河湖治理及海岸防护，水管理，水利信息化。现设有特约专家论坛、水资源、水环境、水生态、智慧水利、黄河流域高质量发展、海绵城市建设等栏目。面向从事水资源保护工作的有关管理人员、科研人员、工程技术人员及大专院校师生。被 CA、CSA、IC 等数据库收录。曾荣获中国高校技术类优秀期刊、江苏科技期刊"金马奖"和"十佳精品期刊"、华东地区优秀期刊、中国高校优秀科技期刊。

创刊时间：1985 年	出版周期：双月刊

主办单位：河海大学；环境水利研究会	通信地址：南京西康路 1 号(210098)
主编：王沛芳	联系电话：025-83786642
ISSN：1004-6933	E-mail：bh@ hhu. edu. cn
CN：32-1356/TV	Web：jour. hhu. edu. cn

3. 长江流域资源与环境 (3/71，A+)

外文刊名：Resouces and Environment In the Yangtze Basin

期刊简介：该刊立足长江流域，面向国内外，围绕长江流域资源与生态环境重大问题，报道流域资源与生态环境科学研究成果，介绍国内外江河流域开发整治和环境保护的最新成就。面向从事资源与环境研究，以及广大生物、地理、农业、林业、气象、能源、水利、土地管理、旅游、经济、人口等学科部门的科技人员、决策管理人员、高等院校师生。被 CSCD、CSSCI、EI、AJ/PЖ、CA 等收录。曾荣获中国精品科技期刊称号。

创刊时间：1992 年	出版周期：月刊
主办单位：中国科学院资源环境科学与技术局；中国科学院武汉文献情报中心	通信地址：武汉市武昌小洪山西区 25 号(430071)
主编：许厚泽	联系电话：027-87198181
ISSN：1004-8227	E-mail：bjb@ whlib. ac. cn
CN：42-1320/X	Web：http：//yangtzebasin. whlib. ac. cn

4. 水科学进展 (4/71，A+)

外文刊名：Advances in Water Science

期刊简介：该刊反映国内外在暴雨、洪水、干旱、水资源、水环境等领域中的科学技术的最新成果、重要进展、当代水平和发展趋势，主要报道关于水圈研究的新事实、新概念、新理论和新方法，交流新的科研成果、技术经验和科技动态。设有论著、述评、笔谈、水科学家等栏目。主要面向从事水文科学、大气科学、海洋科学、地质科学、地理科学、环境科学、水利科学和水力学、冰川学、水生态学等研究的高校和科研院所研究人员。被 EI、CA、CSA、JST 等收录。曾荣获百种中国杰出学术期刊、华东地区优秀期刊、江苏省优秀期刊等荣誉称号。

创刊时间：1990 年	出版周期：双月刊

主办单位：南京水利科学研究院；中国水利学会	通信地址：南京市广州路 225 号（210029）
主编：张建云	联系电话：025-85829770
ISSN：1001-6791	E-mail：skxjz@ nhri. cn
CN：32-1309/P	Web：http：//skxjz. nhri. cn

二十、580 交通运输工程（A+：8）

1. 中国公路学报（1/158，A+）

外文刊名：China Journal of Highway and Transport

期刊简介：该刊主要报道我国公路交通领域创新性研究成果，反映国内外公路交通行业的前沿和进展信息。设有道路工程、桥隧工程、交通工程、筑路机械工程、汽车与汽车运用工程、公路运输经济与工程经济等。面向公路交通界的科研人员、工程技术人员、经济管理人员及大专院校的师生。被 EI 等数据库收录。2001 年入选中国期刊方阵，成为国家重点建设期刊，7 次入选百种中国杰出学术期刊。

创刊时间：1988 年	出版周期：月刊
主办单位：中国公路学会	通信地址：西安市南二环路中段长安大学内（710064）
主编：马建	联系电话：02982334387
ISSN：1001-7372	E-mail：zgglxb@ 163. com
CN：61-1313/U	Web：http：//zgglxb. chd. edu. cn

2. 桥梁建设（2/158，A+）

外文刊名：Bridge Construction

期刊简介：该刊主要报道和交流我国桥梁工作者在科研、设计、施工及监理等方面的实践成果和理论探讨，重点突出桥梁工程领域的新技术、新工艺、新设备、新材料及最新科研成果。现设有重点工程、科学研究、设计与计算、施工等栏目。面向铁路、交通、公路、市政、水利等部门从事桥梁工程及相关专业的勘测、设计、施工、检测、科研、监理等工作的技术、管理人员及相关专业的院校师生。被 EI、中文核心期刊、CSCD、RCCSE 中国权威学术期刊、中国核心期刊（遴选）数据库、CSA、AJ/РЖ 等收录。曾荣获中国精品科技期刊、百种中国杰出学术期刊、湖北省精品期刊、湖北省优秀科技期刊、《CAJ-CD 规范》执行优秀期刊。

创刊时间：1971 年	出版周期：双月刊
主办单位：中国中铁大桥局集团有限公司	通信地址：湖北省武汉市建设大道 103 号(430034)
主编：彭旭民	联系电话：027-83519506
ISSN：1003-4722	E-mail：qiaoliangjianshe@ yeah. net
CN：42-1191/U	Web：http：//qljs. cbpt. cnki. net

3. 交通运输工程学报（3/158，A+）

外文刊名：Journal of Traffic and Transportation Engineering

期刊简介：该刊报道范围涵盖铁路、公路、航空、水运、管道五大运输方式，包括道路与铁道工程、载运工具运用工程、交通运输规划与管理、交通信息工程及控制四个二级学科。被 EI、IC、CSA：Technology、JST、INSPEC、CSCD 等收录。曾多次获得百种中国杰出学术期刊、中国精品科技期刊、陕西省精品科技期刊等荣誉。

创刊时间：2001 年	出版周期：双月刊
主办单位：长安大学	通信地址：陕西省西安市南二环路中段长安大学《交通运输工程学报》编辑部(710064)
主编：陈荫三	联系电话：029-82334388
ISSN：1671-1637	E-mail：jygc@ chd. edu. cn
CN：61-1369/U	Web：http：//zzs. chd. edu. cn

4. 西南交通大学学报（4/158，A+）

外文刊名：Journal of Southwest Jiaotong University

期刊简介：该刊主要报道工程技术类理论研究、应用研究、实验研究、学术讨论等方面的学术论文以及科技信息。现设有土木、交通、信息、机械等栏目。面向国内外科技工作者、工程技术人员、高等院校工科教师和学生等。被 EI、AJ/PЖK、ZM、中文核心期刊要目总览、CSCD 等收录。曾荣获中国高校百佳科技期刊奖中国科技论文在线优秀期刊一等奖。

创刊时间：1954 年	出版周期：双月刊

主办单位：西南交通大学	通信地址：四川省成都市高新区西部园区西南交通大学犀浦校区（611756）
主编：翟婉明	联系电话：028-66367562
ISSN：0258-2724	E-mail：1158659460@ qq. com
CN：51-1277/U	Web：http://www. xbswjtu. net/ 以及 http://journal16. magtechjournal. com/Jweb_xnjd/CN/volumn/current. shtml

5. 中国铁道科学（5/158，A+）

外文刊名：China Railway Science

期刊简介：该刊主要报道铁道及城市轨道交通领域土木工程、材料科学、机车车辆、电气工程、通信信号与自动化、计算机与信息技术、运输管理、节能环保等相关科学技术的基础理论研究、开发应用和发展综述方面的优秀学术论文、博士论文摘要和科研成果。面向广大读者。设有学术论文、技术政策、研究试验报告、工作研究、综合述评、问题讨论等栏目。被 EI、AJ/РЖ 等收录。曾荣获中国期刊方阵"双效"期刊称号。

创刊时间：1979 年	出版周期：双月刊
主办单位：中国铁道科学研究院	通信地址：北京市海淀区大柳树路 2 号（100081）
主编：阳建鸣	联系电话：51849013
ISSN：1001-4632	E-mail：zgtdkx@ rails. cn
CN：11-2480/U	Web：http://www. rails. cn/index. php? id=198

6. 隧道建设（中英文）（6/158，A+）

外文刊名：Tunnel Construction

期刊简介：该刊主要报道隧道及地下工程领域具有创新性、实用性、系统性、导向性及争鸣性的优秀科技论文。现设有专家论坛、研究与探索、规划与设计、施工技术、施工机械、典型工程等栏目。面向各工程单位：中铁系统、中水电系统、中交系统、中冶系统、中建系统、地方各建设系统，相关高校及科研机构。被CSCD、中文核心期刊要目总览、中国科技核心期刊等收录。曾荣获河南省一级期刊、河南省期刊编校大赛三等奖等。

创刊时间：1981 年	出版周期：月刊

主办单位：中铁隧道勘察设计研究院有限公司	通信地址：广东省广州市南沙区工业四路 2 号中铁隧道局科技大厦(511457)
主编：洪开荣	联系电话：020-32268972/32268973
ISSN：2096-4498	E-mail：ztsk2000@263.net
CN：44-1745/U	Web：www.suidaojs.com

7. 铁道学报 (7/158，A+)

外文刊名：Journal of the China Railway Society

期刊简介：该刊主要刊登铁路运输、铁道机车车辆、铁道电气化、铁道通信信号、铁路工程等学科的学术论文、综述等，注重论文的科学性与创造性，旨在全面反映铁道科学技术的研究进展，交流与传播铁道科研成果，为学科发展以及铁道科技的进步服务。适合铁路科技工作人员阅读。被 AJ/PЖ、EI、德国国际建筑学数据库(ICONDA)、CSA、CSCD 等收录。曾多次荣获百种中国杰出学术期刊、中国精品科技期刊等称号。

创刊时间：1979 年	出版周期：月刊
主办单位：中国铁道学会	通信地址：北京复兴路 10 号中国铁道学会铁道学报编辑部(100844)
主编：杨浩	联系电话：010-51842631
ISSN：1001-8360	E-mail：tdxb@vip.163.com
CN：11-2104/U	Web：http://www.tdxb.org

8. 交通运输系统工程与信息 (8/158，A+)

二十一、590 航空、航天科学技术 (A+：3)

1. 航空学报 (1/60，A+)

外文刊名：Acta Aeronautica et Astronautica

期刊简介：该刊及时反映中国航空航天领域科学技术发展水平，交流国内外科技新成果，促进学术进步和人才成长，推动新理论、新技术的发展。主要读者对象是航空航天技术领域科研机构的研究人员、大专院校航空航天相关专业的教师和研究生。被 EI 等数据库收录。

创刊时间：1965 年	出版周期：月刊
主办单位：中国航空学会；北京航空航天大学	通信地址：北京市海淀区学院路 37 号航空学报编辑部（100191）
主编：孙晓峰	联系电话：010-82313502/82318016
ISSN：1000-6893	E-mail：hkxb@ buaa. edu. cn
CN：11-1929/V	Web：hkxb. buaa. edu. cn

2. 北京航空航天大学学报（2/60，A+）

外文刊名：Journal of Beijing University of Aeronautics and Astronautics

期刊简介：该刊主要刊载与航空航天科学技术有关的材料科学及工程、飞行器设计与制造、宇航科学与工程、信息与电子技术、控制技术和自动化工程、流体力学和动力工程、计算机科学及应用技术、可靠性工程与失效分析等领域的研究文章。面向海内外所有学者。被中国科技核心期刊、EI、RCCSE 中国权威学术期刊等收录。曾荣获第二届国家期刊奖百种重点期刊、全国高校优秀科技期刊二等奖、全国高校科技期刊优秀编辑质量奖、工业和信息化部 2009—2010 年度优秀期刊奖、中国国际影响力优秀学术期刊。

创刊时间：1956 年	出版周期：月刊
主办单位：北京航空航天大学	通信地址：北京市海淀区学院路 37 号（100191）
主编：赵沁平	联系电话：010-82315594
ISSN：1001-5965	E-mail：jbuaa@ buaa. edu. cn
CN：11-2625/V	Web：http：//bhxb. buaa. edu. cn

3. 航空材料学报（3/60，A+）

外文刊名：Journal of Aeronautical Materials

期刊简介：该刊主要报道航空航天材料、材料制备工艺、材料计算、数值模拟、材料性能及表征等领域的最新研究成果以及在航空航天领域有应用前景的材料研究进展。现设有航空材料等栏目。面向国内外关注航空航天领域材料发展的科研人员、工程技术人员、高校教师及学生。被 CSA、CA、UPD、AJ/PЖ、INSPEC、中文核心期刊要目总览、中国科技核心期刊、CSCD 核心库、RCCSE 中国核心学术期刊等收录。曾荣获中国精品科技期刊，成为中国精品科技期刊顶尖学术论文（F5000）项目期刊源，2015 年获中国科协精品科技期刊工程第四期项目资助。

创刊时间：1981 年	出版周期：双月刊
主办单位：中国航空学会；中国航发北京航空材料研究院	通信地址：北京市 81 信箱 44 分箱（100095）

主编：戴圣龙	联系电话：01062496277
ISSN：1005-5053	E-mail：jam6277@163.com
CN：11-3159/V	

二十二、610 环境科学技术与资源科学技术（A+：4）

1. 自然资源学报（1/65，A+）

外文刊名：Journal of Natural Resources

期刊简介：该刊主要报道自然资源学科理论研究的最新成果、自然资源的数量与质量评价、自然资源研究中新技术与新方法的运用、区域自然资源的管理及可持续发展等研究成果，综述和简要报道国内外自然资源研究进展和发展趋势。设有理论探讨、资源利用与管理、资源安全、资源生态、资源评价、资源研究方法和专题论坛等栏目。

创刊时间：1986 年	出版周期：月刊
主办单位：中国自然资源学会；中国科学院地理科学与资源研究所	通信地址：北京安外大屯路甲 11 号（100101）
主编：李文华	联系电话：010-64889771
ISSN：1000-3037	E-mail：zrzyxb@igsnrr.ac.cn
CN：11-1912/N	Web：http://www.jnr.ac.cn

2. 中国人口·资源与环境（2/65，A+）

外文刊名：China Population Resources and Environment

期刊简介：该刊主要报道人口、资源、环境与经济协调发展等方面的综合性问题研究，更关注当前可持续发展的热点和焦点问题。现设有绿色低碳发展、环境管理、资源利用、人口与社会等栏目。面向可持续发展研究领域。被中国科技核心期刊、CSCD、CSSCI、中文核心期刊要目总览、中国人文社会科学核心期刊要览、RCCSE中国权威学术期刊等收录。曾荣获全国优秀科技期刊一等奖、中国期刊方阵"双奖"期刊、国家期刊奖、山东省新闻出版奖报纸期刊奖，2006 年被国家自然科学基金委管理科学部认定为管理科学B 级重要期刊。

创刊时间：1991 年	出版周期：月刊
主办单位：中国可持续发展研究会；山东省可持续发展研究中心；中国 21 世纪议程管理中心；山东师范大学	通信地址：济南市文化东路 88 号（250014）

主编：刘燕华	联系电话：0531-86182967
ISSN：1002-2104	E-mail：yuxia@ sdnu. edu. cn
CN：37-1196/N	Web：www. cpre. sdnu. edu. cn

3. 环境科学（3/65，A+）

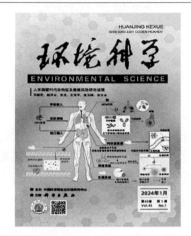	外文刊名：Environmental Science 期刊简介：该刊主要报道我国环境科学领域具有创新性高水平、有重要意义的基础研究和应用研究成果，以及反映控制污染、清洁生产和生态环境建设等可持续发展的战略思想、理论和实用技术等。报道领域包括环境化学、环境地学、环境生物学、环境污染及其防治、环境修复技术与原理、环境毒理与风险评价、废弃物处理与利用等。面向环境科学与工程研究、生产和应用的科研工作者、工程技术人员及高等院校相关专业师生。被 MEDLINE、CA、JST、AJ/PЖ、BP、CSA、IM 等数据库收录。曾荣获百种中国杰出学术期刊、中国精品科技期刊、新中国 60 年有影响力的期刊称号。
创刊时间：1976 年	出版周期：月刊
主办单位：中国科学院生态环境研究中心	通信地址：北京市海淀区双清路 18 号生态中心环境科学编辑部（100085）
主编：欧阳自远	联系电话：62941102
ISSN：0250-3301	E-mail：hjkx@ rcees. ac. cn
CN：11-1895/X	Web：www. hjkx. ac. cn

4. 资源科学（4/65，A+）

二十三、620 安全科学技术（A+：2）

1. 中国安全科学学报（1/18，A+）

	外文刊名：China Safety Science Journal 期刊简介：该刊及时反映我国安全科学的发展动态和水平。现设有安全科学技术基础学科、安全社会科学、安全人体学、安全系统学、安全工程技术科学、安全卫生工程技术、安全社会工程、公共安全等栏目。面向从事安全生产、劳动保护、职业卫生、职业安全、预防医学、职业安全卫生监察、环境保护、防灾防损等方面的安全与卫生工程专业执业人员等。被 CSCD 核心库、中文核心期刊要目总览、CA 等数据库收录。曾荣获 2012 年百种中国杰出学术期刊奖、2013 中国国际影响力优秀学术期刊称号。
创刊时间：1991 年	出版周期：月刊
主办单位：中国职业安全健康协会	通信地址：北京市东城区和平里九区甲 4 号安信大厦 A306 室（100013）

主编：伊烈	联系电话：010-64464782
ISSN：1003-3033	E-mail：csstlp@ 263. net
CN：11-2865/X	Web：www. cssjj. com. cn

2. 中国安全生产科学技术（2/18，A+）

外文刊名：Journal of Safety Science and Technology

期刊简介：该刊主要报道国家标准一级学科"安全科学技术"及劳动卫生学、矿山安全、交通运输安全工程、核电站安全、安全法学等相关学科涵盖的内容。现设有学术论著、职业安全卫生管理与技术、信息与动态等栏目。面向科研院所科技工作者，大学院校相关师生，政府安全监管人员，企业从事安全、卫生、管理人员和技术人员。被北大中文核心期刊、中国科技核心期刊、RCCSE中国核心学术期刊、CSCD、CA、JST 等收录。

创刊时间：1982 年	出版周期：月刊
主办单位：中国安全生产科学研究院	通信地址：北京市朝阳区北苑路 32 号安全大厦（100012）
主编：张兴凯	联系电话：010-64941346
ISSN：1673-193X	E-mail：aqscjs@ vip. 163. com
CN：11-5335/TB	Web：www. aqskj. com

第五节　人文社会科学类权威期刊指南

一、630 管理学（A+：6）

1. 管理世界（1/81，A+）

外文刊名：Management World

期刊简介：该刊主要内容有宏观经济形势分析、宏观经济管理研究、专业与区域发展研究、金融与财政研究、对外经济关系研究、公共管理研究、农村经济研究、上市公司研究、企业工商管理研究、企业案例研究、理论述评。面向各部委、各省市、大中型企业集团管理人员，证券金融机构，研究机构，科研单位及全国各高等院校。该刊是国家自然科学基金委员会管理科学部认定的管理科学 A 级重要刊物。

创刊时间：1985 年	出版周期：月刊

主办单位：国务院发展研究中心	通信地址：北京市朝阳区和平街 13 区甲 20 号中化地质大厦 2 层（100013）
主编：李志军	联系电话：01062112235
ISSN：1002-5502	E-mail：glsj@263.net
CN：11-1235/F	Web：www.mwm.net.cn

2. 南开管理评论（2/81，A+）

	外文刊名：Nankai Business Review 期刊简介：该刊主要报道中国管理实践热点和难点问题的研究成果。设有主题文章、学者与企业家、国际企业管理、战略管理、营销研究、新探索、金融与财务、市场营销、会计研究、企业论坛、知识管理、人力资源管理、旅游管理等板块栏目。面向管理学者、企业界人士、政府及其他社会组织官员、经济管理院校学生。曾荣获第三届国家期刊奖提名奖、第一届北方十佳期刊、中国北方优秀期刊奖。
创刊时间：1992 年	出版周期：双月刊
主办单位：南开大学国际商学院	通信地址：天津市南开区卫津路 94 号南开大学国际商学院（300071）
主编：李维安	联系电话：022-23505995
ISSN：1008-3448	E-mail：wangxx@office.nankai.edu.cn
CN：12-1288/F	Web：www.nankaimba.org

3. 公共管理学报（3/81，A+）

	外文刊名：Journal of Public Management 期刊简介：该刊主要刊载公共管理领域的论文，主要研究范围包括政府管理、公共部门管理、公共政策分析、公共卫生管理、社会保障等；在研究方法上注重以事实为基础的经验研究，强调文章在中国场景的适用性和应用价值。被 CSSCI 收录。
创刊时间：2004 年	出版周期：季刊

主办单位：哈尔滨工业大学管理学院	通信地址：哈尔滨工业大学管理学院 1237 信箱(150001)
主编：米加宁	联系电话：0451-86402009
ISSN：1672-6162	E-mail：ggglxb@ yahoo. com. cn
CN：23-1523/F	

4. 中国软科学（4/81，A+）

	外文刊名：China Soft Science 期刊简介：该刊主要报道国家宏观经济、科技和社会发展政策、重大理论动向、国内外软科学领域研究成果和发展动态的信息。设有政策研究、经济论坛、企业管理、科技发展、区域经济、理论与方法、探索与争鸣等板块栏目。面向经济、科技研究及管理人员、专家学者、高校师生、政府官员、企业家等社会各界人士。被中文核心期刊收录。
创刊时间：1986 年	出版周期：月刊
主办单位：中国软科学研究会	通信地址：北京市海淀区三里河路 54 号 270 室(100045)
主编：贺德方	联系电话：010-68598270
ISSN：1005-0566	E-mail：rkx@ istic. ac. cn
CN：11-3036/G3	Web：www. cssm. com. cn

5. 管理评论（5/81，A+）

6. 中国科学院院刊（6/81，A+）

二、710 马克思主义（A+：3）

1. 求是（1/20，A+）

	外文刊名：Seeking Truth 期刊简介：该刊主要报道哲学、经济学、法学、文学、史学等研究领域的学术文章，研究马克思列宁主义、毛泽东思想、邓小平理论，从理论和实践的结合上阐述和宣传党的路线、方针、政策，总结推广改革开放和社会主义现代化建设经验，引导广大干部树立正确的世界观、人生观和价值观。设有海外来稿、文化哲学研究、世纪之交的哲学自我批判、关注我们这个时代的哲学、现代化进程中的中国农业问题、苏联(俄罗斯)法学在中国、古代文学新视界、20 世纪中国文学批评等栏目。面向广大干部及相关研究人员。曾荣获第三届国家期刊奖百种重点期刊、教育部哲学社会科学学报名栏入选期刊、教育部哲学社会科学学报名刊建设期刊。

创刊时间：1958 年	出版周期：半月刊
主办单位：中国共产党中央委员会	通信地址：北京市河沿大街甲 83 号（100727）
主编：张晓林	联系电话：010-64037005
ISSN：1002-4980	E-mail：qiushi@ qsjournal. com. cn
CN：11-1000/D	Web：www. qstheory. cn

2. 马克思主义研究（2/20，A+）

外文刊名：Studies on Marxism

期刊简介：该刊是全国唯一以研究马克思主义整体理论体系为宗旨的大型学术理论刊物，主要刊登探讨深层次理论和实践问题论文，提供丰富的国内外研究动态和信息。设有该刊特稿、名家访谈、马列主义与中国化、经济学、哲学与文化、世界社会主义与国际共运、思想政治教育、动态与信息等栏目。面向从事教学、科研和宣传的理论工作者、大专院校师生、党政干部。被 CSSCI 收录。

创刊时间：1983 年	出版周期：月刊
主办单位：中国社会科学院马克思主义研究院	通信地址：北京建国门内大街 5 号（100732）
主编：程恩富	联系电话：010-85196310
ISSN：1006-5199	E-mail：makesizhuyiyanjiu@ sina. com
CN：11-3591/A	

3. 中国特色社会主义研究（3/20，A+）

外文刊名：Studies on Socialism with Chinese Characteristics

期刊简介：该刊主要报道坚持科学性、理论性、思想性、学术性、创新性，坚定中国自信，立足中国实际，针对中国问题，突出中国特色，探索中国道路，总结中国经验，完善中国制度，构建中国理论话语体系，坚持、发展和宣传、研究阐释马克思主义、中国特色社会主义理论体系，致力于打造中国特色社会主义理论研究与传播的思想高地。现设有中国特色社会主义理论、马克思主义理论、经济建设、政治建设、文化建设、社会建设、生态文明建设、党的建设等栏目。面向高等院校、党校（行政学院）、部队院校、科研院所、党政部门研究机构等学者和读者。被全国中文核心期刊、中国人文社会科学核心期刊、CSSCI、RCCSE 中国权威学术期刊等收录。被评定为 2018 年度中国人文社会科学期刊 AMI 综合评价 A 刊权威期刊（"马克思主义理论"类），为国家社科基金资助期刊。

创刊时间：1979 年	出版周期：双月刊
主办单位：北京市社会科学界联合会、北京市中国特色社会主义理论体系研究中心、北京市科学社会主义学会	通信地址：北京市东城区安外西滨河路 19 号（100011）

主编：崔占辉	联系电话：010-64527190、64527193
ISSN：1006-6470	E-mail：tese816@126.com
CN：11-3527/D	Web：http://www.zgtsshzy.net

三、720 哲学（A+：1）

1. 哲学研究（1/18，A+）

外文刊名：Philosophical Researches

期刊简介：该刊主要报道哲学各学科的研究成果，反映国内外哲学动态，发表对哲学研究的方向、状况的评论，以及严肃负责的书评、札记和其他多种形式的文章。设有马克思主义哲学、哲学基本问题、国外马克思主义研究、中国哲学史、宗教哲学、西方哲学、逻辑哲学、社会哲学·伦理学、书评、动态等板块栏目。面向哲学研究者及高校师生。

创刊时间：1955 年	出版周期：月刊
主办单位：中国社会科学院哲学研究所	通信地址：北京建国门内大街 5 号（100732）
主编：陈筠泉	
ISSN：1000-0216	
CN：11-1140/B	

四、730 宗教学（A+：1）

1. 世界宗教研究（1/10，A+）

外文刊名：Studies in World Religions

期刊简介：该刊主要报道中国道教研究，兼及佛教、基督教、天主教、伊斯兰教、中华民族民间宗教及其他宗教的研究信息等。设有中国古代宗教研究、伊斯兰教研究、佛教研究、道教研究、基督教研究、犹太教研究、国外古代宗教研究、中国民间宗教研究等栏目。面向哲学、宗教学、历史学、民族学、考古学、心理学工作者及高等院校文科师生。被 CSSCI 收录。

创刊时间：1979 年	出版周期：季刊
主办单位：中国社会科学院宗教研究所	通信地址：北京市建内大街 5 号（100732）
主编：卓新平	联系电话：85195480

ISSN：1000-4289	E-mail：dinggaifeng99@gmail.com
CN：11-1299/B	Web：zjyj.qikan.com

五、740 语言学（A+：3）

1. 外语界（1/57，A+）

外文刊名：Foreign Language World

期刊简介：该刊主要报道外语教学，尤其是以大学公共英语教学为主要研究对象，集中展示外语教学和科研的最新成果与动态。设有外语教学、《大学英语》教学与研究、外语测试、教材编写研究等栏目。面向外语教学和高校外语教师，探讨外语教学理论、交流外语教学实践经验、评介外语教学和科研图书资料。被 CSSCI 收录。

创刊时间：1980 年	出版周期：双月刊
主办单位：上海外国语大学	通信地址：上海市大连西路 558 号（200083）
主编：吴友富	联系电话：021-65311900
ISSN：1004-5112	E-mail：jiaoyu68@126.com
CN：31-1040/H	Web：www.ccclw.cn/book/html/？5630.html

2. 现代外语（2/57，A+）

3. 世界汉语教学（3/57，A+）

六、750 文学（A+：3）

1. 文学评论（1/60，A+）

外文刊名：Literary Review

期刊简介：该刊主要报道中国当代文学、现代文学和古代文学的研究理论成果及评述。设有论坛、学人研究、书评、综述、海外学人园地等板块栏目。面向文学理论研究者及文学爱好者。被 CSSCI 收录。曾荣获中国文学研究和理论批评的权威学术刊物、百种重点期刊。

创刊时间：1959 年	出版周期：双月刊

主办单位：中国社会科学院文学研究所	通信地址：北京市建内大街 5 号（100732）
主编：杨义	联系电话：010-65264557
ISSN：0511-4683	E-mail：wxpl-wx@ cass. org. cn
CN：11-1037/I	Web：www. qikan. com

2. 文艺研究（2/60，A+）

外文刊名：Literature & Art Studies

期刊简介：该刊主要发表研究古今中外各种文学艺术门类的理论文章，主要包括文学艺术的一般理论研究，文学、戏剧、曲艺、影视、音乐、舞蹈、美术、书法、建筑、雕塑、摄影等艺术理论和创作实践研究，外国文艺理论、文艺思潮、文艺流派的研究等。从 1985 年第 1 期起开辟了专栏研究之窗，摘要介绍国内外有关文艺研究的新理论、新经验等最新信息。从 2003 年起，将研究之窗改为独立书评、视觉经验、短论动态等专栏，在保留原有的学术特色基础上，增加针对学术著作的批评性研究，以及国家级课题的介绍，并设立学者访谈与对话栏目，以此沟通学界与社会的交流。

创刊时间：1979 年	出版周期：月刊
主办单位：中国艺术研究院	通信地址：北京市朝阳区惠新北里甲一号（100029）
主编：方宁	联系电话：010-64934162
ISSN：0257-5876	E-mail：cnwyyj@ sina. com
CN：11-1672/J	Web：www. zgysyjy. org. cn/newart/qikanindex. jsp? class_id＝16_02_01

3. 文艺理论研究（3/60，A+）

外文刊名：Theoretical Studies in Literature and Art

期刊简介：该刊主要报道古今中外的各种文论研究及它们之间的比较研究等。现设有西方文论与美学研究、古代文论和古代文学的理论研究、现当代文论与批评、中外文论研究、学术评论、访谈等栏目。面向文艺理论研究相关的研究者、从业者、爱好者。被 CSSCI、中文核心期刊要目总览、中国人文社会科学核心期刊要览等收录。曾获得国家社科基金首批资助学术期刊，也是国家社科基金资助学术期刊 2013 年度 23 家考核优秀期刊之一，2012 年被评为华东地区优秀期刊奖。

创刊时间：1980 年	出版周期：双月刊
主办单位：中国文艺理论学会，华东师范大学	通信地址：上海市中山北路 3663 号《文艺理论研究》编辑部（200062）

主编：谭帆，方克强	联系电话：021-62232881
ISSN：0257-0254	E-mail：tsla@ vip. 126. com
CN：31-1152/I	Web：http：//wyll. cbpt. cnki. net/

七、760 艺术学（A+：9）

760 艺术学-电影、电视

1. 电影艺术（1/11，A+）

外文刊名：Film Art

期刊简介：该刊设有特别策划·中国共产党建党百年与中国电影、实验电影研究专题、影艺观察、电影批评、访谈录、理论研究、视与听、影史影人等栏目。面向电影工作者和电影文艺爱好者。被 CSSCI、中文核心期刊要目总览收录。

创刊时间：1956 年	出版周期：双月刊
主办单位：中国电影家协会	通信地址：中国电影家协会
主编：谭政	E-mail：filmart1956@ yahoo. com. cn
ISSN：0257-0181	
CN：11-1528/J	

760 艺术学-工艺与设计(含陶艺、雕塑)

1. 装饰（1/21，A+）

外文刊名：Zhuangshi

期刊简介：该刊主要报道平面设计、包装设计、书籍装帧设计、工业设计、展示设计、建筑设计、环境艺术设计、家具设计、装饰艺术设计、染织艺术设计、陶瓷艺术设计、服装设计以及艺术史论研究。现设有特别策划、第一线、信息时空、纸上展览、学人问津、海外来稿、随感、设计实践、史论空间、民俗民艺、个案点击、教学档案、院校风采等栏目。面向广告公司、设计事务所、装饰工程公司、企业形象设计公司的专业设计师，中高等艺术院校和其他艺术、设计专业师生，全国各企事业单位宣传企划人员，以及广大艺术和设计爱好者。被 CSSCI 等收录。曾荣获中国期刊方阵"双奖期刊"、国家期刊奖、新中国 60 年有影响力的期刊、第二届中国出版政府奖期刊奖(提名奖)、"百强期刊"等称号。

创刊时间：1958 年	出版周期：月刊
主办单位：清华大学	通信地址：北京海淀区清华园 1 号清华大学美术学院 A431(100084)
主编：方晓风	联系电话：010-62798189
ISSN：0412-3662	E-mail：zhuangshi689@263. net
CN：11-1392/J	Web：www. izhsh. com. cn

760 艺术学-绘画与书法

1. 美术研究（1/22，A+）

	外文刊名：Art Research 期刊简介：该刊主要设有艺术教学研究、美术史研究、画论研究、书法研究、民间美术研究、创作与评论、追求与个性、展览评介、中外文化交流等栏目。被 CSSCI、中文核心期刊要目总览收录。
创刊时间：1956 年	出版周期：双月刊
主办单位：中央美术学院	通信地址：中央美术学院
ISSN：0461-6855	联系电话：010-64771024
CN：11-1190/J	

760 艺术学-戏剧、戏曲与舞蹈

1. 北京舞蹈学院学报（1/11，A+）

	外文刊名：Journal of Beijing Dance Academy 期刊简介：该刊主要报道国内外舞蹈专业学术研究、教育研究的前沿动态及最新成果。现设有舞蹈基础理论研究、舞蹈史研究、舞蹈教育研究、舞蹈创作研究、舞蹈表演研究、舞蹈文化研究等传统栏目及舞蹈美学、国际舞蹈理论研究推介等新栏目。面向全国舞蹈从业者、爱好者以及相关学科的研究者、爱好者。被 CSSCI 等收录。曾荣获全国高校精品社科期刊、北京市高校人文社会科学名刊、北京市高校人文社会科学期刊优秀栏目(舞蹈基础理论栏目)。
创刊时间：1992 年	出版周期：双月刊

主办单位：北京舞蹈学院	通信地址：北京市海淀区万寿寺路 1 号（100081）
主编：邓佑玲	联系电话：010-68935768
ISSN：1008-2018	E-mail：bwxuebao@ 126. com
CN：11-3982/J	Web：http：//bjwd. cbpt. cnki. net/WKD/WebPublication/index.aspx？ mid＝bjwd

760 艺术学-艺术综合

1. 民族艺术（1/45，A+）

外文刊名：Ethnic Art

期刊简介：该刊以跨民族、大艺术、多学科为办刊方向，倡导在跨学科背景下用人类学的理论与方法在民族民间艺术领域进行实证性研究与经验性考察。设有文化研究、艺术探索、非物质文化遗产保护、学术访谈、艺术考古等栏目。被 CSSCI 收录。

创刊时间：1985 年	出版周期：双月刊
主办单位：广西民族文化艺术研究院	通信地址：广西南宁市青秀区思贤路 38 号（530023）
主编：廖明君	联系电话：0771-5621053
ISSN：1003-2568	E-mail：minzuyishu001@ 126. com
CN：45-1052/J	

2. 民族艺术研究（2/45，A+）

外文刊名：Ethnic Art Studies

期刊简介：该刊主要报道当前国内外艺术学理论及各艺术门类的理论研究成果。现设有艺术理论、戏剧、音乐、舞蹈、美术与设计、影视、文化发展与创新等栏目。面向国内外致力于民族艺术理论研究的专家、学者及兴趣爱好者。被 CSSCI 扩展版、SCD 科学引文数据、RCCSE 中国核心学术期刊、中国核心期刊（遴选）数据库等收录。2006 年"艺术广角"栏目、2009 年"非物质文化遗产"栏目曾分别荣获云南省第二届和第三届期刊"优秀栏目奖"。

创刊时间：1988 年	出版周期：双月刊
主办单位：云南省民族艺术研究院	通信地址：昆明市青年路371 号文化科技大楼12 楼（650021）
主编：马云华	联系电话：0871-63161975
ISSN：1003-840X	E-mail：mzysyj88@ 163. com
CN：53-1019/J	

3. 中国文艺评论（3/45，A+）

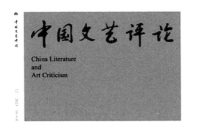

外文刊名：China Literature and Art Criticism

期刊简介：本刊是艺术类综合期刊，主要刊发文艺理论评论类文章。

创刊时间：2015 年	出版周期：月刊
主办单位：中国文联文艺评论中心；中国文艺评论家协会	通信地址：北京市朝阳区北沙滩 1 号院 32 号楼 A226（100083）
主编：徐粤春	联系电话：59759324
ISSN：2096-0395	E-mail：zgwlplzx@ 126. com
CN：10-1342/J	

760 艺术学-音乐

1. 音乐研究（1/23，A+）

外文刊名：Music Research

期刊简介：该刊致力于祖国传统音乐艺术研究，关注国内外音乐学术的最新发展，刊载音乐史学、民族音乐学、音乐教育学、音乐美学、作曲技术理论、表演艺术理论及音乐科技等方面的研究成果，并提供最新音乐学术动态及专业资讯。主要设有研究论文、争鸣、译文、书评、动态、短论、综述等栏目。被 CSSCI、中文核心期刊要目总览收录。

创刊时间：1958 年	出版周期：双月刊
主办单位：人民音乐出版社有限公司	通信地址：人民音乐出版社有限公司
ISSN：0512-7939	E-mail：yyyj@ rymusic. com. cn
CN：11-1665/J	

2. 中国音乐（2/23，A+）

外文刊名：Chinese Music

期刊简介：该刊以研究中国传统音乐文化和社会生活中的现实问题为宗旨，开展学术理论活动，联系音乐工作者和广大音乐爱好者，促进社会主义民族音乐文化的发展。设有民族音乐研究、音乐教育、音乐美学、音乐史学、音乐传播、中外音乐家及其作品研究、表演艺术、音乐评论、中国传统音乐采风心得及音乐活动报道等栏目。面向综合大学人文社会科学专业师生、美育教研室、艺术院校师生、师范院校音乐系师生、专业音乐院校师生、中专中小学音乐教师、专业研究员、专业音乐工作者、全国图书馆。被 CSSCI 收录。

创刊时间：1981 年	出版周期：季刊
主办单位：中国音乐学院	通信地址：北京市朝阳区安翔路 1 号（100101）
主编：赵塔里木	联系电话：64887378，13811668677
ISSN：1002-9923	E-mail：bianjibu7378@ 163. com
CN：11-1379/J	

八、770 历史学（A+：4）

1. 历史研究（1/55，A+）

外文刊名：Historical Research

期刊简介：该刊主要报道我国史学界研究成果，内容涉及中国古代史、近代史、现代史及世界史等方面的研究，刊登史学研究评介，报道史学研究动态，主要刊载史学界较高水平的学术论文，包括中国古代史、中国近现代史、世界史、史学理论和方法论、史学史、史学著作评介，以及重要历史文献、历史资料及其研究、考证、介绍。设有义和团研究、专题研究、理论与方法、书评、20世纪中国历史学回顾、读史札记等栏目。面向史学研究者及史学爱好者。被 CSSCI 收录。曾荣获首届全国优秀社科期刊、第三届国家期刊奖获奖期刊称号。

创刊时间：1954 年	出版周期：双月刊

主办单位：中国社会科学院	通信地址：北京鼓楼西大街甲 158 号(100720)
主编：高翔	联系电话：010-64076113
ISSN：0459-1909	E-mail：lsyj@ cass. org. cn
CN：11-1213/K	Web：ssic. cass. cn

2. 中共党史研究（2/55，A+）

外文刊名：CPC History Studies

期刊简介：该刊以反映党史研究的最新成果为主要特色，研究和宣传党的历史，总结党的历史经验，服务党的建设新的伟大工程。设有专题研究、人物研究、地方党史研究、探索与争鸣、高端访谈、见证历史、国际视角、学位论文选登、史实考证、研究综述、读史札记、书评等栏目。面向各领域的学者、党政干部、广大党员及党史爱好者。被 CSSCI 收录。曾荣获首届全国优秀社科学术理论期刊奖、国家期刊奖、新中国 60 年有影响力的期刊、第二届中国政府出版奖期刊奖提名奖称号，2012 年获得国家社科基金第一批学术期刊资助。

创刊时间：1988 年	出版周期：双月刊
主办单位：中共中央党史和文献研究院	通信地址：北京市西城区前毛家湾 1 号(100017)
主编：高远戎	联系电话：83089342
ISSN：1003-3815	E-mail：zszzs@ vip. sina. com
CN：11-1675/D	

3. 近代史研究（3/55，A+）

外文刊名：Modern Chinese History Studies

期刊简介：该刊主要报道中国近代(1840—1949 年)政治、经济、社会、思想文化、军事、外交等领域的创新性研究成果。设有专题研究、理论探讨、书评和文评、研究述评、读史札记、学术讲演、学人访谈、学位文选、学术信息等栏目。面向国内外科研院所、高等院校等从事历史研究与教学的学者、师生及史学爱好者。被 CSSCI 收录。曾荣获第三届、第四届中国社会科学院优秀期刊奖优秀奖(二等奖)。

创刊时间：1979 年	出版周期：双月刊
主办单位：中国社会科学院近代史研究所	通信地址：北京市王府井大街东厂胡同 1 号(100006)
主编：徐秀丽	联系电话：0086-10-65275944

ISSN：1001-6708	E-mail：jdsyj-jd@ cass. org. cn
CN：11-1215/K	Web：http：//jds. cass. cn/Articale

4. 史学月刊（4/55，A+）

九、780 考古学（A+：2）

1. 考古（1/35，A+）

外文刊名：Archaeology

期刊简介：被 CSSCI、中文核心期刊要目总览收录，曾荣获社科"双百"期刊称号。

创刊时间：1955 年	出版周期：月刊
主办单位：中国社会科学院考古研究所	通信地址：中国社会科学院考古研究所
主编：陈星灿	联系电话：010-59366555
ISSN：0453-2899	Web：http：//www. kgzzs. com/
CN：11-1208/K	

2. 考古学报（2/35，A+）

外文刊名：Acta Archaeologica Sinica

期刊简介：该刊主要刊发田野考古的调查发掘报告、考古研究专题论文，以及与考古学关系密切的其他重要论著。面向考古文物工作者、史学工作者、历史教师及考古爱好者。被 CSSCI、中文核心期刊要目总览收录。曾获得第三届全国"百强报刊"荣誉。

创刊时间：1936 年	出版周期：季刊
主办单位：中国社会科学院考古研究所	通信地址：中国社会科学院考古研究所

主编：陈星灿	联系电话：010-59366555
ISSN：0453-2902	Web：http://www.kgzzs.com/
CN：11-1209/K	

十、790 经济学（A+：21）

1. 经济研究（1/422，A+）

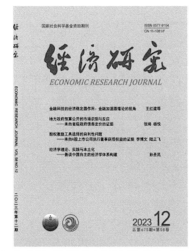

外文刊名：Economic Research Journal

期刊简介：该刊主要报道以政治经济学研究为主，兼及各个经济学科的基本理论问题。面向经济理论研究人员、各级经济决策者、实际工作部门、政策研究部门和理论宣传部门的广大干部、各高等院校和财经类中专学校师生、各类企业的负责人。

创刊时间：1955 年	出版周期：月刊
主办单位：中国社会科学院经济研究所	通信地址：北京市月坛北小街 2 号社科院经济所经济研究编辑部（100836）
主编：裴长洪	联系电话：010-68034153
ISSN：0577-9154	E-mail：erj@cass.org.cn
CN：11-1081/F	Web：www.erj.cn www.cesgw.cn

2. 中国工业经济（2/422，A+）

外文刊名：China Industrial Economics

期刊简介：该刊主要报道我国经济改革、发展与管理中出现的热点问题、难点问题、重点问题和前沿问题的理论研究和对策，预测我国经济发展的动态和走向。设有形势与展望、国民经济运行、产业经济、经济体制改革、企业经济与管理、书评等栏目。面向产业及企业管理干部、经济理论工作者。曾荣获中华人民共和国第三届国家期刊奖，中国社会科学院第二届、第三届、第四届优秀期刊奖一等奖。

创刊时间：1983 年	出版周期：月刊

主办单位：中国社会科学院工业经济研究所	通信地址：北京市西城区阜外月坛北小街 2 号（100836）
主编：金石言	联系电话：010-68032678
ISSN：1006-480X	E-mail：zggyjjbjb@ cass. org. cn
CN：11-3536/F	

3. 中国农村经济（3/422，A+）

外文刊名：Chinese Rural Economy

期刊简介：该刊报道我国农村经济发展中的问题，农村形势和政策走势，农村发展的宏观经济背景，各地农村改革和发展的新经验。设有农村形势分析、农村产权制度、农村土地制度、农村劳动力转移、农业投入与增长、粮食问题、可持续发展、农村金融与保险、部门经济、区域经济、贫困问题、乡镇企业、农村城镇化、农产品流通、农产品国际贸易、农民收入与消费、国外农业等板块栏目。面向各级政府领导、实际工作者，农村理论、政策研究人员、大专院校师生。被 CABI 等数据库收录。

创刊时间：1985 年	出版周期：月刊
主办单位：中国社会科学院农村发展研究所	通信地址：北京建国门内大街 5 号（100732）
主编：张晓山	联系电话：010-85195650
ISSN：1002-8870	E-mail：ruraleconomy@ cass. org. cn
CN：11-1262/F	Web：qk. cass. cn/zgncjjgc/

4. 金融研究（4/422，A+）

外文刊名：Journal of Financial Research

期刊简介：该刊主要报道金融市场动态及发展情况，宣传我国金融政策，介绍最新金融理论研究成果。设有金融银行体制、方针政策及其阐述、银行制度与业务、金融商场、信贷与投资、保险理论、商业银行、农村信用合作社、金融银行理论等栏目。面向金融理论及政策研究人员、经济工作者及经济院校师生。

创刊时间：1958 年	出版周期：月刊

主办单位：中国金融学会	通信地址：北京市西城区成方街 33 号 2 号楼 7 层(100800)
主编：唐旭	联系电话：(010)66195403
ISSN：1002-7246	E-mail：pbc1979jryj@ gmail. com
CN：11-1268/F	

5. 改革（5/422，A+）

外文刊名：Reform

期刊简介：该刊首创"专业眼光看经济，经济眼光看中国"的办刊理念，关注中国转型和发展的重大前沿问题。设有改革社评、该刊特稿、宏观经济、产业经济、财政金融、区域经济、三农新解、全球化与中国、企业发展、资本市场、公共管理等栏目。被全国社会科学规划办公室列为国家社科基金首批资助的重点学术期刊，首发文章有 12 篇获中国经济学最高奖——孙冶方经济科学奖，曾蝉联国家期刊奖提名奖，荣膺重庆出版政府奖。

创刊时间：1988 年	出版周期：月刊
主办单位：重庆社会科学院	通信地址：重庆市江北区桥北村 270 号(400020)
ISSN：1003-7543	联系电话：023-67992189、67992160
CN：50-1012/F	E-mail：reform@ vip. 163. com

6. 世界经济（6/422，A+）

外文刊名：The Journal of World Economy

期刊简介：该刊主要报道世界经济形势及动态，当前经济领域的热点问题及国外经济发展趋势。设有宏观经济学、微观经济学、国际贸易、国际金融、地区与国别研究、中国经济、资本市场、综述等板块栏目。面向世界经济的理论研究者和高等院校师生。

创刊时间：1978 年	出版周期：月刊

主办单位：中国世界经济学会；中国社会科学院世界经济与政治研究所	通信地址：北京建国门内大街 5 号（100732）
主编：张宇燕	联系电话：010-85195790
ISSN：1002-9621	E-mail：jwe@ cass. net. cn
CN：11-1138/F	

7. 数量经济技术经济研究（7/422，A+）

外文刊名：The Journal of Quantitative & Technical Economics

期刊简介：该刊主要报道数量经济和技术经济领域的最新研究成果、新理论、新方法和新经验以及国内外该学科的发展趋势和动向。面向本学科的研究人员和实际工作者。

创刊时间：1984 年	出版周期：月刊
主办单位：中国社会科学院	通信地址：北京市建国门内大街 5 号（100732）
主编：汪同三	联系电话：（010）85195717
ISSN：1000-3894	E-mail：bjb-iqte@ cass. org. cn
CN：11-1087/F	Web：iqte. cass. cn

8. 财贸经济（8/422，A+）

外文刊名：Finance & Trade Economics

期刊简介：该刊主要报道财政与税收、金融与货币、国际经济与贸易经济、城市与房地产、成本与价格、流通经济、产业经济、服务经济、旅游经济、信息与电子商务等领域的优秀科研成果和改革经验总结，探讨在改革开放和经济建设中出现的新问题，提出新观点和新思路，为理论研究和实践服务。设有金融与证券、财税与财务、流通与服务、城镇经济、学术动态与书评等栏目。面向财经理论研究人员、实际工作者、各高等院校财经类专业师生。被 CSSCI 收录。

创刊时间：1980 年	出版周期：月刊

主办单位：中国社会科学院财经战略研究院	通信地址：北京阜外月坛北小街 2 号（100836）
主编：高培勇	联系电话：010-68034659
ISSN：1002-8102	E-mail：cmjj2008@ yahoo. com. cn
CN：11-1166/F	Web：http：//cmjj. org/

9. 会计研究（9/422，A+）

外文刊名：Accounting Research

期刊简介：该刊紧密结合我国社会经济发展和会计改革实践，突出学术探索性、政策指导性和现实针对性，主要报道会计、审计、财务管理、公司治理等领域学术论文。面向国内外具有较好的理论基础的会计理论研究人员和实务工作者。

创刊时间：1980 年	出版周期：月刊
主办单位：中国会计学会	通信地址：北京市西城区月坛南街 14 号月新大厦 6 层（100045）
主编：周守华	联系电话：010-68528922
ISSN：1003-2886	E-mail：68528922@ asc. org. cn
CN：11-1078/F	Web：www. asc. org. cn

10. 经济学(季刊)（10/422，A+）

11. 经济学动态（11/422，A+）

外文刊名：Economic Perspectives

期刊简介：该刊及时反映国内经济理论动态，坚持探讨和跟踪其他国家的经济学流派的最新观点，同时关注中国社会经济发展过程中的重大现实经济问题。面向政府决策部门、企业管理人士、理论研究与教学人员和实际经济管理工作者。曾荣获中国社会科学院优秀期刊一等奖、第三届国家期刊奖提名奖。

创刊时间：1960 年	出版周期：月刊

主办单位：中国社会科学院经济研究所	通信地址：北京市西城区月坛北小街 2 号《经济学动态》编辑部（100836）
主编：杨春学	联系电话：010-68051607
ISSN：1002-8390	E-mail：jjxdt-jjs@ cass. org. cn
CN：11-1057/F	Web：ie. cass. cn/xskw/jjxdt_ index. htm

12. 财经研究（12/422，A+）

外文刊名：Journal of Finance and Economics

期刊简介：该刊主要报道我国改革开放和现代化经济建设的重大理论和实际问题及政治经济学基本理论、工业经济、农业经济、企业管理、财政、金融、外贸、会计等方面的研究论文。设有金融研究、经济史·经济思想史研究、产业经济研究、国际经济研究、公共经济与管理、财务与会计研究等板块栏目。面向财经理论研究人员、财经工作者、大专院校财经专业师生。被 CSSCI 收录。曾荣获中国期刊方阵"双效"期刊、第四届全国高校三十佳社科期刊奖。

创刊时间：1956 年	出版周期：月刊
主办单位：上海财经大学	通信地址：上海市武东路 321 号（200434）
主编：谈敏	联系电话：021-65904345
ISSN：1001-9952	E-mail：cjyj@ mail. shufe. edu. cn
CN：31-1012/F	

13. 经济学家（13/422，A+）

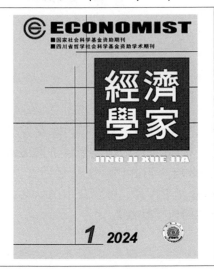

外文刊名：Economist

期刊简介：该刊主要报道经济学界新近的理论研究成果，包括马克思主义经济学基本理论，社会主义市场经济运行及其机制，我国经济改革和经济发展的重大课题，当代资本主义发展的新特点、新趋势，世界经济发展问题的研究以及反映我国经济领域中的新情况、新问题的调查报告和当代国外各派经济理论的介绍和评价等。设有中国经济学论坛、理论经纬、改革探索、比较与借鉴、研究报告、金融研究、财税研究、农业研究、学者风范、新观察等栏目。面向经济研究人员、企业管理人员以及经济院校师生。曾荣获首届全国优秀社会科学期刊奖提名奖、首届全国百强社科学报称号、四川省第二届优秀期刊奖。

创刊时间：1989 年	出版周期：月刊

主办单位：西南财经大学；四川社会科学学术基金会	通信地址：四川省成都外西光华村 55 号(610074)
主编：刘诗白	联系电话：028-87352177
ISSN：1003-5656	E-mail：627223209@qq.com
CN：51-1312/F	

14. 农业经济问题（14/422，A+）

外文刊名：Issues in Agricultural Economy

期刊简介：该刊主要报道农业发展焦点问题、辨析农村改革热点问题、探讨农民奔小康难点问题。面向农村政策研究、农业经济管理、农业技术推广、经济理论研究部门的领导干部和专家学者，以及高等院校农业经济、贸易、农业推广专业的广大师生等。被CSSCI、CSCD 等收录。曾荣获国家新闻出版署全国社科期刊奖提名奖。

创刊时间：1980 年	出版周期：月刊
主办单位：中国农业经济学会；中国农业科学院农业经济与发展研究所	通信地址：北京中关村南大街 2 号 农业经济问题杂志社（100081）
主编：秦富	联系电话：010-82108705
ISSN：1000-6389	E-mail：nyjjwt@caas.cn
CN：11-1323/F	Web：www.iaecn.cn

15. 经济管理（15/422，A+）

外文刊名：Economic Management Journal

期刊简介：该刊以管理学为主要研究对象，内容主要涵盖经济学、管理学两大学科门类，致力在工商管理一级学科及其紧密相关的公共管理、应用经济若干专业上体现中国水平。现设有政府经济管理(宏观视角)、产业和区域经济管理(中观视角)、工商管理(含企业管理等大商科内容)、会计与金融、旅游管理(2013 年从工商管理分立)、公共管理(侧重经济领域)、管理科学与工程管理学动态等栏目。面向高校科研院所、工商企业、政府经济管理部门。被中文核心期刊要目总览、CSSCI 等收录。曾荣获 2012 中国最具国际影响力学术期刊称号。

创刊时间：1979 年	出版周期：月刊
主办单位：中国社会科学院工业经济研究所	通信地址：北京西城月坛北小街 2 号（100836）
主编：黄群慧	联系电话：010-68019057；68068985；68066211
ISSN：1002-5766	E-mail：jjglbjb@ cass. org. cn
CN：11-1047/F	Web：www. jjgl. cass. cn

16. 经济地理（16/422，A+）

外文刊名：Economic Geography

期刊简介：该刊主要报道我国人文-经济地理学领域最新科研成果和实践经验，以"倡导和谐人地关系、服务社会经济建设"为宗旨，兼容地理学和经济学优势，突出战略性、综合性、指导性。现设有学科理论探索、区域经济与产业发展、城市与交通、土地利用与农业经济、旅游开发与管理等栏目。面向大专院校师生、科研人员、政府与企事业单位决策管理人员等。被中文核心期刊、CSSCI、中国科技核心期刊、中国人文社会科学核心期刊等收录。曾荣获第一、第二、第三届全国优秀地理期刊奖，中国最具国际影响力学术期刊称号。

创刊时间：1981 年	出版周期：月刊
主办单位：中国地理学会；湖南省经济地理研究所	通信地址：湖南省长沙市青园路 506 号（410004）
主编：樊杰	联系电话：0731-85584716
ISSN：1000-8462	E-mail：jjdl1981@ 163. com
CN：43-1126/K	Web：http：//www. jjdl. com. cn/CN/volumn/home. shtml

17. 中国流通经济（17/422，A+）

18. 旅游学刊（18/422，A+）

外文刊名：Tourism Tribune

期刊简介：该刊主要报道我国旅游学术研究的最新成果和旅游业实践的新问题。设有中国旅游发展笔谈、基础理论、旅游经济、旅游市场与营销、目的地研究、会展与节事、休闲研究、消费者行为等栏目。被 CSSCI 收录。

创刊时间：1986 年	出版周期：月刊
主办单位：北京联合大学旅游学院	通信地址：北京市朝阳区北四环东路 99 号(100101)
主编：黄先开	联系电话：64900165
ISSN：1002-5006	E-mail：lyxk@ vip. sina. com
CN：11-1120/K	Web：www. lyxk. com. cn

19. 中国农村观察（19/422，A+）

外文刊名：China Rural Survey

期刊简介：该刊主要报道中国农业改革与发展中的重大问题，反映该领域研究的前沿成果。设有农村形势、乡镇企业、粮食问题、探讨与争鸣、农民收入与消费、农村劳动力、贫困问题、学科建设等栏目。面向广大农村经济研究和高等院校师生。

创刊时间：1980 年	出版周期：双月刊
主办单位：中国社会科学院农村发展研究所	通信地址：北京建国门内大街 5 号(100732)
主编：张晓山	联系电话：010-85195649，85195650
ISSN：1006-4583	E-mail：ruralsurvey@ cass. org. cn
CN：11-3586/F	Web：qk. cass. cn/zgncjjgc/

20. 经济纵横（20/422，A+）

外文刊名：Economic Review

期刊简介：该刊瞄准经济学发展的前沿，跟踪改革开放中的热点和难点问题，组织开展学术探讨和交流，逐步形成了学术为根、创新为本、特色为基的办刊思想与"纵谈古今谋发展、横论中西求创新"的办刊理念。被 CSSCI 收录。

创刊时间：1985 年	出版周期：月刊
主办单位：吉林省社会科学院(社科联)	通信地址：吉林省长春市自由大路 5399 号(130033)

主编：王成勇	联系电话：0431-84637225
ISSN：1007-7685	E-mail：jjzh1985@ vip. 163. com
CN：22-1054/F	

21. 审计研究（21/422，A+）

十一、810 政治学（A+：11）

1. 政治学研究（1/201，A+）

外文刊名：CASS Journal of Political Science

期刊简介：该刊主要阐述、探讨马克思主义政治学基本理论问题，分析论述国内外重大历史和现实问题，关注、研究中国改革开放和社会主义现代化建设进程的新情况、新矛盾和新问题的政治学与行政学方面的研究成果，以及对世界各国政治学流派发展动态和中外历代政治思想、政治制度进行科学研究和评析的成果。面向相关专业的教学科研人员、大专院校学生、党政部门领导干部和工作人员以及事业单位领导人员。被 CSSCI 收录。

创刊时间：1985 年	出版周期：双月刊
主办单位：中国社会科学院政治学研究所	通信地址：北京市东城区建内大街 5 号中国社会科学院政治学研究所《政治学研究》编辑部（100732）
主编：王一程	联系电话：010-85196395
ISSN：1000-3355	E-mail：zzxyj@ cass. org. cn
CN：11-1396/D	

2. 世界经济与政治（2/201，A+）

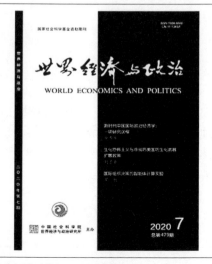

外文刊名：World Economics and Politics

期刊简介：该刊主要报道世界经济和国际政治领域的最新研究成果，追踪国际热点问题，重在分析全球经济趋势、政治格局变化，透视国际政治、经济、外交关系、军事问题，探索国际关系与国际政治问题研究的一般原理和方法。设有国际政治与安全、国际关系理论、国际关系、中国与国际组织、海外专稿、环境政治与国际关系、学术争鸣、比较与借鉴等栏目。面向科研人员、高等院校、各级党政官员、外经贸官员及大中企业相关人员等。被 CSSCI 收录。

创刊时间：1979 年	出版周期：月刊

主办单位：中国社会科学院世界经济与政治研究所	通信地址：北京建国门内大街 5 号中国社会科学院世界经济与政治研究所《世界经济与政治》编辑部(100732)
主编：张宇燕	联系电话：010-85195784
ISSN：1006-9550	E-mail：sjzbjb@cass.org.cn
CN：11-1343/F	Web：http://ejournal.iwep.org.cn/home/intro/world_economic_political.htm

3. 行政论坛 (3/201，A+)

外文刊名：Administrative Tribune

期刊简介：该刊主要报道行政改革的动态与走向，积极向各级行政管理决策机构建言献策，以其敏锐的政治视角和超前的学术眼光，致力于行政管理方面的理论创新，开启公共行政管理研究引领、服务于政府公共管理发展的新视野。现设有行政学理论、行政改革、行政文化、公共政策、行政与法、政府与企业、公务员制度、人事管理、领导科学、中国古代行政、国外行政、典型案例分析、决策参考及学术争鸣等栏目。面向国家公务员、企业管理人员、党校、行政学院及普通高校广大师生和理论研究者等。被全国中文核心期刊、RCCSE 中国核心学术期刊、CSSCI 等收录。曾荣获 2014 年全国高等学校文科学报研究会评选的"百强期刊"。

创刊时间：1994 年	出版周期：双月刊
主办单位：黑龙江省行政学院	通信地址：哈尔滨市南岗区延兴路 49 号(150080)
主编：温美荣	联系电话：0451-85951705
ISSN：1005-460X	E-mail：xzlt160@sina.com
CN：23-1360/D	

4. 中国青年研究 (4/201，A+)

外文刊名：China Youth Study

期刊简介：该刊主要报道青年发展、青年政策、青年文化和青年成才方面的研究成果，在发表上述四个方面的优秀研究成果上形成了特色和优势。现设有特别企划、理论探索、青年工作、实证调研、典型研究、青年文化、青年现象、研究综述、就业创业、大学生研究、国外研究等栏目。面向高校教师、科研机构研究人员、共青团干部、普通青年读者。被 CSSCI 数据库收录。曾荣获国家社会科学基金资助期刊。

创刊时间：1989 年	出版周期：月刊

主办单位：中国青少年研究中心；中国青少年研究会	通信地址：北京市海淀区西三环北路 25 号《中国青年研究》（100089）
主编：刘俊彦	联系电话：010-68433267
ISSN：1002-9931	E-mail：qnyj@ vip. sina. com
CN：11-2579/D	

5. 探索（5/201，A+）

外文刊名：Probe

期刊简介：该刊主要探讨建设有中国特色社会主义的理论和实践问题，鼓励大胆探索中国改革开放和现代化建设中的新情况、新问题，努力做到求实、求新、求深，以促进社会科学的繁荣。现设有马克思主义中国化、政党建设、政治学研究、百家论坛、探索笔会、公共管理、社会学研究、文化建设、学术争鸣等栏目。面向从事和爱好社会科学研究的专家、学者，从事经济、政治、文化、社会建设和改革一线的思想者和行动者。被 CSSCI、中文核心期刊要目总览、中国人文社会科学核心期刊、RCCSE 中国核心学术期刊等数据库收录。曾是全国党校、行政学院系统期刊中唯一荣获第三届国家期刊奖百种重点期刊的刊物。

创刊时间：1985 年	出版周期：双月刊
主办单位：重庆市委党校	通信地址：重庆市九龙坡区渝州路 160 号（400041）
主编：王骏	联系电话：023-68593010
ISSN：1007-5194	E-mail：chj_ 1116@ 163. com
CN：50-1019/D	Web：www. tszzs. net

6. 中共中央党校(国家行政学院)学报（6/201，A+）

7. 治理研究（7/201，A+）

外文刊名：Governance Studies

期刊简介：该刊主要报道当代中国全面深化改革的重大理论与现实问题，特别是中国治理的前沿问题。现设有习近平新时代中国特色社会主义思想、国家治理、执政党治理、治理理论、浙江现象与经验、社会治理、比较治理、文化治理、地方治理、经济与治理、法与治理等栏目。面向广大社科专家学者。被全国中文核心期刊、中国人文社会科学核心期刊、CSSCI 扩展版来源期刊、RCCSE 中国核心学术期刊等收录。曾荣获第六届全国高校社科精品期刊、第六届全国高校社科期刊特色栏目。

创刊时间：1985 年	出版周期：双月刊

主办单位：中共浙江省委党校(浙江行政学院)	通信地址：浙江省杭州市余杭区文一西路 1000 号(311121)
主编：陈立旭	联系电话：0571-89081390
ISSN：1007-9092	E-mail：zlyjbjb@ 126. com
CN：33-1406/D	Web：http：//zlyj. zjdx. gov. cn/ch/index. aspx

8. 外交评论(外交学院学报)（8/201，A+)

9. 教学与研究（9/201，A+)

外文刊名：Teaching and Research

期刊简介：该刊主要报道当代马克思主义理论的研究及理论教学中的热点、马克思主义难点问题、人文社会科学研究的进展及理论前沿。设有教学与研究论坛、马克思主义与现时代、当代中国社会发展研究、前沿问题、学术评论、研究述评、当代世界经济与政治、思潮评介、近现代中国社会研究、思想政治教育研究、教学难点解析、教材·教改、备课札记等板块栏目。面向高校、各级党校、各类成人院校的理论课教师，理论研究和理论宣传工作者及有关学科的大学生、研究生。曾获新闻出版署"双效"期刊。

创刊时间：1953 年	出版周期：月刊
主办单位：中国人民大学	通信地址：北京市海淀区中关村大街 59 号中国人民大学科研楼 A 座 7 层(100872)
主编：梁树发	联系电话：010-62511680
ISSN：0257-2826	E-mail：jiaoyuyan@ 263. net
CN：11-1454/G4	Web：www. sinobook. com. cn

10. 理论探讨（10/201，A+)

外文刊名：Theoretical Investigation

期刊简介：该刊主要报道有关哲学社会科学的发展动态、反映各学科研究的前沿和热点、注重理论联系实际、研究和探讨建设中国特色社会主义实践中提出的各种理论问题。设有政治学研究、社会主义理论与实践、党建研究、哲学论坛、经济纵横、公共管理研究、领导科学研究、争鸣与探讨等栏目。面向国家机关、社会科学院所、高等学校从事理论研究的各级领导干部、宣传工作者、党干校和高校师生等相关人员。被 CSSCI 收录。曾荣获中国期刊方阵"双效"期刊、全国百强社科期刊、第二届黑龙江省出版奖、黑龙江省政府出版奖提名奖、北方优秀期刊奖、黑龙江省一级期刊。

创刊时间：1984 年	出版周期：双月刊
主办单位：中共黑龙江省委党校	通信地址：哈尔滨市南岗区延兴路 49 号《理论探讨》编辑部（150080）
主编：刘建明	联系电话：0451-86358606
ISSN：1000-8594	E-mail：lltt1984@163.com
CN：23-1013/D	

11. 国际问题研究（11/201，A+）

外文刊名：China International Studies

期刊简介：该刊注重战略性、前瞻性、综合性问题的研究，不同于一般的区域、国别或领域问题研究；注重外交实践与理论研究相结合，突出政策性。以中国特色外交理论为指导，结合外交实践、配合外交斗争，研究对象多为当前国际热点或焦点等重大现实性问题，不同于纯学理性研究；注重发挥公共外交的功能。研究成果坚持中国视角，向国内外公众有效阐述和展示中国学者对重大国际问题的看法和立场。被 CSSCI 收录。曾多次荣获优秀社会科学期刊奖。

创刊时间：1959 年	出版周期：双月刊
主办单位：中国国际问题研究所	通信地址：北京市东城区台基厂头条三号（100005）
主编：阮宗泽	联系电话：010-85119558；010-85119559
ISSN：0452-8832	E-mail：gyzz@ciis.org.cn
CN：11-1504/D	Web：http://www.ciis.org.cn/chinese/node_520533.htm

十二、820 法学（A+：7）

1. 中国法学（1/117，A+）

外文刊名：China Legal Science

期刊简介：该刊主要报道最新和最重要的法学学术研究成果。设有走向法治之路、专题论坛、立法研究、司法改革与司法公证、立法研究、各科专论、讲座与争鸣、判例评析等栏目。面向法学专业的研究人员和爱好者。曾先后三届连获国家新闻出版署颁发的国家期刊奖。

创刊时间：1984 年	出版周期：双月刊
主办单位：中国法学会	通信地址：北京市西城区兵马司胡同 63 号（100034）
主编：陈桂明	联系电话：010-66188780
ISSN：1003-1707	E-mail：zgfxtg@163.com
CN：11-1030/D	Web：www.zgfxqk.org.cn

2. 法学研究（2/117，A+）

外文刊名：Chinese Journal of Law

期刊简介：该刊着重于探讨中国法治建设进程中的重大理论和重大实践问题，致力于反映我国法学研究的最新研究成果和最高学术水平。曾荣获中国社会科学院优秀期刊、新闻出版总署全国百强社科期刊、首届中国社会科学期刊评价法学类顶级期刊、中国政府出版期刊奖提名奖等荣誉(称号)。

创刊时间：1956 年	出版周期：双月刊
主办单位：中国社会科学院法学研究所	通信地址：北京市东城区沙滩北街 15 号（100720）
主编：陈甦	联系电话：010-64035471
ISSN：1002-896X	E-mail：18601324110@163.com
CN：11-1162/D	Web：www.faxueyanjiu.com

3. 比较法研究（3/117，A+）

4. 东方法学（4/117，A+）

外文刊名：Oriental Law

期刊简介：该刊主要报道法学学术前沿问题、鼓励法学学术创新类文章。现设有学术专论、理论前沿、司法改革、青年论坛、外国学者论中国法等栏目。面向法学工作者、法律实践部门的人士、法律大专院校师生以及对法学理论有兴趣的读者。被 CSSCI、RCCSE 中国核心学术期刊等收录。曾荣获中国人民大学"复印报刊资料"重要转载来源期刊奖。

创刊时间：2008 年	出版周期：双月刊
主办单位：上海市法学会；上海人民出版社	通信地址：上海市昭化路 490 号（200050）

主编：傅鼎生	联系电话：021-62128449
ISSN：1674-4039	E-mail：dffxtg@ 126. com
CN：31-2008/D	

5. 中外法学（5/117，A+）

外文刊名：Peking University Law Journal

期刊简介：该刊主要报道我国的社会主义法制和法学研究进展、介绍国外法学的现状。现设有论文、争鸣、专题研讨、视野等栏目。面向法律研究者和法学爱好者。被 CSSCI、中文核心期刊要目总览、中国科技核心期刊、中国人文社科核心期刊等收录。曾荣获社科"双效"期刊。

创刊时间：1978 年	出版周期：双月刊
主办单位：北京大学	通信地址：北京市海淀区颐和园路 5 号北京大学法学院国双庭院 202 室（100871）
主编：王锡锌	联系电话：010-62751689
ISSN：1002-4875	E-mail：zwfx@ pku. edu. cn
CN：11-2447/D	

6. 法学（6/117，A+）

外文刊名：Law Science

期刊简介：该刊主要报道法律理论、学术热点。现设有国家社科基金项目成果专栏、法务时评、论文、争鸣、专题研究、专论、比较法研究、域外法制、法律实务、热点笔谈、学术动态等栏目。面向广大学者。被中国社会科学期刊精品数据库、RCCSE 中国核心学术期刊、中国人文社会科学核心期刊要览、中文核心期刊要目总览、CSSCI 等收录。曾荣获全国百强社科学报、全国高校精品社科期刊、上海市高校学报最佳学报等称号，2012 年入选国家社科基金资助期刊并获评"优良"。

创刊时间：1956 年	出版周期：月刊
主办单位：华东政法大学	通信地址：上海市万航渡路 1575 号六三楼 211 室（200042）
主编：胡玉鸿	联系电话：021-62071924

ISSN：1000-4238	E-mail：yymy1@126.com
CN：31-1050/D	Web：http://lawscience.ecupl.edu.cn/

7. 法律科学(西北政法大学学报)(7/117，A+)

外文刊名：Science of Law

期刊简介：该刊主要报道问题意识突出、选题新颖、见解独到的法学理论文章和法学分支学科的专题研究成果，以及有理论和实践价值的现实性研究成果。现设有法律文化与法律价值、法律思维与法律方法、科技新时代法学专论、部门法理、长安法史、法律制度探微、法律实践等栏目。面向法学研究工作者及法律爱好者。被中国人文社科学报类核心期刊收录。曾荣获全国百强社科学报第三名、陕西省十佳社科学报、陕西省优秀人文社科学报一等奖、全国高校社科名刊和陕西省高校社科名刊等。

创刊时间：1983 年	出版周期：双月刊
主办单位：西北政法大学	通信地址：陕西省西安市雁塔区长安南路 300 号西北政法大学学报编辑部(710063)
主编：韩松	联系电话：029-85385160
ISSN：1674-5205	E-mail：860700802@qq.com
CN：61-1470/D	

十三、830 军事学（A+：1）

1. 指挥与控制学报（1/21，A+）

外文刊名：Journal of Command and Control

期刊简介：该刊主要报道指挥与控制领域新方法、新技术、新成果。内容涵盖 C4ISR 理论与技术、大数据技术、无人系统与技术、指挥控制平行系统、信息物理系统(CPS)、信息融合、系统建模、仿真测试、人工智能、深度学习、复杂系统、虚拟现实、赛博空间、应急救援、空天安全与决策控制、导航与定位技术、智慧城市与公共安全、交通指挥控制系统等。现设有综述、论文与报告、短文等栏目。面向从事指挥与控制学科技术理论研究、系统设计、工程设计、科研、教学、产品开发的科研院所和企事业单位的科技人员，以及在校的研究生、大学生等。

创刊时间：2015 年	出版周期：季刊
主办单位：中国指挥与控制学会；北方自动控制技术研究所	通信地址：北京市海淀区车道沟 10 号院科技一号楼(100089)

主编：王飞跃	联系电话：010-68964721
ISSN：2096-0204	E-mail：cicc_bjb@ 163. com
CN：14-1379/TP	Web：http：//www. jc2. org. cn

十四、840 社会学（A+：2）

1. 社会学研究（1/31，A+）

外文刊名：Sociological Studies

期刊简介：该刊注重发表翔实、科学的社会调查和社会学论文及国内外有关信息，探讨社会发展中各方面的相互关系及其变化规律和重大理论问题，研究社会结构、社会变迁和其他社会问题。设有专题研究、理论·方法·方法论、学术论文、学术争鸣、学者对谈、社会学笔谈、研究新秀、学术信息等栏目。面向社会学领域的专家、学者、教师、学习者。被 CSSCI 收录。

创刊时间：1986 年	出版周期：双月刊
主办单位：中国社科院社会学研究所	通信地址：北京市建国门内大街 5 号（100732）
主编：李培林	联系电话：010-65122608 85195564
ISSN：1002-5936	E-mail：sbjb@ cass. org. cn
CN：11-1100/C	Web：www. sociology. cass. cn/shxs/skkw/shxyj/default. htm

2. 人口研究（2/31，A+）

十五、850 民族学与文化学（A+：2）

1. 民族研究（1/32，A+）

外文刊名：Ethno-National Studies

期刊简介：该刊主要报道民族理论和民族政策、民族经济、民族学、民族教育、民族人口、民族法制、民族宗教、民族语言、民族历史，以及世界民族等各学科的学术成果。设有民族理论、民族学、民族法制、民族经济、民族宗教、民族历史等栏目。面向从事民族研究、民族教学和民族工作以及对民族问题有兴趣的学人。曾荣获第二届国家期刊提名奖。

创刊时间：1958 年	出版周期：双月刊

主办单位：中国社会科学院民族学与人类学研究所	通信地址：北京海淀区中关村南大街 27 号 6 号楼(100081)
主编：郝时远	联系电话：010-68932934
ISSN：0256-1891	E-mail：liusz@ cass. org. cn
CN：11-1217/C	Web：www. mzyj. net. cn

2. 西北民族研究（2/32，A+）

	外文刊名：Northwestern Journal of Ethnology 期刊简介：该刊主要刊载有关蒙古学、藏学、阿尔泰学、中亚学、回族与伊斯兰文化研究、西北民族研究，并关照相关边疆学以及分支学科、交叉学科和专题研究方向的生态环境、宗教、人口、妇女、文化遗产、语言文字、历史考古等内容的最新学术成果，也注重民族文字文献的译介，涉及西部开发现实的田野考察报告为本刊特色与己任。
创刊时间：1986 年	出版周期：季刊
主办单位：西北民族大学	通信地址：甘肃省兰州市西北新村 1 号(730030)
主编：马忠才	联系电话：15101343960
ISSN：1001-5558	E-mail：xbmz55@ 163. com
CN：62-1035/D	

十六、860 新闻学与传播学（A+：5）

860 新闻学与传播学—出版传播

1. 中国科技期刊研究（1/19，A+）

	外文刊名：Chinese Journal of Scientific and Technical Periodicals 期刊简介：该刊主要报道科技期刊编辑出版及相关领域的理论研究与实践创新的最新进展。现设有论坛、数字出版、质量建设、编辑规范、管理与改革、评价与分析、能力建设等栏目。面向科技期刊编辑、出版、印刷、发行、管理与图书情报工作的相关研究人员、科学家及师生等。被中文核心期刊要目总览、CSSCI 等收录。曾荣获第三届国家期刊奖提名奖、中国科学院优秀期刊三等奖。

创刊时间：1990 年	出版周期：月刊
主办单位：中国科学院自然科学期刊编辑研究会；中国科学院文献情报中心	通信地址：北京中关村北四环西路 33 号 731 室（100190）
主编：张薇	联系电话：010-62572403
ISSN：1001-7143	E-mail：cjstp@ mail. las. ac. cn
CN：11-2684/G3	Web：www. cjstp. cn

2. 编辑之友（2/19，A+）

外文刊名：Editorial Friend

期刊简介：该刊主要报道编辑基本理论和出版现实对策。按这种思路设置相关栏目，做同时兼顾学术性与实用性。被 CSSCI 收录。曾入选中国期刊方阵"双效"期刊。

创刊时间：1981 年	出版周期：月刊
主办单位：山西出版传媒集团	通信地址：太原建设南路 21 号出版大厦 A1206（030012）
主编：康宏	联系电话：0351-4956011
ISSN：1003-6687	E-mail：bianjizhiyou@ 126. com
CN：14-1066/G2	

860 新闻学与传播学—新闻传播

1. 国际新闻界（1/50，A+）

外文刊名：Journal of International Communication

期刊简介：该刊主要报道新闻传播前沿课题、世界传媒发展的最新动态，介绍国际新闻界著名人物，探讨国际传播中的最新热点问题和重大新闻事件。被 CSSCI 收录。该刊曾被全国新闻传播学学科指导委员会评为本学科五大权威学术期刊第一名，是目前华语世界中文新闻传播学术刊物中唯一外国人能看到的、具有同步英译文献注释的刊物。

创刊时间：1961 年	出版周期：月刊
主办单位：中国人民大学	通信地址：中国人民大学新闻学院(北京中关村大街 59 号)(100872)
主编：陈力丹	联系电话：82509362
ISSN：1002-5685	E-mail：gjxwj0@126.com
CN：11-1523/G2	

2. 新闻与传播研究（2/50，A+）

外文刊名：Journalism & Communication

期刊简介：该刊主要报道新闻传播史方面的资料及研究论文，电子、网络等现代化技术手段在新闻传播工作中的应用，国外及港台地区新闻传播事业和新闻传播教育的发展状况。设有媒介制度研究、媒介法研究、媒介政策研究、媒介道德研究、媒介经济研究、受众研究、媒介社会学研究、媒介政治学研究、新媒介及媒介技术发展研究、大众传播学研究等栏目。面向党政媒介管理部门、媒介机构高层决策人员和科研教学人员。

创刊时间：1979 年	出版周期：季刊
主办单位：中国社会科学院新闻与传播研究所	通信地址：北京市朝阳区潘家园东里 9 号国家方志馆(100021)
主编：尹韵公	联系电话：010-65940579
ISSN：1005-2577	E-mail：submit-jc@163.com
CN：11-3320/G2	

3. 现代传播(中国传媒大学学报)（3/50，A+）

外文刊名：Modern Communication

期刊简介：该刊主要报道新闻传播学、戏剧影视学及相关学科。现设有传媒观察、传播文化、新闻学与传播学、传媒艺术、媒介经营与管理、新媒体研究、传媒教育等栏目。面向党政部门、传媒行业和全国高校师生、科研人员。被 CSSCI、中文核心期刊要目总览、中国人文社科核心期刊、RSSCE 权威期刊等收录。曾获得国家社科基金资助期刊、教育部"名刊工程"入选期刊、全国高校社科名刊。

创刊时间：1979 年	出版周期：月刊

主办单位：中国传媒大学	通信地址：北京市朝阳区定福庄东街 1 号中国传媒大学 22 号信箱（100024）
主编：胡智锋	联系电话：01065779150
ISSN：1007-8770	E-mail：journalcuc@163.com
CN：11-5363/G2	

十七、870 图书馆、情报与文献学（A+：5）

1. 中国图书馆学报（1/70，A+）

外文刊名：Journal of Library Science in China

期刊简介：该刊主要报道图书馆学、目录学、文献学领域的专题论文，适当介绍相邻的学科知识。设有理论研究·实践研究、事业发展·现代化建设、综述·评介等板块栏目。面向国内外图书情报工作者及本专业科研、教学人员，偏重于科研教学人员，及相关企业从事图书情报工作的人员。被 UPD 等数据库收录。曾荣获中国期刊方阵期刊、国家期刊奖百种重点期刊奖，连续五次被评为全国优秀图书馆学期刊。

创刊时间：1957 年	出版周期：双月刊
主办单位：中国图书馆学会；国家图书馆	通信地址：北京市西城区文津街 7 号，中国图书馆学报编辑部（100034）
主编：詹福瑞	联系电话：88545141，88545234
ISSN：1001-8867	E-mail：tsgxb@nlc.gov.cn
CN：11-2746/G2	Web：http://www.ztxb.net.cn/

2. 情报学报（2/70，A+）

外文刊名：Journal of the China Society for Scientific and Technical Information

期刊简介：该刊主要报道情报科学领域的学术论文或高质量的综述评论，重点关注信息、知识、情报相关的理论、方法、技术与应用，内容包括：信息搜集与过滤、信息组织与检索、信息分析与服务，知识获取与构建、知识组织与标引、知识利用与服务，情报收集与监测、情报分析与转化、情报传递与服务等。被 CSCD 和 CSSCI 收录。

创刊时间：1982 年	出版周期：月刊
主办单位：中国科学技术情报学会；中国科学技术信息研究所	通信地址：北京市复兴路 15 号(100038)
主编：武夷山	联系电话：010-68598273
ISSN：1000-0135	E-mail：qbxb@ istic. ac. cn
CN：11-2257/G3	

3. 图书情报工作（3/70，A+）

外文刊名：Library and Information Sercvice

期刊简介：该刊主要报道图书馆学、情报学及相关领域理论研究与工作实践方面的最新进展。重点关注深度的理论探索、创新的实践研究、前沿性发展前瞻、国际性学术引领。设有专题研究、专家视点、理论研究、工作研究、情报研究、知识组织与知识管理、电子政务与电子商务、综述评论等栏目。被国务院学位委员会评定为本学科研究生教育重要指导性刊物，曾荣获全国优秀科技期刊。

创刊时间：1956 年	出版周期：半月刊
主办单位：中国科学院文献情报中心	通信地址：北京北四环西路 33 号(100190)
主编：初景利	联系电话：010-82623933
ISSN：0252-3116	E-mail：tsqbgz@ vip. 163. com
CN：11-1541/G2	Web：http：//www. lis. ac. cn

4. 图书情报知识（4/70，A+）

外文刊名：Document，Information & Knowledge

期刊简介：该刊依托全国最强的图书情报领域教学科研机构武汉大学信息管理学院的办学优势，追踪学术前沿，理论与实际相结合，为图书情报学教育及科研提供最优良的学术交流平台。常设栏目有博士论坛、图书、文献与交流、情报、信息与共享、知识、学习与管理；应变栏目有特约稿、名家专论、专题、学科前沿等。被 CSSCI、UPD 等数据库收录。曾连续被评为优秀图书馆学期刊、湖北省优秀期刊等。

创刊时间：1984 年	出版周期：双月刊
主办单位：武汉大学	通信地址：武汉大学信息管理学院(430072)

主编：陈传夫	联系电话：027-68754437
ISSN：1003-2797	E-mail：tqy12@ whu. edu. cn
CN：42-1085/G2	Web：http：//www. dik. whu. edu. cn

5. 情报理论与实践（5/70，A+）

外文刊名：Information Studies：Theory & Application

期刊简介：该刊主要报道国内外图书馆学情报学发展动态，研究探讨情报学理论方法、信息服务实践和科技信息工作。现设有论坛、理论与探索、实践研究、信息系统、专题、综述与述评、在国外、书评等栏目。面向高校图书情报专业、图书馆的教学科研人员，从事情报研究工作的研究所、企业信息管理部门以及其他情报工作者。被中文核心期刊要目总览、CSSCI、RCCSE 中国核心学术期刊、中国人文社会科学核心期刊概览等收录。曾荣获中国国防科技信息学会"优秀国防科技情报期刊成果奖"二等奖。

创刊时间：1964 年	出版周期：月刊
主办单位：中国国防科学技术信息学会；中国兵器工业集团第二一〇研究所	通信地址：北京市海淀区 2413 信箱 10 分箱 情报理论与实践编辑部（100089）
主编：王忠军	联系电话：01068961793
ISSN：1000-7490	E-mail：itapress@ 163. com
CN：11-1762/G3	Web：http：//www. itapress. cn

十八、880 教育学（A+：17）

880 教育学-高等教育(除高职教育外)

1. 中国高教研究（1/58，A+）

外文刊名：China Higher Education Research

期刊简介：该刊主要报道高等教育改革发展中重大理论与现实问题的研究，及时推介高教研究前沿最新学术成果，总结交流一线办学经验，倡导不同观点的学术争鸣，特别重视扶持中青年学者，繁荣群众性高等教育科学研究。现设有院校研究、教师教育研究、学位与研究生教育研究、比较教育研究、教育法治研究、课程与教学改革研究、职业教育研究、学科建设研究、研究与探索等栏目。面向高校教师和管理人员，教育行政管理部门、科研机构、学术社团管理和研究人员，教育学特别是高等教育学及相关专业的本科生、研究生。被 CSSCI、中文核心期刊要目总览、AMI 核心期刊等收录。曾荣获第五届中国出版政府奖期刊奖提名奖。

创刊时间：1985 年	出版周期：月刊
主办单位：中国高等教育学会	通信地址：北京市海淀区学院路 35 号世宁大厦 2 层（100191）
主编：王小梅	联系电话：010-82289829
ISSN：1004-3667	E-mail：gaoyanbianjibu@ 163. com
CN：11-2962/G4	Web：https：//zggjyj. cahe. edu. cn

2. 高等工程教育研究（2/58，A+）

外文刊名：Research in Higher Education of Engineering

期刊简介：该刊主要报道我国高等教育、特别是高等工程教育的发展进程和研究成果。设有院士论坛、校长论坛、高等教育改革、高等教育管理、国家级优秀教学成果、专题研究、外国高等教育、国防高等工程教育、研究生教育、高等工程专科教育、企业创新与继续教育、教学工作与教学改革等板块栏目。面向高校管理人员、教育管理科研人员及相关院校师生。

创刊时间：1983 年	出版周期：季刊
主办单位：华中科技大学	通信地址：湖北省武汉市武昌喻家山华中科技大学内（430074）
主编：李培根	联系电话：027-87543893
ISSN：1001-4233	E-mail：gangong@ mail. hust. edu. cn
CN：42-1026/G4	

3. 高等教育研究（3/58，A+）

外文刊名：Journal of Higher Education

期刊简介：该刊报道有关高等教育改革与发展的研究论文，具有普遍指导意义的调查报告和经验总结以及高等研究前沿的学术动态。设有体制与结构、院校研究、高等师范教育、民办与职业高等教育、教学理论与教学改革、高等教育史、国际与比较高等教育、学术动态、中国高校巡礼等板块栏目。面向高等院校和中专、中技学校的广大干部及教学科研人员。被 CSSCI 收录。曾被评为《CAJ-CD 规范》获奖期刊。

创刊时间：1980 年	出版周期：双月刊
主办单位：华中理工大学；全国高等教育学研究会	通信地址：湖北省武汉市武昌喻家山华中科技大学内（430074）
主编：刘献君	联系电话：027-87543893
ISSN：1000-4203	E-mail：gdjyyjzz@126.com
CN：42-1024/G4	Web：www.bookan.com.cn

880 教育学-基础教育(幼教和中小学教育)

1. 课程·教材·教法（1/104，A+）

2. 学前教育研究（2/104，A+）

3. 数学教育学报（3/104，A+）

外文刊名：Journal of Mathematics Education

期刊简介：该刊主要报道国内外数学教育实践与改革的新成果，反映国内外数学教育的前沿和进展信息，服务于中小学数学教育改革及高等数学课程改革，倡导数学教育科学学术争鸣与评论，推动国内外数学教育学术交流，建构中国数学教育理论，发挥对我国数学教育研究与实践的指导作用。设有数学教育概论、调查与实验、数学教育改革、展望与争鸣、比较数学教育、现代教育技术与数学教学等栏目。面向热衷数学教研的中小学数学骨干教师、从事数学教育研究与改革的大学数学教师等。被 MR、ZM 等数据库收录。

创刊时间：1992 年	出版周期：双月刊
主办单位：天津师范大学	通信地址：天津市西青区宾水西道 393 号天津师大 129 信箱数学教育学报编辑部（300387）
主编：王光明	联系电话：23766679
ISSN：1004-9894	E-mail：sxjyxbbjb@vip.163.com
CN：12-1194/G4	Web：www.sxjyxb.com

4. 教育科学研究（4/104，A+）

880 教育学-职业教育(含成人教育)

1. 中国职业技术教育（1/59，A+）

外文刊名：Chinese Vocational and Technical Education

期刊简介：该刊主要报道全国职业教育工作的政策、新闻、管理、教育等研究成果。设有方针政策类、职教要闻、文件选登、专稿·专访、管理改革类、综合改革、管理方略、行业企业论坛、教学教研类、课程与教材、研究与探索等栏目。面向全国各级职教行政部门和科研机构、行业企业、各级各类职业学校以及社会培训机构的领导、干部和教师。

创刊时间：1993 年	出版周期：旬刊
主办单位：教育部职业技术教育中心研究所；中国职业技术教育学会；高等教育出版社；北京师范大学	通信地址：北京市朝阳区惠新东街 4 号富盛大厦 16 层（100029）
主编：赵伟	联系电话：010-58556728
ISSN：1004-9290	E-mail：cvatezbs@ 163. com
CN：11-3117/G4	

2. 职教论坛（2/59，A+）

外文刊名：Journal of Vocational education

期刊简介：该刊主要介绍职教界理论研究的新成果，广泛研究、探讨职教改革与发展的新情况、新问题，从理论引导、信息传播、经验扩散和实践思考等各方面加强对职教改革与发展以及广大职教工作者的服务工作。面向全国各级教育行政部门和科研院所、各级各类职业院校以及社会职成教培训机构的管理干部、研究人员和广大教师。被中文核心期刊要目总览、RCCSE 中国核心学术期刊等收录。曾获全国优秀职教期刊一等奖、江西省优秀社会科学期刊奖、江西省十佳优秀期刊"等殊荣。

创刊时间：1985 年	出版周期：月刊
主办单位：江西科技师范大学	通信地址：江西省南昌市红角洲学府大道 589（330038）
主编：叶桉	联系电话：0791-83831957
ISSN：1001-7518	E-mail：1968hyp@ 163. com
CN：36-1078/G4	Web：http：//vir. jxstnu. edu. cn/zzs/

3. 教育与职业（3/59，A+）

外文刊名：Education and Vocation

期刊简介：该刊主要报道中国职业教育改革和发展的实际，以倡导学术创新、促进学术交流、提高学术水平为目标，探讨当前社会和教育界关注的重大职业教育问题，广泛交流国内外职业教育理论及改革实践方面的最新成果。现设有特稿、专题、研究与探索、教育建言、教育管理、职业指导、师资建设、德育研究、心理健康教育、成人教育、民办教育、农村教育、教育史研究、比较教育、学科教育、课程与教学、交流平台等栏目。面向教育行政管理人员、教育科研人员、教育一线工作者等。被 CSCD、CSSCI 等数据库收录。

创刊时间：1917 年	出版周期：半月刊
主办单位：中华职业教育社	通信地址：北京市东城区永外安乐林路甲 69 号（100075）
主编：方乃纯	联系电话：010-67229842
ISSN：1004-3985	E-mail：jhuang198202@163.com
CN：11-1004/G4	Web：www.evchina.com.cn

880 教育学-综合

1. 教育研究（1/115，A+）

外文刊名：Educational Research

期刊简介：该刊是我国改革开放以来创办历史最长的综合性教育理论刊物，以刊登教育科学论文，评介教育科研成果，探讨教育教学规律，传播教育教学经验，宣传教改实验成就，开展教育学术讨论，报道学术研究动态，提供国内外教育信息为办刊宗旨。面向国内大中小学校、各级教育行政部门及各类教育科研机构。荣获中国期刊方阵"双效"期刊。

创刊时间：1979 年	出版周期：月刊
主办单位：中央教育科学研究所	通信地址：北京市北三环中路 46 号（100088）
主编：高宝立	联系电话：010-82014985
ISSN：1002-5731	E-mail：jyyjzz@263.ne
CN：11-1281/G4	Web：cnier.ac.cn/jyyj

2. 中国电化教育（2/115，A+）

3. 远程教育杂志（3/115，A+）

外文刊名：Journal of Distance Education

期刊简介：该刊紧密追踪与反映国内外现代远程教育、教育技术及相关领域的前沿脉搏、选题与研究新进展，为广大读者/作者展示广阔的教育研究图景的新锐学术性杂志。现设有理论前沿、学习新论、学术视点、深度阐述、专题研讨、开放大学、社区教育等多个栏目。面向各级教育机构、教育管理机构、教育研究机构、图书信息机构、教育设备厂商、教育软件开发商及关注远程教育发展的单位和个人。被 CSSCI、RCCSE 中国核心学术期刊等收录。曾荣获全国高校优秀社科期刊。

创刊时间：1983 年	出版周期：双月刊
主办单位：浙江广播电视大学	通信地址：浙江省杭州市振华路 6 号（310030）
主编：龚祥国	联系电话：0571-88065047
ISSN：1672-0008	E-mail：ycjyzz@ 163. com
CN：33-1304/G4	Web：http：//dej. zjtvu. edu. cn/

4. 华东师范大学学报（教育科学版）（4/115，A+）

5. 电化教育研究（5/115，A+）

外文刊名：e-Education Research

期刊简介：该刊主要报道国内外电教理论的最新发展、电化教育（教育技术）研究的最新动态、全国各地教育信息化发展进程、中小学信息技术教育、网络教育研究的最新成果。现设有理论探讨、网络教育、学习环境与资源、课程与教学、学科建设与教师发展、中小学电教、历史与国际比较等栏目。面向各大专院校、教育科研机构、各级政府教育部门、各地电化教育馆、中小学教师以及一切热爱、关心电化教育事业发展的有识之士。被中文核心期刊、CSSCI、RCCSE 中国权威学术期刊、AMI 核心期刊等收录。

创刊时间：1980 年	出版周期：月刊
主办单位：西北师范大学	通信地址：兰州市安宁东路 967 号（730070）
主编：郭绍青	联系电话：0931-7971823
ISSN：1003-1553	E-mail：dhjyyj@ 163. com
CN：62-1022/G4	Web：http：//aver. nwnu. edu. cn

6. 开放教育研究（6/115，A+）

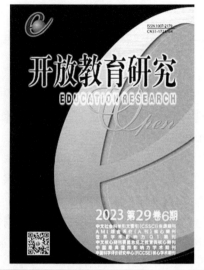

外文刊名：Open Education Research

期刊简介：该刊主要传播开放与远程教育新思想、新理念、新技术和新方法，坚持"国际视野、高端品位、引领学术、争创一流"的办刊宗旨，走国际化和专业化相结合的特色发展之路。曾荣获中国国际影响力优秀学术期刊。

创刊时间：1995 年	出版周期：双月刊
主办单位：上海开放大学	通信地址：上海市虹口区大连路 1541 号 1301 室（200086）
主编：顾晓敏	联系电话：021-65631403
ISSN：1007-2179	E-mail：kfyj@ shtvu. edu. cn
CN：31-1724/G4	Web：openedu. shtvu. edu. cn

7. 现代远程教育研究（7/115，A+）

外文刊名：Modern Distance Education Research

期刊简介：该刊主要报道教育学、远程教育、教育技术、终身教育等领域的前沿学术成果。现设有本刊特稿、理论经纬、学术时空、实践研究、技术应用、专题研究等栏目。面向全国远程开放教育和教育技术的理论研究者、实践者和管理者。被 CSSCI、全国中文核心期刊、CSSCIRCCSE 权威学术期刊、AMI 综合评价（A 刊）核心期刊收录。曾荣获中国国际影响力优秀学术期刊、全国高校社科精品期刊、四川省社科学术期刊名刊、四川省重点资助人文社科期刊。

创刊时间：1987 年	出版周期：双月刊
主办单位：四川开放大学	通信地址：四川省成都市一环路西三段 3 号（610073）
主编：谭明杰	联系电话：02887768171
ISSN：1009-5195	E-mail：xdyjyj@ 163. com
CN：51-1580/G4	Web：https：//xdyjyj. scou. cn/

十九、890 体育科学（A+：4）

1. 体育科学（1/46，A+）

外文刊名：China Sport Science

期刊简介：该刊主要报道体育各学科领域最新的研究成果，刊载高水平的体育学术论文，宣传体育方针政策，提高体育学术水平，推广体育科研成果。设有特约专稿、研究报告、争鸣与探索、综述与进展、博士论文、前沿动态、学会信息等栏目。面向国家重点实验室、科学院所、高等院校、企事业单位等从事体育各学科研究工作的科技人员、专家、院校师生等相关人员。被 CSSCI 收录。

创刊时间：1981 年	出版周期：双月刊
主办单位：中国体育科学学会	通信地址：北京市体育馆路 11 号《体育科学》编辑部（100061）
主编：田野	联系电话：010-87182588
ISSN：1000-677X	E-mail：shukanbu@ vip. 163. com
CN：11-1295/G8	Web：www. cisszgty. com

2. 北京体育大学学报（2/46，A+）

3. 武汉体育学院学报（3/46，A+）

外文刊名：Journal of Wuhan Institute of Physical Education

期刊简介：该刊主要报道体育科学研究的最新学术成果。设有体育人文社会学、体育法学、体育产业与市场开发、全民健身、运动心理学、运动人体科学、民族传统体育、体育教育学、运动训练学等栏目。被 CSSCI、AJ/PЖ、SA、CSA、加拿大国际体育文献数据库收录。2011 年该刊创办的"体育人文社会学"入选教育部组织评选的"名栏工程"，2012 年，刊物又成功入选国家社科基金第一批学术期刊资助，成为全国体育院校学报唯一入选的期刊。

创刊时间：1959 年	出版周期：月刊
主办单位：武汉体育学院	通信地址：武昌洪山区珞瑜路 461 号(430079)
主编：孙义良	联系电话：87192147
ISSN：1000-520X	E-mail：wtxb@ chinajournal. net. cn
CN：42-1105/G8	Web：www. whtyxb. cn

4. 上海体育大学学报（4/46，A+）

外文刊名：Journal of Shanghai University of Sport

期刊简介：该刊主要报道我国体育科学领域最新的、高水平的体育科研成果。设有专题论坛、体育人文社会学、运动人体科学、民族传统体育学、体育教育训练学等栏目。面向广大体育科研人员、大中学体育教师、教练员及体育管理工作者。被 CSSCI 收录。曾连续三届获教育部科技司颁发的中国高校精品科技期刊奖。

创刊时间：1959 年	出版周期：双月刊
主办单位：上海体育学院	通信地址：上海市清源环路 650 号（200438）
主编：章建成	联系电话：（021）51253130
ISSN：1000-5498	E-mail：stxb@ 263. net
CN：31-1005/G8	Web：http：//www. stxb1959. com/

二十、910 统计学（A+：1）

1. 统计研究（1/10，A+）

外文刊名：Statistical Research

期刊简介：该刊向统计学领域的从业人员和相关专业的师生及爱好者报道资深专家撰写的有关经济形势与预测、国际经济比较及固定资产投资形势分析等方面的学术论文。设有统计基本理论问题、统计理论方法与应用、经济分析与统计分析、经济核算问题研究等板块栏目。

创刊时间：1984 年	出版周期：月刊
主办单位：中国统计学会	通信地址：北京月坛南街 75 号（100826）
主编：潘璠	联系电话：68783983
ISSN：1002-4565	E-mail：tjyj@ gj. stats. cn
CN：11-1302/C	Web：http：//tjyj. stats. gov. cn

第六节 综合类权威期刊指南

一、ZH01 自然科学综合（A+：10）

1. 科学通报（1/175，A+）

外文刊名：Chinese Science Bulletin

期刊简介：该刊主要报道自然科学各学科的基础研究和应用研究方面具有创造性和有重要意义的最新研究成果。设有点评、进展、评述、前沿、论文、快讯、论坛、争鸣、动态、书讯等栏目。面向科研人员、工程技术人员及理工科高等院校师生。被 SCIE、EI、CA 等数据库收录。曾连续三届荣获国家期刊奖，连续五届获百种中国杰出学术期刊称号。

创刊时间：1950 年	出版周期：半月刊
主办单位：中国科学院；国家自然科学基金委员会	通信地址：北京市东黄城根北街 16 号（100717）
主编：夏建白	联系电话：010-64019820
ISSN：0023-074X	E-mail：csb@ scichina. org
CN：11-1784/N	Web：www. SpringerLink. com，www. CNKI. net

2. 实验技术与管理（2/175，A+）

外文刊名：Experimental Technology and Management

期刊简介：该刊聚焦国家重大科学基础设施建设，关注仪器设备自主研发，介绍高水平实验室建设与管理经验，及时推出与前沿热点相结合的教学综合实验设计，以期为一线实验队伍展示相关领域实验(室)的最新成果。设有特约专栏、实验技术与方法、仪器设备研制、虚拟仿真技术、实验教学研究与改革、实验室建设与管理、实验室环境健康与安全、世界大学实验室等栏目。面向高校及科研院所的教师、科研人员、实验技术人员、各级实验室的领导和管理人员。

创刊时间：1963 年	出版周期：月刊

主办单位：清华大学	通信地址：清华大学科技服务楼（绿楼）2 层（100084）
主编：黄开胜	联系电话：010-62783005
ISSN：1002-4956	E-mail：sjg@ tsinghua. edu. cn
CN：11-2034/T	

3. 北京大学学报（自然科学版）（3/175，A+）

外文刊名：Acta Scientiarum Naturalium Universitatis Pekinensis

期刊简介：该刊主要报道北京大学教师、研究生及海内外校友在基础科学、技术科学和边缘科学等领域的研究成果及综述性文章。设有述评、研究论文、研究简报等栏目。面向广大科技工作者和大专院校师生。被 CA、SA、MR、EI、GeoRef 等数据库收录。曾荣获全国优秀科技期刊一等奖、教育部优秀自然科学学报一等奖、国家期刊奖。

创刊时间：1955 年	出版周期：双月刊
主办单位：北京大学	通信地址：北京海淀北京大学校内（100871）
主编：赵光达	联系电话：010-62756706
ISSN：0479-8023	E-mail：xbna@ pku. edu. cn
CN：11-2442/N	Web：http；xbna. pku. edu. cn

4. 实验室研究与探索（4/175，A+）

外文刊名：Research and Exploration in Laboratory

期刊简介：该刊主要报道全国高校实验室工作中的新情况、新理论、新经验、新技术，推动高校实验教学和实验室工作的发展与提高。现设有校长·名人访谈、处长论坛、实验室主任讲坛、专题研讨、实验技术、计算机技术应用、虚拟仿真实验、仪器设备研制与开发、实验教学与创新、国外实验室、实验室建设与科学管理、实习与实训、实验教学示范中心建设、文经管类实验室、仪器设备供应与管理、实验室环境与安全等栏目。面向高校广大教师、科研人员、实验技术与管理人员。被中文核心期刊要目总览、中国科技期刊引证报告（核心版）、中国核心期刊（遴选）数据库、AJ/PЖ、CA、INSPECSA、CSA、UPD 等收录。曾荣获中国高校优秀科技期刊奖、华东地区优秀期刊、中国高校技术类优秀期刊。

创刊时间：1982 年	出版周期：月刊

主办单位：上海交通大学	通信地址：上海市华山路 1954 号上海交大教三楼 457 室（200030）
主编：蒋兴浩	联系电话：021-62932952
ISSN：1006-7167	E-mail：sysy@ sjtu. edu. cn
CN：31-1707/T	Web：http：//sysy. chinajournal. net. cn

5. 北京师范大学学报(自然科学版) (5/175，A+)

6. 华中师范大学学报(自然科学版) (6/175，A+)

外文刊名：Journal of Huazhong Normal University（Natural Sciences）

期刊简介：该刊主要报道数学、信息科学、物理学、化学、生物学、地理学等学科的学术成果。设有农药与化学生物学、科学史与哲学等栏目。面向自然科学方面的工作人员、理论研究者和大专院校师生。被 CSCD、CA、AJ/PЖ、CSA、MA、ZR、BA、IC 等数据库收录。曾荣获全国优秀高校自然科学学报、湖北省优秀期刊、第二和第三届中国高校优秀科技期刊奖。

创刊时间：1955 年	出版周期：双月刊
主办单位：华中师范大学	通信地址：武汉市华中师范大学学报编辑部(430079)
主编：王泽龙	联系电话：027-67868127
ISSN：1000-1190	E-mail：inbox@ mail. ccnu. edu. cn
CN：42-1178/N	Web：http：//journal. ccnu. edu. cn

7. 陕西师范大学学报(自然科学版) (7/175，A+)

外文刊名：Journal of Shaanxi Normal University（Natural Science Edition）

期刊简介：该刊主要报道数、理、化、生物环境，计算机科学，体育运动等方面的最新成果。设有专题研究、综合评述、研究简报等栏目。面向理工科院校师生及有关科研人员。曾荣获全国高校自然科学报评比一等奖。被 CSCD 收录。曾入选中国期刊方阵"双效"期刊、连续四次荣获中国高校精品科技期刊奖、陕西省精品科技期刊奖。

创刊时间：1960 年	出版周期：双月刊

主办单位：陕西师范大学	通信地址：陕西省西安市长安南路 199 号（710062）
主编：黄春长	联系电话：029-85308734
ISSN：1672-4291	E-mail：cqj759@163.com
CN：61-1071/N	Web：http：//www.xuebao.snnu.edu.cn

8. 科技导报（8/175，A+）

外文刊名：Science & Technology Review

期刊简介：该刊主要报道国内外科学技术各学科原创性学术论文，同时刊登阶段性最新科研成果报告，以及国内外重大科技新闻。现设有卷首语、本刊专稿、研究论文、学术争鸣、综述文章、科技风云、科技事件、科技工作者大家谈、书评、图书推介等栏目。面向广大科技工作者、高等院校师生、国家机关和高新技术企业高层管理人员。被中文核心期刊、中国科技核心期刊、CSCD、CA、CSA、UPD、SA、INSPEC、CABI、IC 等收录。曾荣获全国科技期刊(综合类)一等奖、国家期刊奖、全国百强期刊奖、中国精品科技期刊，曾入选国家期刊方阵、全国"百刊工程"期刊。

创刊时间：1980 年	出版周期：半月刊
主办单位：中国科学技术协会	通信地址：北京市海淀区学院南路 86 号（100081）
主编：项昌乐	联系电话：010-62138113
ISSN：1000-7857	E-mail：kjdbbjb@cast.org.cn
CN：11-1421/N	Web：www.kjdb.org

9. 西北大学学报(自然科学版)（9/175，A+）

10. 武汉大学学报(理学版)（10/175，A+）

外文刊名：Journal of Wuhan University（Natural Science Edition）

期刊简介：该刊主要报道自然科学各学科领域的最新研究成果。现设有综合评述、研究报告、研究简报等栏目。面向高校师生及科研院所的研究人员。被 CA、MR、ZM、AJ/PЖ、中文核心期刊要目总览、CSCD 等收录。曾荣获国家期刊奖提名奖、全国高校优秀科技期刊奖、中国高校精品科技期刊奖、湖北省优秀期刊奖。

创刊时间：1930 年	出版周期：双月刊
主办单位：武汉大学	通信地址：武汉大学（430072）

主编：邓子新	联系电话：027-68756952
ISSN：1671-8836	E-mail：whdz@ whu. edu. cn
CN：42-1674/N	Web：whdy. cbpt. cnki. net

二、ZH02 工程与技术综合（A+：16）

1. 中国工程科学（1/215，A+）

2. 清华大学学报(自然科学版)（2/215，A+）

外文刊名：Journal of Tsinghua University(Science and Technology)

期刊简介：该刊主要报道清华大学自然科学与技术领域基础研究和实验研究方面的科研成果。设有科技简讯、电子工程、计算机科学与技术、电机工程、自动化、微电子学、建筑技术科学、土木工程、环境科学与工程、工程物理、化学工程、生物科学与技术、生物医学工程、能源工程、机械工程、航空航天工程等栏目。面向广大科学技术研究人员、高等学校师生。被 EI、CA、MR、INSPEC 等数据库收录。曾荣获中国百种杰出期刊奖，第一、二届国家期刊奖，第三届国家期刊奖提名奖。

创刊时间：1915 年	出版周期：月刊
主办单位：清华大学	通信地址：北京市海淀区清华园清华大学文西楼 100 号（100084）
主编：梁恩忠	联系电话：010-62788108；62792976
ISSN：1000-0054	E-mail：xuebaost@ tsinghua. edn. cn
CN：11-2223/N	Web：paper. edu. cn/jouenal. php

3. 电子科技大学学报（3/215，A+）

外文刊名：Journal of University of Electronic Science and Technology of China

期刊简介：该刊主要刊登通信与信息工程、计算机工程与应用、电子工程、电子信息材料与器件、物理电子学、光电子学工程与应用、电子机械工程、生物电子学、自动化技术学科的学术论文，介绍与这些学科相关的科技动态和科研成果、新技术和新工艺。现设有通信与信息工程、计算机工程与应用、电子工程、电子信息材料与器件、物理电子学、光电子学工程与应用、电子机械工程、生物电子学、自动化技术等栏目。面向上述学科进行科学研究的教学和科研人员，以及研究生和本科生。被 EI 等收录。曾荣获中国期刊方阵"双百"期刊第二届国家期刊奖提名奖、中国高校优秀科技期刊奖、中国科技论文在线优秀期刊一等奖和二等奖、全国高校科技期刊优秀编辑质量奖。

创刊时间：1959 年	出版周期：双月刊
主办单位：电子科技大学	通信地址：成都市建设北路二段四号（610054）
主编：周涛	联系电话：028-83202308
ISSN：1001-0548	E-mail：xuebao@ uestc. edu. cn
CN：51-1207/TN	Web：www. juestc. uestc. edu. cn

4. 工程科学学报（4/215，A+）

5. 西安交通大学学报（5/215，A+）

外文刊名：Journal of Xi'an Jiaotong University

期刊简介：该刊主要报道自然科学领域的最新研究成果，突出机电特色，关注学科前沿和交叉。现设有机电、机械、动力、工程热物理、电气、电子信息和计算机等栏目。面向高校师生和自然科学领域的专家学者。被 EI、CA、SA、CSCD 等收录。曾荣获高校杰出科技期刊、中国国际影响力优秀学术期刊、中国高校精品科技期刊等。

创刊时间：1960 年	出版周期：月刊
主办单位：西安交通大学	通信地址：西安市咸宁西路 28 号（710049）
主编：陶文铨	联系电话：02982338337
ISSN：0253-987X	E-mail：xuebao@ mail. xjtu. edu. cn
CN：61-1069/T	Web：http：//zkxb. xjtu. edu. cn

6. 同济大学学报（自然科学版）（6/215，A+）

外文刊名：Journal of Tongji University（Natural Science）

期刊简介：该刊主要刊登国内外土木建筑、交通运输、环境、海洋、测绘、材料、机电、计算机、通信等学科的高水平创新研究成果。现设有土木工程与建筑学，交通运输工程，机械、车辆与能源工程，测绘科学与技术，经济与管理科学等栏目。面向国内外大专院校及科研院所，以及所有有志于相关科学研究的科研人员。被中文科技核心期刊、EI 等多个数据库收录。曾多次荣获国家期刊奖百种重点科技期刊、中国高校精品科技期刊、中国百种杰出学术期刊，2012 年学术水平综合评价在中国理工科高校自然科学学报学中排名第一。

创刊时间：1956 年	出版周期：月刊

主办单位：同济大学	通信地址：上海市四平路 1239 号（200092）
主编：李杰	联系电话：021-65982344
ISSN：0253-374X	E-mail：zrxb@tongji.edu.cn
CN：31-1267/N	Web：http://tjxb.cnjournals.cn

7. 吉林大学学报(工学版)（7/215，A+）

外文刊名：Journal of Jilin University（Engineering and Technology Edition）

期刊简介：该刊主要报道车辆工程、机械工程、材料科学与工程、动力工程及工程热物理、控制科学与工程、计算机科学与技术、电子科学与技术、信息与通信工程、交通运输工程、农业工程等领域的研究论文。被 EI、CA、AJ/PЖ、CSA 等收录。

创刊时间：1957 年	出版周期：双月刊
主办单位：吉林大学	通信地址：长春市人民大街 5988 号吉林大学南岭校区（130022）
主编：任露泉	联系电话：0431-85095297
ISSN：1671-5497	E-mail：xbgxb@jlu.edu.cn
CN：22-1341/T	Web：http://xuebao.jlu.edu.cn/gxb

8. 哈尔滨工业大学学报（8/215，A+）

外文刊名：Journal of Harbin Institute of Technology

期刊简介：该刊主要报道哈工大各学科基础理论、应用科学及工程技术的最新研究成果，同时接收校外高水平论文，省（部）级以上政府基金资助论文，报道方向包括航天、机械、能源、动力、材料、电气、电子、信息与控制、计算机、生物工程、土木工程、市政环境、暖通空调、道路、桥梁、交通工程、工程力学及有关交叉性学科。面向应用科学及工程技术及相关专业的科研人员及高等院校的师生。被 EI、CA、INSPEC、JST、AJ/PЖ、MR、ZM、CSA、AMR、IAA、CMP 收录。

创刊时间：1954 年	出版周期：月刊

主办单位：哈尔滨工业大学	通信地址：哈尔滨市南岗区南通大街 145 号 1 号楼（150001）
主编：杨士茆	联系电话：0451-82519357，82534001
ISSN：0367-6234	E-mail：heuxb@ 126. com
CN：23-1235/T	Web：www. journalhit. com/hitxb_cn/ch/index. aspx

9. 中南大学学报(自然科学版)（9/215，A+）

外文刊名：Journal of Central South University

期刊简介：该刊主要报道地质、采矿、选矿、冶金、化学、材料、机械、控制、土木、能源、交通、环境等学科论文。现设有矿物、冶金、环境、化学、材料，机械、控制、地质、土木，能源、交通、环境等栏目。面向国内外高校、科研院所。被 EI、中文核心期刊、CSCD 等收录。曾荣获国家期刊方阵"双高"期刊、首届国家期刊奖、第二届国家期刊奖提名奖、第三届国家期刊奖百种重点期刊、中国精品科技期刊、中国国际影响力优秀期刊、百种中国杰出学术期刊、中国高校杰出科技期刊、中国高校精品科技期刊奖等。

创刊时间：1956 年	出版周期：月刊
主办单位：中南大学	通信地址：湖南长沙中南大学(410083)
主编：黄伯云	联系电话：0731-88877727
ISSN：1672-7207	E-mail：cch8877@ 163. com
CN：43-1426/N	Web：http：//www. zndxzk. com. cn

10. 浙江大学学报(工学版)（10/215，A+）

外文刊名：Journal of Zhejiang University（Engineering Science）

期刊简介：该刊主要刊载计算机科学技术、信息与电子工程、自动控制技术、光电工程、建筑与土木工程、机械工程、电气工程、能源工程、环境工程、材料科学与工程、生物医学工程、力学等研究论文。面向国内外科技工作者、高等院校师生和厂矿企业的科研人员。被 EI、CA、SA、CSCD 等收录。曾多次荣获全国高校及省级科技期刊精品期刊奖，荣获"双效"期刊和精优期刊奖。

创刊时间：1956 年	出版周期：月刊

主办单位：浙江大学	通信地址：浙江省杭州市浙大路 38 号(310027)
主编：岑可法	联系电话：0571-87952273
ISSN：1008-973X	E-mail：xbgkb@ zju. edu. cn
CN：33-1245/T	Web：www. journals. zju. edu. cn/eng

11. 华中科技大学学报(自然科学版)（11/215，A+)

外文刊名：Journal of Huazhong University of Science and Technology (Natural Science Edition)

期刊简介：该刊主要报道机械科学与工程、材料科学与工程、计算机科学与技术、电子与信息工程、电子科学与技术、电力工程、能源与动力工程、船舶与海洋工程、控制科学与工程、土木工程、生命科学等学科的最新科研成果。被 EI 等多个数据库收录。曾荣获首届国家期刊奖，连续四届蝉联中国高校精品科技期刊等荣誉。

创刊时间：1973 年	出版周期：月刊
主办单位：华中科技大学	通信地址：华中科技大学学报编辑部(430074)
主编：李培根	联系电话：027-87543916
ISSN：1671-4512	E-mail：hgxbs@ hust. edu. cn
CN：42-1658/N	Web：xb. hust. edu. cn

12. 天津大学学报(自然科学与工程技术版)（12/215，A+)

外文刊名：Journal of Tianjin University

期刊简介：该刊主要报道天津大学在自然科学和工程技术领域中具有创造性和前瞻性的学术论文。设有学术论文、实验研究、研究报告、研究简报、学术问题评述、学术动态等栏目。面向科研人员、工程技术人员及理工科高等院校师生。被 AJ/PЖ、EI、CA、CSA、MR 等数据库收录。曾获得教育部优秀期刊二等奖、华北地区优秀期刊奖。

创刊时间：1955 年	出版周期：月刊
主办单位：天津大学	通信地址：天津市南开区七里台天大内第九教学楼 430 室(300072)

主编：龚克	联系电话：022-27403448
ISSN：0493-2137	E-mail：tdxbeb@ tju. edu. cn
CN：12-1127/N	

13. 工程科学与技术（13/215，A+）

外文刊名：Advanced Engineering Sciences

期刊简介：该刊主要报道工程科学领域研究、开发及应用的有创造性的学术论文。现设有聚焦国家重点研发计划、碳中和与绿色能源、网络空间安全、川藏铁路工程与环境、物联网、水利与土木工程、信息工程、机械工程、电气工程、材料化工等栏目。面向高等学校师生、科研人员和工程技术人员。被 EI、INSPEC、CSCD、中国科技核心期刊、中文核心期刊要目总览、RCCSE 中国权威学术期刊等收录。曾荣获中国国际影响力优秀学术期刊、中国精品科技期刊、天府期刊卓越行动计划—卓越期刊、中国高校精品科技期刊奖、中国高校百佳科技期刊、四川出版期刊奖等。

创刊时间：1957 年	出版周期：双月刊
主办单位：四川大学	通信地址：四川省成都市一环路南一段 24 号《四川大学学报(工程科学版)》编辑部(610065)
主编：谢和平	联系电话：028-85405425；15928906650
ISSN：2096-3246	E-mail：jsu@ scu. edu. cn
CN：51-1773/TB	Web：http：//jsuese. ijournals. cn

14. 中国科学：技术科学（14/215，A+）

15. 北京工业大学学报（15/215，A+）

外文刊名：Journal of Beijing University of Technology

期刊简介：该刊主要刊登光学工程与先进制造、电子信息工程、计算机科学、土木工程与建筑、交通工程、环境与能源、材料科学与工程、生物医学工程、应用数学与物理等方面的学术论文。被中文核心期刊、EI 等国内外多个数据库收录。

创刊时间：1974 年	出版周期：月刊
主办单位：北京工业大学	通信地址：北京市朝阳区平乐园 100 号(100124)

主编：聂祚仁	联系电话：010-67392535
ISSN：0254-0037	E-mail：liangjie@bjut.edu.cn
CN：11-2286/T	Web：http://www.bjutxuebao.com/

16. 东南大学学报(自然科学版)（16/215，A+）

外文刊名：Journal of Southeast University（Natural Science Edition）

期刊简介：该刊主要报道校内外在机械、材料、能源、环境、电子、通信、计算机、生物医学、仪器、自动化、土木建筑、交通运输、管理科学与工程等学科的原创性研究成果。面向国内外高校、科研院所、研发机构等单位的师生、专家和科技人员。被 EI、CSA、CA、INSPEC、CSCD 等数据库收录。曾荣获中国期刊方阵"双百"期刊、全国高校优秀科技期刊一等奖、第三届国家期刊奖百种重点期刊奖、中国高校精品科技期刊奖、第六届江苏省双十佳期刊奖、中国百种杰出学术期刊、中国精品科技期刊。

创刊时间：1955 年	出版周期：双月刊
主办单位：东南大学	通信地址：江苏省南京市四牌楼 2 号（210096）
主编：毛善锋	联系电话：025-83794323
ISSN：1001-0505	E-mail：journal@seu.edu.cn
CN：32-1178/N	Web：journal.seu.edu.cn

三、ZH03 医学综合（A+：13）

1. 中国全科医学（1/258，A+）

外文刊名：Chinese General Practice

期刊简介：该刊主要报道党和国家有关医疗卫生改革的方针政策，研究中国全科医学/社区卫生服务发展的现状、特点和趋势，交流全科医学临床研究成果和医疗实践经验，普及全科医学理论知识，实现生物医学向生物—社会—心理医学模式的转变。现设有述评、世界全科医学工作瞭望、论著、全科医疗专题研讨、全科医疗/社区卫生服务工作研究、全科医学教育、社会热点关注、慢病管理、健康教育及健康促进、社会·行为·心理、护理与康复、疾病与营养、临床指南解读、临床病例讨论、用药指导、急诊急救、临床诊疗提示、医学循证、中医·中西医结合、全科医生知识窗、综述等栏目。面向全科医生、社区卫生服务机构的技术人员，全科医学和社区卫生服务以及相关专业的教学、科研及管理人员。被中文核心期刊要目总览、中国科技核心期刊、CSCD、CA、EM、AJ/РЖ、IC、WPRIM、UPD 等收录。

创刊时间：1998 年	出版周期：旬刊
主办单位：中国医院协会；中国全科医学杂志社	通信地址：北京市西城区广义街 5 号广益大厦 A 座 907（100053）
主编：杨辉	联系电话：01063052088
ISSN：1007-9572	E-mail：zgqkyx@ chinagp. net. cn
CN：13-1222/R	Web：www. chinagp. net

2. 南方医科大学学报（2/258，A+）

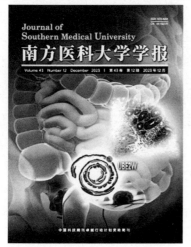

外文刊名：Journal of Southern Medical University

期刊简介：该刊主要报道国内外医学最新进展情况。现设有基础研究、临床研究、病例报告等栏目。面向国内外医务工作者。被 PubMed、CA、CSCD、中文核心期刊要目总览、RCCSE 中国权威期刊等收录。曾连续 4 年蝉联中国科技期刊最高荣誉奖——百种中国杰出学术期刊、多次获中国国际影响力优秀学术期刊等称号。

创刊时间：1981 年	出版周期：月刊
主办单位：南方医科大学	通信地址：广州市广州大道北 1838 号南方医科大学学报编辑部（510515）
ISSN：1673-4254	联系电话：020-61648176
CN：44-1627/R	E-mail：734059724@ qq. com

3. 中华医学杂志（3/258，A+）

外文刊名：National Medical Journal of China

期刊简介：该刊主要报道中国医学最新的科研成果，积极推广医药卫生领域的新技术、新成果，及时交流防病治病的新经验，大力普及医学科技新知识。面向中国广大医药卫生人员。被 CA、CBST、AJ/РЖ、CSCD 等数据库收录。曾连续三次荣获国家期刊奖，连续四年荣获中国百种杰出学术期刊称号，曾荣获首届和第二届全国优秀科技期刊一等奖。

创刊时间：1915 年	出版周期：半月刊

主办单位：中华医学会	通信地址：北京东四西大街 42 号(100710)
主编：高润霖	联系电话：010-85158355
ISSN：0376-2491	E-mail：nmjc@ cma. org. cn
CN：11-2137/R	Web：www. nmjc. net. cn；www. medline. org. cn；www. medline. org. cn

4. 实用医学杂志（4/258，A+）

外文刊名：The Journal of Practical Medicine

期刊简介：该刊主要报道具有创新性和临床转化前瞻的基础研究论文、临床创新科研论文及医学最新研究成果、医学新技术、新动态等。现设有指南与实践、述评、专题笔谈、专题报道、临床新进展、基础研究、临床研究、药物与临床、医学检查与临床诊断、调查研究、中医药现代化、临床护理、综述、新技术新方法、临床经验、病例报告等栏目(其中指南与实践、述评、专题笔谈及专题报道栏目稿件为约稿)。面向各级医疗工作者。被 CA、JST、WPRIM、中文核心期刊要目总览、中国科技核心期刊、WJCI、RCCSE 中国核心学术期刊等收录。曾荣获中国百种杰出学术期刊、中国精品科技期刊、广东省精品科技期刊。

创刊时间：1972 年	出版周期：半月刊
主办单位：广东省医学学术交流中心(广东省医学情报研究所)	通信地址：广州市越秀区惠福西路进步里 2 号之 6（510180）
主编：李国营	联系电话：02081866302、02081840509、02081872080、02081922330
ISSN：1006-5725	E-mail：syyxzz@ syyxzz. com
CN：44-1193/R	Web：http：//www. syyxzz. com/

5. 海南医学院学报（5/258，A+）

外文刊名：Journal of Hainan Medical University

期刊简介：该刊主要报道各类相关基金项目资助的具有科学性、创新性、先进性、实用性的基础医学、临床医学、药学、中医学等方面的学术论文。现设有新型冠状病毒防控专栏、热带医学、黎族医药、亚太医学等栏目。面向科研、教育工作者和临床医务人员。被 CA、CABI、CSA、UPD、JST、IC 等收录。曾荣获首届海南省出版物政府奖、全国高校科技期刊优秀编辑质量奖、海南省第二和第三届优秀期刊、中国科技论文在线优秀期刊一等奖和二等奖。

创刊时间：1995 年	出版周期：半月刊
主办单位：海南医学院	通信地址：海南省海口市学院路 3 号（571199）
主编：刘军保	联系电话：0898-66893391
ISSN：1007-1237	E-mail：hnyxyxb@126.com
CN：46-1049/R	Web：http://journals.hainmc.edu.cn/qks

6. 重庆医学（6/258，A+）

外文刊名：Chongqing Medicine

期刊简介：该刊主要报道医学临床、基础、科研等研究论文及医院卫生管理、护理等医学相关研究内容。现设有述评、论著、临床研究、基础研究、循证医学、技术与方法、调查报告、经验交流、综述、卫生管理、医学教育、临床护理、基层园地等栏目。面向广大的医学临床工作、基础工作、护理工作、医学院校师生及医院管理者等医学相关的专家、学者。被中文核心期刊要目总览、CSCD、RCCSE 中国核心学术期刊、CA、UPD、CSA、IC、CABI、WPRIM 等收录。曾荣获中国科技论文在线优秀期刊一等奖，并获得重庆报刊发展专项基金资助。

创刊时间：1972 年	出版周期：半月刊
主办单位：重庆市卫生信息中心	通信地址：重庆市渝北区宝环路 420 号 613 室（401120）
主编：吴开明	联系电话：023-61965151
ISSN：1671-8348	E-mail：511121337@qq.com
CN：50-1097/R	

7. 中国医学教育技术（7/258，A+）

8. 中国医药导报（8/258，A+）

外文刊名：China Medical Herald

期刊简介：该刊主要报道医药政策法规、医药科技资讯、医药研究进展、医药临床经验、医药创新成果。现设有论著、综述、基础医学、药物研究、医药教育、临床医学、妇幼医学、临床研究、临床检验、影像与介入、麻醉与疼痛、药物与临床、药品检验、中医中药、中西医结合医学、针刀医学、护理研究、调查研究、预防医学、卫生研究、科研管理、医院管理、药事管理、器械设备、病例报告、工作探讨、封面报道、业界关注等栏目。面向医药科研、教育、医护、药事、经营管理等人员。被中国科技期刊引证报告（核心版）期刊、CA 等收录。曾荣获 2016 年度委管出版物主题宣传激励项目"最佳宣传作品"等。

创刊时间：2004 年	出版周期：旬刊

主办单位：中国医学科学院	通信地址：北京市朝阳区东四环中路 78 号楼(大成国际中心 B1 座)8B01 室(100025)
主编：王青	联系电话：010-59626205
ISSN：1673-7210	E-mail：yydb@ vip. 163. com
CN：11-5539/R	Web：www. yiyaodaobao. com. cn

9. 中国医科大学学报（9/258，A+）

外文刊名：Jouranl of China Medical University

期刊简介：该刊主要报道我国科研、医疗基础与临床研究等领域的创新性研究成果。设有研究报告、论著(基础医学、临床医学、药学、公共卫生学、检验医学、法医学、口腔医学、医学心理学、护理医学等)、研究快报、短篇论著、经验交流、疑难病例、个案与短篇、技术方法等栏目。面向国家重点实验室、高等学校、科研院所、医疗机构等从事科学研究工作的科技人员、专家、院校师生等相关人员。被 CA、BA、CSA、UPD、CABI、AJ/PЖ、IC 等数据库收录。曾荣获 2009 年全国高校科技期刊优秀编辑质量奖、辽宁期刊优秀编辑作品评审一等奖、2010 年第三届中国高校优秀科技期刊奖、2008—2009 年度辽宁省一级期刊。

创刊时间：1951 年	出版周期：月刊
主办单位：中国医科大学	通信地址：沈阳市沈北新区蒲河路 77 号 （110122）
主编：闻德亮	联系电话：02431939622
ISSN：0258-4646	E-mail：jcmu@ cmu. edu. cn
CN：21-1227/R	

10. 北京大学学报(医学版)（10/258，A+）

外文刊名：Journal of Peking Unversity (Health Science)

期刊简介：该刊主要报道医学科学领域的最新研究成果，刊登具有国内外先进水平的基础医学、临床医学、预防医学、生物医学、药学及与医学有关的边缘学科的高水平、高质量的研究论文。现设有述评、专家笔谈、论著、疑难/罕见病例分析、科研快、重要进展简报、技术方法、病例报告、短篇论著、工作综述、综述、学科交叉等栏目。面向医药卫生科技人员。被 MEDLINE、EM、WPRIM、JST 等收录。曾荣获百种中国杰出学术期刊、中国高校杰出科技期刊、中国精品科技期刊、中国国际影响力优秀学术期刊等。

创刊时间：1959 年	出版周期：双月刊
主办单位：北京大学	通信地址：北京市海淀区学院路 38 号北京大学学报(医学版)编辑部(100191)

主编：詹启敏	联系电话：82801551
ISSN：1671-167X	E-mail：xbbjb2@ bjmu. edu. cn
CN：11-4691/R	Web：https：//bjdxxb. bjmu. edu. cn

11. 复旦学报(医学版)（11/258，A+）

12. 西安交通大学学报(医学版)（12/258，A+）

外文刊名：Journal of Xi'an Jiaotong University(Medical Sciences)

期刊简介：该刊主要报道国内外基础医药学、临床医药学及其相关学科科学研究的新成果，反映医药学研究的新动态、新理论、新进展。设有专家述评、研究原著、技术方法、研究简报等栏目。面向医药学科研院所、高等院校、医疗企事业单位等从事医药学研究工作的科技人员、专家、院校师生、临床医生等相关人员。被 CA 等数据库收录。曾荣获中国期刊方阵"双效"期刊、中国高校优秀科技期刊、陕西省精品科技期刊称号。

创刊时间：1937 年	出版周期：双月刊
主办单位：西安交通大学	通信地址：西安市雁塔西路 76 号（710061）
主编：闫剑群	联系电话：029-82655412
ISSN：1671-8259	E-mail：yxxuebao@ mail. xjtu. edu. cn
CN：61-1399/R	Web：http：//www. jdyxb. cn

13. 武汉大学学报(医学版)（13/258，A+）

外文刊名：Medical Journal of Wuhan University

期刊简介：该刊主要刊登基础医学和临床医学及相关学科的原创性科研论文。现设有基础医学研究、临床医学、肿瘤学研究和技术与方法研究、综述等固定栏目，并根据约稿情况开设相关专题研究等栏目。面向广大医学及相关学科的科研、临床工作者。被中国生物医学核心期刊、中国核心期刊(遴选)数据库收录期刊、BA、BP、CA 等收录。曾荣获中国高校优秀科技期刊、湖北省优秀期刊、湖北省医学精品期刊。

创刊时间：1958 年	出版周期：双月刊
主办单位：武汉大学	通信地址：湖北武汉珞珈山 武汉大学本科生院楼 5 楼 503 室（430072）

主编：黄从新	联系电话：027-68755966
ISSN：1671-8852	E-mail：mjwhu@ whu. edu. cn
CN：42-1677/R	Web：http：//www. hbyk. cbpt. cnki. net/

四、ZH04 人文科学综合（A+：22）

1. 学术月刊（1/424，A+）

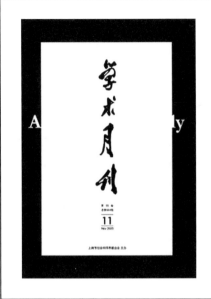

外文刊名：Academic Monthly

期刊简介：该刊主要报道人文学术思想的原创性与问题导向，坚持学术为本，基本学科理论创新与现实重大问题研究并重，关注转型中国的学术思想体系构建。现设有文史哲经四大学科，社会学、政治学、法学、传播学等学科专题论文，以及专题讨论、学术笔谈、跨学科研究，品牌栏目学人访谈录(原中青年专家访谈)，学术评论与学术综述等栏目。面向高校、科研机构的人文社会科学专业的教师、学生等，以及其他学术爱好者。被 CSSCI、中文核心期刊要目总览、中国人文社会科学核心期刊要览等收录。曾荣获第二、第三届国家优秀期刊奖提名奖、新中国 60 年有影响力的期刊、全国百强社科期刊、华东地区优秀期刊、社会科学期刊编校质量优秀奖，曾入选国家社科规划办首批一百家社科基金资助期刊。

创刊时间：1957 年	出版周期：月刊
主办单位：上海市社会科学界联合会	通信地址：上海市淮海中路 622 弄 7 号(乙)(200020)
主编：姜佑福	联系电话：021-53060399
ISSN：0439-8041	E-mail：xsyk021@ 163. com
CN：31-1096/C	Web：www. xsyk021. com

2. 北京师范大学学报(社会科学版)（2/424，A+）

3. 北京大学学报(哲学社会科学版)（3/424，A+）

外文刊名：Journal of Peking University (Philosophy and Social Sciences)

期刊简介：该刊主要报道北大最新的学术成果和学术动态。设有哲学研究、史学研究、文学研究、语言学研究、法学研究、经济学研究、社会学研究、历史地理学研究、学术争鸣、文史新证、文化研究、对外汉语教学、博士后论坛、书评、读书札记、来稿撷英、学术综述、全国高校文科学报概览等板块栏目。面向高等院校和科研机构的人文社会科学教学与科研人员。曾荣获第一届、第二届国家期刊奖称号。

创刊时间：1955 年	出版周期：双月刊
主办单位：北京大学	通信地址：北京大学学报编辑部（100871）
主编：龙协涛	联系电话：010-62751216
ISSN：1000-5919	E-mail：journal@ pku. edu. cn
CN：11-1561/C	Web：journal@ pku. edu. cn

4. 社会科学（4/424，A+）

外文刊名：Journal of Social Sciences

期刊简介：该刊主要报道比较研究，促进中西方文化交流。设有经济学、国际经济与国际政治、政治学、管理法学、社会学、哲学、历史学、文学等栏目。面向国内外，致力于探讨新问题，发表新观点，鼓励学术争鸣，扶植理论新秀，倡导新兴学派。曾荣获上海市第六届哲学社会科学优秀成果奖一等奖、三等奖，上海市第四届邓小平理论研究和宣传优秀成果奖。

创刊时间：1979 年	出版周期：月刊
主办单位：上海社会科学院	通信地址：上海市淮海中路 622 弄 7 号 337 室（200020）
主编：熊月之	联系电话：021-53062234
ISSN：0257-5833	E-mail：shkx@ sass. org. cn
CN：31-1112/C	Web：www. sass. org. cn/skyzzs/

5. 清华大学学报（哲学社会科学版）（5/424，A+）

外文刊名：Journal of Tsinghua University（Philosophy and Social Sciences）

期刊简介：该刊主要报道人文社会科学以及交叉学科等方面的学术论文。设有名师讲堂、清华国学院与现代学术、艺术与艺术史、哲学研究、中国传统文化、历史研究、经济与社会、科技与人文等板块栏目。面向社会科学研究工作者和人文社会科学高等院校师生及社会科学爱好者。曾荣获全国百强社科学报等称号。

创刊时间：1986 年	出版周期：双月刊
主办单位：清华大学	通信地址：北京市海淀区清华大学(100084)
主编：罗钢	联系电话：010-62783533
ISSN：1000-0062	E-mail：skxb@ Tsinghua. edu. cn
CN：11-3596/C	

6. 社会科学战线 (6/424，A+)

外文刊名：Social Science Front

期刊简介：该刊主要报道国内外学术界的最新研究成果，涉及文、史、哲、政、经、法等基础学科，也注重应用学科、新兴学科和交叉学科的研究。设有专稿、经济学研究、哲学研究、文艺学研究、历史学研究、东北历史与文化、政治学研究等栏目。面向广大社会科学工作者和高等学校文科师生。曾荣获社科"双效"期刊、首届全国优秀社科期刊、第三届国家期刊提名奖期刊称号。

创刊时间：1978 年	出版周期：月刊
主办单位：：吉林省社会科学院	通信地址：长春市自由大路 5399 号(130033)
主编：刘信君	联系电话：0431-84612431 84638362
ISSN：0257-0246	E-mail：shzx1@ eyou. com
CN：22-1022/C	Web：SHZX. chinajournal. net. cn

7. 学术研究 (7/424，A+)

外文刊名：Academic Research

期刊简介：该刊主要报道马克思哲学的当代理解、环境史与环境美学、文化研究与文化建设、公民社会与公民教育、区域公共管理、新政治经济学、文学教育等。设有融会与超越、哲学、经济学管理学、政法社会学、历史学、文学语言学、学术与教育等主要栏目。被 CSSCI 等收录。曾荣获国家期刊奖提名奖、中国期刊方阵期刊、广东省品牌期刊等称号。

创刊时间：1958 年	出版周期：月刊

主办单位：广东省社会科学界联合会	通信地址：广东省广州市黄华路四号之二学术研究杂志社（510050）
主编：叶金宝	联系电话：020-83804538/83846307
ISSN：1000-7326	E-mail：gzguoxiuwen@126.com
CN：44-1070/C	Web：www.gdskl.com.cn

8. 广东社会科学（8/424，A+）

	外文刊名：Social Sciences In Guangdong 期刊简介：该刊主要报道中国改革开放和现代化建设的重大热点课题和学术前沿问题。设有经济学、哲学、历史学、文学、法学、社会学、孙中山研究及港澳研究等栏目。面向海内外人文社会科学各学科领域的专家、学者，广大社会科学工作者和高等学校文科师生等。被 CSSCI 收录。
创刊时间：1984 年	出版周期：双月刊
主办单位：广东省社会科学院	通信地址：广州市天河北路 369 号（510610）
主编：江中孝	联系电话：020-38801447
ISSN：1000-114X	E-mail：gdshhkx@163.net
CN：44-1067/C	

9. 江海学刊（9/424，A+）

	外文刊名：Jianghai Academic Journal 期刊简介：该刊主要报道体现国内外哲学社会科学最新研究水平的学术论文。面向国内人文社会科学对话与交流。设有原创学术空间、名家专论、海外学术之窗、哲学、经济学、政治学、社会学、法学、史学、文学、学术评论等栏目。面向高等院校、科研院所以及党政机关的哲学社会科学工作者。被 CSSCI 收录。曾荣获首届国家期刊奖，全国期刊方阵"双奖"期刊、新中国 60 年有影响力的期刊、全国百种重点社科期刊、华东地区最佳期刊、江苏省十佳社科期刊称号。
创刊时间：1958 年	出版周期：双月刊

主办单位：江苏省社会科学院	通信地址：南京市虎踞北路 12 号江海学
主编：韩璞庚	联系电话：025-83715429
ISSN：1000-856X	E-mail：jhxk@ jlonline. com
CN：32-1013/C	Web：www. jhxk. cn

10. 浙江大学学报(人文社会科学版) (10/424，A+)

外文刊名：Journal of Zhejiang University (Humanities and Social Sciences)

期刊简介：该刊主要报道人文社会科学各研究领域的最新研究成果和发展动态。现设有非传统安全与国际关系理论前沿、中国区域经济开发与发展问题研究、中国三农问题研究、国际休闲学研究前沿、语言与认知研究、跨文化理论与跨文化宗教对话等栏目。面向高校及科研院所的学生和研究人员、政府决策部门、学术团体和学术爱好者。被 CSSCI、CSA、UPD、IC 等收录。曾荣获百强社科期刊、第 5 届华东地区优秀期刊奖，连续三年蝉联教育部中国科技论文在线优秀期刊一等奖。

创刊时间：1955 年	出版周期：双月刊
主办单位：浙江大学	通信地址：杭州市天目山路 148 号(310028)
主编：罗卫东	联系电话：0571-88273210
ISSN：1008-942X	E-mail：zdxb_w@ zju. edu. cn
CN：33-1237/C	Web：http：//www. journals. zju. edu. cn/soc

11. 复旦学报(社会科学版) (11/424，A+)

外文刊名：Fudan Journal(Social Sciences Edition)

期刊简介：该刊主要报道复旦师生在社科领域中的研究成果。设有国际问题探索、中国史学的历史进程、马克思主义哲学基础理论与前沿问题研究、西方哲学研究、环境经济研究、经济思想史研究、法学探索、学术争鸣、文艺理论研究、中国现当代文学、中国古代小说研究、考古地理研究等栏目。面向海内外哲学、社会科学各学科领域的专家、学者及广大社会科学工作者和高等学校文科师生等。曾荣获第一、二届全国双十佳社科学报，中国期刊方阵"双效"期刊等称号。

创刊时间：1935 年	出版周期：双月刊
主办单位：复旦大学	通信地址：复旦学报编辑部(200433)

主编：黄颂杰	联系电话：021-65642669
ISSN：0257-0289	E-mail：fdwkxb@ fudan. edu. cn
CN：31-1142/C	Web：www. fudan. edu. cn

12. 文史哲（12/424，A+）

13. 东岳论丛（13/424，A+）

外文刊名：Dongyue Tribune

期刊简介：该刊主要报道社会科学各学科的科学论文、调查报告、学术综述等。设有学术争鸣、经济学研究、区域经济研究、政治学研究、文学研究、史学研究、哲学研究、法学研究、文化研究、论点集萃、新书评介等栏目。面向海内外人文社会科学各学科领域的专家、学者，广大社会科学工作者和高等学校文科师生等。曾荣获中国期刊方阵"双效"期刊、华东地区最佳期刊、山东省十佳期刊等称号。

创刊时间：1980 年	出版周期：月刊
主办单位：山东社会科学院	通信地址：山东省济南市舜耕路 56 号（250002）
主编：张然忠、曹振华	联系电话：0531-82704571 82704700
ISSN：1003-8353	E-mail：helenhan@ vip. 163. com
CN：37-1062/C	

14. 南京大学学报（哲学·人文科学·社会科学）（14/424，A+）

15. 中国高校社会科学（15/424，A+）

16. 华东师范大学学报（哲学社会科学版）（16/424，A+）

17. 南开学报（哲学社会科学版）（17/424，A+）

外文刊名：Nankai Journal

期刊简介：该刊面向海内外人文社会科学各学科领域的专家、学者，广大社会科学工作者和高等学校文科师生。曾荣获国家期刊奖提名奖，为教育部名刊工程首批入选期刊、国家社科基金学术期刊资助首批入选期刊。

创刊时间：1955 年	出版周期：双月刊

主办单位：南开大学	通信地址：天津南开大学学报编辑部(300071)
主编：陈洪	联系电话：23508374
ISSN：1001-4667	E-mail：xbb@ nankai. edu. cn
CN：12-1027/C	

18. 中山大学学报(社会科学版) (18/424, A+)

外文刊名：Journal of Sun Yat-Sen University

期刊简介：该刊主要报道人文社会科学各学科的基础理论研究论文，以及反映学科前沿问题、重大现实问题、热点难点等问题的新成果。设有中国文体学研究、出土文献与古文字研究、大学与近代中国、近代中国的知识与制度转型、经典与解释、中山大学与现代中国等栏目。面向高等院校、研究机构等相关研究人员。被 CSSCI 收录。曾获得国家社科基金学术期刊资助(第一批)，入选教育部名刊工程。

创刊时间：1955 年	出版周期：双月刊
主办单位：中山大学	通信地址：广州市新港西路 135 号中山大学学报编辑部(510275)
主编：吴承学	联系电话：020-84112963, 84112070
ISSN：1000-9639	E-mail：xuebaosk@ mail. sysu. edu. cn
CN：44-1158/C	Web：http：//xuebao. sysu. edu. cn/Jweb_skb/CN/volumn/current. shtml

19. 四川大学学报(哲学社会科学版) (19/424, A+)

20. 湖北大学学报(哲学社会科学版) (20/424, A+)

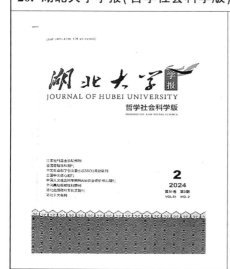

外文刊名：Journal of Hubei University(Philosophy and Social Science)

期刊简介：该刊主要报道人文哲学社会科学领域的学术性文章。重点设有"价值论与伦理学研究""逻辑学研究""中外文艺理论研究""社会文化史研究""学术思想史研究"等优质特色专栏。面向广大高校和各科研机构的理论研究者。入选中文社会科学引文索引(CSSCI)来源期刊、全国中文核心期刊、中国人文社会科学期刊 AMI 综合评价核心期刊、中国人民大学书报资料中心列为"重要转载来源期刊"。先后获得国家社科基金重点学术期刊资助(多次年度考核获评"优秀")、全国"百强报刊"、"全国高校精品社科期刊""湖北十大名刊奖""全国高校社科名刊""湖北出版政府奖""湖北最具影响力学术期刊""全国高校权威期刊"等荣誉。

创刊时间：1974 年	出版周期：双月刊
主办单位：湖北大学	通信地址：湖北省武汉市武昌区友谊大道 368 号（710065）
主编：江畅	联系电话：02788663900
ISSN：1001-4799	Web：http：//xb.hubu.edu.cn
CN：42-1020/C	

21. 人文杂志（21/424，A+）

外文刊名：The Journal of Humanities

期刊简介：该刊主要报道人文哲学社会科学领域的学术性文章。现设有文学、史学、哲学、经济学、政治学、社会学等栏目。面向广大高校和各科研机构的理论研究者和爱好者。被 CSSCI、中国人文社会科学核心期刊、全国中文核心期刊等收录。曾入选国家社科基金首批资助期刊，曾荣获全国期刊方阵"双效"期刊、陕西省一级期刊称号。

创刊时间：1957 年	出版周期：月刊
主办单位：陕西省社会科学院杂志社	通信地址：西安市含光南路 177 号（710065）
主编：任宗哲	联系电话：02985255981
ISSN：0447-662X	E-mail：rwzz177@163.com
CN：61-1005/C	

22. 东北师大学报（哲学社会科学版）（22/424，A+）

外文刊名：Journal of Northeast Normal University

期刊简介：该刊主要报道政治理论、哲学、经济学、历史、语言文学、教育等各学科学术研究成果。设有世界古典文明史研究、美国史研究、中国明清史研究、东北地方史研究、中共党史研究、中国古代文学研究、茅盾研究、儿童文学研究、教育理论研究、中外比较教育研究等栏目。被 CSSCI 收录。曾入选中国期刊方阵双效期刊，曾荣获全国双十佳社科学报、全国三十佳社科学报、吉林省精品期刊、吉林省社会科学十佳期刊称号。

创刊时间：1951 年	出版周期：双月刊

主办单位：东北师范大学	通信地址：东北师大学报(哲学社会科学版)编辑部 长春市净月大街 2555 号(130117)
主编：王确	联系电话：0431-89165995
ISSN：1001-6201	E-mail：dswkxb@ nenu. edu. cn
CN：22-1062/C	

五、ZH05 社会科学综合（A+：15）

1. 中国社会科学（1/307，A+）

外文刊名：Social Sciences in China

期刊简介：该刊主要报道我国哲学、经济、政治、法律、社会、民族、历史、教育、文艺、语言等学科的论文、调查报告、学术研究动态。设有读者评议、学术述评、会议综述等板块栏目。面向社会科学研究工作者、社会学教学工作者等。

创刊时间：1980 年	出版周期：双月刊
主办单位：中国社会科学院	通信地址：北京市鼓楼西大街甲 158 号(100720)
主编：张积玉	联系电话：010-64076113
ISSN：1002-4921	E-mail：zbs@ magazine. net. cn
CN：11-1211/C	Web：ssic. cass. cn

2. 中国人民大学学报（2/307，A+）

外文刊名：Journal of Renmin University of China

期刊简介：该刊主要报道我国人文社会科学各个学科的研究成果。设有专题研究、哲学研究、逻辑学研究、经济学研究、政治学研究、法学研究、史学研究、新闻学研究、学术观察、新书评介等板块栏目。面向社会科学研究人员和大专院校师生等。曾荣获首届全国优秀社科期刊、首届全国双十佳社科学报等称号。

创刊时间：1987 年	出版周期：双月刊

主办单位：中国人民大学	通信地址：北京市海淀区中关村大街 31 号（100080）
主编：王霁	联系电话：010-62511499
ISSN：1000-5420	
CN：11-1476/C	

3. 武汉大学学报（哲学社会科学版）（3/307，A+）

外文刊名：Wuhan University Journal（Philosophy & Social Sciences）

期刊简介：该刊结合武汉大学的文科科研优势，主要报道学科前沿问题、热点问题，关注国家、教育部重大或重点课题研究成果，力求代表本学科的最高学术水平。设有政治学、公共管理学、法学、经济学、经济管理学等栏目。被 CSSCI、CSA 等收录。

创刊时间：1930 年	出版周期：双月刊
主办单位：武汉大学	通信地址：湖北武昌珞珈山（430072）
主编：顾海良	联系电话：027-68756717
ISSN：1672-7320	Web：www. wujss. net
CN：42-1071/C	

4. 华中师范大学学报（人文社会科学版）（4/307，A+）

外文刊名：Journal of Huazhong Normal University

期刊简介：该刊主要报道学术研究的历史积累和理论创新，传播有创造性的、高水平的最新科研成果。面向社会科学研究人员和大专院校师生等。被 CSSCI 收录。曾荣获全国高校社科名刊称号。

创刊时间：1955 年	出版周期：双月刊

主办单位：华中师范大学	通信地址：武汉市华中师范大学田家炳楼 7 楼学报（430079）
主编：王泽龙	联系电话：027-67868127
ISSN：1000-2456	E-mail：inbox@ mail. ccnu. edu. cn
CN：42-1040/C	

5. 西安交通大学学报（社会科学版）（5/307，A+）

外文刊名：Journal of Xian Jiaotong University（Social Sciences）

期刊简介：该刊主要报道社会科学研究领域的专家和学者的最新研究成果，反映社会科学研究的热点、重点和前沿问题。现设有经济与管理研究、重大项目聚焦、马克思主义中国化研究、公共政策与公共管理研究、绿色与可持续发展研究、人工智能研究、网络信息安全研究、社会学研究、传播学研究、交叉科学研究等栏目。面向高校师生和社会科学领域的专家学者。被 CSSCI、中文核心期刊要目总览等收录。曾荣获全国高校社科名刊、陕西省社科名刊、首届教育部"名栏建设优秀奖"、全国高校精品社科期刊称号。

创刊时间：1981 年	出版周期：双月刊
主办单位：西安交通大学学报社科版编辑部	通信地址：陕西省西安市碑林区咸宁西路 28 号西安交通大学（710049）
主编：李明德	联系电话：18710417980
ISSN：1008-245X	E-mail：1019072379@ qq. com
CN：61-1329/C	Web：http：//skxb. xjtu. edu. cn/

6. 北京工业大学学报（社会科学版）（6/307，A+）

外文刊名：Beijinggongye Daxue Xuebao（Shehui Kexue Ban）

期刊简介：该刊主要报道经济、社会、政治等相关领域的研究成果，侧重当代社会建设等问题的研究。现设有前沿观察、当代社会研究、经济与管理、治国理政等栏目。面向科研院所研究人员及高校教师、研究生。被 CSSCI 来源期刊、AMI 核心期刊、中文核心期刊要目总览、中国科技核心期刊（社会科学）等收录。曾荣获全国高校优秀社科期刊、北京市优秀社科期刊、全国理工农医院校优秀社科学报称号。

创刊时间：2001 年	出版周期：双月刊

主办单位：北京工业大学	通信地址：北京市朝阳区平乐园 100 号（100124）
主编：李四平	联系电话：67396311
ISSN：1671-0398	E-mail：xuebaosk@ bjut. edu. cn
CN：11-4558/G	Web：https：//journal. bjut. edu. cn/bjgydxxbskb/index. htm

7. 探索与争鸣（7/307，A+）

外文刊名：Exploration and Free Views

期刊简介：该刊主要报道国内社会科学学术界相关理论探索、交流、争鸣等内容。设有该刊特稿、圆桌会议、学术争鸣、时事观察、经济改革、文化视野、教育纵横等特色栏目。面向海内外人文社会科学各学科领域的专家、学者、广大社会科学工作者和高等学校文科师生。被 CSSCI 收录。荣获华东地区优秀期刊称号。

创刊时间：1985 年	出版周期：月刊
主办单位：上海市社会科学界联合会	通信地址：上海市淮海中路 622 弄 7 号社联大楼 401 室（200020）
主编：秦维宪	联系电话：021-53060418
ISSN：1004-2229	E-mail：tsyzm@ sssa. org. cn
CN：31-1208/C	

8. 南京社会科学（8/307，A+）

外文刊名：Social Sciences in Nanjing

期刊简介：该刊主要报道人文和社会科学的最新研究成果。设有经济学研究、行政学研究、法学研究、社会学研究、地方经济社会发展研究等板块栏目。面向党政机关、国内外各单位专家学者、社会科学研究工作者和大专院校师生及社会科学爱好者。曾荣获中国期刊方阵"双效"期刊、华东地区优秀期刊称号。

创刊时间：1990 年	出版周期：月刊

主办单位：南京市社会科学界联合会；南京市社会科学院；中共南京市委党校	通信地址：江苏省南京市成贤街43号(210018)
主编：曾向东	联系电话：025-83611547
ISSN：1001-8263	E-mail：njsh@ chinajournal. net. cn
CN：32-1302/C	

9. 重庆大学学报(社会科学版)　(9/307，A+)

外文刊名：Journal of Chongqing University Social Science Edition

期刊简介：该刊主要报道国内外社会科学的最新研究成果，着力反映具有重大理论价值和实践意义的社会科学研究进展。设有区域开发、经济研究、管理论坛、社科研究与评价、法学研究、政治哲学与社会、语言文学及教育研究等栏目。面向社科院所、高等院校、政府管理部门等从事社会科学研究工作的学者、专家和管理人员。被 CSSCI 收录。曾获得中国科技论文在线优秀期刊一等奖、中国百强社科学报(区域开发栏目连续获得全国社科学报优秀栏目)、重庆市期刊质量考评一级期刊称号。

创刊时间：1995 年	出版周期：双月刊
主办单位：重庆大学	通信地址：重庆市沙坪坝区重庆大学 A 区期刊社(400044)
主编：赵修渝	联系电话：02365102306，02365111861
ISSN：1008-5831	E-mail：shekexeb@ cqu. edu. cn
CN：50-1023/C	Web：http://qks. cqu. edu. cn/cqdxskcn/ch/index. aspx

10. 新疆师范大学学报(哲学社会科学版)　(10/307，A+)

外文刊名：Journal of Xinjiang Normal University

期刊简介：该刊是高校综合类学术期刊，在"全球视野、前沿聚焦、问题探究、丝路情怀"的办刊理念指引下，以问题研究为中心，以学术质量为生命，创造性地开展工作。被 CSSCI、中文核心期刊要目总览、中国人文社会科学期刊评价报告(核心期刊)收录。曾荣膺六届新疆期刊奖、四届全国百强社科学报、两届全国民族地区十佳学报称号、全国高校精品社科期刊等称号，并成功入选国家社科基金资助期刊。

创刊时间：1980 年	出版周期：双月刊

主办单位：新疆师范大学	通信地址：新疆乌鲁木齐新医路 102 新疆师范大学学报（830054）
主编：李建军	联系电话：09914332658
ISSN：1005-9245	E-mail：45149640@ qq. com
CN：65-1039/G4	

11. 南京农业大学学报(社会科学版) (11/307，A+)

外文刊名：Journal of Nanjing Agricultural University

期刊简介：该刊主要报道人文社会科学领域的理论性、学术性、创新性、前沿性研究成果。现设有·农村·农民·农业研究、经济管理、公共管理、土地问题、政治学·法学·社会学、农史研究以及文化教育等栏目。面向高校及各类社会科学研究机构学者、政府决策及政策研究部门工作人员。被 CSSCI 收录。曾入选江苏省一级期刊，曾荣获第三届全国理工农医院校社会科学学报优秀期刊奖、首届全国农业高校社科版学报优秀期刊奖、第五届全国农业期刊金犁综合类一等奖。

创刊时间：2001 年	出版周期：季刊
主办单位：南京农业大学	通信地址：南京市卫岗 1 号(210095)
主编：管恒禄	联系电话：025-84396306
ISSN：1671-7465	E-mail：xbsk@ njau. edu. cn
CN：32-1600/C	Web：http：//xbsk. njau. edu. cn

12. 西北农林科技大学学报(社会科学版) (12/307，A+)

外文刊名：Journal of Nortuwest A&F University（Social Science Edition）

期刊简介：该刊主要刊登"三农"问题研究、农业经济与管理、农村社会学、土地问题、粮食问题等涉农类研究论文。被 CSSCI、RCCSE 中国核心学术期刊收录。曾荣获全国高校百强社科期刊、陕西省高校权威社科期刊、全国理工农医院校社会科学报优秀期刊、全国农业高校社科学报优秀期刊称号。

创刊时间：2001 年	出版周期：双月刊

主办单位：西北农林科技大学	通信地址：陕西省咸阳市杨凌区西北农林科技大学北校区 34 信箱(712100)
主编：王倩	联系电话：029-87092306
ISSN：1009-9107	E-mail：xuebaowq@ 263. net
CN：61-1376/C	

13. 华中农业大学学报(社会科学版)（13/307，A+）

外文刊名：Journal of Huazhong Agricultural University(Social Sciences Edition)

期刊简介：该刊重点面向全国及世界"三农"研究，突出"三农"特色，及时反映中国及世界"三农"研究的前沿成果。设有农业经济与农村发展(下设农业经济、农村社会、农村土地三个子栏目)、特约专稿、聚焦转基因、经济·管理、政治·法学、高等教育等栏目。曾被评为全国理工农医院校优秀社科学报和全国高等农业院校优秀社科学报。

创刊时间：1981 年	出版周期：双月刊
主办单位：华中农业大学	通信地址：湖北省武汉市洪山区狮子山街 1 号华中农业大学期刊社(430070)
主编：李忠云	联系电话：027-87287129
ISSN：1008-3456	E-mail：hnwkxb@ mail. hzau. edu. cn
CN：42-1558/C	Web：http://hnxbw. cnjournals. net

14. 学习与探索（14/307，A+）

外文刊名：Study and Exploration

期刊简介：该刊主要报道政治、经济、法律、哲学、历史、文学等多个学科的研究成果。面向广大学术理论工作者。被 CSSCI 收录。曾荣获全国首届百种重点社科期刊、第二届国家期刊奖百种重点期刊、第三届国家期刊奖提名奖、中国期刊方阵"双百"期刊、北方十省(市)优秀期刊奖、东北三省优秀社科期刊、首届黑龙江省政府出版奖优秀期刊奖、首届黑龙江省出版精品工程奖、第二届黑龙江省出版奖等称号。

创刊时间：1979 年	出版周期：双月刊
主办单位：黑龙江省社会科学院	通信地址：哈尔滨市南岗区联发街 62 号（150001）
主编：赵玉贵	联系电话：0451-86240851/86211635
ISSN：1002-462X	E-mail：yucuifang@ 163. com
CN：23-1049/C	Web：www. xxts. chinajournal. net. cn

15. 山东大学学报（哲学社会科学版）（15/307，A+）

外文刊名：Journal of Shandong University（Philosophy and Social Sciences）

期刊简介：该刊主要报道文学、历史、哲学、经济学、管理学、政治学、法学等哲学社会科学等领域的基础理论和应用对策研究成果。现设有民间法研究、产业经济理论与政策研究、诠释学与经典诠释研究、政治哲学与政治文化研究等栏目。面向广大国内外学者。被 CSSCI、中文核心期刊、中国人文社科学报核心期刊等收录。曾荣获全国高校三十佳社科期刊、华东地区优秀期刊、山东省优秀期刊称号，现为国家社科基金资助期刊。

创刊时间：1951 年	出版周期：双月刊
主办单位：山东大学	通信地址：山东省济南市山大南路 27 号山东大学中心校区知新楼 A 座 2010 室（250100）
主编：魏建	联系电话：0531-88364645
ISSN：1001-9839	E-mail：wkxb@ sdu. edu. cn
CN：37-1100/C	Web：http：//www. journal. sdu. edu. cn/

第七节　高职高专成高院校权威期刊指南

一、GZ01 自然科学类（高职高专成高院校学术期刊）（A+：2）

1. 纺织科学与工程学报（1/45，A+）

2. 种子（2/45，A+）

二、GZ02 社会科学类(高职高专成高院校学术期刊)（A+：13）

1. 远程教育杂志（1/233，A+）

外文刊名：Journal of Distance Education

期刊简介：该刊主要报道"学习科学"领域中的最新研究进展，以版块式、专题式呈现国内外相关的研究成果。现设有本期特稿、理论前沿、学习新论、学术视点、深度阐述、专题研讨、开放大学、社区教育等栏目。面向各级各类院校、成人教育机构、电教机构、各级教育管理与研究机构、图书信息机构、远程教育公司、网络教育机构、教育设备厂商、教育软件开发商及关注远程教育发展的单位和个人。被 CSSCI、RCCSE 中国核心学术期刊等收录。曾荣获全国高校优秀社科期刊称号。

创刊时间：1983 年	出版周期：双月刊
主办单位：浙江广播电视大学	通信地址：浙江省杭州市振华路 6 号(310030)
主编：龚祥国	联系电话：0571-88065047
ISSN：1672-0008	E-mail：ycjyzz@ 163. com
CN：33-1304/G4	Web：http：//dej. zjtvu. edu. cn/

2. 开放教育研究（2/233，A+）

外文刊名：Open Education Research

期刊简介：该刊主要报道开放与远程教育的新思想、新理念、新技术和新方法走国际化和专业化相结合的特色发展之路。曾荣获中国国际影响力优秀学术期刊称号。

创刊时间：1995 年	出版周期：双月刊
主办单位：上海开放大学	通信地址：上海市虹口区大连路 1541 号 1301 室(200086)
主编：顾晓敏	联系电话：021-65631403
ISSN：1007-2179	E-mail：kfyj@ shtvu. edu. cn
CN：31-1724/G4	Web：openedu. shtvu. edu. cn

3. 现代远程教育研究（3/233，A+）

外文刊名：Modern Distance Education Research

期刊简介：该刊主要报道教育学、远程教育、教育技术、终身教育等领域的前沿学术成果。现设有本刊特稿、理论经纬、学术时空、实践研究、技术应用、专题研究等栏目。面向全国远程开放教育和教育技术的理论研究者、实践者和管理者。被 CSSCI、全国中文核心期刊、RCCSE、CAJCED、复印报刊资料、RCCSE 中国权威学术期刊、AMI 核心期刊等收录。曾荣获中国国际影响力优秀学术期刊、全国高校社科精品期刊、复印报刊资料重要转载来源期刊、四川省社科学术期刊名刊、四川省重点资助人文社科期刊称号。

创刊时间：1987 年	出版周期：双月刊
主办单位：四川开放大学	通信地址：四川省成都市一环路西三段 3 号（610073）
主编：谭明杰	联系电话：02887768171
ISSN：1009-5195	E-mail：xdyjyj@ 163. com
CN：51-1580/G4	Web：https：//xdyjyj. scou. cn/

4. 成人教育（4/233，A+）

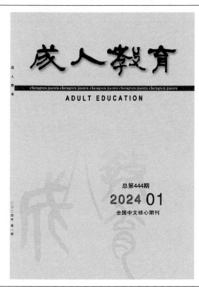

外文刊名：Adult Educatlon

期刊简介：该刊主要报道全国成人教育、职业教育、继续教育研究等方面的内容。现设有理论研究、成人高等教育、远程教育、社区教育、农民教育、职业教育、实践探索、他山之石等栏目。面向全国从事成人教育、职业教育的研究者和工作者。被全国中文核心期刊等收录。

创刊时间：1981 年	出版周期：月刊
主办单位：黑龙江教师发展学院	通信地址：哈尔滨市南岗区和兴路 133 号（150080）
主编：田昶	联系电话：0451-82456271
ISSN：1001-8794	E-mail：crjy2013@ 163. com
CN：23-1067/G4	Web：crjy. cbpt. cnki. net

5. 国家教育行政学院学报（5/233，A+）

外文刊名：Journal of National Academy of Education Administration

期刊简介：该刊主要报道教育管理改革的新经验、新认识及有关社科方面的新成果，关注教育管理、改革的热点和难点，引领教育管理研究的前行方向。现设有教育学人、教育经济与管理、教育基本理论、专题研究、考察/调研报告、外国教育等栏目。面向高等教育及其研究者与实践者、教育决策部门与实际工作部门工作人员。被 CSSCI、中国人文社会科学核心期刊、全国中文核心期刊等收录。曾入选中国高教学会高教管理研究会会刊。

创刊时间：1987 年	出版周期：月刊
主办单位：国家教育行政学院	通信地址：北京市大兴区黄村镇清源北路 16 号国家教育行政学院教育管理杂志社（102617）
主编：黄百炼	联系电话：010-69235388
ISSN：1672-4038	E-mail：13995674521@ 163. com
CN：11-5047/D	Web：www. naea. edu. cn

6. 当代职业教育（6/233，A+）

外文刊名：Contemporary Vocational Education

期刊简介：该刊以宣传职业教育改革发展的新思路、新任务、新举措、新愿景为己任，着力研究新形势下职业教育的新机遇、新挑战，传播职业教育先进理念与经验，构筑一流的职教研究和交流平台。现设有专题研究、理论探讨、教育管理、教学实践、师生发展、监测评估、国际视野、继续教育、老年教育等栏目。面向职业教育研究者、工作者和职业院校师生。被 AMI A 刊扩展期刊收录。曾荣获全国高职成高学报优秀期刊称号，"国际视野"栏目被评为特色栏目。

创刊时间：2010 年	出版周期：双月刊
主办单位：四川广播电视大学	通信地址：四川成都一环路西三段 3 号（610073）
主编：乔兴媚	联系电话：028-87769491
ISSN：1674-9154	E-mail：ddzyjy@ sina. com
CN：51-1728/G4	Web：http：//ddzyjy. scou. cn

7. 河北法学（7/233，A+）

外文刊名：Hebei Law Science

期刊简介：该刊为法学研究专业刊物。面向法学研究人员、政法院校师生及立法与司法实际工作人员。现设有专题，名家论坛，青年法学家，热点问题透视，域外法学与比较法研究，博士生园地，司法实践等栏目。被中文核心期刊、CSSCI 扩展版来源期刊、中国人文社会科学核心期刊收录。

创刊时间：1983 年	出版周期：月刊
主办单位：河北政法职业学院；河北省法学会	通信地址：河北省石家庄市友谊北大街 569 号（050061）
主编：马章民	联系电话：87115528
ISSN：1002-3933	E-mail：hebeifaxue@163.com
CN：13-1023/D	

8. 高等职业教育探索（8/233，A+）

外文刊名：Higher Vocational Education Exploration

期刊简介：该刊主要报道高等职业教育理论与实践的论文。现设有专家观点、理论与政策、区域改革与发展、院校治理、比较教育、人才培养、教师与学生、课程与教学等栏目。面向高等学校和科研院所的教师、研究人员、管理人员及硕博士研究生，以及社会各界关心职业教育发展和改革的人士。曾荣获全国高校优秀社科期刊、全国高职院校十佳期刊、全国高职高专核心期刊称号。

创刊时间：2002 年	出版周期：双月刊
主办单位：广州番禺职业技术学院	通信地址：广州市番禺区市良路 1342 号番职青年旅馆 B101（511483）
主编：何友义	联系电话：020-84738555
ISSN：2096-272X	E-mail：gzpypxb@126.com
CN：44-1726/G4	Web：http://gzvef.gzpyp.edu.cn/

9. 中国远程教育 (9/233, A+)

外文刊名：Distance Education in China

期刊简介：该刊关注重大教育理论与政策，推动科技赋能教育，反映国际学术前沿，聚焦本土教育改革，注重学术研究规范，提倡教育原创研究。

创刊时间：1981 年	出版周期：月刊
主办单位：国家开放大学	通信地址：北京海淀西四环中路 45 号（100039）
主编：严冰	联系电话：01068182520
ISSN：1009-458X	E-mail：fenglin@ crtvu. edu. cn
CN：11-4089/G4	Web：http：//chinade. crtvu. edu. cn

10. 法律适用 (10/233, A+)

11. 现代远距离教育 (11/233, A+)

外文刊名：—

期刊简介：该刊主要报道国内外现代远程教育和教育技术相关信息、探索远程教育规律、总结和交流远程教育经验、推动和促进远程教育事业的发展。现设有特约专稿、理论研究、终身教育、教学实践、技术论坛、国际视野、书评等栏目。面向远程教育和教育技术专家学者。被 CSSCI 中文核心期刊要目总览、RCCSE 中国核心学术期刊等收录。

创刊时间：1979 年	出版周期：双月刊
主办单位：黑龙江开放大学	通信地址：黑龙江省哈尔滨市南岗区和兴路 92 号（150080）
主编：贯昌福	联系电话：0451-86301414
ISSN：1001-8700	E-mail：hljopenu@ 126. com，yuanbjb@ 163. com
CN：23-1066/G4	

12. 国家检察官学院学报（12/233，A+）

13. 中小学管理（13/233，A+）

外文刊名：无

期刊简介：该刊主要报道教育管理研究、基础教育管理等。现设有本刊视点、大家论道、探索、校长、教师、学生、学与教、评价等栏目。面向教育管理研究者、中小学校长、教育行政干部、教研员。被中文核心期刊要目总览、CSSCI 扩展版来源期刊、AMI 扩展期刊等收录。曾荣获国家新闻出版署"双效"期刊、中国北方优秀期刊、北京市优秀出版物称号。

创刊时间：1987 年	出版周期：月刊
主办单位：北京教育融媒体中心	通信地址：北京市西城区白广路 18 号（100054）
主编：黄佳熹	联系电话：010-52597557，13811560837
ISSN：1002-2384	E-mail：53377042@ qq. com
CN：11-2545/G4	

第八节 中文 OA 核心期刊指南

一、OA01 理学综合类（A：7）

1. 应用数学进展（1/31，A）

外文刊名：Advances in Applied Mathematics

期刊简介：《应用数学进展》是一本关注应用数学领域最新进展的国际中文期刊，主要刊登数学的各种计算方法研究，数学在统计学、计算机等方面应用的学术论文和成果评述。本刊支持思想创新、学术创新，倡导科学，繁荣学术，集学术性、思想性为一体，旨在给世界范围内的科学家、学者、科研人员提供一个传播、分享和讨论应用数学领域内不同方向问题与发展的交流平台。原稿论文或者评论文章是有关但不限于以下领域：计算数学、常微分方程数值解、偏微分方程数值解、数值代数、优化计算方法、数值逼近与计算几何、并行计算算法、误差分析与区间算法、反问题计算方法、应用数学、应用统计数学、统计质量控制、可靠性数学、保险数学、统计计算、统计模拟、计算机数学、计算数学其他学科、基础数学教育。

创刊时间：2012 年	出版周期：月刊

主办单位：汉斯出版社	通信地址：湖北省武汉市东湖新技术开发区汤逊湖北路38号，光谷总部空间5栋4楼(430223)
主编：孔德兴、张晓东	联系电话：400-6379-560
ISSN：2324-7991	E-mail：index@ hanspub. org
	Web：http：//www. hanspub. org/journal/aam/

2. 地球科学前沿（2/31，A）

外文刊名：Advances in Geosciences

期刊简介：《地球科学前沿》是一本关注地球科学领域最新进展的国际中文期刊，主要刊登地质力学、大气科学、土壤科学、地球化学等领域内最新研究进展及成果展示的相关论文。本刊支持思想创新、学术创新，倡导科学，繁荣学术，集学术性、思想性为一体，旨在给世界范围内的科学家、学者、科研人员提供一个传播、分享和讨论地球科学领域内不同方向问题与发展的交流平台。原稿论文或者评论文章是有关但不限于以下领域：地球化学、探矿工程、环境地质、数学地质与遥感地质、灾害地质、大气科学、地理信息系统、地理、地质力学、地质地貌、表层过程、海洋资源、土壤科学、地震学、生物圈、环境科学。

创刊时间：2011 年	出版周期：月刊
主办单位：汉斯出版社	通信地址：湖北省武汉市东湖新技术开发区汤逊湖北路38号，光谷总部空间5栋4楼(430223)
主编：侯贵廷	联系电话：400-6379-560
ISSN：2163-3967	E-mail：index@ hanspub. org
	Web：http：//www. hanspub. org/journal/ag/

3. 应用物理（3/31，A）

外文刊名：Applied Physics

期刊简介：《应用物理》是一本关注应用物理领域最新进展的国际中文期刊，主要刊登有关国内外应用物理学、工程物理学等领域研究和应用的最新成果介绍、学者讨论和专业评论等多方面的论文。本刊支持思想创新、学术创新，倡导科学，繁荣学术，集学术性、思想性为一体，旨在给世界范围内的科学家、学者、科研人员提供一个传播、分享和讨论应用物理领域内不同方向问题与发展的交流平台。原稿论文或者评论文章是有关但不限于以下领域：生物力学、统计力学、量子力学、电动力学、热力学、应用力学、应用光学、声学、生物物理学、医学物理学、应用物理学、凝聚态物理学、原子物理学、结构物理、材料物理、固体物理学、机械制图、工程物理。

创刊时间：2011 年	出版周期：月刊
主办单位：汉斯出版社	通信地址：湖北省武汉市东湖新技术开发区汤逊湖北路 38 号，光谷总部空间 5 栋 4 楼（430223）
主编：张启仁、张淑仪	联系电话：400-6379-560
ISSN：2160-7567	E-mail：index@ hanspub. org
	Web：http：//www. hanspub. org/journal/app/

4. 统计学与应用（4/31，A）

外文刊名：Statistical and Application

期刊简介：《统计学与应用》是一本关注统计学领域最新进展的国际中文期刊，主要刊登经济、社会、教育、司法等各门统计学研究，统计学编程应用等方面的学术论文和成果评述。本刊支持思想创新、学术创新，倡导科学，繁荣学术，集学术性、思想性为一体，旨在给世界范围内的科学家、学者、科研人员提供一个传播、分享和讨论统计学领域内不同方向问题与发展的交流平台。原稿论文或者评论文章是有关但不限于以下领域：统计学理论及应用、SAS 编程与应用、SPSS 编程与应用、经济统计学、科学技术统计学、社会统计学、教育统计学、文化与体育统计学、司法统计学、人口统计学、环境与生态统计学、资源统计学、生物与医学统计学、生物统计学、统计学其他学科。

创刊时间：2012 年	出版周期：双月刊
主办单位：汉斯出版社	通信地址：湖北省武汉市东湖新技术开发区汤逊湖北路 38 号，光谷总部空间 5 栋 4 楼（430223）
主编：王琪延	联系电话：400-6379-560
ISSN：2325-2251	E-mail：index@ hanspub. org
	Web：http：//www. hanspub. org/journal/sa/

5. 土壤科学（5/31，A）

外文刊名：Hans Journal of Soil Science

期刊简介：《土壤科学》是一本关注土壤科学领域最新进展的国际中文期刊，主要刊登土壤学、土壤生态学、土壤化学等领域具有创新性的研究成果及前沿报道、学者讨论和专业评论等多方面的论文。本刊支持思想创新、学术创新，倡导科学，繁荣学术，集学术性、思想性为一体，旨在给世界范围内的科学家、学者、科研人员提供一个传播、分享和讨论土壤科学领域内不同方向问题与发展的交流平台。原稿论文或者评论文章是有关但不限于以下领域：土壤学、土壤物理学、土壤化学、土壤地理学、土壤生物学、土壤生态学、土壤耕作学、土壤改良学、土壤肥料学、土壤分类学、土壤调查与评价、土壤修复、森林土壤学、土壤环境学、土壤学其他相关领域。

创刊时间：2013 年	出版周期：季刊
主办单位：汉斯出版社	通信地址：湖北省武汉市东湖新技术开发区汤逊湖北路 38 号，光谷总部空间 5 栋 4 楼(430223)
主编：崔岩山	联系电话：400-6379-560
ISSN：2329-7255	E-mail：index@ hanspub. org
	Web：http：//www. hanspub. org/Journal/hjss/

6. 微生物前沿（6/31，A）

外文刊名：Advances in Microbiology

期刊简介：《微生物前沿》是一本关注微生物领域最新进展的国际中文期刊，主要刊登微生物学领域内最新学术进展和发展动态的相关论文。本刊支持思想创新、学术创新，倡导科学，繁荣学术，集学术性、思想性为一体，旨在给世界范围内的科学家、学者、科研人员提供一个传播、分享和讨论微生物领域内不同方向问题与发展的交流平台。原稿论文或者评论文章有关但不限于以下领域：微生物学、微生物生物化学、微生物生理学、微生物遗传学、微生物生态学、微生物免疫学、微生物分类学、真菌学、细菌学、应用与环境微生物学、微生物学其他学科。

创刊时间：2012 年	出版周期：季刊
主办单位：汉斯出版社	通信地址：湖北省武汉市东湖新技术开发区汤逊湖北路 38 号，光谷总部空间 5 栋 4 楼(430223)
主编：刘万红	联系电话：400-6379-560
ISSN：2327-0810	E-mail：index@ hanspub. org
	Web：http：//www. hanspub. org/journal/amb/

7. 理论数学（7/31，A）

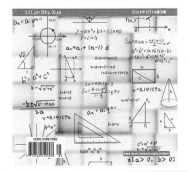

外文刊名：Pure Mathematics

期刊简介：《理论数学》是一本关于理论数学领域最新进展的国际中文期刊，主要刊登理论数学领域最新研究进展的创造性论文和评论性文章。本刊支持思想创新、学术创新，倡导科学，繁荣学术，集学术性、思想性为一体，旨在给世界范围内的科学家、学者、科研人员提供一个传播、分享和讨论理论数学领域内不同方向问题与发展的交流平台。原稿论文或者评论文章是有关但不限于以下领域：数理逻辑与数学基础、数论、代数学、代数几何学、几何学、拓扑学、数学分析、非标准分析、函数论、常微分方程、偏微分方程、动力系统、积分方程、泛函分析。

创刊时间：2011 年	出版周期：月刊

主办单位：汉斯出版社	通信地址：湖北省武汉市东湖新技术开发区汤逊湖北路38号，光谷总部空间5栋4楼（430223）
主编：胡超	联系电话：400-6379-560
ISSN：2160-7583	E-mail：index@ hanspub. org
	Web：http：//www. hanspub. org/journal/pm/

二、OA02 农林水产综合类（A：2）

1. 农业科学（1/6，A）

外文刊名：Hans Journal of Agricultural Sciences

期刊简介：《农业科学》是一本关注农业科学最新研究进展的国际开源中文期刊，主要刊登研究农业发展的自然规律和经济规律等相关领域的学术论文。本刊集学术性、思想性为一体，支持思想创新、学术创新，倡导科学并致力于学术繁荣，旨在给世界范围内农业科学各领域各方向的研究者提供一个传播、分享和讨论农业科学问题与发展的交流平台。原稿论文或者评论文章是有关但不限于以下领域：农业史、农业基础学科、农艺学、园艺学、农产品贮藏与加工、土壤学、植物保护学、农学其他学科、农业工程。

创刊时间：2011 年	出版周期：月刊
主办单位：汉斯出版社	通信地址：湖北省武汉市东湖新技术开发区汤逊湖北路38号，光谷总部空间5栋4楼（430223）
主编：黄丹枫、徐源泰	联系电话：400-6379-560
ISSN：2164-5507	E-mail：index@ hanspub. org
	Web：http：//www. hanspub. org/journal/hjas/

2. 植物学研究（2/6，A）

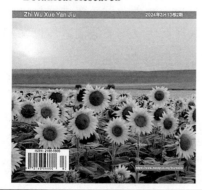

外文刊名：Botanical Research

期刊简介：《植物学研究》是一本关注植物学领域研究前沿的国际中文期刊，主要刊登有关植物学、植物化学、植物生物物理学等领域的学术论文，反映国内外该领域的最新研究动态。本刊支持思想创新、学术创新，倡导科学，繁荣学术，集学术性、思想性为一体，旨在给世界范围内的会计研究人员和实务工作者提供一个传播、分享和讨论植物学领域内不同方向问题与发展的交流平台。原稿论文或者评论文章有关但不限于以下领域：植物学、植物化学、植物生物物理学、植物生物化学、植物形态学、植物解剖学、植物细胞学、植物生理学、植物生殖生物学、植物发育学、植物遗传学、植物引种驯化、植物生态学、植物地理学、植物群落学、植物分类学、实验植物学、民族植物学、植物寄生虫学、植物学其他学科。

创刊时间：2012 年	出版周期：双月刊

主办单位：汉斯出版社	通信地址：湖北省武汉市东湖新技术开发区汤逊湖北路38号，光谷总部空间5栋4楼(430223)
主编：刘来华、张正光	联系电话：400-6379-560
ISSN：2168-5665	E-mail：index@ hanspub.org
	Web：http://www.hanspub.org/journal/br/

三、OA03 医学综合类（A：7）

1. 临床医学进展（1/35，A）

外文刊名：Advances in Clinical Medicine

期刊简介：《临床医学进展》是一本关注临床医学领域最新进展的国际中文期刊，主要刊登临床医学领域内最新技术及成果展示的相关论文。本刊支持思想创新、学术创新，倡导科学，繁荣学术，集学术性、思想性为一体，旨在给世界范围内的科学家、学者、科研人员提供一个传播、分享和讨论临床医学领域内不同方向问题与发展的交流平台。原稿论文或者评论文章是有关但不限于以下领域：临床诊断学、保健医学、理疗学、麻醉学、内科学、外科学、妇产科学、儿科学、眼科学、耳鼻咽喉科学、口腔医学、皮肤病学、性医学、神经病学、精神病学、急诊医学、核医学、肿瘤学、护理学、临床医学其他学科。

创刊时间：2011年	出版周期：月刊
主办单位：汉斯出版社	通信地址：湖北省武汉市东湖新技术开发区汤逊湖北路38号，光谷总部空间5栋4楼(430223)
主编：李萍萍、张力建	联系电话：400-6379-560
ISSN：2161-8712	E-mail：index@ hanspub.org
	Web：http://www.hanspub.org/journal/acm/

2. 护理学（2/35，A）

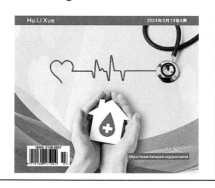

外文刊名：Nursing Science

期刊简介：《护理学》是一本关注护理学领域最新进展的国际中文期刊，主要刊登以自然科学和社会科学理论为基础，对人类健康的护理理论、知识、技能及其发展规律等相关领域的学术论文。本刊支持思想创新、学术创新，倡导科学，繁荣学术，集学术性、思想性为一体，旨在给世界范围内的科学家、学者、科研人员提供一个传播、分享和讨论护理学领域内不同方向问题与发展的交流平台。原稿论文或者评论文章是有关但不限于以下领域：护理管理、护理教育、基础护理、护理学基础、护理药械、缓和护理、中医护理、精神卫生、康复护理、护理伦理、个案护理、医院感染控制、病理生理学、健康评估、社区健康护理、急救护理、老年护理学、心血管护理、护理评估。

创刊时间：2012 年	出版周期：双月刊
主办单位：汉斯出版社	通信地址：湖北省武汉市东湖新技术开发区汤逊湖北路 38 号，光谷总部空间 5 栋 4 楼（430223）
主编：郭桂芳	联系电话：400-6379-560
ISSN：2168-5657	E-mail：index@ hanspub. org
	Web：http：//www. hanspub. org/journal/ns/

3. 中医学（3/35，A）

外文刊名：Traditional Chinese Medicine

期刊简介：《中医学》是一本关注中医学领域最新进展的国际中文期刊，主要刊登研究人体生理病理，疾病诊断，防治等在中医学中的最新应用的论文。本刊支持思想创新、学术创新，倡导科学，繁荣学术，集学术性、思想性为一体，旨在给世界范围内的科学家、学者、科研人员提供一个传播、分享和讨论中医学领域内不同方向问题与发展的交流平台。原稿论文或者评论文章是有关但不限于以下领域：针灸和推拿、中西医结合、中医药的基本理论、中医诊断学、中医护理学、方剂学、中医学材料基础、中医文献学、中医内科学、中医外科学、中医现代化、中草药、中医保健。

创刊时间：2012 年	出版周期：月刊
主办单位：汉斯出版社	通信地址：湖北省武汉市东湖新技术开发区汤逊湖北路 38 号，光谷总部空间 5 栋 4 楼（430223）
主编：季光	联系电话：400-6379-560
ISSN：2166-6067	E-mail：index@ hanspub. org
	Web：http：//www. hanspub. org/journal/tcm/

4. 药物资讯（4/35，A）

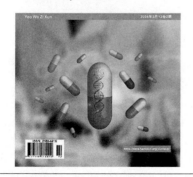

外文刊名：Pharmacy Information

期刊简介：《药物资讯》是一本关注医药领域最新进展的国际中文期刊，主要刊登有关药物治疗、临床药学、药物流行病学等领域的学术论文，反映国内外该领域的最新研究动态。本刊支持思想创新、学术创新，倡导科学，繁荣学术，集学术性、思想性为一体，旨在给世界范围内的科学家、学者、科研人员提供一个传播、分享和讨论医药领域内不同方向问题与发展的交流平台。原稿论文或者评论文章是有关但不限于以下领域：药物治疗、临床药学、药物流行病学、药物利用、药物经济学、医药保健、药品信息、卫生服务研究、药物管理、医疗信息系统、其他临床药学方面。

创刊时间：2012 年	出版周期：双月刊
主办单位：汉斯出版社	通信地址：湖北省武汉市东湖新技术开发区汤逊湖北路 38 号，光谷总部空间 5 栋 4 楼（430223）

主编：邱声详	联系电话：400-6379-560
ISSN：2160-441X	E-mail：index@ hanspub. org
	Web：http：//www. hanspub. org/journal/pi/

5. 世界肿瘤研究（5/35，A）

外文刊名：World Journal of Cancer Research

期刊简介：《世界肿瘤研究》是一本关注肿瘤研究领域最新进展的国际中文期刊，主要刊登有关肿瘤免疫学、肿瘤病因学、肿瘤病理学等领域的学术论文，反映国内外该领域的最新研究动态。本刊支持思想创新、学术创新，倡导科学，繁荣学术，集学术性、思想性为一体，旨在给世界范围内的科学家、学者、科研人员提供一个传播、分享和讨论肿瘤研究领域内不同方向问题与发展的交流平台。原稿论文或者评论文章是有关但不限于以下领域：肿瘤免疫学、肿瘤病因学、肿瘤病理学、肿瘤诊断学、肿瘤治疗学、肿瘤预防学、实验肿瘤学、肿瘤学其他学科、抗癌药物研究。

创刊时间：2011 年	出版周期：季刊
主办单位：汉斯出版社	通信地址：湖北省武汉市东湖新技术开发区汤逊湖北路 38 号，光谷总部空间 5 栋 4 楼（430223）
主编：李刚、朱平	联系电话：400-6379-560
ISSN：2164-9049	E-mail：index@ hanspub. org
	Web：http：//www. hanspub. org/journal/wjcr/

6. 国际神经精神科学杂志（6/35，A）

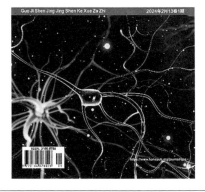

外文刊名：International Journal of Psychiatry and Neurology

期刊简介：《国际神经精神科学杂志》是一本专注精神病学领域最新进展的国际中文期刊，主要刊登国内外神经精神科学相关领域的学术论文。本刊支持思想创新、学术创新，倡导科学，繁荣学术，集学术性、思想性为一体，旨在为全球关注神经精神疾病的科学家、学者、科研人员提供一个传播、分享和讨论神经精神基础研究和临床治疗成果的交流平台。原稿论文或者评论文章是有关但不限于以下领域：精神障碍神经解剖、精神障碍神经生化、精神障碍生理学、精神障碍药理学、精神障碍内分泌、精神障碍免疫学、精神疾病遗传、精神障碍心理学、精神疾病社会学、精神卫生、精神障碍流行病学、精神障碍病因学、精神障碍症状学、精神障碍诊断、精神障碍分类学、成瘾性精神障碍、中毒性精神障碍、精神分裂症、抑郁症、分裂情感性精神病、偏执性精神病、文化性精神障碍、妇女精神卫生、儿童精神障碍、精神疾病治疗、精神疾病护理、精神障碍预防、司法精神病学。

创刊时间：2012 年	出版周期：季刊
主办单位：汉斯出版社	通信地址：湖北省武汉市东湖新技术开发区汤逊湖北路 38 号，光谷总部空间 5 栋 4 楼（430223）
主编：杨俊	联系电话：400-6379-560

ISSN：2166-5788	E-mail：index@ hanspub. org
	Web：http：//www. hanspub. org/journal/ijpn/

7. 生物医学（7/35，A）

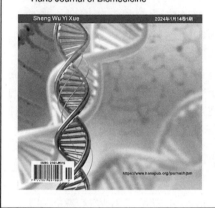

外文刊名：Hans Journal of Biomedicine

期刊简介：《生物医学》是一本关注生物医学领域最新进展的国际中文期刊，主要刊登生物医学领域内最新成果及报道的相关论文及评述，反映国内外该领域的最新研究动态。本刊支持思想创新、学术创新，倡导科学，繁荣学术，集学术性、思想性为一体，旨在给世界范围内的科学家、学者、科研人员提供一个传播、分享和讨论生物医学领域内不同方向问题与发展的交流平台。原稿论文或者评论文章是有关但不限于以下领域：生物电子与神经系统的工程、生物信息学和计算生物学、生物材料、生物力学和生物转运、生物医疗仪器、传感器、人工器官和纳米技术、生物医学工程、生物医学成像、图像处理及可视化、生物医学建模、临床工程、耐磨和实时健康监测系统、基因工程、基因组学、医学生物化学、医学细胞生物学、纳米生物分析、核磁共振/ CT /心电技术和电磁场仿真、生理信号处理、蛋白质组学、医学工程中的软件、工具和应用、结构药物设计。

创刊时间：2011 年	出版周期：季刊
主办单位：汉斯出版社	通信地址：湖北省武汉市东湖新技术开发区汤逊湖北路38 号，光谷总部空间 5 栋 4 楼(430223)
主编：李孟森	联系电话：400-6379-560
ISSN：2161-8976	E-mail：index@ hanspub. org
	Web：http：//www. hanspub. org/journal/hjbm/

四、OA04 工学综合类（A：9）

1. 计算机科学与应用（1/46，A）

外文刊名：Computer Science and Application

期刊简介：《计算机科学与应用》是一本关注计算机应用领域最新进展的国际中文期刊，主要刊登计算机基础学科、人工智能、计算机仿真及应用领域内最新技术及成果展示的相关论文。本刊支持思想创新、学术创新，倡导科学，繁荣学术，集学术性、思想性为一体，旨在给世界范围内的科学家、学者、科研人员提供一个传播、分享和讨论计算机科学领域内不同方向问题与发展的交流平台。原稿论文或者评论文章是有关但不限于以下领域：计算机科学技术基础学科、自动机理论、可计算性理论、人工智能、计算机系统结构、计算机软件、计算机工程、计算机元器件、计算机处理器技术、计算机存储技术、计算机外围设备、计算机应用、计算机仿真、计算机图形学、计算机图象处理、计算机辅助设计、计算机过程控制、计算机信息管理系统、计算机科学技术其他学科。

创刊时间：2011 年	出版周期：月刊

主办单位：汉斯出版社	通信地址：湖北省武汉市东湖新技术开发区汤逊湖北路38号，光谷总部空间5栋4楼(430223)
主编：黄廷祝、叶培新	联系电话：400-6379-560
ISSN：2161-8801	E-mail：index@ hanspub. org
	Web：http：//www. hanspub. org/journal/csa/

2. 水资源研究（2/46，A）

外文刊名：Journal of Water Resources Research

期刊简介：《水资源研究》是一本关注水资源领域最新进展的国际中文期刊，以传播和展示世界水文水资源研究领域最新成果、推进中国水文水资源研究走向国际为宗旨，着重介绍水文科学，水资源开发利用，水环境保护的理论方法、技术经验和应用成果以及水文水资源研究新的发展方向和具有前瞻性的水战略性问题，为广大水文水资源研究者及相关技术人员提供一个免费传播，交流的平台，为社会各阶层推介有价值的水文水资源信息。原稿论文或者评论文章是有关但不限于以下领域：水资源评价、水资源计算、水资源规划、水资源管理、水资源保护、水资源利用、多水转化、水环境、水文计算、水文预报、灾害研究、水资源领域经验介绍及问题讨论。

创刊时间：2012 年	出版周期：双月刊
主办单位：汉斯出版社；长江水利委员会水文局；武汉大学水资源与水电工程科学国家重点实验室	通信地址：湖北省武汉市东湖新技术开发区汤逊湖北路38号，光谷总部空间5栋4楼(430223)
主编：郭生练、王俊	联系电话：400-6379-560
ISSN：2166-6024	E-mail：index@ hanspub. org
	Web：http：//www. hanspub. org/journal/jwrr/

3. 材料科学（3/46，A）

外文刊名：Material Sciences

期刊简介：《材料科学》是一本关注材料科学领域最新进展的国际中文期刊，主要刊登生物材料、纳米材料等材料科学领域内最新研究进展的创造性论文和评论性文章。本刊支持思想创新、学术创新，倡导科学，繁荣学术，集学术性、思想性为一体，旨在给世界范围内的科学家、学者、科研人员提供一个传播、分享和讨论材料科学领域内不同方向问题与发展的交流平台。原稿论文或者评论文章是有关但不限于以下领域：材料科学基础、材料表面与界面、材料实验、金属材料、无机非金属材料、有机高分子材料、复合材料、生物材料、纳米材料。

创刊时间：2011 年	出版周期：月刊

主办单位：汉斯出版社	通信地址：湖北省武汉市东湖新技术开发区汤逊湖北路38 号，光谷总部空间 5 栋 4 楼（430223）
主编：张淑仪	联系电话：400-6379-560
ISSN：2160-7613	E-mail：index@ hanspub. org
	Web：http：//www. hanspub. org/journal/ms/

4. 环境保护前沿（4/46，A）

外文刊名：Advances in Environmental Protection

期刊简介：《环境保护前沿》是一本关注环境保护领域最新进展的国际中文期刊，主要刊登有关空气污染监测和建模、大气污染防治、地下水污染控制等领域的最新论文，反映国内外该领域的最新研究动态。本刊支持思想创新、学术创新，倡导科学，繁荣学术，集学术性、思想性为一体，旨在给世界范围内的科学家、学者、科研人员提供一个传播、分享和讨论环境保护领域内不同方向问题与发展的交流平台。原稿论文或者评论文章是有关但不限于以下领域：空气污染监测和建模、大气污染防治、地下水污染控制、水质监测方法、污水处理与利用、水生生物学和水污染、环境污染的风险评估、环境化学、环境管理学、环境保护工程、大气环境学、水体环境学、土壤环境学、区域环境学、城市环境学、环境修复工程、资源科学技术、环境质量监测与评价、化学污染物及其对健康的影响。

创刊时间：2011 年	出版周期：双月刊
主办单位：汉斯出版社	通信地址：湖北省武汉市东湖新技术开发区汤逊湖北路38 号，光谷总部空间 5 栋 4 楼（430223）
主编：刘汝涛	联系电话：400-6379-560
ISSN：2164-5485	E-mail：index@ hanspub. org
	Web：http：//www. hanspub. org/journal/aep/

5. 食品与营养科学（5/46，A）

外文刊名：Hans Journal of Food and Nutrition Science

期刊简介：《食品与营养科学》是一本关注食品与营养领域最新进展的国际中文期刊，主要刊登饮食与疾病、动植物营养学、食品安全与卫生、营养与社会经济等相关内容的学术论文和成果报道及评述。本刊支持思想创新、学术创新，倡导科学，繁荣学术，集学术性、思想性为一体，旨在给世界范围内的科学家、学者、科研人员提供一个传播、分享和讨论食品与营养领域内不同方向问题与发展的交流平台。原稿论文或者评论文章是有关但不限于以下领域：热量摄入和消耗、饮食和疾病、植物营养学、动物营养学、运动营养、公共健康营养、营养物质代谢、临床营养学、食品安全与卫生、饮食、营养和天然生物活性、营养与社会经济、食品质量与安全。

创刊时间：2012 年	出版周期：季刊
主办单位：汉斯出版社	通信地址：湖北省武汉市东湖新技术开发区汤逊湖北路 38 号，光谷总部空间 5 栋 4 楼(430223)
主编：李勇	联系电话：400-6379-560
ISSN：2166-613X	E-mail：index@ hanspub. org
	Web：http：//www. hanspub. org/journal/hjfns/

6. 水污染及处理 (6/46，A)

外文刊名：Water Pollution and Treatment

期刊简介：《水污染及处理》是一本国际中文期刊，主要报道全球范围内水文科学领域的创新性基础研究和应用研究成果，具体包括水治理理论、水处理技术、水文化学、水文生态、水资源规划、水资源评价与保护、水资源监测与分析，兼顾基础理论研究与实用性成果。编委由全国"985""211"高校资深教授和水文科研院所的专家组成，编辑部设在全国高校之冠的武汉。本刊支持思想与学术创新，倡导多样化思维和严谨态度，旨在给世界范围内的科学家、学者、科研人员、环保人士提供一个传播、分享和讨论的交流平台。本刊主要刊登内容涉及以下几个方面：工业生态与水的可持续发展，监测，模拟和预测水污染，地表径流和地下水污染控制，水净化和废水处理，水质管理和生态系统建模，水环境质量监测和评估，水环境质量，污染物暴露与健康。

创刊时间：2013 年	出版周期：季刊
主办单位：汉斯出版社	通信地址：湖北省武汉市东湖新技术开发区汤逊湖北路 38 号，光谷总部空间 5 栋 4 楼(430223)
主编：王玉珏	联系电话：400-6379-560
ISSN：2332-8010	E-mail：index@ hanspub. org
	Web：http：//www. hanspub. org/journal/wpt/

7. 人工智能与机器人研究 (7/46，A)

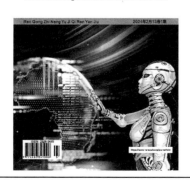

外文刊名：Artificial Intelligence and Robotics Research

期刊简介：《人工智能与机器人研究》是一本关注人工智能与机器人研究领域最新进展的国际中文期刊，本刊支持思想创新、学术创新，倡导科学，繁荣学术，集学术性、思想性于一体，旨在给世界范围内的科学家、学者、科研人员提供一个传播、分享和讨论人工智能与机器人研究领域内不同方向问题与发展的交流平台。原稿论文或者评论文章是有关但不限于以下领域：智能机器人，模式识别与智能系统，虚拟现实技术与应用，系统仿真技术与应用，工业过程建模与智能控制，智能计算与机器博弈，人工智能理论，语音识别与合成，机器翻译，图像处理与计算机视觉，计算机感知，计算机神经网络，知识发现与机器学习，建筑智能化技术与应用，人工智能其他学科。

创刊时间：2012 年	出版周期：季刊
主办单位：汉斯出版社	通信地址：湖北省武汉市东湖新技术开发区汤逊湖北路 38 号，光谷总部空间 5 栋 4 楼（430223）
主编：杨炳儒	联系电话：400-6379-560
ISSN：2326-3415	E-mail：index@ hanspub. org
	Web：http：//www. hanspub. org/journal/airr/

8. 图像与信号处理（8/46，A）

外文刊名：Journal of Image and Signal Processing

期刊简介：《图像与信号处理》是一本关注图像与信号处理领域最新进展的国际中文期刊，本刊支持思想创新、学术创新，倡导科学，繁荣学术，集学术性、思想性于一体，给世界范围内的科学家、学者、科研人员提供一个传播、分享和讨论图像与信号处理领域内不同方向问题与发展的交流平台。原稿论文或者评论文章是有关但不限于以下领域：数字图像处理、语音信号处理与压缩编码技术、图像及视频信号压缩编码及传输技术、多媒体信号中的信息隐藏和数字水印、信号检测技术、视音频制作技术、通信信号处理、盲信号处理及应用、生物特征识别技术、非线性信号与图像处理、视觉传感与检测技术、智能信息与语音信号处理、雷达图像理解、图像与信号处理的其他领域。

创刊时间：2012 年	出版周期：季刊
主办单位：汉斯出版社	通信地址：湖北省武汉市东湖新技术开发区汤逊湖北路 38 号，光谷总部空间 5 栋 4 楼（430223）
主编：龚声蓉	联系电话：400-6379-560
ISSN：2325-6753	E-mail：index@ hanspub. org
	Web：http：//www. hanspub. org/journal/jisp/

9. 世界生态学（9/46，A）

外文刊名：International Journal of Ecology

期刊简介：《世界生态学》是一本关注生态学领域最新进展的国际中文期刊，本刊支持思想创新、学术创新，倡导科学，繁荣学术，集学术性、思想性于一体，给世界范围内的科学家、学者、科研人员提供一个传播、分享和讨论生态学领域内不同方向问题与发展的交流平台。原稿论文或者评论文章是有关但不限于以下领域：生态学、分子生态学、数学生态学、化学生态学、生理生态学、生态系统生态学、种群生态学、群落生态学、景观生态学、微生物生态学、海洋生态学、人类生态学、农业生态学、土壤生态学、水域生态学、森林生态学、环境生态学、生态学其他学科。

创刊时间：2012 年	出版周期：季刊
主办单位：汉斯出版社	通信地址：湖北省武汉市东湖新技术开发区汤逊湖北路 38 号，光谷总部空间 5 栋 4 楼（430223）
主编：周国华	联系电话：400-6379-560
ISSN：2324-7967	E-mail：index@ hanspub. org
	Web：http：//www. hanspub. org/journal/ije/

五、OA05 社会科学综合类（A：7）

1. 设计（OA）（1/35，A）

外文刊名：Design

期刊简介：《设计》是一本关注工业设计等领域最新进展的国际中文期刊，本刊主要刊登工业设计等方面的相关论文。为世界范围内的学者提供一个传播、分享和讨论交流的平台。原稿论文或者评论文章是有关但不限于以下领域：平面设计、室内设计、工业设计、建筑设计、设计管理、视觉传达设计、空间设计艺术、艺术设计教育、园林设计。

创刊时间：2016 年	出版周期：季刊
主办单位：汉斯出版社	通信地址：湖北省武汉市东湖新技术开发区汤逊湖北路 38 号，光谷总部空间 5 栋 4 楼（430223）
主编：傅方煜	联系电话：400-6379-560
ISSN：2476-1516	E-mail：index@ hanspub. org
	Web：https：//www. hanspub. org/journal/design

2. 职业教育（OA）（2/35，A）

外文刊名：Vocational Education

期刊简介：《职业教育》是一本关注职业教育领域最新进展的国际中文期刊，主要刊登职业教育培训、职业技能训练以及相关信息的学术论文，职业教育前沿最新动态评述等。本刊支持思想创新、学术创新，倡导科学，繁荣学术，集学术性、思想性于一体，给世界范围内的科学家、学者、科研人员提供一个传播、分享和讨论职业教育领域内不同方向问题与发展的交流平台。原稿论文或者评论文章是有关但不限于以下领域：职业教育管理、海外职业教育、基础教学研究、专业教学研究、实践教学、教学理论、职业指导、创业教育、企业需求、学科教育、教育技术、职教探索与交流、职业教育相关其他学科。

创刊时间：2012 年	出版周期：双月刊
主办单位：汉斯出版社	通信地址：湖北省武汉市东湖新技术开发区汤逊湖北路 38 号，光谷总部空间 5 栋 4 楼（430223）
主编：罗德红	联系电话：400-6379-560
ISSN：2160-4398	E-mail：index@ hanspub. org
	Web：http：//www. hanspub. org/journal/ve/

3. 教育进展（3/35，A）

外文刊名：Advances in Education

期刊简介：《教育进展》是一本关注教育学领域最新进展的国际中文期刊，主要刊登国内外教育学领域相关论文。本刊支持思想创新、学术创新，倡导科学，繁荣学术，集学术性、思想性于一体，给世界范围内的科学家、学者、科研人员提供一个传播、分享和讨论教育学领域内不同方向问题与发展的交流平台。原稿论文或者评论文章是有关但不限于以下领域：教育史、教育学原理、教学论、教育社会学、教育心理学、教育经济学、教育管理学、比较教育学、教育技术学、军事教育学、学前教育学、普通教育学、高等教育学、成人教育学、职业技术教育学、特殊教育学。

创刊时间：2011 年	出版周期：月刊
主办单位：汉斯出版社	通信地址：湖北省武汉市东湖新技术开发区汤逊湖北路 38 号，光谷总部空间 5 栋 4 楼（430223）
主编：毛亚庆	联系电话：400-6379-560
ISSN：2160-729X	E-mail：index@ hanspub. org
	Web：http：//www. hanspub. org/journal/ae/

4. 法学（OA）（4/35，A）

外文刊名：Open Journal of Legal Science

期刊简介：《法学》是一本关注法学领域最新进展的国际中文期刊，主要刊登有关国内外理论法学、法律实务、立法研究等领域最新成果介绍、学者讨论和专业评论等多方面的论文。本刊支持思想创新、学术创新，倡导科学，繁荣学术，集学术性、思想性于一体，给世界范围内的科学家、学者、科研人员提供一个传播、分享和讨论法学领域内不同方向问题与发展的交流平台。原稿论文或者评论文章是有关但不限于以下领域：理论法学、比较法学、法律心理学、法律史学、国际法学、宪法学、行政法学、民法学、经济法学、劳动法学、婚姻法学、民事诉讼法学、行政诉讼法学、刑事诉讼法学、刑法学、军事法学、卫生法学、环境法学、安全法学、知识产权法学、宗教法学、立法研究、法律实务、法学其他相关领域。

创刊时间：2013 年	出版周期：双月刊
主办单位：汉斯出版社	通信地址：湖北省武汉市东湖新技术开发区汤逊湖北路38 号，光谷总部空间 5 栋 4 楼(430223)
主编：简基松	联系电话：400-6379-560
ISSN：2329-7360	E-mail：index@ hanspub. org
	Web：http：//www. hanspub. org/Journal/ojls/

5. 创新教育研究（5/35，A）

外文刊名：Creative Education Studies

期刊简介：《创新教育研究》是一本关注创新教育领域最新进展的国际中文期刊，主要刊登国内外创新教育领域最新成果介绍，学者讨论及成果展示的相关论文。本刊支持思想创新、学术创新，倡导科学，繁荣学术，集学术性、思想性于一体，旨在给世界范围内的科学家、学者、科研人员提供一个传播、分享和讨论该领域内不同方向问题与发展的交流平台。原稿论文或者评论文章是有关但不限于以下领域：教育创新研究、德育工作研究、教学创新研究、教学法创新研究、管理创新研究、课堂创新探索科技与教育、教育体制研究、素质创新教育、课程改革研究、教学新方法、新思路、新观点等、创新教育其他相关领域。

创刊时间：2013 年	出版周期：月刊
主办单位：汉斯出版社	通信地址：湖北省武汉市东湖新技术开发区汤逊湖北路38 号，光谷总部空间 5 栋 4 楼(430223)
主编：陆根书、胡耿丹	联系电话：400-6379-560
ISSN：2331-799X	E-mail：index@ hanspub. org
	Web：http：//www. hanspub. org/journal/ces/

6. 社会科学前沿（6/35，A）

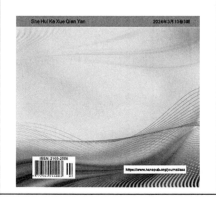

外文刊名：Advances in Social Sciences

期刊简介：《社会科学前沿》是一本关注社会学领域最新进展的国际中文期刊，主要刊登人类社会各种现象和社会学理论，包括经济、文化、历史等社会学学术论文和成果报道及评述。本刊支持思想创新、学术创新，倡导科学，繁荣学术，集学术性、思想性为一体，给世界范围内的社会科学研究者提供一个传播、分享和讨论社会科学领域内不同方向问题与发展的交流平台。原稿论文或者评论文章是有关但不限于以下领域：经济学、政治学、法学、伦理学、历史学、社会学、心理学、教育学、管理学、人类学、民俗学、新闻学、传播学、行为科学、女性主义学。

创刊时间：2012 年	出版周期：月刊
主办单位：汉斯出版社	通信地址：湖北省武汉市东湖新技术开发区汤逊湖北路 38 号，光谷总部空间 5 栋 4 楼(430223)
主编：杨万平、张军	联系电话：400-6379-560
ISSN：2169-2556	E-mail：index@ hanspub. org
	Web：http：//www. hanspub. org/journal/ass

7. 评价与管理（7/35，A）

外文刊名：Evaluation & Management

期刊简介：《评价与管理》是一本关注评价与管理领域最新进展的国际中文期刊，主要刊登有关国内外评价理论、评价实务、评价决策等领域最新成果介绍、学者讨论和专业评论等多方面的论文。本刊支持思想创新、学术创新，倡导科学，繁荣学术，集学术性、思想性于一体，为了给世界范围内的科学家、学者、科研人员提供一个传播、分享和讨论评价领域内不同方向问题与发展的交流平台。原稿论文或者评论文章是有关但不限于以下领域：评价科学、评价管理、评价决策、图书情报学、管理学、教育学、经济学、语言学、计算机应用。

创刊时间：2003 年	出版周期：季刊
主办单位：中国科教评价研究院（杭电）；中国科学学与科技政策研究会	通信地址：浙江省杭州市下沙高教园区 2 号大街 1158 号杭电科技馆 322 室(310018)
主编：邱均平	联系电话：0571-86873825
ISSN：2476-1737	E-mail：caes@ hdu. edu. cn

附　　录

附录 A 《中国学术期刊评价研究报告(2024)》中文学术期刊认定名单

第一部分 中文学术期刊名单

(共计 6469 种,按照期刊名称的汉语拼音顺序排序)

序号	期刊名称	序号	期刊名称	序号	期刊名称
1	CT 理论与应用研究	19	安徽警官职业学院学报	37	安徽医科大学学报
2	阿坝师范学院学报	20	安徽开放大学学报	38	安徽医学
3	阿尔茨海默病及相关病杂志	21	安徽科技	39	安徽医药
4	阿拉伯世界研究	22	安徽科技学院学报	40	安徽医专学报
5	癌变·畸变·突变	23	安徽理工大学学报(社会科学版)	41	安徽预防医学杂志
6	癌症	24	安徽理工大学学报(自然科学版)	42	安徽职业技术学院学报
7	癌症进展	25	安徽农学通报	43	安徽中医药大学学报
8	安徽大学学报(哲学社会科学版)	26	安徽农业大学学报	44	安康学院学报
9	安徽大学学报(自然科学版)	27	安徽农业大学学报(社会科学版)	45	安庆师范大学学报(社会科学版)
10	安徽地质	28	安徽农业科学	46	安庆师范大学学报(自然科学版)
11	安徽电气工程职业技术学院学报	29	安徽商贸职业技术学院学报(社会科学版)	47	安全
12	安徽电子信息职业技术学院学报	30	安徽师范大学学报(人文社会科学版)	48	安全、健康和环境
13	安徽工程大学学报	31	安徽师范大学学报(自然科学版)	49	安全与电磁兼容
14	安徽工业大学学报(社会科学版)	32	安徽史学	50	安全与环境工程
15	安徽工业大学学报(自然科学版)	33	安徽水利水电职业技术学院学报	51	安全与环境学报
16	安徽化工	34	安徽体育科技	52	安顺学院学报
17	安徽建筑	35	安徽行政学院学报	53	安阳工学院学报
18	安徽建筑大学学报	36	安徽冶金科技职业学院学报	54	安阳师范学院学报

序号	期刊名称	序号	期刊名称	序号	期刊名称
55	安装	81	宝钢技术	107	北方民族大学学报
56	桉树科技	82	宝鸡文理学院学报(社会科学版)	108	北方农业学报
57	鞍钢技术	83	宝鸡文理学院学报(自然科学版)	109	北方水稻
58	鞍山师范学院学报	84	宝石和宝石学杂志	110	北方文物
59	按摩与康复医学	85	保定学院学报	111	北方药学
60	八桂侨刊	86	保健医学研究与实践	112	北方音乐
61	巴楚医学	87	保密科学技术	113	北方园艺
62	白城师范学院学报	88	保山学院学报	114	北华大学学报(社会科学版)
63	白求恩医学杂志	89	保鲜与加工	115	北华大学学报(自然科学版)
64	白血病·淋巴瘤	90	保险研究	116	北华航天工业学院学报
65	百色学院学报	91	保险职业学院学报	117	北京财贸职业学院学报
66	办公室业务	92	暴雨灾害	118	北京测绘
67	办公自动化	93	爆破	119	北京城市学院学报
68	半导体光电	94	爆破器材	120	北京大学教育评论
69	半导体技术	95	爆炸与冲击	121	北京大学学报(医学版)
70	蚌埠学院学报	96	北部湾大学学报	122	北京大学学报(哲学社会科学版)
71	蚌埠医学院学报	97	北方蚕业	123	北京大学学报(自然科学版)
72	包钢科技	98	北方法学	124	北京党史
73	包头医学	99	北方工业大学学报	125	北京档案
74	包头医学院学报	100	北方果树	126	北京第二外国语学院学报
75	包头职业技术学院学报	101	北方建筑	127	北京电影学院学报
76	包装工程	102	北方交通	128	北京电子科技学院学报
77	包装世界	103	北方金融	129	北京服装学院学报(自然科学版)
78	包装学报	104	北方经济	130	北京工商大学学报(社会科学版)
79	包装与设计	105	北方经贸	131	北京工业大学学报
80	包装与食品机械	106	北方论丛	132	北京工业大学学报(社会科学版)

序号	期刊名称	序号	期刊名称	序号	期刊名称
133	北京工业职业技术学院学报	159	北京社会科学	185	编辑学刊
134	北京规划建设	160	北京生物医学工程	186	编辑之友
135	北京航空航天大学学报	161	北京师范大学学报（社会科学版）	187	变压器
136	北京航空航天大学学报（社会科学版）	162	北京师范大学学报（自然科学版）	188	标记免疫分析与临床
137	北京化工大学学报（社会科学版）	163	北京石油管理干部学院学报	189	标准科学
138	北京化工大学学报（自然科学版）	164	北京石油化工学院学报	190	表面技术
139	北京建筑大学学报	165	北京市工会干部学院学报	191	滨州学院学报
140	北京交通大学学报	166	北京水务	192	滨州医学院学报
141	北京交通大学学报（社会科学版）	167	北京体育大学学报	193	冰川冻土
142	北京教育（高教）	168	北京舞蹈学院学报	194	冰雪运动
143	北京教育学院学报	169	北京信息科技大学学报（自然科学版）	195	兵工学报
144	北京经济管理职业学院学报	170	北京行政学院学报	196	兵工自动化
145	北京警察学院学报	171	北京宣武红旗业余大学学报	197	兵器材料科学与工程
146	北京科技大学学报（社会科学版）	172	北京医学	198	兵器装备工程学报
147	北京口腔医学	173	北京印刷学院学报	199	兵团党校学报
148	北京劳动保障职业学院学报	174	北京邮电大学学报	200	兵团教育学院学报
149	北京理工大学学报	175	北京邮电大学学报（社会科学版）	201	兵团医学
150	北京理工大学学报（社会科学版）	176	北京政法职业学院学报	202	病毒学报
151	北京联合大学学报	177	北京中医药	203	波谱学杂志
152	北京联合大学学报（人文社会科学版）	178	北京中医药大学学报	204	玻璃
153	北京林业大学学报	179	比较法研究	205	玻璃搪瓷与眼镜
154	北京林业大学学报（社会科学版）	180	比较教育学报	206	玻璃纤维
155	北京农学院学报	181	比较教育研究	207	博物院
156	北京农业职业学院学报	182	边疆经济与文化	208	渤海大学学报（哲学社会科学版）
157	北京汽车	183	边界与海洋研究	209	渤海大学学报（自然科学版）
158	北京青年研究	184	编辑学报	210	材料保护

序号	期刊名称	序号	期刊名称	序号	期刊名称
211	材料导报	237	财务与会计	263	测绘地理信息
212	材料工程	238	财务与金融	264	测绘工程
213	材料开发与应用	239	财政监督	265	测绘技术装备
214	材料科学与工程学报	240	财政科学	266	测绘科学
215	材料科学与工艺	241	财政研究	267	测绘科学技术学报
216	材料热处理学报	242	采矿技术	268	测绘通报
217	材料研究学报	243	采矿与安全工程学报	269	测绘学报
218	材料研究与应用	244	采矿与岩层控制工程学报	270	测绘与空间地理信息
219	材料与冶金学报	245	采写编	271	测井技术
220	财会通讯	246	残疾人研究	272	测控技术
221	财会学习	247	蚕桑茶叶通讯	273	测试技术学报
222	财会研究	248	蚕桑通报	274	茶业通报
223	财会月刊	249	蚕学通讯	275	茶叶
224	财经法学	250	蚕业科学	276	茶叶科学
225	财经界（学术版）	251	沧州师范学院学报	277	茶叶通讯
226	财经科学	252	曹雪芹研究	278	茶叶学报
227	财经理论研究	253	草地学报	279	柴油机
228	财经理论与实践	254	草食家畜	280	柴油机设计与制造
229	财经论丛	255	草学	281	产经评论
230	财经问题研究	256	草业科学	282	产权导刊
231	财经研究	257	草业学报	283	产业创新研究
232	财经智库	258	草原文物	284	产业经济评论
233	财贸经济	259	草原与草坪	285	产业经济研究
234	财贸研究	260	草原与草业	286	产业用纺织品
235	财务管理研究	261	测绘	287	产业与科技论坛
236	财务研究	262	测绘标准化	288	昌吉学院学报

序号	期刊名称	序号	期刊名称	序号	期刊名称
289	肠外与肠内营养	315	成都中医药大学学报（教育科学版）	341	城市与减灾
290	常熟理工学院学报	316	成功（教育）	342	城乡规划
291	常州大学学报（社会科学版）	317	成人教育	343	城乡建设
292	常州大学学报（自然科学版）	318	成组技术与生产现代化	344	城镇供水
293	常州工学院学报	319	承德石油高等专科学校学报	345	池州学院学报
294	常州工学院学报（社科版）	320	承德医学院学报	346	赤峰学院学报（汉文哲学社会科学版）
295	常州信息职业技术学院学报	321	城市	347	赤峰学院学报（自然科学版）
296	超硬材料工程	322	城市道桥与防洪	348	出版参考
297	巢湖学院学报	323	城市地质	349	出版发行研究
298	车辆与动力技术	324	城市发展研究	350	出版广角
299	车用发动机	325	城市观察	351	出版科学
300	沉积学报	326	城市管理与科技	352	出版与印刷
301	沉积与特提斯地质	327	城市规划	353	出土文献
302	成才之路	328	城市规划学刊	354	滁州学院学报
303	成都大学学报（社会科学版）	329	城市轨道交通研究	355	滁州职业技术学院学报
304	成都大学学报（自然科学版）	330	城市建设理论研究（电子版）	356	储能科学与技术
305	成都工业学院学报	331	城市建筑	357	楚雄师范学院学报
306	成都航空职业技术学院学报	332	城市建筑空间	358	畜牧产业
307	成都理工大学学报（社会科学版）	333	城市交通	359	畜牧兽医科技信息
308	成都理工大学学报（自然科学版）	334	城市勘测	360	畜牧兽医科学（电子版）
309	成都师范学院学报	335	城市燃气	361	畜牧兽医学报
310	成都体育学院学报	336	城市设计	362	畜牧兽医杂志
311	成都信息工程大学学报	337	城市问题	363	畜牧业环境
312	成都行政学院学报	338	城市学报	364	畜牧与兽医
313	成都医学院学报	339	城市学刊	365	畜牧与饲料科学
314	成都中医药大学学报	340	城市与环境研究	366	畜禽业

序号	期刊名称	序号	期刊名称	序号	期刊名称
367	川北医学院学报	393	创新	419	大连海事大学学报（社会科学版）
368	传播与版权	394	创新创业理论研究与实践	420	大连海洋大学学报
369	传承	395	创新科技	421	大连交通大学学报
370	传动技术	396	创新人才教育	422	大连教育学院学报
371	传感技术学报	397	创新与创业教育	423	大连理工大学学报
372	传感器世界	398	创意设计源	424	大连理工大学学报（社会科学版）
373	传感器与微系统	399	创意与设计	425	大连民族大学学报
374	传媒	400	创造	426	大连医科大学学报
375	传媒观察	401	纯粹数学与应用数学	427	大陆桥视野
376	传媒论坛	402	纯碱工业	428	大麦与谷类科学
377	传染病信息	403	辞书研究	429	大气科学
378	船舶	404	磁共振成像	430	大气科学学报
379	船舶标准化工程师	405	磁性材料及器件	431	大气与环境光学学报
380	船舶标准化与质量	406	大坝与安全	432	大庆社会科学
381	船舶工程	407	大氮肥	433	大庆师范学院学报
382	船舶力学	408	大地测量与地球动力学	434	大庆石油地质与开发
383	船舶设计通讯	409	大地构造与成矿学	435	大视野
384	船舶物资与市场	410	大电机技术	436	大数据
385	船舶与海洋工程	411	大豆科技	437	大舞台
386	船舶职业教育	412	大豆科学	438	大型铸锻件
387	船电技术	413	大观	439	大学
388	船海工程	414	大理大学学报	440	大学化学
389	船山学刊	415	大连大学学报	441	大学教育
390	创伤外科杂志	416	大连干部学刊	442	大学教育科学
391	创伤与急危重病医学	417	大连工业大学学报	443	大学数学
392	创伤与急诊电子杂志	418	大连海事大学学报	444	大学图书馆学报

序号	期刊名称	序号	期刊名称	序号	期刊名称
445	大学图书情报学刊	471	当代会计	497	当代修辞学
446	大学物理	472	当代教师教育	498	当代亚太
447	大学物理实验	473	当代教育科学	499	当代医药论丛
448	大学与学科	474	当代教育理论与实践	500	当代音乐
449	大医生	475	当代教育论坛	501	当代语言学
450	大众标准化	476	当代教育实践与教学研究	502	当代职业教育
451	大众科技	477	当代教育与文化	503	当代中国史研究
452	大众文艺	478	当代金融研究	504	当代作家评论
453	单片机与嵌入式系统应用	479	当代经济	505	党的文献
454	淡水渔业	480	当代经济管理	506	党建
455	弹道学报	481	当代经济科学	507	党建研究
456	弹箭与制导学报	482	当代经济研究	508	党内法规研究
457	弹性体	483	当代临床医刊	509	党史文苑
458	氮肥与合成气	484	当代旅游	510	党史研究与教学
459	当代财经	485	当代美国评论	511	党史纵横
460	当代畜牧	486	当代美术家	512	党政干部学刊
461	当代畜禽养殖业	487	当代农村财经	513	党政论坛
462	当代传播	488	当代青年研究	514	党政研究
463	当代电视	489	当代石油石化	515	档案
464	当代电影	490	当代世界	516	档案管理
465	当代动画	491	当代世界社会主义问题	517	档案时空
466	当代法学	492	当代世界与社会主义	518	档案天地
467	当代韩国	493	当代体育科技	519	档案学通讯
468	当代护士(中旬刊)	494	当代外国文学	520	档案学研究
469	当代化工	495	当代外语研究	521	档案与建设
470	当代化工研究	496	当代文坛	522	导弹与航天运载技术

序号	期刊名称	序号	期刊名称	序号	期刊名称
523	导航定位学报	549	地球科学与环境学报	575	地质与勘探
524	导航定位与授时	550	地球物理学报	576	地质与资源
525	导航与控制	551	地球物理学进展	577	地质灾害与环境保护
526	道德与文明	552	地球信息科学学报	578	地质找矿论丛
527	德国研究	553	地球学报	579	地质装备
528	德州学院学报	554	地球与环境	580	灯与照明
529	地层学杂志	555	地球与行星物理论评（中英文）	581	邓小平研究
530	地方财政研究	556	地下空间与工程学报	582	低碳世界
531	地方立法研究	557	地下水	583	低温工程
532	地方文化研究	558	地学前缘	584	低温建筑技术
533	地方治理研究	559	地域研究与开发	585	低温物理学报
534	地基处理	560	地震	586	低温与超导
535	地矿测绘	561	地震地磁观测与研究	587	低温与特气
536	地理教学	562	地震地质	588	第欧根尼
537	地理教育	563	地震工程学报	589	第四纪研究
538	地理科学	564	地震工程与工程振动	590	癫痫与神经电生理学杂志
539	地理科学进展	565	地震科学进展	591	癫痫杂志
540	地理空间信息	566	地震学报	592	电波科学学报
541	地理信息世界	567	地震研究	593	电测与仪表
542	地理学报	568	地质科技通报	594	电池
543	地理研究	569	地质科学	595	电池工业
544	地理与地理信息科学	570	地质力学学报	596	电瓷避雷器
545	地球化学	571	地质论评	597	电大理工
546	地球环境学报	572	地质通报	598	电动工具
547	地球科学	573	地质学报	599	电镀与精饰
548	地球科学进展	574	地质学刊	600	电镀与涂饰

序号	期刊名称	序号	期刊名称	序号	期刊名称
601	电工材料	627	电力系统及其自动化学报	653	电视研究
602	电工电能新技术	628	电力系统自动化	654	电网技术
603	电工电气	629	电力信息与通信技术	655	电网与清洁能源
604	电工钢	630	电力需求侧管理	656	电线电缆
605	电工技术	631	电力学报	657	电信工程技术与标准化
606	电工技术学报	632	电力与能源	658	电信科学
607	电光与控制	633	电力自动化设备	659	电信快报
608	电焊机	634	电脑编程技巧与维护	660	电讯技术
609	电化教育研究	635	电脑与电信	661	电影理论研究(中英文)
610	电化学	636	电脑与信息技术	662	电影评介
611	电机技术	637	电脑知识与技术	663	电影文学
612	电机与控制学报	638	电气传动	664	电影新作
613	电机与控制应用	639	电气传动自动化	665	电影艺术
614	电加工与模具	640	电气电子教学学报	666	电源技术
615	电力安全技术	641	电气防爆	667	电源学报
616	电力大数据	642	电气工程学报	668	电站辅机
617	电力电容器与无功补偿	643	电气化铁道	669	电站系统工程
618	电力电子技术	644	电气技术	670	电子测量技术
619	电力工程技术	645	电气开关	671	电子测量与仪器学报
620	电力机车与城轨车辆	646	电气时代	672	电子测试
621	电力建设	647	电气应用	673	电子产品可靠性与环境试验
622	电力勘测设计	648	电气自动化	674	电子产品世界
623	电力科技与环保	649	电器工业	675	电子工业专用设备
624	电力科学与工程	650	电器与能效管理技术	676	电子工艺技术
625	电力科学与技术学报	651	电声技术	677	电子机械工程
626	电力系统保护与控制	652	电视技术	678	电子技术应用

序号	期刊名称	序号	期刊名称	序号	期刊名称
679	电子技术与软件工程	705	东北农业大学学报	731	东南大学学报（自然科学版）
680	电子科技	706	东北农业大学学报（社会科学版）	732	东南国防医药
681	电子科技大学学报	707	东北农业科学	733	东南文化
682	电子科技大学学报（社科版）	708	东北师大学报（哲学社会科学版）	734	东南学术
683	电子器件	709	东北师大学报（自然科学版）	735	东南亚研究
684	电子设计工程	710	东北石油大学学报	736	东南亚纵横
685	电子世界	711	东北水利水电	737	东南园艺
686	电子显微学报	712	东北亚经济研究	738	东吴学术
687	电子信息对抗技术	713	东北亚论坛	739	东岳论丛
688	电子学报	714	东北亚外语研究	740	动力工程学报
689	电子与封装	715	东北亚学刊	741	动力学与控制学报
690	电子与信息学报	716	东方电气评论	742	动物学杂志
691	电子元件与材料	717	东方法学	743	动物医学进展
692	电子元器件与信息技术	718	东方论坛	744	动物营养学报
693	电子政务	719	东方汽轮机	745	都市快轨交通
694	电子知识产权	720	东方收藏	746	毒理学杂志
695	电子制作	721	东方学刊	747	读书
696	电子质量	722	东莞理工学院学报	748	读写算
697	雕塑	723	东华大学学报（社会科学版）	749	杜甫研究学刊
698	调研世界	724	东华大学学报（自然科学版）	750	断块油气田
699	东北财经大学学报	725	东华理工大学学报（社会科学版）	751	锻压技术
700	东北大学学报（社会科学版）	726	东华理工大学学报（自然科学版）	752	锻压装备与制造技术
701	东北大学学报（自然科学版）	727	东疆学刊	753	对外传播
702	东北电力大学学报	728	东南传播	754	对外经贸
703	东北电力技术	729	东南大学学报（医学版）	755	对外经贸实务
704	东北林业大学学报	730	东南大学学报（哲学社会科学版）	756	敦煌学辑刊

序号	期刊名称	序号	期刊名称	序号	期刊名称
757	敦煌研究	783	法医学杂志	809	纺织科学研究
758	俄罗斯东欧中亚研究	784	法音	810	纺织科学与工程学报
759	俄罗斯文艺	785	法制博览	811	纺织器材
760	俄罗斯学刊	786	法制与经济	812	纺织学报
761	俄罗斯研究	787	法制与社会	813	放射学实践
762	鄂州大学学报	788	法制与社会发展	814	飞机设计
763	儿科药学杂志	789	法治社会	815	飞控与探测
764	发电技术	790	法治现代化研究	816	飞行力学
765	发电设备	791	法治研究	817	非常规油气
766	发光学报	792	反射疗法与康复医学	818	非金属矿
767	发酵科技通讯	793	犯罪研究	819	肥料与健康
768	发育医学电子杂志	794	犯罪与改造研究	820	分布式能源
769	发展	795	方言	821	分析测试技术与仪器
770	发展改革理论与实践	796	防爆电机	822	分析测试学报
771	发展研究	797	防护工程	823	分析化学
772	阀门	798	防护林科技	824	分析科学学报
773	法国研究	799	防灾减灾工程学报	825	分析试验室
774	法律科学（西北政法大学学报）	800	防灾减灾学报	826	分析仪器
775	法律适用	801	防灾科技学院学报	827	分子催化
776	法商研究	802	纺织报告	828	分子科学学报
777	法学	803	纺织标准与质量	829	分子影像学杂志
778	法学家	804	纺织导报	830	分子诊断与治疗杂志
779	法学论坛	805	纺织服装教育	831	分子植物育种
780	法学评论	806	纺织高校基础科学学报	832	粉煤灰综合利用
781	法学研究	807	纺织检测与标准	833	粉末冶金材料科学与工程
782	法学杂志	808	纺织科技进展	834	粉末冶金工业

序号	期刊名称	序号	期刊名称	序号	期刊名称
835	粉末冶金技术	861	福建建筑	887	福建医科大学学报
836	风机技术	862	福建江夏学院学报	888	福建医科大学学报（社会科学版）
837	风景名胜	863	福建交通科技	889	福建医药杂志
838	风景园林	864	福建教育学院学报	890	福建艺术
839	风湿病与关节炎	865	福建金融	891	福建中学数学
840	佛山科学技术学院学报（社会科学版）	866	福建金融管理干部学院学报	892	福建中医药
841	佛山科学技术学院学报（自然科学版）	867	福建警察学院学报	893	福州大学学报（哲学社会科学版）
842	佛山陶瓷	868	福建开放大学学报	894	福州大学学报（自然科学版）
843	佛学研究	869	福建林业科技	895	福州党校学报
844	服饰导刊	870	福建论坛（人文社会科学版）	896	腐蚀与防护
845	服装学报	871	福建农机	897	妇产与遗传(电子版)
846	辐射防护	872	福建农林大学学报（哲学社会科学版）	898	妇女研究论丛
847	辐射防护通讯	873	福建农林大学学报（自然科学版）	899	阜阳师范大学学报（社会科学版）
848	辐射研究与辐射工艺学报	874	福建农业科技	900	阜阳师范大学学报（自然科学版）
849	福建茶叶	875	福建农业学报	901	阜阳职业技术学院学报
850	福建畜牧兽医	876	福建轻纺	902	复旦教育论坛
851	福建党史月刊	877	福建热作科技	903	复旦学报（社会科学版）
852	福建稻麦科技	878	福建商学院学报	904	复旦学报（医学版）
853	福建地质	879	福建省社会主义学院学报	905	复旦学报（自然科学版）
854	福建电脑	880	福建师范大学学报（哲学社会科学版）	906	复合材料科学与工程
855	福建分析测试	881	福建师范大学学报（自然科学版）	907	复合材料学报
856	福建工程学院学报	882	福建史志	908	复杂系统与复杂性科学
857	福建基础教育研究	883	福建水力发电	909	复杂油气藏
858	福建技术师范学院学报	884	福建体育科技	910	腹部外科
859	福建建材	885	福建文博	911	腹腔镜外科杂志
860	福建建设科技	886	福建冶金	912	改革

序号	期刊名称	序号	期刊名称	序号	期刊名称
913	改革与开放	939	肝胆胰外科杂志	965	高等农业教育
914	改革与战略	940	肝脏	966	高等数学研究
915	甘肃畜牧兽医	941	感染·炎症·修复	967	高等学校化学学报
916	甘肃地质	942	干旱地区农业研究	968	高等学校计算数学学报
917	甘肃高师学报	943	干旱环境监测	969	高等职业教育探索
918	甘肃教育	944	干旱气象	970	高电压技术
919	甘肃金融	945	干旱区地理	971	高分子材料科学与工程
920	甘肃开放大学学报	946	干旱区研究	972	高分子通报
921	甘肃科技	947	干旱区资源与环境	973	高分子学报
922	甘肃科技纵横	948	赣南师范大学学报	974	高技术通讯
923	甘肃科学学报	949	赣南医学院学报	975	高教发展与评估
924	甘肃理论学刊	950	钢管	976	高教论坛
925	甘肃林业科技	951	钢结构(中英文)	977	高教探索
926	甘肃农业	952	钢铁	978	高教学刊
927	甘肃农业大学学报	953	钢铁钒钛	979	高考
928	甘肃农业科技	954	钢铁研究学报	980	高科技纤维与应用
929	甘肃社会科学	955	港澳研究	981	高师理科学刊
930	甘肃水利水电技术	956	港工技术	982	高速铁路技术
931	甘肃行政学院学报	957	港口科技	983	高速铁路新材料
932	甘肃冶金	958	港口装卸	984	高校地质学报
933	甘肃医药	959	高等工程教育研究	985	高校辅导员
934	甘肃政法大学学报	960	高等继续教育学报	986	高校辅导员学刊
935	甘肃中医药大学学报	961	高等建筑教育	987	高校后勤研究
936	甘蔗糖业	962	高等教育研究	988	高校化学工程学报
937	肝癌电子杂志	963	高等教育研究学报	989	高校教育管理
938	肝胆外科杂志	964	高等理科教育	990	高校马克思主义理论研究

序号	期刊名称	序号	期刊名称	序号	期刊名称
991	高校生物学教学研究(电子版)	1017	工程建设与设计	1043	工业计量
992	高校图书馆工作	1018	工程经济	1044	工业技术创新
993	高校医学教学研究(电子版)	1019	工程勘察	1045	工业技术经济
994	高校应用数学学报A辑	1020	工程抗震与加固改造	1046	工业技术与职业教育
995	高压电器	1021	工程科学学报	1047	工业加热
996	高压物理学报	1022	工程科学与技术	1048	工业建筑
997	高原地震	1023	工程力学	1049	工业控制计算机
998	高原科学研究	1024	工程热物理学报	1050	工业炉
999	高原农业	1025	工程设计学报	1051	工业设计
1000	高原气象	1026	工程数学学报	1052	工业水处理
1001	高原山地气象研究	1027	工程塑料应用	1053	工业微生物
1002	高原医学杂志	1028	工程研究(跨学科视野中的工程)	1054	工业卫生与职业病
1003	歌海	1029	工程与建设	1055	工业信息安全
1004	格言(校园版)	1030	工程与试验	1056	工业仪表与自动化装置
1005	给水排水	1031	工程造价管理	1057	工业用水与废水
1006	耕作与栽培	1032	工程质量	1058	公安教育
1007	工程爆破	1033	工会理论研究(上海工会管理职业学院学报)	1059	公安学研究
1008	工程地球物理学报	1034	工具技术	1060	公安研究
1009	工程地质学报	1035	工矿自动化	1061	公共财政研究
1010	工程管理科技前沿	1036	工业安全与环保	1062	公共管理评论
1011	工程管理学报	1037	工业催化	1063	公共管理学报
1012	工程机械	1038	工业工程	1064	公共管理与政策评论
1013	工程机械文摘	1039	工业工程设计	1065	公共外交季刊
1014	工程机械与维修	1040	工业工程与管理	1066	公共卫生与预防医学
1015	工程技术研究	1041	工业锅炉	1067	公共行政评论
1016	工程建设	1042	工业和信息化教育	1068	公共艺术

序号	期刊名称	序号	期刊名称	序号	期刊名称
1069	公共治理研究	1095	关东学刊	1121	光纤与电缆及其应用技术
1070	公路	1096	观察与思考	1122	光学技术
1071	公路工程	1097	管道技术与设备	1123	光学精密工程
1072	公路交通技术	1098	管理案例研究与评论	1124	光学学报
1073	公路交通科技	1099	管理工程师	1125	光学仪器
1074	公路与汽运	1100	管理工程学报	1126	光学与光电技术
1075	功能材料	1101	管理会计研究	1127	光源与照明
1076	功能材料与器件学报	1102	管理科学	1128	光子学报
1077	功能高分子学报	1103	管理科学学报	1129	广播电视大学学报(哲学社会科学版)
1078	供水技术	1104	管理评论	1130	广播电视网络
1079	供应链管理	1105	管理世界	1131	广播电视信息
1080	供用电	1106	管理现代化	1132	广播与电视技术
1081	古代文明	1107	管理学报	1133	广船科技
1082	古地理学报	1108	管理学刊	1134	广东财经大学学报
1083	古汉语研究	1109	管子学刊	1135	广东蚕业
1084	古籍整理研究学刊	1110	灌溉排水学报	1136	广东茶业
1085	古脊椎动物学报(中英文)	1111	灌篮	1137	广东畜牧兽医科技
1086	古建园林技术	1112	光电工程	1138	广东党史与文献研究
1087	古今农业	1113	光电技术应用	1139	广东地质
1088	古生物学报	1114	光电子·激光	1140	广东第二师范学院学报
1089	骨科	1115	光电子技术	1141	广东电力
1090	骨科临床与研究杂志	1116	光明中医	1142	广东工业大学学报
1091	固体电子学研究与进展	1117	光谱学与光谱分析	1143	广东公安科技
1092	固体火箭技术	1118	光散射学报	1144	广东公路交通
1093	固体力学学报	1119	光通信技术	1145	广东海洋大学学报
1094	故宫博物院院刊	1120	光通信研究	1146	广东化工

序号	期刊名称	序号	期刊名称	序号	期刊名称
1147	广东技术师范大学学报	1173	广东职业技术教育与研究	1199	广西社会科学
1148	广东建材	1174	广西财经学院学报	1200	广西社会主义学院学报
1149	广东交通职业技术学院学报	1175	广西蚕业	1201	广西师范大学学报（哲学社会科学版）
1150	广东经济	1176	广西城镇建设	1202	广西师范大学学报（自然科学版）
1151	广东开放大学学报	1177	广西畜牧兽医	1203	广西水利水电
1152	广东农工商职业技术学院学报	1178	广西大学学报（哲学社会科学版）	1204	广西糖业
1153	广东农业科学	1179	广西大学学报（自然科学版）	1205	广西通信技术
1154	广东气象	1180	广西地方志	1206	广西物理
1155	广东青年研究	1181	广西电力	1207	广西医科大学学报
1156	广东轻工职业技术学院学报	1182	广西广播电视大学学报	1208	广西医学
1157	广东社会科学	1183	广西教育	1209	广西政法管理干部学院学报
1158	广东省社会主义学院学报	1184	广西教育学院学报	1210	广西职业技术学院学报
1159	广东石油化工学院学报	1185	广西节能	1211	广西职业师范学院学报
1160	广东水利电力职业技术学院学报	1186	广西经济	1212	广西植保
1161	广东水利水电	1187	广西警察学院学报	1213	广西植物
1162	广东饲料	1188	广西科技大学学报	1214	广西中医药
1163	广东通信技术	1189	广西科技师范学院学报	1215	广西中医药大学学报
1164	广东土木与建筑	1190	广西科学	1216	广义虚拟经济研究
1165	广东外语外贸大学学报	1191	广西科学院学报	1217	广州城市职业学院学报
1166	广东药科大学学报	1192	广西林业科学	1218	广州大学学报（社会科学版）
1167	广东医科大学学报	1193	广西民族大学学报（哲学社会科学版）	1219	广州大学学报（自然科学版）
1168	广东医学	1194	广西民族大学学报（自然科学版）	1220	广州广播电视大学学报
1169	广东艺术	1195	广西民族师范学院学报	1221	广州航海学院学报
1170	广东印刷	1196	广西民族研究	1222	广州化工
1171	广东园林	1197	广西农学报	1223	广州化学
1172	广东造船	1198	广西青年干部学院学报	1224	广州建筑

序号	期刊名称	序号	期刊名称	序号	期刊名称
1225	广州社会主义学院学报	1251	贵州民族研究	1277	国防制造技术
1226	广州市公安管理干部学院学报	1252	贵州农机化	1278	国画家
1227	广州体育学院学报	1253	贵州农业科学	1279	国际安全研究
1228	广州医科大学学报	1254	贵州商学院学报	1280	国际比较文学(中英文)
1229	广州医药	1255	贵州社会科学	1281	国际病毒学杂志
1230	广州中医药大学学报	1256	贵州社会主义学院学报	1282	国际城市规划
1231	规划师	1257	贵州省党校学报	1283	国际传播
1232	硅酸盐通报	1258	贵州师范大学学报(社会科学版)	1284	国际儿科学杂志
1233	硅酸盐学报	1259	贵州师范大学学报(自然科学版)	1285	国际耳鼻咽喉头颈外科杂志
1234	轨道交通装备与技术	1260	贵州师范学院学报	1286	国际法研究
1235	贵金属	1261	贵州文史丛刊	1287	国际纺织导报
1236	贵阳市委党校学报	1262	贵州医科大学学报	1288	国际放射医学核医学杂志
1237	贵阳学院学报(社会科学版)	1263	贵州医药	1289	国际妇产科学杂志
1238	贵阳学院学报(自然科学版)	1264	贵州中医药大学学报	1290	国际工程与劳务
1239	贵州财经大学学报	1265	桂海论丛	1291	国际公关
1240	贵州畜牧兽医	1266	桂林电子科技大学学报	1292	国际骨科学杂志
1241	贵州大学学报(社会科学版)	1267	桂林航天工业学院学报	1293	国际关系研究
1242	贵州大学学报(艺术版)	1268	桂林理工大学学报	1294	国际观察
1243	贵州大学学报(自然科学版)	1269	桂林师范高等专科学校学报	1295	国际汉学
1244	贵州地质	1270	郭沫若学刊	1296	国际汉语教学研究
1245	贵州工程应用技术学院学报	1271	锅炉技术	1297	国际呼吸杂志
1246	贵州警察学院学报	1272	锅炉制造	1298	国际护理学杂志
1247	贵州开放大学学报	1273	国防	1299	国际检验医学杂志
1248	贵州科学	1274	国防交通工程与技术	1300	国际金融
1249	贵州林业科技	1275	国防科技	1301	国际金融研究
1250	贵州民族大学学报(哲学社会科学版)	1276	国防科技大学学报	1302	国际经济法学刊

序号	期刊名称	序号	期刊名称	序号	期刊名称
1303	国际经济合作	1329	国际外科学杂志	1355	国土与自然资源研究
1304	国际经济评论	1330	国际问题研究	1356	国土资源导刊
1305	国际经贸探索	1331	国际消化病杂志	1357	国土资源科技管理
1306	国际精神病学杂志	1332	国际心血管病杂志	1358	国外畜牧学(猪与禽)
1307	国际口腔医学杂志	1333	国际新闻界	1359	国外电子测量技术
1308	国际老年医学杂志	1334	国际眼科杂志	1360	国外理论动态
1309	国际流行病学传染病学杂志	1335	国际眼科纵览	1361	国外社会科学
1310	国际论坛	1336	国际医学放射学杂志	1362	国外社会科学前沿
1311	国际麻醉学与复苏杂志	1337	国际医药卫生导报	1363	国外铁道机车与动车
1312	国际贸易	1338	国际移植与血液净化杂志	1364	国外文学
1313	国际贸易问题	1339	国际遗传学杂志	1365	国外医药(抗生素分册)
1314	国际泌尿系统杂志	1340	国际援助	1366	国学学刊
1315	国际免疫学杂志	1341	国际展望	1367	国医论坛
1316	国际脑血管病杂志	1342	国际政治科学	1368	国有资产管理
1317	国际内分泌代谢杂志	1343	国际政治研究	1369	果农之友
1318	国际商务(对外经济贸易大学学报)	1344	国际中文教育(中英文)	1370	果树学报
1319	国际商务财会	1345	国际中医中药杂志	1371	果树资源学报
1320	国际商务研究	1346	国际肿瘤学杂志	1372	过程工程学报
1321	国际社会科学杂志(中文版)	1347	国家安全研究	1373	哈尔滨工程大学学报
1322	国际神经病学神经外科学杂志	1348	国家检察官学院学报	1374	哈尔滨工业大学学报
1323	国际生物医学工程杂志	1349	国家教育行政学院学报	1375	哈尔滨工业大学学报(社会科学版)
1324	国际生物制品学杂志	1350	国家林业和草原局管理干部学院学报	1376	哈尔滨理工大学学报
1325	国际生殖健康/计划生育杂志	1351	国家人文历史	1377	哈尔滨商业大学学报(社会科学版)
1326	国际石油经济	1352	国家图书馆学刊	1378	哈尔滨商业大学学报(自然科学版)
1327	国际输血及血液学杂志	1353	国家现代化建设研究	1379	哈尔滨师范大学社会科学学报
1328	国际税收	1354	国家治理	1380	哈尔滨师范大学自然科学学报

序号	期刊名称	序号	期刊名称	序号	期刊名称
1381	哈尔滨市委党校学报	1407	海峡科学	1433	邯郸职业技术学院学报
1382	哈尔滨体育学院学报	1408	海峡药学	1434	含能材料
1383	哈尔滨学院学报	1409	海峡预防医学杂志	1435	韩山师范学院学报
1384	哈尔滨医科大学学报	1410	海相油气地质	1436	罕见病研究
1385	哈尔滨医药	1411	海洋测绘	1437	罕少疾病杂志
1386	哈尔滨职业技术学院学报	1412	海洋地质前沿	1438	汉江师范学院学报
1387	哈尔滨轴承	1413	海洋地质与第四纪地质	1439	汉语学报
1388	海岸工程	1414	海洋工程	1440	汉语学习
1389	海关与经贸研究	1415	海洋工程装备与技术	1441	汉语言文学研究
1390	海河水利	1416	海洋湖沼通报	1442	汉字汉语研究
1391	海交史研究	1417	海洋环境科学	1443	汉字文化
1392	海军工程大学学报	1418	海洋技术学报	1444	焊管
1393	海军航空大学学报	1419	海洋经济	1445	焊接
1394	海军军医大学学报	1420	海洋开发与管理	1446	焊接技术
1395	海军医学杂志	1421	海洋科学	1447	焊接学报
1396	海南大学学报(人文社会科学版)	1422	海洋科学进展	1448	杭州电子科技大学学报(社会科学版)
1397	海南大学学报(自然科学版)	1423	海洋气象学报	1449	杭州电子科技大学学报(自然科学版)
1398	海南金融	1424	海洋石油	1450	杭州化工
1399	海南开放大学学报	1425	海洋通报	1451	杭州金融研修学院学报
1400	海南热带海洋学院学报	1426	海洋信息技术与应用	1452	杭州科技
1401	海南师范大学学报(社会科学版)	1427	海洋学报	1453	杭州师范大学学报(社会科学版)
1402	海南师范大学学报(自然科学版)	1428	海洋学研究	1454	杭州师范大学学报(自然科学版)
1403	海南医学	1429	海洋渔业	1455	航海
1404	海南医学院学报	1430	海洋与湖沼	1456	航海技术
1405	海峡法学	1431	海洋预报	1457	航海教育研究
1406	海峡科技与产业	1432	邯郸学院学报	1458	航空标准化与质量

序号	期刊名称	序号	期刊名称	序号	期刊名称
1459	航空兵器	1485	合成润滑材料	1511	河北公安警察职业学院学报
1460	航空材料学报	1486	合成生物学	1512	河北环境工程学院学报
1461	航空财会	1487	合成树脂及塑料	1513	河北建筑工程学院学报
1462	航空电子技术	1488	合成纤维	1514	河北金融
1463	航空动力	1489	合成纤维工业	1515	河北经贸大学学报
1464	航空动力学报	1490	合成橡胶工业	1516	河北经贸大学学报(综合版)
1465	航空发动机	1491	合肥工业大学学报(社会科学版)	1517	河北开放大学学报
1466	航空工程进展	1492	合肥工业大学学报(自然科学版)	1518	河北科技大学学报
1467	航空航天医学杂志	1493	合肥师范学院学报	1519	河北科技大学学报(社会科学版)
1468	航空计算技术	1494	合肥学院学报(综合版)	1520	河北科技师范学院学报
1469	航空精密制造技术	1495	合作经济与科技	1521	河北科技师范学院学报(社会科学版)
1470	航空科学技术	1496	和平与发展	1522	河北科技图苑
1471	航空维修与工程	1497	和田师范专科学校学报	1523	河北理科教学研究
1472	航空学报	1498	河北北方学院学报(社会科学版)	1524	河北林业科技
1473	航空制造技术	1499	河北北方学院学报(自然科学版)	1525	河北旅游职业学院学报
1474	航天标准化	1500	河北大学成人教育学院学报	1526	河北民族师范学院学报
1475	航天电子对抗	1501	河北大学学报(哲学社会科学版)	1527	河北能源职业技术学院学报
1476	航天返回与遥感	1502	河北大学学报(自然科学版)	1528	河北农业大学学报
1477	航天工业管理	1503	河北地质大学学报	1529	河北农业大学学报(社会科学版)
1478	航天控制	1504	河北电力技术	1530	河北农业科学
1479	航天器工程	1505	河北法学	1531	河北企业
1480	航天器环境工程	1506	河北工程大学学报(社会科学版)	1532	河北青年管理干部学院学报
1481	航天制造技术	1507	河北工程大学学报(自然科学版)	1533	河北软件职业技术学院学报
1482	合成材料老化与应用	1508	河北工业大学学报	1534	河北省科学院学报
1483	合成化学	1509	河北工业大学学报(社会科学版)	1535	河北省社会主义学院学报
1484	合成技术及应用	1510	河北工业科技	1536	河北师范大学学报(教育科学版)

序号	期刊名称	序号	期刊名称	序号	期刊名称
1537	河北师范大学学报(哲学社会科学版)	1563	河南工业大学学报(自然科学版)	1589	河南图书馆学刊
1538	河北师范大学学报(自然科学版)	1564	河南广播电视大学学报	1590	河南外科学杂志
1539	河北水利电力学院学报	1565	河南化工	1591	河南冶金
1540	河北体育学院学报	1566	河南建材	1592	河南医学高等专科学校学报
1541	河北学刊	1567	河南教育(高教)	1593	河南医学研究
1542	河北冶金	1568	河南教育学院学报(哲学社会科学版)	1594	河南预防医学杂志
1543	河北医科大学学报	1569	河南教育学院学报(自然科学版)	1595	河南中医
1544	河北医学	1570	河南警察学院学报	1596	河西学院学报
1545	河北医药	1571	河南科技	1597	核安全
1546	河北渔业	1572	河南科技大学学报(社会科学版)	1598	核标准计量与质量
1547	河北职业教育	1573	河南科技大学学报(自然科学版)	1599	核电子学与探测技术
1548	河北中医	1574	河南科技学院学报	1600	核动力工程
1549	河北中医药学报	1575	河南科技学院学报(自然科学版)	1601	核化学与放射化学
1550	河池学院学报	1576	河南科学	1602	核技术
1551	河海大学学报(哲学社会科学版)	1577	河南理工大学学报(社会科学版)	1603	核聚变与等离子体物理
1552	河海大学学报(自然科学版)	1578	河南理工大学学报(自然科学版)	1604	核科学与工程
1553	河南财经政法大学学报	1579	河南林业科技	1605	核农学报
1554	河南财政税务高等专科学校学报	1580	河南牧业经济学院学报	1606	菏泽学院学报
1555	河南城建学院学报	1581	河南农业	1607	菏泽医学专科学校学报
1556	河南大学学报(社会科学版)	1582	河南农业大学学报	1608	贺州学院学报
1557	河南大学学报(医学版)	1583	河南农业科学	1609	黑河教育
1558	河南大学学报(自然科学版)	1584	河南社会科学	1610	黑河学刊
1559	河南工程学院学报(社会科学版)	1585	河南师范大学学报(哲学社会科学版)	1611	黑河学院学报
1560	河南工程学院学报(自然科学版)	1586	河南师范大学学报(自然科学版)	1612	黑龙江八一农垦大学学报
1561	河南工学院学报	1587	河南水利与南水北调	1613	黑龙江畜牧兽医
1562	河南工业大学学报(社会科学版)	1588	河南司法警官职业学院学报	1614	黑龙江大学工程学报

序号	期刊名称	序号	期刊名称	序号	期刊名称
1615	黑龙江大学自然科学学报	1641	黑龙江医学	1667	湖北工业大学学报
1616	黑龙江档案	1642	黑龙江医药	1668	湖北工业职业技术学院学报
1617	黑龙江电力	1643	黑龙江医药科学	1669	湖北经济学院学报
1618	黑龙江动物繁殖	1644	黑龙江造纸	1670	湖北经济学院学报(人文社会科学版)
1619	黑龙江纺织	1645	黑龙江中医药	1671	湖北警官学院学报
1620	黑龙江高教研究	1646	衡水学院学报	1672	湖北开放大学学报
1621	黑龙江工程学院学报	1647	衡阳师范学院学报	1673	湖北开放职业学院学报
1622	黑龙江工业学院学报(综合版)	1648	红河学院学报	1674	湖北科技学院学报
1623	黑龙江环境通报	1649	红楼梦学刊	1675	湖北科技学院学报(医学版)
1624	黑龙江交通科技	1650	红旗文稿	1676	湖北理工学院学报
1625	黑龙江教师发展学院学报	1651	红色文化学刊	1677	湖北理工学院学报(人文社会科学版)
1626	黑龙江教育(高教研究与评估)	1652	红水河	1678	湖北林业科技
1627	黑龙江金融	1653	红外	1679	湖北美术学院学报
1628	黑龙江科技大学学报	1654	红外技术	1680	湖北民族大学学报(医学版)
1629	黑龙江科学	1655	红外与毫米波学报	1681	湖北民族大学学报(哲学社会科学版)
1630	黑龙江粮食	1656	红外与激光工程	1682	湖北民族大学学报(自然科学版)
1631	黑龙江民族丛刊	1657	宏观经济管理	1683	湖北农业科学
1632	黑龙江农业科学	1658	宏观经济研究	1684	湖北汽车工业学院学报
1633	黑龙江气象	1659	宏观质量研究	1685	湖北社会科学
1634	黑龙江社会科学	1660	呼伦贝尔学院学报	1686	湖北省社会主义学院学报
1635	黑龙江生态工程职业学院学报	1661	湖北成人教育学院学报	1687	湖北师范大学学报(哲学社会科学版)
1636	黑龙江省社会主义学院学报	1662	湖北大学学报(哲学社会科学版)	1688	湖北师范大学学报(自然科学版)
1637	黑龙江省政法管理干部学院学报	1663	湖北大学学报(自然科学版)	1689	湖北体育科技
1638	黑龙江史志	1664	湖北第二师范学院学报	1690	湖北文理学院学报
1639	黑龙江水产	1665	湖北电力	1691	湖北行政学院学报
1640	黑龙江水利科技	1666	湖北工程学院学报	1692	湖北医药学院学报

序号	期刊名称	序号	期刊名称	序号	期刊名称
1693	湖北职业技术学院学报	1719	湖南农业大学学报（社会科学版）	1745	护理学报
1694	湖北植保	1720	湖南农业大学学报（自然科学版）	1746	护理学杂志
1695	湖北中医药大学学报	1721	湖南农业科学	1747	护理研究
1696	湖北中医杂志	1722	湖南人文科技学院学报	1748	护理与康复
1697	湖南包装	1723	湖南社会科学	1749	护士进修杂志
1698	湖南财政经济学院学报	1724	湖南生态科学学报	1750	花生学报
1699	湖南城市学院学报（自然科学版）	1725	湖南省社会主义学院学报	1751	华北地震科学
1700	湖南畜牧兽医	1726	湖南师范大学教育科学学报	1752	华北地质
1701	湖南大学学报（社会科学版）	1727	湖南师范大学社会科学学报	1753	华北电力大学学报（社会科学版）
1702	湖南大学学报（自然科学版）	1728	湖南师范大学学报（医学版）	1754	华北电力大学学报（自然科学版）
1703	湖南大众传媒职业技术学院学报	1729	湖南师范大学自然科学学报	1755	华北金融
1704	湖南第一师范学院学报	1730	湖南水利水电	1756	华北科技学院学报
1705	湖南电力	1731	湖南税务高等专科学校学报	1757	华北理工大学学报（社会科学版）
1706	湖南工程学院学报（社会科学版）	1732	湖南饲料	1758	华北理工大学学报（医学版）
1707	湖南工程学院学报（自然科学版）	1733	湖南文理学院学报（自然科学版）	1759	华北理工大学学报（自然科学版）
1708	湖南工业大学学报	1734	湖南行政学院学报	1760	华北农学报
1709	湖南工业大学学报（社会科学版）	1735	湖南邮电职业技术学院学报	1761	华北水利水电大学学报（社会科学版）
1710	湖南工业职业技术学院学报	1736	湖南有色金属	1762	华北水利水电大学学报（自然科学版）
1711	湖南广播电视大学学报	1737	湖南中医药大学学报	1763	华北自然资源
1712	湖南交通科技	1738	湖南中医杂志	1764	华东地质
1713	湖南警察学院学报	1739	湖泊科学	1765	华东交通大学学报
1714	湖南科技大学学报（社会科学版）	1740	湖湘论坛	1766	华东经济管理
1715	湖南科技大学学报（自然科学版）	1741	湖州师范学院学报	1767	华东理工大学学报（社会科学版）
1716	湖南科技学院学报	1742	湖州职业技术学院学报	1768	华东理工大学学报（自然科学版）
1717	湖南理工学院学报（自然科学版）	1743	护理管理杂志	1769	华东师范大学学报（教育科学版）
1718	湖南林业科技	1744	护理实践与研究	1770	华东师范大学学报（哲学社会科学版）

序号	期刊名称	序号	期刊名称	序号	期刊名称
1771	华东师范大学学报(自然科学版)	1797	华中科技大学学报(医学版)	1823	化纤与纺织技术
1772	华东政法大学学报	1798	华中科技大学学报(自然科学版)	1824	化学传感器
1773	华东纸业	1799	华中农业大学学报	1825	化学反应工程与工艺
1774	华南地震	1800	华中农业大学学报(社会科学版)	1826	化学分析计量
1775	华南地质	1801	华中师范大学学报(人文社会科学版)	1827	化学工程
1776	华南理工大学学报(社会科学版)	1802	华中师范大学学报(自然科学版)	1828	化学工程师
1777	华南理工大学学报(自然科学版)	1803	化肥设计	1829	化学工程与装备
1778	华南农业大学学报	1804	化工高等教育	1830	化学工业
1779	华南农业大学学报(社会科学版)	1805	化工管理	1831	化学工业与工程
1780	华南师范大学学报(社会科学版)	1806	化工环保	1832	化学教学
1781	华南师范大学学报(自然科学版)	1807	化工机械	1833	化学教育(中英文)
1782	华南预防医学	1808	化工技术与开发	1834	化学进展
1783	华侨大学学报(哲学社会科学版)	1809	化工进展	1835	化学世界
1784	华侨大学学报(自然科学版)	1810	化工科技	1836	化学试剂
1785	华侨华人历史研究	1811	化工矿产地质	1837	化学通报
1786	华文教学与研究	1812	化工矿物与加工	1838	化学推进剂与高分子材料
1787	华文文学	1813	化工设备与管道	1839	化学学报
1788	华西口腔医学杂志	1814	化工设计	1840	化学研究
1789	华西药学杂志	1815	化工设计通讯	1841	化学研究与应用
1790	华西医学	1816	化工生产与技术	1842	化学与生物工程
1791	华夏教师	1817	化工时刊	1843	化学与粘合
1792	华夏考古	1818	化工新型材料	1844	怀化学院学报
1793	华夏文化	1819	化工学报	1845	淮北师范大学学报(哲学社会科学版)
1794	华夏医学	1820	化工与医药工程	1846	淮北师范大学学报(自然科学版)
1795	华中建筑	1821	化工装备技术	1847	淮北职业技术学院学报
1796	华中科技大学学报(社会科学版)	1822	化工自动化及仪表	1848	淮海医药

序号	期刊名称	序号	期刊名称	序号	期刊名称
1849	淮南师范学院学报	1875	环境生态学	1901	惠州学院学报
1850	淮南职业技术学院学报	1876	环境卫生工程	1902	婚育与健康
1851	淮阴工学院学报	1877	环境卫生学杂志	1903	混凝土
1852	淮阴师范学院学报(哲学社会科学版)	1878	环境污染与防治	1904	混凝土世界
1853	淮阴师范学院学报(自然科学版)	1879	环境影响评价	1905	混凝土与水泥制品
1854	环保科技	1880	环境与发展	1906	火工品
1855	环渤海经济瞭望	1881	环境与健康杂志	1907	火箭推进
1856	环境保护	1882	环境与可持续发展	1908	火控雷达技术
1857	环境保护科学	1883	环境与职业医学	1909	火力与指挥控制
1858	环境保护与循环经济	1884	环球法律评论	1910	火炮发射与控制学报
1859	环境工程	1885	环球首映	1911	火灾科学
1860	环境工程技术学报	1886	环球中医药	1912	火炸药学报
1861	环境工程学报	1887	黄冈师范学院学报	1913	机车车辆工艺
1862	环境化学	1888	黄冈职业技术学院学报	1914	机车电传动
1863	环境技术	1889	黄河科技学院学报	1915	机床与液压
1864	环境监测管理与技术	1890	黄河水利职业技术学院学报	1916	机电兵船档案
1865	环境监控与预警	1891	黄河之声	1917	机电产品开发与创新
1866	环境经济研究	1892	黄金	1918	机电工程
1867	环境科技	1893	黄金科学技术	1919	机电工程技术
1868	环境科学	1894	黄梅戏艺术	1920	机电技术
1869	环境科学导刊	1895	黄山学院学报	1921	机电设备
1870	环境科学学报	1896	黄钟(武汉音乐学院学报)	1922	机电信息
1871	环境科学研究	1897	会计师	1923	机电一体化
1872	环境科学与管理	1898	会计研究	1924	机电元件
1873	环境科学与技术	1899	会计与经济研究	1925	机器人
1874	环境昆虫学报	1900	会计之友	1926	机器人产业

序号	期刊名称	序号	期刊名称	序号	期刊名称
1927	机器人技术与应用	1953	基础教育研究	1979	吉林农业科技学院学报
1928	机器人外科学杂志（中英文）	1954	基础外语教育	1980	吉林省教育学院学报
1929	机械	1955	基础医学教育	1981	吉林省社会主义学院学报
1930	机械传动	1956	基础医学与临床	1982	吉林师范大学学报（人文社会科学版）
1931	机械工程材料	1957	基因组学与应用生物学	1983	吉林师范大学学报（自然科学版）
1932	机械工程师	1958	激光技术	1984	吉林水利
1933	机械工程学报	1959	激光生物学报	1985	吉林体育学院学报
1934	机械工程与自动化	1960	激光与光电子学进展	1986	吉林医学
1935	机械工业标准化与质量	1961	激光与红外	1987	吉林医药学院学报
1936	机械管理开发	1962	激光杂志	1988	吉林艺术学院学报
1937	机械科学与技术	1963	吉林大学社会科学学报	1989	吉林中医药
1938	机械强度	1964	吉林大学学报（地球科学版）	1990	吉首大学学报（社会科学版）
1939	机械设计	1965	吉林大学学报（工学版）	1991	吉首大学学报（自然科学版）
1940	机械设计与研究	1966	吉林大学学报（理学版）	1992	极地研究
1941	机械设计与制造	1967	吉林大学学报（信息科学版）	1993	疾病监测
1942	机械设计与制造工程	1968	吉林大学学报（医学版）	1994	疾病监测与控制
1943	机械研究与应用	1969	吉林地质	1995	疾病预防控制通报
1944	机械与电子	1970	吉林电力	1996	集成电路应用
1945	机械职业教育	1971	吉林工程技术师范学院学报	1997	集成技术
1946	机械制造	1972	吉林工商学院学报	1998	集美大学学报（教育科学版）
1947	机械制造与自动化	1973	吉林广播电视大学学报	1999	集美大学学报（哲学社会科学版）
1948	基层医学论坛	1974	吉林化工学院学报	2000	集美大学学报（自然科学版）
1949	基础教育	1975	吉林建筑大学学报	2001	集宁师范学院学报
1950	基础教育参考	1976	吉林金融研究	2002	集装箱化
1951	基础教育课程	1977	吉林林业科技	2003	脊柱外科杂志
1952	基础教育论坛	1978	吉林农业大学学报	2004	计测技术

序号	期刊名称	序号	期刊名称	序号	期刊名称
2005	计量经济学报	2031	计算机与现代化	2057	佳木斯职业学院学报
2006	计量科学与技术	2032	计算机与应用化学	2058	家畜生态学报
2007	计量学报	2033	计算技术与自动化	2059	家电科技
2008	计量与测试技术	2034	计算力学学报	2060	家具
2009	计算机测量与控制	2035	计算数学	2061	家具与室内装饰
2010	计算机产品与流通	2036	计算物理	2062	家禽科学
2011	计算机仿真	2037	记者观察	2063	嘉兴学院学报
2012	计算机辅助工程	2038	记者摇篮	2064	嘉应学院学报
2013	计算机辅助设计与图形学学报	2039	技术经济	2065	价格理论与实践
2014	计算机工程	2040	技术经济与管理研究	2066	价格月刊
2015	计算机工程与科学	2041	技术与创新管理	2067	价值工程
2016	计算机工程与设计	2042	技术与市场	2068	检验医学
2017	计算机工程与应用	2043	济南大学学报（社会科学版）	2069	检验医学与临床
2018	计算机集成制造系统	2044	济南大学学报（自然科学版）	2070	建材发展导向
2019	计算机技术与发展	2045	济南职业学院学报	2071	建材技术与应用
2020	计算机教育	2046	济宁学院学报	2072	建材世界
2021	计算机科学	2047	济宁医学院学报	2073	建井技术
2022	计算机科学与探索	2048	济源职业技术学院学报	2074	建设机械技术与管理
2023	计算机时代	2049	继续教育研究	2075	建设监理
2024	计算机系统应用	2050	继续医学教育	2076	建设科技
2025	计算机学报	2051	寄生虫病与感染性疾病	2077	建筑安全
2026	计算机研究与发展	2052	寄生虫与医学昆虫学报	2078	建筑材料学报
2027	计算机应用	2053	暨南大学学报（自然科学与医学版）	2079	建筑电气
2028	计算机应用研究	2054	暨南学报（哲学社会科学版）	2080	建筑钢结构进展
2029	计算机应用与软件	2055	佳木斯大学社会科学学报	2081	建筑机械
2030	计算机与数字工程	2056	佳木斯大学学报（自然科学版）	2082	建筑机械化

序号	期刊名称	序号	期刊名称	序号	期刊名称
2083	建筑技术	2109	舰船科学技术	2135	江苏建筑
2084	建筑技术开发	2110	江海学刊	2136	江苏建筑职业技术学院学报
2085	建筑技艺	2111	江汉大学学报（社会科学版）	2137	江苏教育
2086	建筑监督检测与造价	2112	江汉大学学报（自然科学版）	2138	江苏教育研究
2087	建筑节能（中英文）	2113	江汉考古	2139	江苏经贸职业技术学院学报
2088	建筑结构	2114	江汉论坛	2140	江苏警官学院学报
2089	建筑结构学报	2115	江汉石油职工大学学报	2141	江苏科技大学学报（社会科学版）
2090	建筑经济	2116	江汉学术	2142	江苏科技大学学报（自然科学版）
2091	建筑科技	2117	江淮论坛	2143	江苏科技信息
2092	建筑科学	2118	江淮水利科技	2144	江苏理工学院学报
2093	建筑科学与工程学报	2119	江南大学学报（人文社会科学版）	2145	江苏林业科技
2094	建筑热能通风空调	2120	江南论坛	2146	江苏农机化
2095	建筑设计管理	2121	江南社会学院学报	2147	江苏农业科学
2096	建筑师	2122	江苏船舶	2148	江苏农业学报
2097	建筑施工	2123	江苏大学学报（社会科学版）	2149	江苏商论
2098	建筑史学刊	2124	江苏大学学报（医学版）	2150	江苏社会科学
2099	建筑学报	2125	江苏大学学报（自然科学版）	2151	江苏省社会主义学院学报
2100	建筑遗产	2126	江苏第二师范学院学报	2152	江苏师范大学学报（哲学社会科学版）
2101	建筑与文化	2127	江苏调味副食品	2153	江苏师范大学学报（自然科学版）
2102	建筑与预算	2128	江苏高教	2154	江苏水利
2103	健康必读	2129	江苏高职教育	2155	江苏丝绸
2104	健康教育与健康促进	2130	江苏工程职业技术学院学报	2156	江苏陶瓷
2105	健康研究	2131	江苏海洋大学学报（人文社会科学版）	2157	江苏通信
2106	健康之友	2132	江苏海洋大学学报（自然科学版）	2158	江苏卫生保健
2107	舰船电子对抗	2133	江苏航运职业技术学院学报	2159	江苏卫生事业管理
2108	舰船电子工程	2134	江苏建材	2160	江苏行政学院学报

序号	期刊名称	序号	期刊名称	序号	期刊名称
2161	江苏医药	2187	江西冶金	2213	教练机
2162	江苏预防医学	2188	江西医药	2214	教师
2163	江苏中医药	2189	江西中医药	2215	教师博览
2164	江西财经大学学报	2190	江西中医药大学学报	2216	教师发展研究
2165	江西测绘	2191	交大法学	2217	教师教育论坛
2166	江西畜牧兽医杂志	2192	交通财会	2218	教师教育学报
2167	江西电力	2193	交通工程	2219	教师教育研究
2168	江西电力职业技术学院学报	2194	交通节能与环保	2220	教书育人
2169	江西化工	2195	交通科技	2221	教学管理与教育研究
2170	江西建材	2196	交通科技与经济	2222	教学考试
2171	江西教育	2197	交通科学与工程	2223	教学研究
2172	江西警察学院学报	2198	交通企业管理	2224	教学与管理
2173	江西开放大学学报	2199	交通世界	2225	教学与研究
2174	江西科技师范大学学报	2200	交通信息与安全	2226	教育财会研究
2175	江西科学	2201	交通医学	2227	教育参考
2176	江西理工大学学报	2202	交通与港航	2228	教育测量与评价
2177	江西煤炭科技	2203	交通与运输	2229	教育传媒研究
2178	江西农业	2204	交通运输部管理干部学院学报	2230	教育导刊
2179	江西农业大学学报	2205	交通运输工程学报	2231	教育发展研究
2180	江西农业学报	2206	交通运输工程与信息学报	2232	教育观察
2181	江西社会科学	2207	交通运输系统工程与信息	2233	教育教学论坛
2182	江西师范大学学报(哲学社会科学版)	2208	交通运输研究	2234	教育界
2183	江西师范大学学报(自然科学版)	2209	交响(西安音乐学院学报)	2235	教育经济评论
2184	江西水产科技	2210	胶体与聚合物	2236	教育科学
2185	江西水利科技	2211	焦作大学学报	2237	教育科学论坛
2186	江西通信科技	2212	焦作师范高等专科学校学报	2238	教育科学探索

序号	期刊名称	序号	期刊名称	序号	期刊名称
2239	教育科学研究	2265	结核与肺部疾病杂志	2291	金融会计
2240	教育理论与实践	2266	结直肠肛门外科	2292	金融监管研究
2241	教育评论	2267	解放军外国语学院学报	2293	金融教育研究
2242	教育生物学杂志	2268	解放军药学学报	2294	金融经济
2243	教育实践与研究	2269	解放军医学院学报	2295	金融经济学研究
2244	教育史研究	2270	解放军医学杂志	2296	金融科技时代
2245	教育探索	2271	解放军医药杂志	2297	金融理论探索
2246	教育文化论坛	2272	解放军医院管理杂志	2298	金融理论与教学
2247	教育现代化	2273	解剖科学进展	2299	金融理论与实践
2248	教育信息技术	2274	解剖学报	2300	金融论坛
2249	教育学报	2275	解剖学研究	2301	金融评论
2250	教育学术月刊	2276	解剖学杂志	2302	金融市场研究
2251	教育研究	2277	介入放射学杂志	2303	金融研究
2252	教育研究与实验	2278	今传媒	2304	金融与经济
2253	教育与教学研究	2279	今日财富	2305	金融纵横
2254	教育与经济	2280	今日畜牧兽医	2306	金属材料与冶金工程
2255	教育与考试	2281	今日消防	2307	金属功能材料
2256	教育与职业	2282	今日养猪业	2308	金属加工（冷加工）
2257	教育与装备研究	2283	今日药学	2309	金属加工（热加工）
2258	节能	2284	金刚石与磨料磨具工程	2310	金属矿山
2259	节能技术	2285	金华职业技术学院学报	2311	金属热处理
2260	节能与环保	2286	金陵科技学院学报	2312	金属世界
2261	节水灌溉	2287	金陵科技学院学报（社会科学版）	2313	金属学报
2262	洁净煤技术	2288	金融电子化	2314	金属制品
2263	洁净与空调技术	2289	金融发展评论	2315	锦州医科大学学报
2264	结构工程师	2290	金融发展研究	2316	锦州医科大学学报（社会科学版）

序号	期刊名称	序号	期刊名称	序号	期刊名称
2317	近代史研究	2343	经济学报	2369	精细石油化工进展
2318	晋城职业技术学院学报	2344	经济学动态	2370	精细与专用化学品
2319	晋图学刊	2345	经济学家	2371	精准医学杂志
2320	晋阳学刊	2346	经济研究	2372	井冈山大学学报(社会科学版)
2321	晋中学院学报	2347	经济研究参考	2373	井冈山大学学报(自然科学版)
2322	经济导刊	2348	经济研究导刊	2374	颈腰痛杂志
2323	经济地理	2349	经济与管理	2375	景德镇陶瓷
2324	经济动物学报	2350	经济与管理评论	2376	景德镇学院学报
2325	经济管理	2351	经济与管理研究	2377	景观设计学(中英文)
2326	经济管理文摘	2352	经济与社会发展	2378	警察技术
2327	经济界	2353	经济与社会发展研究	2379	警学研究
2328	经济经纬	2354	经济资料译丛	2380	净水技术
2329	经济科学	2355	经济纵横	2381	竞争情报
2330	经济理论与经济管理	2356	经贸法律评论	2382	竞争政策研究
2331	经济林研究	2357	经纬天地	2383	九江学院学报(社会科学版)
2332	经济论坛	2358	经营管理者	2384	九江学院学报(自然科学版)
2333	经济评论	2359	经营与管理	2385	九江职业技术学院学报
2334	经济社会史评论	2360	经营者	2386	居业
2335	经济社会体制比较	2361	荆楚理工学院学报	2387	局解手术学杂志
2336	经济师	2362	荆楚学刊	2388	聚氨酯工业
2337	经济视角	2363	精密成形工程	2389	聚氯乙烯
2338	经济视野	2364	精密制造与自动化	2390	聚酯工业
2339	经济体制改革	2365	精神医学杂志	2391	决策科学
2340	经济问题	2366	精细化工	2392	决策与信息
2341	经济问题探索	2367	精细化工中间体	2393	决策咨询
2342	经济学(季刊)	2368	精细石油化工	2394	绝缘材料

序号	期刊名称	序号	期刊名称	序号	期刊名称
2395	军民两用技术与产品	2421	考古	2447	科技与创新
2396	军事护理	2422	考古学报	2448	科技与法律（中英文）
2397	军事交通学报	2423	考古与文物	2449	科技与管理
2398	军事经济研究	2424	考试研究	2450	科技与经济
2399	军事历史	2425	考试与评价（大学英语教研版）	2451	科技智囊
2400	军事历史研究	2426	科技成果管理与研究	2452	科技资讯
2401	军事史林	2427	科技传播	2453	科教导刊
2402	军事文化研究	2428	科技创新导报	2454	科教文汇
2403	军事医学	2429	科技创新发展战略研究	2455	科普研究
2404	军事运筹与评估	2430	科技创新与生产力	2456	科学
2405	菌物学报	2431	科技创新与应用	2457	科学·经济·社会
2406	菌物研究	2432	科技创业月刊	2458	科学发展
2407	喀什大学学报	2433	科技促进发展	2459	科学观察
2408	开发性金融研究	2434	科技导报	2460	科学管理研究
2409	开发研究	2435	科技风	2461	科学技术创新
2410	开放导报	2436	科技管理研究	2462	科学技术与工程
2411	开放教育研究	2437	科技广场	2463	科学技术哲学研究
2412	开放时代	2438	科技和产业	2464	科学教育与博物馆
2413	开放学习研究	2439	科技进步与对策	2465	科学决策
2414	开封大学学报	2440	科技经济导刊	2466	科学社会主义
2415	开封文化艺术职业学院学报	2441	科技经济市场	2467	科学通报
2416	凯里学院学报	2442	科技情报研究	2468	科学文化评论
2417	勘察科学技术	2443	科技尚品	2469	科学学研究
2418	康复学报	2444	科技视界	2470	科学学与科学技术管理
2419	抗感染药学	2445	科技通报	2471	科学养生
2420	抗日战争研究	2446	科技与出版	2472	科学养鱼

序号	期刊名称	序号	期刊名称	序号	期刊名称
2473	科学与管理	2499	控制工程	2525	矿业安全与环保
2474	科学与社会	2500	控制理论与应用	2526	矿业工程
2475	科学与无神论	2501	控制与决策	2527	矿业工程研究
2476	科研管理	2502	控制与信息技术	2528	矿业科学学报
2477	可持续发展经济导刊	2503	口岸卫生控制	2529	矿业研究与开发
2478	可再生能源	2504	口腔材料器械杂志	2530	矿业装备
2479	克拉玛依学刊	2505	口腔颌面外科杂志	2531	昆虫学报
2480	客车技术	2506	口腔颌面修复学杂志	2532	昆明理工大学学报（社会科学版）
2481	客车技术与研究	2507	口腔护理用品工业	2533	昆明理工大学学报（自然科学版）
2482	课程·教材·教法	2508	口腔疾病防治	2534	昆明学院学报
2483	课程教学研究	2509	口腔生物医学	2535	昆明冶金高等专科学校学报
2484	课程教育研究	2510	口腔医学	2536	昆明医科大学学报
2485	空间电子技术	2511	口腔医学研究	2537	拉丁美洲研究
2486	空间结构	2512	宽厚板	2538	辣椒杂志
2487	空间科学学报	2513	矿产保护与利用	2539	兰台内外
2488	空间控制技术与应用	2514	矿产勘查	2540	兰台世界
2489	空间碎片研究	2515	矿产与地质	2541	兰州财经大学学报
2490	空军工程大学学报	2516	矿产综合利用	2542	兰州大学学报（社会科学版）
2491	空军军医大学学报	2517	矿床地质	2543	兰州大学学报（医学版）
2492	空军医学杂志	2518	矿山测量	2544	兰州大学学报（自然科学版）
2493	空气动力学学报	2519	矿山机械	2545	兰州工业学院学报
2494	空天防御	2520	矿物学报	2546	兰州交通大学学报
2495	空天技术	2521	矿物岩石	2547	兰州理工大学学报
2496	空天预警研究学报	2522	矿物岩石地球化学通报	2548	兰州石化职业技术学院学报
2497	孔学堂	2523	矿冶	2549	兰州文理学院学报（社会科学版）
2498	孔子研究	2524	矿冶工程	2550	兰州文理学院学报（自然科学版）

序号	期刊名称	序号	期刊名称	序号	期刊名称
2551	兰州学刊	2577	理论探索	2603	炼油技术与工程
2552	兰州职业技术学院学报	2578	理论探讨	2604	炼油与化工
2553	廊坊师范学院学报（社会科学版）	2579	理论学刊	2605	粮食储藏
2554	廊坊师范学院学报（自然科学版）	2580	理论学习与探索	2606	粮食加工
2555	劳动保障世界	2581	理论研究	2607	粮食科技与经济
2556	劳动经济研究	2582	理论与当代	2608	粮食问题研究
2557	老龄科学研究	2583	理论与改革	2609	粮食与食品工业
2558	老年医学研究	2584	理论与现代化	2610	粮食与饲料工业
2559	老年医学与保健	2585	理论月刊	2611	粮食与油脂
2560	老区建设	2586	力学季刊	2612	粮油仓储科技通讯
2561	老字号品牌营销	2587	力学进展	2613	粮油食品科技
2562	乐府新声（沈阳音乐学院学报）	2588	力学学报	2614	粮油与饲料科技
2563	乐山师范学院学报	2589	力学与实践	2615	两岸终身教育
2564	雷达科学与技术	2590	历史档案	2616	量子电子学报
2565	雷达学报	2591	历史教学（上半月）	2617	量子光学学报
2566	雷达与对抗	2592	历史教学问题	2618	辽东学院学报（社会科学版）
2567	冷藏技术	2593	历史研究	2619	辽东学院学报（自然科学版）
2568	离子交换与吸附	2594	立体定向和功能性神经外科杂志	2620	辽宁大学学报（哲学社会科学版）
2569	黎明职业大学学报	2595	丽水学院学报	2621	辽宁大学学报（自然科学版）
2570	理化检验-化学分册	2596	连云港师范高等专科学校学报	2622	辽宁高职学报
2571	理化检验-物理分册	2597	连云港职业技术学院学报	2623	辽宁工程技术大学学报（社会科学版）
2572	理论导刊	2598	连铸	2624	辽宁工程技术大学学报（自然科学版）
2573	理论观察	2599	联勤军事医学	2625	辽宁工业大学学报（社会科学版）
2574	理论建设	2600	廉政文化研究	2626	辽宁工业大学学报（自然科学版）
2575	理论界	2601	炼钢	2627	辽宁公安司法管理干部学院学报
2576	理论视野	2602	炼铁	2628	辽宁化工

序号	期刊名称	序号	期刊名称	序号	期刊名称
2629	辽宁经济	2655	林产工业	2681	临床骨科杂志
2630	辽宁经济职业技术学院. 辽宁经济管理干部学院学报	2656	林产化学与工业	2682	临床合理用药杂志
2631	辽宁警察学院学报	2657	林区教学	2683	临床和实验医学杂志
2632	辽宁开放大学学报	2658	林业调查规划	2684	临床护理杂志
2633	辽宁科技大学学报	2659	林业工程学报	2685	临床荟萃
2634	辽宁科技学院学报	2660	林业和草原机械	2686	临床急诊杂志
2635	辽宁林业科技	2661	林业机械与木工设备	2687	临床检验杂志
2636	辽宁农业科学	2662	林业建设	2688	临床精神医学杂志
2637	辽宁农业职业技术学院学报	2663	林业经济	2689	临床军医杂志
2638	辽宁省交通高等专科学校学报	2664	林业经济问题	2690	临床口腔医学杂志
2639	辽宁省社会主义学院学报	2665	林业勘查设计	2691	临床麻醉学杂志
2640	辽宁师范大学学报(社会科学版)	2666	林业勘察设计	2692	临床泌尿外科杂志
2641	辽宁师范大学学报(自然科学版)	2667	林业科技	2693	临床内科杂志
2642	辽宁师专学报(社会科学版)	2668	林业科技情报	2694	临床皮肤科杂志
2643	辽宁师专学报(自然科学版)	2669	林业科技通讯	2695	临床普外科电子杂志
2644	辽宁石油化工大学学报	2670	林业科学	2696	临床神经病学杂志
2645	辽宁丝绸	2671	林业科学研究	2697	临床神经外科杂志
2646	辽宁体育科技	2672	林业与环境科学	2698	临床肾脏病杂志
2647	辽宁行政学院学报	2673	林业与生态科学	2699	临床输血与检验
2648	辽宁医学杂志	2674	林业资源管理	2700	临床外科杂志
2649	辽宁中医药大学学报	2675	临床超声医学杂志	2701	临床误诊误治
2650	辽宁中医杂志	2676	临床儿科杂志	2702	临床消化病杂志
2651	辽宁自然资源	2677	临床耳鼻咽喉头颈外科杂志	2703	临床小儿外科杂志
2652	聊城大学学报(社会科学版)	2678	临床放射学杂志	2704	临床心电学杂志
2653	聊城大学学报(自然科学版)	2679	临床肺科杂志	2705	临床心身疾病杂志
2654	林草政策研究	2680	临床肝胆病杂志	2706	临床心血管病杂志

序号	期刊名称	序号	期刊名称	序号	期刊名称
2707	临床血液学杂志	2733	柳州职业技术学院学报	2759	旅游学刊
2708	临床研究	2734	六盘水师范学院学报	2760	旅游研究
2709	临床眼科杂志	2735	龙岩学院学报	2761	旅游纵览(下半月)
2710	临床药物治疗杂志	2736	陇东学院学报	2762	铝加工
2711	临床医学	2737	鲁东大学学报(哲学社会科学版)	2763	绿色包装
2712	临床医学工程	2738	鲁东大学学报(自然科学版)	2764	绿色财会
2713	临床医学研究与实践	2739	鲁迅研究月刊	2765	绿色环保建材
2714	临床医药实践	2740	陆军工程大学学报	2766	绿色建筑
2715	临床与病理杂志	2741	陆军军医大学学报	2767	绿色科技
2716	临床与实验病理学杂志	2742	录井工程	2768	氯碱工业
2717	临床肿瘤学杂志	2743	鹿城学刊	2769	麻醉安全与质控
2718	临沂大学学报	2744	路基工程	2770	马克思主义理论学科研究
2719	磷肥与复肥	2745	露天采矿技术	2771	马克思主义研究
2720	岭南急诊医学杂志	2746	伦理学研究	2772	马克思主义与现实
2721	岭南师范学院学报	2747	轮胎工业	2773	麦类作物学报
2722	岭南文史	2748	逻辑学研究	2774	满语研究
2723	岭南现代临床外科	2749	洛阳理工学院学报(社会科学版)	2775	满族研究
2724	岭南心血管病杂志	2750	洛阳理工学院学报(自然科学版)	2776	慢性病学杂志
2725	岭南学刊	2751	洛阳师范学院学报	2777	毛纺科技
2726	领导科学	2752	落叶果树	2778	毛泽东邓小平理论研究
2727	领导科学论坛	2753	漯河职业技术学院学报	2779	毛泽东思想研究
2728	流体测量与控制	2754	吕梁教育学院学报	2780	毛泽东研究
2729	流体机械	2755	吕梁学院学报	2781	媒体融合新观察
2730	流行色	2756	旅游导刊	2782	煤
2731	硫磷设计与粉体工程	2757	旅游科学	2783	煤化工
2732	硫酸工业	2758	旅游论坛	2784	煤矿安全

序号	期刊名称	序号	期刊名称	序号	期刊名称
2785	煤矿爆破	2811	美术研究	2837	民族学论丛
2786	煤矿机电	2812	美与时代(上)	2838	民族研究
2787	煤矿机械	2813	美育学刊	2839	民族艺林
2788	煤矿现代化	2814	魅力中国	2840	民族艺术
2789	煤气与热力	2815	门窗	2841	民族艺术研究
2790	煤炭高等教育	2816	泌尿外科杂志(电子版)	2842	民族音乐
2791	煤炭工程	2817	秘书	2843	民族语文
2792	煤炭技术	2818	密码学报	2844	闽江学院学报
2793	煤炭加工与综合利用	2819	绵阳师范学院学报	2845	闽南师范大学学报(哲学社会科学版)
2794	煤炭经济研究	2820	棉纺织技术	2846	闽南师范大学学报(自然科学版)
2795	煤炭科技	2821	棉花科学	2847	闽台关系研究
2796	煤炭科学技术	2822	棉花学报	2848	闽西职业技术学院学报
2797	煤炭学报	2823	免疫学杂志	2849	名家名作
2798	煤炭与化工	2824	民国档案	2850	名医
2799	煤炭转化	2825	民航学报	2851	名作欣赏
2800	煤田地质与勘探	2826	民间文化论坛	2852	明胶科学与技术
2801	煤质技术	2827	民俗研究	2853	明清小说研究
2802	美国研究	2828	民用飞机设计与研究	2854	模糊系统与数学
2803	美食研究	2829	民主与科学	2855	模具工业
2804	美术	2830	民族翻译	2856	模具技术
2805	美术大观	2831	民族高等教育研究	2857	模具制造
2806	美术观察	2832	民族教育研究	2858	模式识别与人工智能
2807	美术教育研究	2833	民族论坛	2859	膜科学与技术
2808	美术界	2834	民族文学	2860	摩擦学学报
2809	美术文献	2835	民族文学研究	2861	牡丹
2810	美术学报	2836	民族学刊	2862	牡丹江大学学报

序号	期刊名称	序号	期刊名称	序号	期刊名称
2863	牡丹江教育学院学报	2889	南方农村	2915	南京理工大学学报
2864	牡丹江师范学院学报（社会科学版）	2890	南方农机	2916	南京理工大学学报（社会科学版）
2865	牡丹江师范学院学报（自然科学版）	2891	南方农业	2917	南京林业大学学报（人文社会科学版）
2866	牡丹江医学院学报	2892	南方农业学报	2918	南京林业大学学报（自然科学版）
2867	木材科学与技术	2893	南方人口	2919	南京农业大学学报
2868	木工机床	2894	南方水产科学	2920	南京农业大学学报（社会科学版）
2869	耐火材料	2895	南方文坛	2921	南京社会科学
2870	耐火与石灰	2896	南方文物	2922	南京审计大学学报
2871	南昌大学学报（工科版）	2897	南方医科大学学报	2923	南京师大学报（社会科学版）
2872	南昌大学学报（理科版）	2898	南方园艺	2924	南京师大学报（自然科学版）
2873	南昌大学学报（人文社会科学版）	2899	南方职业教育学刊	2925	南京师范大学文学院学报
2874	南昌大学学报（医学版）	2900	南方自然资源	2926	南京师范大学学报（工程技术版）
2875	南昌工程学院学报	2901	南海法学	2927	南京体育学院学报
2876	南昌航空大学学报（社会科学版）	2902	南海学刊	2928	南京晓庄学院学报
2877	南昌航空大学学报（自然科学版）	2903	南华大学学报（社会科学版）	2929	南京信息工程大学学报（自然科学版）
2878	南昌师范学院学报	2904	南华大学学报（自然科学版）	2930	南京医科大学学报（社会科学版）
2879	南大法学	2905	南京财经大学学报	2931	南京医科大学学报（自然科学版）
2880	南都学坛	2906	南京大学学报（哲学·人文科学·社会科学）	2932	南京艺术学院学报（美术与设计）
2881	南方电网技术	2907	南京大学学报（自然科学版）	2933	南京艺术学院学报（音乐与表演）
2882	南方建筑	2908	南京工程学院学报（社会科学版）	2934	南京邮电大学学报（社会科学版）
2883	南方金融	2909	南京工程学院学报（自然科学版）	2935	南京邮电大学学报（自然科学版）
2884	南方金属	2910	南京工业大学学报（社会科学版）	2936	南京中医药大学学报
2885	南方经济	2911	南京工业大学学报（自然科学版）	2937	南京中医药大学学报（社会科学版）
2886	南方林业科学	2912	南京航空航天大学学报	2938	南开大学学报（自然科学版）
2887	南方论刊	2913	南京航空航天大学学报（社会科学版）	2939	南开管理评论
2888	南方能源建设	2914	南京开放大学学报	2940	南开经济研究

序号	期刊名称	序号	期刊名称	序号	期刊名称
2941	南开学报(哲学社会科学版)	2967	内蒙古大学学报(自然科学版)	2993	内蒙古艺术学院学报
2942	南宁师范大学学报(哲学社会科学版)	2968	内蒙古电大学刊	2994	内蒙古中医药
2943	南宁师范大学学报(自然科学版)	2969	内蒙古电力技术	2995	内燃机
2944	南宁职业技术学院学报	2970	内蒙古工业大学学报(自然科学版)	2996	内燃机工程
2945	南腔北调	2971	内蒙古公路与运输	2997	内燃机学报
2946	南水北调与水利科技(中英文)	2972	内蒙古教育	2998	内燃机与动力装置
2947	南通大学学报(社会科学版)	2973	内蒙古科技大学学报	2999	内燃机与配件
2948	南通大学学报(医学版)	2974	内蒙古科技与经济	3000	能源工程
2949	南通大学学报(自然科学版)	2975	内蒙古林业调查设计	3001	能源化工
2950	南通职业大学学报	2976	内蒙古林业科技	3002	能源环境保护
2951	南亚东南亚研究	2977	内蒙古煤炭经济	3003	能源技术与管理
2952	南亚研究	2978	内蒙古民族大学学报(社会科学版)	3004	能源科技
2953	南亚研究季刊	2979	内蒙古民族大学学报(自然科学版)	3005	能源研究与管理
2954	南阳理工学院学报	2980	内蒙古农业大学学报(社会科学版)	3006	能源研究与利用
2955	南阳师范学院学报	2981	内蒙古农业大学学报(自然科学版)	3007	能源研究与信息
2956	南洋问题研究	2982	内蒙古气象	3008	能源与环保
2957	南洋资料译丛	2983	内蒙古社会科学	3009	能源与环境
2958	脑与神经疾病杂志	2984	内蒙古师范大学学报(教育科学版)	3010	能源与节能
2959	内江科技	2985	内蒙古师范大学学报(哲学社会科学版)	3011	泥沙研究
2960	内江师范学院学报	2986	内蒙古师范大学学报(自然科学汉文版)	3012	酿酒
2961	内科	2987	内蒙古石油化工	3013	酿酒科技
2962	内科急危重症杂志	2988	内蒙古水利	3014	宁波大学学报(教育科学版)
2963	内科理论与实践	2989	内蒙古统计	3015	宁波大学学报(理工版)
2964	内陆地震	2990	内蒙古统战理论研究	3016	宁波大学学报(人文科学版)
2965	内蒙古财经大学学报	2991	内蒙古医科大学学报	3017	宁波工程学院学报
2966	内蒙古大学学报(哲学社会科学版)	2992	内蒙古医学杂志	3018	宁波教育学院学报

序号	期刊名称	序号	期刊名称	序号	期刊名称
3019	宁波经济(三江论坛)	3045	农垦医学	3071	农业农村部管理干部学院学报
3020	宁波开放大学学报	3046	农林经济管理学报	3072	农业生物技术学报
3021	宁波职业技术学院学报	3047	农学学报	3073	农业图书情报学报
3022	宁德师范学院学报(哲学社会科学版)	3048	农药	3074	农业现代化研究
3023	宁德师范学院学报(自然科学版)	3049	农药科学与管理	3075	农业研究与应用
3024	宁夏大学学报(人文社会科学版)	3050	农药学学报	3076	农业与技术
3025	宁夏大学学报(自然科学版)	3051	农业大数据学报	3077	农业灾害研究
3026	宁夏党校学报	3052	农业工程	3078	农业展望
3027	宁夏电力	3053	农业工程学报	3079	农业装备技术
3028	宁夏工程技术	3054	农业工程与装备	3080	农业装备与车辆工程
3029	宁夏教育	3055	农业环境科学学报	3081	农业资源与环境学报
3030	宁夏农林科技	3056	农业机械	3082	农银学刊
3031	宁夏社会科学	3057	农业机械学报	3083	暖通空调
3032	宁夏师范学院学报	3058	农业技术经济	3084	欧亚经济
3033	宁夏医科大学学报	3059	农业技术与装备	3085	欧洲研究
3034	宁夏医学杂志	3060	农业经济	3086	排灌机械工程学报
3035	农产品加工	3061	农业经济问题	3087	攀登
3036	农产品质量与安全	3062	农业经济与管理	3088	攀枝花学院学报
3037	农场经济管理	3063	农业开发与装备	3089	皮肤病与性病
3038	农村·农业·农民	3064	农业考古	3090	皮肤科学通报
3039	农村电气化	3065	农业科技管理	3091	皮肤性病诊疗学杂志
3040	农村金融研究	3066	农业科技通讯	3092	皮革科学与工程
3041	农村经济	3067	农业科技与信息	3093	皮革与化工
3042	农村经济与科技	3068	农业科技与装备	3094	品牌研究
3043	农机化研究	3069	农业科学研究	3095	品牌与标准化
3044	农机科技推广	3070	农业科研经济管理	3096	平顶山学院学报

序号	期刊名称	序号	期刊名称	序号	期刊名称
3097	萍乡学院学报	3123	气体物理	3149	器官移植
3098	鄱阳湖学刊	3124	气象	3150	前线
3099	莆田学院学报	3125	气象科技	3151	前沿
3100	蒲松龄研究	3126	气象科技进展	3152	前沿科学
3101	濮阳职业技术学院学报	3127	气象科学	3153	黔南民族师范学院学报
3102	普洱学院学报	3128	气象水文海洋仪器	3154	黔南民族医专学报
3103	齐鲁工业大学学报	3129	气象学报	3155	强度与环境
3104	齐鲁护理杂志	3130	气象研究与应用	3156	强激光与粒子束
3105	齐鲁师范学院学报	3131	气象与环境科学	3157	桥梁建设
3106	齐鲁石油化工	3132	气象与环境学报	3158	青藏高原论坛
3107	齐鲁学刊	3133	气象与减灾研究	3159	青岛大学学报(工程技术版)
3108	齐鲁艺苑	3134	气象灾害防御	3160	青岛大学学报(医学版)
3109	齐鲁珠坛	3135	汽车安全与节能学报	3161	青岛大学学报(自然科学版)
3110	齐齐哈尔大学学报(哲学社会科学版)	3136	汽车电器	3162	青岛科技大学学报(社会科学版)
3111	齐齐哈尔大学学报(自然科学版)	3137	汽车工程	3163	青岛科技大学学报(自然科学版)
3112	齐齐哈尔师范高等专科学校学报	3138	汽车工程师	3164	青岛理工大学学报
3113	齐齐哈尔医学院学报	3139	汽车工程学报	3165	青岛农业大学学报(社会科学版)
3114	旗帜	3140	汽车工业研究	3166	青岛农业大学学报(自然科学版)
3115	企业改革与管理	3141	汽车工艺与材料	3167	青岛医药卫生
3116	企业管理	3142	汽车技术	3168	青岛远洋船员职业学院学报
3117	企业经济	3143	汽车科技	3169	青岛职业技术学院学报
3118	企业科技与发展	3144	汽车零部件	3170	青海草业
3119	企业研究	3145	汽车实用技术	3171	青海畜牧兽医杂志
3120	起重运输机械	3146	汽车文摘	3172	青海大学学报
3121	气候变化研究进展	3147	汽车与新动力	3173	青海电力
3122	气候与环境研究	3148	汽轮机技术	3174	青海环境

序号	期刊名称	序号	期刊名称	序号	期刊名称
3175	青海交通科技	3201	轻金属	3227	曲阜师范大学学报（自然科学版）
3176	青海金融	3202	清华大学教育研究	3228	曲靖师范学院学报
3177	青海科技	3203	清华大学学报（哲学社会科学版）	3229	全国流通经济
3178	青海民族大学学报（社会科学版）	3204	清华大学学报（自然科学版）	3230	全科护理
3179	青海民族研究	3205	清华法学	3231	全科口腔医学电子杂志
3180	青海农技推广	3206	清华管理评论	3232	全科医学临床与教育
3181	青海农林科技	3207	清华金融评论	3233	全面腐蚀控制
3182	青海社会科学	3208	清史研究	3234	全球变化数据学报（中英文）
3183	青海师范大学学报（哲学社会科学版）	3209	清洗世界	3235	全球传媒学刊
3184	青海师范大学学报（自然科学版）	3210	清远职业技术学院学报	3236	全球定位系统
3185	青海医药杂志	3211	情报工程	3237	全球化
3186	青年发展论坛	3212	情报科学	3238	全球教育展望
3187	青年记者	3213	情报理论与实践	3239	全球科技经济瞭望
3188	青年探索	3214	情报探索	3240	全球能源互联网
3189	青年学报	3215	情报学报	3241	泉州师范学院学报
3190	青年研究	3216	情报杂志	3242	燃料化学学报（中英文）
3191	青少年犯罪问题	3217	情报资料工作	3243	燃料与化工
3192	青少年体育	3218	求实	3244	燃气轮机技术
3193	青少年学刊	3219	求是	3245	燃气涡轮试验与研究
3194	青少年研究与实践	3220	求是学刊	3246	燃烧科学与技术
3195	轻纺工业与技术	3221	求索	3247	染料与染色
3196	轻工标准与质量	3222	求知导刊	3248	染整技术
3197	轻工机械	3223	区域供热	3249	热处理
3198	轻工科技	3224	区域国别学刊	3250	热处理技术与装备
3199	轻工学报	3225	区域金融研究	3251	热带病与寄生虫学
3200	轻合金加工技术	3226	区域经济评论	3252	热带地理

序号	期刊名称	序号	期刊名称	序号	期刊名称
3253	热带地貌	3279	人口与经济	3305	日用电器
3254	热带海洋学报	3280	人口与社会	3306	日用化学工业
3255	热带林业	3281	人类工效学	3307	日用化学品科学
3256	热带农业工程	3282	人类学学报	3308	日语学习与研究
3257	热带农业科技	3283	人民黄河	3309	荣宝斋
3258	热带农业科学	3284	人民检察	3310	肉类工业
3259	热带气象学报	3285	人民教育	3311	肉类研究
3260	热带生物学报	3286	人民军医	3312	乳业科学与技术
3261	热带亚热带植物学报	3287	人民论坛	3313	软件
3262	热带医学杂志	3288	人民论坛·学术前沿	3314	软件产业与工程
3263	热带作物学报	3289	人民司法	3315	软件导刊
3264	热固性树脂	3290	人民音乐	3316	软件工程
3265	热加工工艺	3291	人民长江	3317	软件学报
3266	热科学与技术	3292	人民政坛	3318	软科学
3267	热力发电	3293	人民珠江	3319	润滑油
3268	热力透平	3294	人权	3320	润滑与密封
3269	热能动力工程	3295	人权法学	3321	三晋基层治理
3270	热喷涂技术	3296	人权研究	3322	三门峡职业技术学院学报
3271	人才资源开发	3297	人文地理	3323	三明学院学报
3272	人参研究	3298	人文天下	3324	三峡大学学报（人文社会科学版）
3273	人大研究	3299	人文杂志	3325	三峡大学学报（自然科学版）
3274	人工晶体学报	3300	人造纤维	3326	三峡生态环境监测
3275	人工智能	3301	日本侵华南京大屠杀研究	3327	散装水泥
3276	人口学刊	3302	日本问题研究	3328	色谱
3277	人口研究	3303	日本学刊	3329	森林防火
3278	人口与发展	3304	日本研究	3330	森林工程

序号	期刊名称	序号	期刊名称	序号	期刊名称
3331	森林公安	3357	山东高等教育	3383	山东商业职业技术学院学报
3332	森林与环境学报	3358	山东工会论坛	3384	山东社会科学
3333	沙漠与绿洲气象	3359	山东工商学院学报	3385	山东省社会主义学院学报
3334	厦门城市职业学院学报	3360	山东工业技术	3386	山东师范大学学报(人文社会科学版)
3335	厦门大学学报(哲学社会科学版)	3361	山东工艺美术学院学报	3387	山东师范大学学报(自然科学版)
3336	厦门大学学报(自然科学版)	3362	山东国土资源	3388	山东石油化工学院学报
3337	厦门科技	3363	山东化工	3389	山东水利
3338	厦门理工学院学报	3364	山东建筑大学学报	3390	山东陶瓷
3339	厦门特区党校学报	3365	山东交通科技	3391	山东体育科技
3340	山地农业生物学报	3366	山东交通学院学报	3392	山东体育学院学报
3341	山地学报	3367	山东警察学院学报	3393	山东通信技术
3342	山东财经大学学报	3368	山东开放大学学报	3394	山东图书馆学刊
3343	山东畜牧兽医	3369	山东科技大学学报(社会科学版)	3395	山东外语教学
3344	山东大学耳鼻喉眼学报	3370	山东科技大学学报(自然科学版)	3396	山东行政学院学报
3345	山东大学学报(工学版)	3371	山东科学	3397	山东冶金
3346	山东大学学报(理学版)	3372	山东理工大学学报(社会科学版)	3398	山东医学高等专科学校学报
3347	山东大学学报(医学版)	3373	山东理工大学学报(自然科学版)	3399	山东医药
3348	山东大学学报(哲学社会科学版)	3374	山东林业科技	3400	山东中医药大学学报
3349	山东档案	3375	山东煤炭科技	3401	山东中医杂志
3350	山东第一医科大学(山东省医学科学院)学报	3376	山东农机化	3402	山西财经大学学报
3351	山东电力高等专科学校学报	3377	山东农业大学学报(社会科学版)	3403	山西财税
3352	山东电力技术	3378	山东农业大学学报(自然科学版)	3404	山西财政税务专科学校学报
3353	山东法官培训学院学报	3379	山东农业工程学院学报	3405	山西大同大学学报(社会科学版)
3354	山东纺织经济	3380	山东农业科学	3406	山西大同大学学报(自然科学版)
3355	山东纺织科技	3381	山东女子学院学报	3407	山西大学学报(哲学社会科学版)
3356	山东干部函授大学学报(理论学习)	3382	山东青年政治学院学报	3408	山西大学学报(自然科学版)

序号	期刊名称	序号	期刊名称	序号	期刊名称
3409	山西档案	3435	山西水土保持科技	3461	陕西中医
3410	山西地震	3436	山西卫生健康职业学院学报	3462	陕西中医药大学学报
3411	山西电力	3437	山西冶金	3463	汕头大学学报（人文社会科学版）
3412	山西电子技术	3438	山西医科大学学报	3464	汕头大学学报（自然科学版）
3413	山西高等学校社会科学学报	3439	山西医药杂志	3465	汕头大学医学院学报
3414	山西广播电视大学学报	3440	山西中医	3466	商场现代化
3415	山西化工	3441	山西中医药大学学报	3467	商洛学院学报
3416	山西建筑	3442	陕西档案	3468	商丘师范学院学报
3417	山西交通科技	3443	陕西地质	3469	商丘职业技术学院学报
3418	山西焦煤科技	3444	陕西教育（高教）	3470	商学研究
3419	山西经济管理干部学院学报	3445	陕西开放大学学报	3471	商讯
3420	山西警察学院学报	3446	陕西科技大学学报	3472	商业观察
3421	山西科技	3447	陕西理工大学学报（社会科学版）	3473	商业会计
3422	山西林业科技	3448	陕西理工大学学报（自然科学版）	3474	商业经济
3423	山西煤炭	3449	陕西林业科技	3475	商业经济研究
3424	山西能源学院学报	3450	陕西煤炭	3476	商业经济与管理
3425	山西农业大学学报（社会科学版）	3451	陕西农业科学	3477	商业研究
3426	山西农业大学学报（自然科学版）	3452	陕西气象	3478	商展经济
3427	山西农业科学	3453	陕西青年职业学院学报	3479	上海包装
3428	山西青年职业学院学报	3454	陕西社会主义学院学报	3480	上海保险
3429	山西社会主义学院学报	3455	陕西师范大学学报（哲学社会科学版）	3481	上海财经大学学报
3430	山西省政法管理干部学院学报	3456	陕西师范大学学报（自然科学版）	3482	上海城市发展
3431	山西师大学报（社会科学版）	3457	陕西水利	3483	上海城市管理
3432	山西师范大学学报（自然科学版）	3458	陕西行政学院学报	3484	上海城市规划
3433	山西水利	3459	陕西学前师范学院学报	3485	上海畜牧兽医通讯
3434	山西水利科技	3460	陕西医学杂志	3486	上海船舶运输科学研究所学报

序号	期刊名称	序号	期刊名称	序号	期刊名称
3487	上海大学学报（社会科学版）	3513	上海交通大学学报（医学版）	3539	上海蔬菜
3488	上海大学学报（自然科学版）	3514	上海交通大学学报（哲学社会科学版）	3540	上海塑料
3489	上海大中型电机	3515	上海教育科研	3541	上海体育大学学报
3490	上海党史与党建	3516	上海教育评估研究	3542	上海铁道科技
3491	上海地方志	3517	上海节能	3543	上海涂料
3492	上海第二工业大学学报	3518	上海金融	3544	上海文化
3493	上海电机学院学报	3519	上海金属	3545	上海行政学院学报
3494	上海电力大学学报	3520	上海经济	3546	上海医学
3495	上海电气技术	3521	上海经济研究	3547	上海医药
3496	上海对外经贸大学学报	3522	上海课程教学研究	3548	上海艺术评论
3497	上海翻译	3523	上海口腔医学	3549	上海预防医学
3498	上海房地	3524	上海理工大学学报	3550	上海针灸杂志
3499	上海纺织科技	3525	上海理工大学学报（社会科学版）	3551	上海政法学院学报（法治论丛）
3500	上海工程技术大学学报	3526	上海立信会计金融学院学报	3552	上海中医药大学学报
3501	上海公安学院学报	3527	上海煤气	3553	上海中医药杂志
3502	上海公路	3528	上海农村经济	3554	上饶师范学院学报
3503	上海管理科学	3529	上海农业科技	3555	烧结球团
3504	上海国土资源	3530	上海农业学报	3556	韶关学院学报
3505	上海海事大学学报	3531	上海汽车	3557	少年儿童研究
3506	上海海洋大学学报	3532	上海染料	3558	邵阳学院学报（社会科学版）
3507	上海航天（中英文）	3533	上海商学院学报	3559	邵阳学院学报（自然科学版）
3508	上海护理	3534	上海商业	3560	绍兴文理学院学报
3509	上海计量测试	3535	上海师范大学学报（哲学社会科学版）	3561	绍兴文理学院学报（人文社会科学）
3510	上海建材	3536	上海师范大学学报（自然科学版）	3562	蛇志
3511	上海建设科技	3537	上海市经济管理干部学院学报	3563	设备管理与维修
3512	上海交通大学学报	3538	上海市社会主义学院学报	3564	设备监理

序号	期刊名称	序号	期刊名称	序号	期刊名称
3565	设计	3591	社区医学杂志	3617	沈阳农业大学学报（社会科学版）
3566	设计艺术研究	3592	深空探测学报（中英文）	3618	沈阳师范大学学报（教育科学版）
3567	社会	3593	深圳大学学报（理工版）	3619	沈阳师范大学学报（社会科学版）
3568	社会保障评论	3594	深圳大学学报（人文社会科学版）	3620	沈阳师范大学学报（自然科学版）
3569	社会保障研究	3595	深圳社会科学	3621	沈阳体育学院学报
3570	社会发展研究	3596	深圳信息职业技术学院学报	3622	沈阳药科大学学报
3571	社会福利（理论版）	3597	深圳职业技术学院学报	3623	沈阳医学院学报
3572	社会工作	3598	深圳中西医结合杂志	3624	审计研究
3573	社会工作与管理	3599	神经病学与神经康复学杂志	3625	审计与经济研究
3574	社会建设	3600	神经疾病与精神卫生	3626	审计月刊
3575	社会科学	3601	神经解剖学杂志	3627	肾脏病与透析肾移植杂志
3576	社会科学动态	3602	神经损伤与功能重建	3628	生产力研究
3577	社会科学管理与评论	3603	神经药理学报	3629	生理科学进展
3578	社会科学辑刊	3604	沈阳大学学报（社会科学版）	3630	生理学报
3579	社会科学家	3605	沈阳大学学报（自然科学版）	3631	生命的化学
3580	社会科学论坛	3606	沈阳干部学刊	3632	生命科学
3581	社会科学研究	3607	沈阳工程学院学报（社会科学版）	3633	生命科学研究
3582	社会科学战线	3608	沈阳工程学院学报（自然科学版）	3634	生命科学仪器
3583	社会学评论	3609	沈阳工业大学学报	3635	生态毒理学报
3584	社会学研究	3610	沈阳工业大学学报（社会科学版）	3636	生态环境学报
3585	社会政策研究	3611	沈阳航空航天大学学报	3637	生态经济
3586	社会治理	3612	沈阳化工大学学报	3638	生态科学
3587	社会主义核心价值观研究	3613	沈阳建筑大学学报（社会科学版）	3639	生态学报
3588	社会主义研究	3614	沈阳建筑大学学报（自然科学版）	3640	生态学杂志
3589	社科纵横	3615	沈阳理工大学学报	3641	生态与农村环境学报
3590	社区矫正理论与实践	3616	沈阳农业大学学报	3642	生物安全学报

序号	期刊名称	序号	期刊名称	序号	期刊名称
3643	生物多样性	3669	胜利油田党校学报	3695	石油化工安全环保技术
3644	生物工程学报	3670	失效分析与预防	3696	石油化工腐蚀与防护
3645	生物骨科材料与临床研究	3671	施工技术（中英文）	3697	石油化工高等学校学报
3646	生物化工	3672	湿地科学	3698	石油化工管理干部学院学报
3647	生物化学与生物物理进展	3673	湿地科学与管理	3699	石油化工技术与经济
3648	生物技术	3674	湿法冶金	3700	石油化工建设
3649	生物技术进展	3675	石材	3701	石油化工设备
3650	生物技术通报	3676	石河子大学学报（哲学社会科学版）	3702	石油化工设备技术
3651	生物加工过程	3677	石河子大学学报（自然科学版）	3703	石油化工设计
3652	生物信息学	3678	石河子科技	3704	石油化工应用
3653	生物学教学	3679	石化技术	3705	石油化工自动化
3654	生物学通报	3680	石化技术与应用	3706	石油机械
3655	生物学杂志	3681	石家庄铁道大学学报（社会科学版）	3707	石油勘探与开发
3656	生物医学工程学进展	3682	石家庄铁道大学学报（自然科学版）	3708	石油科技论坛
3657	生物医学工程学杂志	3683	石家庄铁道大学学报社会科学版	3709	石油科学通报
3658	生物医学工程研究	3684	石家庄铁路职业技术学院学报	3710	石油库与加油站
3659	生物医学工程与临床	3685	石家庄学院学报	3711	石油矿场机械
3660	生物医学转化	3686	石家庄职业技术学院学报	3712	石油沥青
3661	生物灾害科学	3687	石窟与土遗址保护研究	3713	石油炼制与化工
3662	生物质化学工程	3688	石油地球物理勘探	3714	石油商技
3663	生物资源	3689	石油地质与工程	3715	石油石化节能
3664	生殖医学杂志	3690	石油工程建设	3716	石油石化绿色低碳
3665	声屏世界	3691	石油工业技术监督	3717	石油石化物资采购
3666	声学技术	3692	石油管材与仪器	3718	石油实验地质
3667	声学学报	3693	石油和化工设备	3719	石油物探
3668	声学与电子工程	3694	石油化工	3720	石油学报

序号	期刊名称	序号	期刊名称	序号	期刊名称
3721	石油学报(石油加工)	3747	实验与检验医学	3773	实用预防医学
3722	石油与天然气地质	3748	实用癌症杂志	3774	实用中西医结合临床
3723	石油与天然气化工	3749	实用防盲技术	3775	实用中医内科杂志
3724	石油钻采工艺	3750	实用放射学杂志	3776	实用中医药杂志
3725	石油钻探技术	3751	实用妇产科杂志	3777	实用肿瘤学杂志
3726	时代报告	3752	实用妇科内分泌电子杂志	3778	实用肿瘤杂志
3727	时代法学	3753	实用肝脏病杂志	3779	食管疾病
3728	时代建筑	3754	实用骨科杂志	3780	食品安全导刊
3729	时代教育	3755	实用检验医师杂志	3781	食品安全质量检测学报
3730	时代金融	3756	实用口腔医学杂志	3782	食品工程
3731	时代经贸	3757	实用老年医学	3783	食品工业
3732	时代汽车	3758	实用临床护理学电子杂志	3784	食品工业科技
3733	时代人物	3759	实用临床医学	3785	食品科技
3734	时间频率学报	3760	实用临床医药杂志	3786	食品科学
3735	时尚设计与工程	3761	实用皮肤病学杂志	3787	食品科学技术学报
3736	时珍国医国药	3762	实用器官移植电子杂志	3788	食品研究与开发
3737	实事求是	3763	实用手外科杂志	3789	食品与发酵工业
3738	实验动物科学	3764	实用糖尿病杂志	3790	食品与发酵科技
3739	实验动物与比较医学	3765	实用心电学杂志	3791	食品与机械
3740	实验技术与管理	3766	实用心脑肺血管病杂志	3792	食品与生物技术学报
3741	实验教学与仪器	3767	实用休克杂志(中英文)	3793	食品与药品
3742	实验科学与技术	3768	实用药物与临床	3794	食药用菌
3743	实验力学	3769	实用医技杂志	3795	食用菌
3744	实验流体力学	3770	实用医学影像杂志	3796	食用菌学报
3745	实验室科学	3771	实用医学杂志	3797	史林
3746	实验室研究与探索	3772	实用医院临床杂志	3798	史学集刊

序号	期刊名称	序号	期刊名称	序号	期刊名称
3799	史学理论研究	3825	世界科学技术(中医药现代化)	3851	视听界
3800	史学史研究	3826	世界历史	3852	首都公共卫生
3801	史学月刊	3827	世界历史评论	3853	首都经济贸易大学学报
3802	史志学刊	3828	世界林业研究	3854	首都师范大学学报(社会科学版)
3803	世纪桥	3829	世界临床药物	3855	首都师范大学学报(自然科学版)
3804	世界地理研究	3830	世界美术	3856	首都食品与医药
3805	世界地震工程	3831	世界民族	3857	首都体育学院学报
3806	世界地质	3832	世界农药	3858	首都医科大学学报
3807	世界电影	3833	世界农业	3859	兽类学报
3808	世界复合医学	3834	世界桥梁	3860	兽医导刊
3809	世界钢铁	3835	世界社会主义研究	3861	书法赏评
3810	世界海运	3836	世界石油工业	3862	书法研究
3811	世界汉语教学	3837	世界睡眠医学杂志	3863	蔬菜
3812	世界核地质科学	3838	世界有色金属	3864	数据采集与处理
3813	世界华人消化杂志	3839	世界哲学	3865	数据分析与知识发现
3814	世界华文文学论坛	3840	世界制造技术与装备市场	3866	数据通信
3815	世界环境	3841	世界中西医结合杂志	3867	数据与计算发展前沿
3816	世界建筑	3842	世界中医药	3868	数理统计与管理
3817	世界教育信息	3843	世界竹藤通讯	3869	数理医药学杂志
3818	世界经济	3844	世界宗教文化	3870	数量经济技术经济研究
3819	世界经济文汇	3845	世界宗教研究	3871	数学的实践与认识
3820	世界经济研究	3846	市场监管与质量技术研究	3872	数学建模及其应用
3821	世界经济与政治	3847	市场论坛	3873	数学教学
3822	世界经济与政治论坛	3848	市场周刊	3874	数学教学通讯
3823	世界科技研究与发展	3849	市政技术	3875	数学教学研究
3824	世界科学	3850	视听	3876	数学教育学报

序号	期刊名称	序号	期刊名称	序号	期刊名称
3877	数学进展	3903	水产学报	3929	水利水电快报
3878	数学理论与应用	3904	水产学杂志	3930	水利水运工程学报
3879	数学年刊A辑(中文版)	3905	水产养殖	3931	水利信息化
3880	数学通报	3906	水处理技术	3932	水利学报
3881	数学通讯	3907	水道港口	3933	水利与建筑工程学报
3882	数学物理学报	3908	水电能源科学	3934	水泥
3883	数学学报(中文版)	3909	水电与抽水蓄能	3935	水泥工程
3884	数学译林	3910	水电与新能源	3936	水泥技术
3885	数学杂志	3911	水电站机电技术	3937	水生生物学报
3886	数学之友	3912	水电站设计	3938	水生态学杂志
3887	数值计算与计算机应用	3913	水动力学研究与进展A辑	3939	水土保持通报
3888	数字出版研究	3914	水科学进展	3940	水土保持学报
3889	数字传媒研究	3915	水科学与工程技术	3941	水土保持研究
3890	数字海洋与水下攻防	3916	水力发电	3942	水土保持应用技术
3891	数字技术与应用	3917	水力发电学报	3943	水文
3892	数字教育	3918	水利发展研究	3944	水文地质工程地质
3893	数字经济	3919	水利规划与设计	3945	水下无人系统学报
3894	数字农业与智能农机	3920	水利技术监督	3946	水运工程
3895	数字通信世界	3921	水利建设与管理	3947	水运管理
3896	数字图书馆论坛	3922	水利经济	3948	水资源保护
3897	数字与缩微影像	3923	水利科技	3949	水资源开发与管理
3898	数字制造科学	3924	水利科技与经济	3950	水资源与水工程学报
3899	双语教育研究	3925	水利科学与寒区工程	3951	税收经济研究
3900	水泵技术	3926	水利水电工程设计	3952	税务研究
3901	水产科技情报	3927	水利水电技术(中英文)	3953	税务与经济
3902	水产科学	3928	水利水电科技进展	3954	顺德职业技术学院学报

序号	期刊名称	序号	期刊名称	序号	期刊名称
3955	丝绸	3981	四川解剖学杂志	4007	四川有色金属
3956	丝网印刷	3982	四川精神卫生	4008	四川职业技术学院学报
3957	思想教育研究	3983	四川警察学院学报	4009	四川中医
3958	思想理论教育	3984	四川林业科技	4010	饲料博览
3959	思想理论教育导刊	3985	四川旅游学院学报	4011	饲料工业
3960	思想理论战线	3986	四川民族学院学报	4012	饲料研究
3961	思想战线	3987	四川农业大学学报	4013	苏区研究
3962	思想政治工作研究	3988	四川农业科技	4014	苏州大学学报（法学版）
3963	思想政治教育研究	3989	四川轻化工大学学报（社会科学版）	4015	苏州大学学报（教育科学版）
3964	思想政治课教学	3990	四川轻化工大学学报（自然科学版）	4016	苏州大学学报（哲学社会科学版）
3965	思想政治课研究	3991	四川生理科学杂志	4017	苏州工艺美术职业技术学院学报
3966	四川蚕业	3992	四川省干部函授学院学报	4018	苏州教育学院学报
3967	四川畜牧兽医	3993	四川省社会主义学院学报	4019	苏州科技大学学报（工程技术版）
3968	四川大学学报（医学版）	3994	四川师范大学学报（社会科学版）	4020	苏州科技大学学报（社会科学版）
3969	四川大学学报（哲学社会科学版）	3995	四川师范大学学报（自然科学版）	4021	苏州科技大学学报（自然科学版）
3970	四川大学学报（自然科学版）	3996	四川水力发电	4022	苏州市职业大学学报
3971	四川档案	3997	四川水利	4023	宿州教育学院学报
3972	四川地震	3998	四川水泥	4024	宿州学院学报
3973	四川地质学报	3999	四川体育科学	4025	塑料
3974	四川电力技术	4000	四川图书馆学报	4026	塑料包装
3975	四川动物	4001	四川文理学院学报	4027	塑料工业
3976	四川化工	4002	四川文物	4028	塑料科技
3977	四川环境	4003	四川戏剧	4029	塑料助剂
3978	四川建材	4004	四川行政学院学报	4030	塑性工程学报
3979	四川建筑	4005	四川冶金	4031	绥化学院学报
3980	四川建筑科学研究	4006	四川医学	4032	隧道建设（中英文）

续表

序号	期刊名称	序号	期刊名称	序号	期刊名称
4033	隧道与地下工程灾害防治	4059	炭素技术	4085	体育教育学刊
4034	隧道与轨道交通	4060	探测与控制学报	4086	体育科技
4035	孙子研究	4061	探求	4087	体育科技文献通报
4036	塔里木大学学报	4062	探索	4088	体育科学
4037	台海研究	4063	探索与争鸣	4089	体育科学研究
4038	台湾历史研究	4064	唐都学刊	4090	体育科研
4039	台湾农业探索	4065	唐山师范学院学报	4091	体育师友
4040	台湾研究	4066	唐山学院学报	4092	体育世界（学术版）
4041	台湾研究集刊	4067	糖尿病天地	4093	体育文化导刊
4042	台州学院学报	4068	糖尿病新世界	4094	体育学刊
4043	太赫兹科学与电子信息学报	4069	陶瓷	4095	体育学研究
4044	太平洋学报	4070	陶瓷科学与艺术	4096	体育研究与教育
4045	太阳能	4071	陶瓷学报	4097	体育与科学
4046	太阳能学报	4072	陶瓷研究	4098	天地一体化信息网络
4047	太原城市职业技术学院学报	4073	特产研究	4099	天府新论
4048	太原科技大学学报	4074	特钢技术	4100	天工
4049	太原理工大学学报	4075	特区经济	4101	天津城建大学学报
4050	太原理工大学学报（社会科学版）	4076	特区实践与理论	4102	天津大学学报（社会科学版）
4051	太原师范学院学报（社会科学版）	4077	特殊钢	4103	天津大学学报（自然科学与工程技术版）
4052	太原师范学院学报（自然科学版）	4078	特种结构	4104	天津电大学报
4053	太原学院学报（社会科学版）	4079	特种经济动植物	4105	天津法学
4054	太原学院学报（自然科学版）	4080	特种设备安全技术	4106	天津纺织科技
4055	钛工业进展	4081	特种橡胶制品	4107	天津工业大学学报
4056	泰山学院学报	4082	特种油气藏	4108	天津航海
4057	泰州职业技术学院学报	4083	特种铸造及有色合金	4109	天津护理
4058	炭素	4084	体育教学	4110	天津化工

序号	期刊名称	序号	期刊名称	序号	期刊名称
4111	天津建设科技	4137	天津造纸	4163	铁道技术监督
4112	天津经济	4138	天津职业大学学报	4164	铁道建筑
4113	天津科技	4139	天津职业技术师范大学学报	4165	铁道建筑技术
4114	天津科技大学学报	4140	天津职业院校联合学报	4166	铁道经济研究
4115	天津理工大学学报	4141	天津中德应用技术大学学报	4167	铁道警察学院学报
4116	天津美术学院学报	4142	天津中医药	4168	铁道勘察
4117	天津农林科技	4143	天津中医药大学学报	4169	铁道科学与工程学报
4118	天津农学院学报	4144	天然产物研究与开发	4170	铁道通信信号
4119	天津农业科学	4145	天然气地球科学	4171	铁道学报
4120	天津商务职业学院学报	4146	天然气工业	4172	铁道运输与经济
4121	天津商业大学学报	4147	天然气化工—C1 化学与化工	4173	铁道运营技术
4122	天津社会科学	4148	天然气技术与经济	4174	铁合金
4123	天津师范大学学报(基础教育版)	4149	天然气勘探与开发	4175	铁路采购与物流
4124	天津师范大学学报(社会科学版)	4150	天然气与石油	4176	铁路工程技术与经济
4125	天津师范大学学报(自然科学版)	4151	天水师范学院学报	4177	铁路计算机应用
4126	天津市工会管理干部学院学报	4152	天水行政学院学报	4178	铁路技术创新
4127	天津市教科院学报	4153	天文学报	4179	铁路节能环保与安全卫生
4128	天津市社会主义学院学报	4154	天文学进展	4180	铁路通信信号工程技术
4129	天津体育学院学报	4155	天文研究与技术	4181	听力学及言语疾病杂志
4130	天津外国语大学学报	4156	天中学刊	4182	通化师范学院学报
4131	天津行政学院学报	4157	铁道标准设计	4183	通信电源技术
4132	天津药学	4158	铁道车辆	4184	通信管理与技术
4133	天津冶金	4159	铁道工程学报	4185	通信技术
4134	天津医科大学学报	4160	铁道货运	4186	通信学报
4135	天津医药	4161	铁道机车车辆	4187	通信与信息技术
4136	天津音乐学院学报	4162	铁道机车与动车	4188	通讯世界

序号	期刊名称	序号	期刊名称	序号	期刊名称
4189	同济大学学报(社会科学版)	4215	图书馆理论与实践	4241	拖拉机与农用运输车
4190	同济大学学报(医学版)	4216	图书馆论坛	4242	外国教育研究
4191	同济大学学报(自然科学版)	4217	图书馆学刊	4243	外国经济与管理
4192	同煤科技	4218	图书馆学研究	4244	外国文学
4193	同位素	4219	图书馆研究	4245	外国文学动态研究
4194	铜陵学院学报	4220	图书馆研究与工作	4246	外国文学评论
4195	铜陵职业技术学院学报	4221	图书馆杂志	4247	外国文学研究
4196	铜仁学院学报	4222	图书情报导刊	4248	外国问题研究
4197	铜业工程	4223	图书情报工作	4249	外国语(上海外国语大学学报)
4198	统计科学与实践	4224	图书情报知识	4250	外国语文
4199	统计理论与实践	4225	图书与情报	4251	外国语文研究
4200	统计学报	4226	图学学报	4252	外国语言文学
4201	统计研究	4227	涂层与防护	4253	外交评论(外交学院学报)
4202	统计与管理	4228	涂料工业	4254	外科理论与实践
4203	统计与决策	4229	土工基础	4255	外科研究与新技术
4204	统计与信息论坛	4230	土木工程学报	4256	外文研究
4205	统计与咨询	4231	土木工程与管理学报	4257	外语测试与教学
4206	统一战线学研究	4232	土木建筑工程信息技术	4258	外语电化教学
4207	投资研究	4233	土木与环境工程学报(中英文)	4259	外语教学
4208	投资与创业	4234	土壤	4260	外语教学理论与实践
4209	投资与合作	4235	土壤通报	4261	外语教学与研究
4210	透析与人工器官	4236	土壤学报	4262	外语教育研究
4211	图书馆	4237	土壤与作物	4263	外语教育研究前沿
4212	图书馆工作与研究	4238	吐鲁番学研究	4264	外语界
4213	图书馆建设	4239	团结	4265	外语学刊
4214	图书馆界	4240	推进技术	4266	外语研究

序号	期刊名称	序号	期刊名称	序号	期刊名称
4267	外语与翻译	4293	微体古生物学报	4319	文化创新比较研究
4268	外语与外语教学	4294	微型电脑应用	4320	文化软实力
4269	皖南医学院学报	4295	微循环学杂志	4321	文化软实力研究
4270	皖西学院学报	4296	唯实	4322	文化学刊
4271	网络安全和信息化	4297	潍坊工程职业学院学报	4323	文化遗产
4272	网络安全技术与应用	4298	潍坊学院学报	4324	文化艺术研究
4273	网络安全与数据治理	4299	潍坊医学院学报	4325	文化与传播
4274	网络空间安全	4300	卫生经济研究	4326	文化纵横
4275	网络新媒体技术	4301	卫生软科学	4327	文教资料
4276	网络与信息安全学报	4302	卫生研究	4328	文山学院学报
4277	微波学报	4303	卫生职业教育	4329	文史
4278	微处理机	4304	卫星电视与宽带多媒体	4330	文史杂志
4279	微创泌尿外科杂志	4305	卫星应用	4331	文史哲
4280	微创医学	4306	未来城市设计与运营	4332	文体用品与科技
4281	微电机	4307	未来传播	4333	文物
4282	微电子学	4308	未来与发展	4334	文物保护与考古科学
4283	微电子学与计算机	4309	胃肠病学	4335	文物春秋
4284	微量元素与健康研究	4310	胃肠病学和肝病学杂志	4336	文物季刊
4285	微纳电子技术	4311	渭南师范学院学报	4337	文物鉴定与鉴赏
4286	微纳电子与智能制造	4312	温带林业研究	4338	文物天地
4287	微生物学报	4313	温州大学学报(社会科学版)	4339	文献
4288	微生物学免疫学进展	4314	温州大学学报(自然科学版)	4340	文献与数据学报
4289	微生物学通报	4315	温州医科大学学报	4341	文学教育
4290	微生物学杂志	4316	温州职业技术学院学报	4342	文学评论
4291	微生物与感染	4317	文博	4343	文学遗产
4292	微特电机	4318	文化产业	4344	文学与文化

序号	期刊名称	序号	期刊名称	序号	期刊名称
4345	文艺理论研究	4371	武汉船舶职业技术学院学报	4397	武术研究
4346	文艺理论与批评	4372	武汉大学学报(工学版)	4398	武夷科学
4347	文艺论坛	4373	武汉大学学报(理学版)	4399	武夷学院学报
4348	文艺评论	4374	武汉大学学报(信息科学版)	4400	舞蹈
4349	文艺研究	4375	武汉大学学报(医学版)	4401	物理
4350	文艺争鸣	4376	武汉大学学报(哲学社会科学版)	4402	物理测试
4351	文苑	4377	武汉纺织大学学报	4403	物理化学学报
4352	乌鲁木齐职业大学学报	4378	武汉工程大学学报	4404	物理教师
4353	无机材料学报	4379	武汉工程职业技术学院学报	4405	物理教学
4354	无机化学学报	4380	武汉公安干部学院学报	4406	物理教学探讨
4355	无机盐工业	4381	武汉交通职业学院学报	4407	物理实验
4356	无人系统技术	4382	武汉金融	4408	物理通报
4357	无损检测	4383	武汉科技大学学报	4409	物理学报
4358	无损探伤	4384	武汉科技大学学报(社会科学版)	4410	物理学进展
4359	无锡商业职业技术学院学报	4385	武汉理工大学学报	4411	物理与工程
4360	无锡职业技术学院学报	4386	武汉理工大学学报(交通科学与工程版)	4412	物联网技术
4361	无线电工程	4387	武汉理工大学学报(社会科学版)	4413	物联网学报
4362	无线电通信技术	4388	武汉理工大学学报(信息与管理工程版)	4414	物流工程与管理
4363	无线互联科技	4389	武汉轻工大学学报	4415	物流技术
4364	无线通信技术	4390	武汉商学院学报	4416	物流技术与应用
4365	芜湖职业技术学院学报	4391	武汉体育学院学报	4417	物流科技
4366	梧州学院学报	4392	武汉冶金管理干部学院学报	4418	物探化探计算技术
4367	五台山研究	4393	武汉职业技术学院学报	4419	物探与化探
4368	五邑大学学报(社会科学版)	4394	武警工程大学学报	4420	物探装备
4369	五邑大学学报(自然科学版)	4395	武警医学	4421	西安财经大学学报
4370	武大国际法评论	4396	武陵学刊	4422	西安电子科技大学学报

序号	期刊名称	序号	期刊名称	序号	期刊名称
4423	西安电子科技大学学报（社会科学版）	4449	西北美术	4475	西部素质教育
4424	西安工程大学学报	4450	西北民族大学学报（哲学社会科学版）	4476	西部探矿工程
4425	西安工业大学学报	4451	西北民族大学学报（自然科学版）	4477	西部学刊
4426	西安航空学院学报	4452	西北民族研究	4478	西部医学
4427	西安建筑科技大学学报（社会科学版）	4453	西北农林科技大学学报（社会科学版）	4479	西部中医药
4428	西安建筑科技大学学报（自然科学版）	4454	西北农林科技大学学报（自然科学版）	4480	西部资源
4429	西安交通大学学报	4455	西北农业学报	4481	西藏大学学报（社会科学版）
4430	西安交通大学学报（社会科学版）	4456	西北人口	4482	西藏发展论坛
4431	西安交通大学学报（医学版）	4457	西北师大学报（社会科学版）	4483	西藏教育
4432	西安科技大学学报	4458	西北师范大学学报（自然科学版）	4484	西藏科技
4433	西安理工大学学报	4459	西北水电	4485	西藏民族大学学报（哲学社会科学版）
4434	西安石油大学学报（社会科学版）	4460	西北药学杂志	4486	西藏农业科技
4435	西安石油大学学报（自然科学版）	4461	西北植物学报	4487	西藏研究
4436	西安体育学院学报	4462	西伯利亚研究	4488	西藏医药
4437	西安外国语大学学报	4463	西部财会	4489	西藏艺术研究
4438	西安文理学院学报（社会科学版）	4464	西部法学评论	4490	西昌学院学报（社会科学版）
4439	西安文理学院学报（自然科学版）	4465	西部广播电视	4491	西昌学院学报（自然科学版）
4440	西安邮电大学学报	4466	西部交通科技	4492	西华大学学报（哲学社会科学版）
4441	西北成人教育学院学报	4467	西部金融	4493	西华大学学报（自然科学版）
4442	西北大学学报（哲学社会科学版）	4468	西部经济管理论坛	4494	西华师范大学学报（哲学社会科学版）
4443	西北大学学报（自然科学版）	4469	西部林业科学	4495	西华师范大学学报（自然科学版）
4444	西北地质	4470	西部论坛	4496	西南大学学报（社会科学版）
4445	西北工业大学学报	4471	西部旅游	4497	西南大学学报（自然科学版）
4446	西北工业大学学报（社会科学版）	4472	西部蒙古论坛	4498	西南交通大学学报
4447	西北国防医学杂志	4473	西部皮革	4499	西南交通大学学报（社会科学版）
4448	西北林学院学报	4474	西部人居环境学刊	4500	西南金融

续表

序号	期刊名称	序号	期刊名称	序号	期刊名称
4501	西南军医	4527	系统仿真技术	4553	现代地质
4502	西南科技大学学报	4528	系统仿真学报	4554	现代电力
4503	西南科技大学学报(哲学社会科学版)	4529	系统工程	4555	现代电生理学杂志
4504	西南林业大学学报(社会科学)	4530	系统工程理论与实践	4556	现代电视技术
4505	西南林业大学学报(自然科学)	4531	系统工程学报	4557	现代电影技术
4506	西南民族大学学报(人文社会科学版)	4532	系统工程与电子技术	4558	现代电子技术
4507	西南民族大学学报(自然科学版)	4533	系统管理学报	4559	现代法学
4508	西南农业学报	4534	系统科学学报	4560	现代防御技术
4509	西南师范大学学报(自然科学版)	4535	系统科学与数学	4561	现代纺织技术
4510	西南石油大学学报(社会科学版)	4536	系统医学	4562	现代妇产科进展
4511	西南石油大学学报(自然科学版)	4537	细胞与分子免疫学杂志	4563	现代工业经济和信息化
4512	西南医科大学学报	4538	纤维复合材料	4564	现代管理科学
4513	西南政法大学学报	4539	纤维素科学与技术	4565	现代国际关系
4514	西夏研究	4540	咸阳师范学院学报	4566	现代国企研究
4515	西亚非洲	4541	现代财经(天津财经大学学报)	4567	现代化工
4516	西域研究	4542	现代测绘	4568	现代化农业
4517	稀土	4543	现代车用动力	4569	现代机械
4518	稀有金属	4544	现代城市轨道交通	4570	现代计算机
4519	稀有金属材料与工程	4545	现代城市研究	4571	现代技术陶瓷
4520	稀有金属与硬质合金	4546	现代出版	4572	现代检验医学杂志
4521	戏剧(中央戏剧学院学报)	4547	现代畜牧科技	4573	现代建筑电气
4522	戏剧文学	4548	现代畜牧兽医	4574	现代交际
4523	戏剧艺术	4549	现代传播(中国传媒大学学报)	4575	现代交通技术
4524	戏剧与影视评论	4550	现代传输	4576	现代交通与冶金材料
4525	戏剧之家	4551	现代大学教育	4577	现代教学
4526	戏曲艺术	4552	现代导航	4578	现代教育

序号	期刊名称	序号	期刊名称	序号	期刊名称
4579	现代教育管理	4605	现代情报	4631	现代医药卫生
4580	现代教育技术	4606	现代日本经济	4632	现代医用影像学
4581	现代教育科学	4607	现代商贸工业	4633	现代医院
4582	现代教育论丛	4608	现代商业	4634	现代医院管理
4583	现代金融	4609	现代商业银行导刊	4635	现代仪器与医疗
4584	现代金融导刊	4610	现代审计与会计	4636	现代应用物理
4585	现代经济探讨	4611	现代审计与经济	4637	现代英语
4586	现代经济信息	4612	现代生物医学进展	4638	现代营销(下旬刊)
4587	现代口腔医学杂志	4613	现代实用医学	4639	现代语文
4588	现代矿业	4614	现代食品	4640	现代预防医学
4589	现代雷达	4615	现代食品科技	4641	现代园艺
4590	现代临床护理	4616	现代视听	4642	现代远程教育研究
4591	现代临床医学	4617	现代丝绸科学与技术	4643	现代远距离教育
4592	现代泌尿生殖肿瘤杂志	4618	现代塑料加工应用	4644	现代哲学
4593	现代泌尿外科杂志	4619	现代隧道技术	4645	现代诊断与治疗
4594	现代免疫学	4620	现代台湾研究	4646	现代职业教育
4595	现代面粉工业	4621	现代特殊教育	4647	现代制造工程
4596	现代牧业	4622	现代涂料与涂装	4648	现代制造技术与装备
4597	现代农机	4623	现代外语	4649	现代中文学刊
4598	现代农药	4624	现代消化及介入诊疗	4650	现代中西医结合杂志
4599	现代农业	4625	现代信息科技	4651	现代中小学教育
4600	现代农业科技	4626	现代盐化工	4652	现代中药研究与实践
4601	现代农业研究	4627	现代养生	4653	现代中医临床
4602	现代农业装备	4628	现代药物与临床	4654	现代中医药
4603	现代企业	4629	现代医学	4655	现代肿瘤医学
4604	现代企业文化	4630	现代医学与健康研究电子杂志	4656	现代铸铁

序号	期刊名称	序号	期刊名称	序号	期刊名称
4657	乡村科技	4683	心肺血管病杂志	4709	新疆大学学报（哲学社会科学版）
4658	香料香精化妆品	4684	心理发展与教育	4710	新疆大学学报（自然科学版）（中英文）
4659	湘南学院学报	4685	心理技术与应用	4711	新疆地方志
4660	湘南学院学报（医学版）	4686	心理科学	4712	新疆地质
4661	湘潭大学学报（哲学社会科学版）	4687	心理科学进展	4713	新疆钢铁
4662	湘潭大学学报（自然科学版）	4688	心理学报	4714	新疆环境保护
4663	襄阳职业技术学院学报	4689	心理学探新	4715	新疆教育学院学报
4664	项目管理技术	4690	心理学通讯	4716	新疆警察学院学报
4665	橡胶工业	4691	心理研究	4717	新疆开放大学学报
4666	橡胶科技	4692	心理与行为研究	4718	新疆林业
4667	橡塑技术与装备	4693	心理月刊	4719	新疆农机化
4668	橡塑资源利用	4694	心脑血管病防治	4720	新疆农垦经济
4669	消防科学与技术	4695	心血管病防治知识	4721	新疆农垦科技
4670	消费经济	4696	心血管病学进展	4722	新疆农业大学学报
4671	消化肿瘤杂志（电子版）	4697	心血管康复医学杂志	4723	新疆农业科学
4672	小城镇建设	4698	心脏杂志	4724	新疆社会科学
4673	小水电	4699	忻州师范学院学报	4725	新疆社科论坛
4674	小说评论	4700	新材料产业	4726	新疆师范大学学报（哲学社会科学版）
4675	小型内燃机与车辆技术	4701	新东方	4727	新疆师范大学学报（自然科学版）
4676	小型微型计算机系统	4702	新发传染病电子杂志	4728	新疆石油地质
4677	小学教学参考	4703	新会计	4729	新疆石油天然气
4678	小学语文	4704	新技术新工艺	4730	新疆医科大学学报
4679	协和医学杂志	4705	新建筑	4731	新疆医学
4680	鞋类工艺与设计	4706	新疆财经	4732	新疆艺术学院学报
4681	写作	4707	新疆财经大学学报	4733	新疆有色金属
4682	心电与循环	4708	新疆畜牧业	4734	新疆职业大学学报

序号	期刊名称	序号	期刊名称	序号	期刊名称
4735	新疆职业教育研究	4761	新闻界	4787	信息工程大学学报
4736	新疆中医药	4762	新闻论坛	4788	信息化研究
4737	新教师	4763	新闻前哨	4789	信息记录材料
4738	新金融	4764	新闻世界	4790	信息技术
4739	新经济	4765	新闻研究导刊	4791	信息技术与标准化
4740	新经济导刊	4766	新闻与传播评论	4792	信息技术与信息化
4741	新课程	4767	新闻与传播研究	4793	信息通信技术
4742	新课程导学	4768	新闻与写作	4794	信息通信技术与政策
4743	新课程研究	4769	新闻战线	4795	信息网络安全
4744	新媒体研究	4770	新闻知识	4796	信息系统工程
4745	新美术	4771	新西部：下旬·理论	4797	信息与电脑(理论版)
4746	新美域	4772	新乡学院学报	4798	信息与管理研究
4747	新能源进展	4773	新乡医学院学报	4799	信息与控制
4748	新世纪水泥导报	4774	新校园	4800	信息资源管理学报
4749	新世纪图书馆	4775	新型工业化	4801	信阳农林学院学报
4750	新视野	4776	新型建筑材料	4802	信阳师范学院学报(哲学社会科学版)
4751	新体育	4777	新型炭材料	4803	信阳师范学院学报(自然科学版)
4752	新文科教育研究	4778	新医学	4804	星海音乐学院学报
4753	新文科理论与实践	4779	新余学院学报	4805	刑事技术
4754	新文学史料	4780	新阅读	4806	邢台学院学报
4755	新闻爱好者	4781	新智慧	4807	邢台职业技术学院学报
4756	新闻采编	4782	新中医	4808	行政法学研究
4757	新闻传播	4783	信号处理	4809	行政管理改革
4758	新闻春秋	4784	信息安全学报	4810	行政科学论坛
4759	新闻大学	4785	信息安全研究	4811	行政论坛
4760	新闻记者	4786	信息安全与通信保密	4812	行政事业资产与财务

序号	期刊名称	序号	期刊名称	序号	期刊名称
4813	行政与法	4839	学周刊	4865	延安大学学报(自然科学版)
4814	兴义民族师范学院学报	4840	血管与腔内血管外科杂志	4866	延安职业技术学院学报
4815	徐州工程学院学报(社会科学版)	4841	血栓与止血学	4867	延边大学农学学报
4816	徐州工程学院学报(自然科学版)	4842	寻根	4868	延边大学学报(社会科学版)
4817	徐州医科大学学报	4843	循证护理	4869	延边大学学报(自然科学版)
4818	许昌学院学报	4844	循证医学	4870	延边大学医学学报
4819	蓄电池	4845	压电与声光	4871	延边党校学报
4820	选煤技术	4846	压力容器	4872	延边教育学院学报
4821	学海	4847	压缩机技术	4873	岩矿测试
4822	学会	4848	牙体牙髓牙周病学杂志	4874	岩石矿物学杂志
4823	学理论	4849	轧钢	4875	岩石力学与工程学报
4824	学前教育研究	4850	亚热带农业研究	4876	岩石学报
4825	学术交流	4851	亚热带水土保持	4877	岩土工程技术
4826	学术界	4852	亚热带植物科学	4878	岩土工程学报
4827	学术论坛	4853	亚热带资源与环境学报	4879	岩土力学
4828	学术评论	4854	亚太安全与海洋研究	4880	岩性油气藏
4829	学术探索	4855	亚太传统医药	4881	炎黄地理
4830	学术研究	4856	亚太教育	4882	沿海企业与科技
4831	学术月刊	4857	亚太经济	4883	研究生教育研究
4832	学位与研究生教育	4858	烟草科技	4884	研究与发展管理
4833	学习论坛	4859	烟台大学学报(哲学社会科学版)	4885	盐城工学院学报(社会科学版)
4834	学习与实践	4860	烟台大学学报(自然科学与工程版)	4886	盐城工学院学报(自然科学版)
4835	学习与探索	4861	烟台果树	4887	盐城师范学院学报(人文社会科学版)
4836	学校党建与思想教育	4862	烟台职业学院学报	4888	盐湖研究
4837	学语文	4863	延安大学学报(社会科学版)	4889	盐科学与化工
4838	学园	4864	延安大学学报(医学科学版)	4890	盐业史研究

序号	期刊名称	序号	期刊名称	序号	期刊名称
4891	眼科	4917	药物生物技术	4943	医疗卫生装备
4892	眼科新进展	4918	药学服务与研究	4944	医疗装备
4893	眼科学报	4919	药学教育	4945	医学动物防制
4894	演艺科技	4920	药学进展	4946	医学分子生物学杂志
4895	燕山大学学报	4921	药学实践杂志	4947	医学检验与临床
4896	燕山大学学报（哲学社会科学版）	4922	药学学报	4948	医学教育管理
4897	扬州大学学报（高教研究版）	4923	药学研究	4949	医学教育研究与实践
4898	扬州大学学报（农业与生命科学版）	4924	药学与临床研究	4950	医学理论与实践
4899	扬州大学学报（人文社会科学版）	4925	冶金标准化与质量	4951	医学临床研究
4900	扬州大学学报（自然科学版）	4926	冶金财会	4952	医学食疗与健康
4901	扬州教育学院学报	4927	冶金动力	4953	医学新知
4902	扬州职业大学学报	4928	冶金分析	4954	医学信息
4903	扬子江文学评论	4929	冶金管理	4955	医学信息学杂志
4904	杨凌职业技术学院学报	4930	冶金经济与管理	4956	医学研究生学报
4905	养禽与禽病防治	4931	冶金能源	4957	医学研究与教育
4906	养殖与饲料	4932	冶金设备	4958	医学研究杂志
4907	养猪	4933	冶金信息导刊	4959	医学影像学杂志
4908	遥测遥控	4934	冶金与材料	4960	医学与法学
4909	遥感技术与应用	4935	冶金自动化	4961	医学与社会
4910	遥感信息	4936	野生动物学报	4962	医学与哲学
4911	遥感学报	4937	液晶与显示	4963	医学综述
4912	药品评价	4938	液压气动与密封	4964	医药导报
4913	药物不良反应杂志	4939	液压与气动	4965	医药高职教育与现代护理
4914	药物分析杂志	4940	一重技术	4966	医药论坛杂志
4915	药物流行病学杂志	4941	伊犁师范大学学报	4967	医药前沿
4916	药物评价研究	4942	伊犁师范大学学报（自然科学版）	4968	医用生物力学

序号	期刊名称	序号	期刊名称	序号	期刊名称
4969	医院管理论坛	4995	艺术学研究	5021	应用化工
4970	仪表技术	4996	艺术研究	5022	应用化学
4971	仪表技术与传感器	4997	艺术与设计(理论)	5023	应用基础与工程科学学报
4972	仪器仪表标准化与计量	4998	艺苑	5024	应用激光
4973	仪器仪表学报	4999	阴山学刊	5025	应用技术学报
4974	仪器仪表用户	5000	音乐创作	5026	应用科技
4975	仪器仪表与分析监测	5001	音乐生活	5027	应用科学学报
4976	宜宾学院学报	5002	音乐探索	5028	应用昆虫学报
4977	宜春学院学报	5003	音乐天地	5029	应用力学学报
4978	移动电源与车辆	5004	音乐文化研究	5030	应用能源技术
4979	移动通信	5005	音乐研究	5031	应用气象学报
4980	遗传	5006	音乐艺术(上海音乐学院学报)	5032	应用生态学报
4981	疑难病杂志	5007	殷都学刊	5033	应用声学
4982	乙烯工业	5008	银行家	5034	应用数学
4983	艺海	5009	饮料工业	5035	应用数学和力学
4984	艺术百家	5010	饮食保健	5036	应用数学学报
4985	艺术传播研究	5011	印度洋经济体研究	5037	应用心理学
4986	艺术工作	5012	印染	5038	应用型高等教育研究
4987	艺术广角	5013	印染助剂	5039	应用与环境生物学报
4988	艺术教育	5014	印刷与数字媒体技术研究	5040	应用预防医学
4989	艺术科技	5015	印刷杂志	5041	英国医学杂志(中文版)
4990	艺术品鉴	5016	印制电路信息	5042	英语广场
4991	艺术评鉴	5017	应用泛函分析学报	5043	英语教师
4992	艺术评论	5018	应用概率统计	5044	英语学习
4993	艺术设计研究	5019	应用光学	5045	营养学报
4994	艺术探索	5020	应用海洋学学报	5046	影视制作

序号	期刊名称	序号	期刊名称	序号	期刊名称
5047	影像技术	5073	有色金属科学与工程	5099	语言科学
5048	影像科学与光化学	5074	有色金属设计	5100	语言文字应用
5049	影像研究与医学应用	5075	有色矿冶	5101	语言研究
5050	影像诊断与介入放射学	5076	有色设备	5102	语言与翻译
5051	硬质合金	5077	有色冶金节能	5103	语言战略研究
5052	邮电设计技术	5078	有色冶金设计与研究	5104	玉林师范学院学报
5053	邮政研究	5079	右江民族医学院学报	5105	玉米科学
5054	油气藏评价与开发	5080	右江医学	5106	玉溪师范学院学报
5055	油气储运	5081	幼儿教育研究	5107	预防青少年犯罪研究
5056	油气地质与采收率	5082	渔业科学进展	5108	预防医学
5057	油气井测试	5083	渔业现代化	5109	预防医学论坛
5058	油气田地面工程	5084	渔业信息与战略	5110	预防医学情报杂志
5059	油气田环境保护	5085	渔业研究	5111	预算管理与会计
5060	油气与新能源	5086	榆林学院学报	5112	豫章师范学院学报
5061	油田化学	5087	宇航材料工艺	5113	园林
5062	铀矿地质	5088	宇航计测技术	5114	园艺学报
5063	铀矿冶	5089	宇航学报	5115	园艺与种苗
5064	有机氟工业	5090	宇航总体技术	5116	原生态民族文化学刊
5065	有机硅材料	5091	语文建设	5117	原子核物理评论
5066	有机化学	5092	语文教学通讯	5118	原子能科学技术
5067	有色金属（矿山部分）	5093	语文教学之友	5119	原子与分子物理学报
5068	有色金属（选矿部分）	5094	语文天地	5120	远程教育杂志
5069	有色金属（冶炼部分）	5095	语文学刊	5121	岳阳职业技术学院学报
5070	有色金属材料与工程	5096	语文研究	5122	阅江学刊
5071	有色金属工程	5097	语言教学与研究	5123	粤海风
5072	有色金属加工	5098	语言教育	5124	云梦学刊

序号	期刊名称	序号	期刊名称	序号	期刊名称
5125	云南财经大学学报	5151	云南冶金	5177	张家口职业技术学院学报
5126	云南畜牧兽医	5152	云南医药	5178	漳州职业技术学院学报
5127	云南大学学报(社会科学版)	5153	云南艺术学院学报	5179	长安大学学报(社会科学版)
5128	云南大学学报(自然科学版)	5154	云南中医学院学报	5180	长安大学学报(自然科学版)
5129	云南地理环境研究	5155	云南中医中药杂志	5181	长白学刊
5130	云南地质	5156	运城学院学报	5182	长春大学学报
5131	云南电力技术	5157	运筹学学报	5183	长春工程学院学报(社会科学版)
5132	云南电业	5158	运筹与管理	5184	长春工程学院学报(自然科学版)
5133	云南化工	5159	运动精品	5185	长春工业大学学报
5134	云南建筑	5160	运输经理世界	5186	长春教育学院学报
5135	云南警官学院学报	5161	杂草科学	5187	长春金融高等专科学校学报
5136	云南开放大学学报	5162	杂交水稻	5188	长春理工大学学报(社会科学版)
5137	云南科技管理	5163	灾害学	5189	长春理工大学学报(自然科学版)
5138	云南民族大学学报(哲学社会科学版)	5164	再生资源与循环经济	5190	长春师范大学学报
5139	云南民族大学学报(自然科学版)	5165	载人航天	5191	长春师范大学学报(自然科学版)
5140	云南农业	5166	凿岩机械气动工具	5192	长春市委党校学报
5141	云南农业大学学报(社会科学)	5167	枣庄学院学报	5193	长春中医药大学学报
5142	云南农业大学学报(自然科学)	5168	造船技术	5194	长江大学学报(社会科学版)
5143	云南农业科技	5169	造纸化学品	5195	长江大学学报(自然科学版)
5144	云南社会科学	5170	造纸科学与技术	5196	长江工程职业技术学院学报
5145	云南社会主义学院学报	5171	造纸装备及材料	5197	长江技术经济
5146	云南师范大学学报(对外汉语教学与研究版)	5172	噪声与振动控制	5198	长江科学院院报
5147	云南师范大学学报(哲学社会科学版)	5173	债券	5199	长江流域资源与环境
5148	云南师范大学学报(自然科学版)	5174	粘接	5200	长江论坛
5149	云南水力发电	5175	战略决策研究	5201	长江师范学院学报
5150	云南行政学院学报	5176	战术导弹技术	5202	长江蔬菜

序号	期刊名称	序号	期刊名称	序号	期刊名称
5203	长江文艺	5229	浙江电力	5255	浙江师范大学学报（自然科学版）
5204	长江文艺评论	5230	浙江纺织服装职业技术学院学报	5256	浙江实用医学
5205	长江信息通信	5231	浙江柑橘	5257	浙江树人大学学报（人文社会科学版）
5206	长江学术	5232	浙江工贸职业技术学院学报	5258	浙江水利科技
5207	长沙大学学报	5233	浙江工商大学学报	5259	浙江水利水电学院学报
5208	长沙航空职业技术学院学报	5234	浙江工商职业技术学院学报	5260	浙江体育科学
5209	长沙理工大学学报（社会科学版）	5235	浙江工业大学学报	5261	浙江外国语学院学报
5210	长沙理工大学学报（自然科学版）	5236	浙江工业大学学报（社会科学版）	5262	浙江万里学院学报
5211	长沙民政职业技术学院学报	5237	浙江海洋大学学报（人文科学版）	5263	浙江学刊
5212	长治学院学报	5238	浙江海洋大学学报（自然科学版）	5264	浙江医学
5213	长治医学院学报	5239	浙江化工	5265	浙江医学教育
5214	招标采购管理	5240	浙江建筑	5266	浙江艺术职业学院学报
5215	昭通学院学报	5241	浙江交通职业技术学院学报	5267	浙江中西医结合杂志
5216	照明工程学报	5242	浙江金融	5268	浙江中医药大学学报
5217	肇庆学院学报	5243	浙江警察学院学报	5269	浙江中医杂志
5218	哲学动态	5244	浙江科技学院学报	5270	针刺研究
5219	哲学分析	5245	浙江理工大学学报（社会科学版）	5271	针灸临床杂志
5220	哲学研究	5246	浙江理工大学学报（自然科学版）	5272	针织工业
5221	浙江畜牧兽医	5247	浙江林业科技	5273	真空
5222	浙江创伤外科	5248	浙江临床医学	5274	真空电子技术
5223	浙江大学学报（工学版）	5249	浙江农林大学学报	5275	真空科学与技术学报
5224	浙江大学学报（理学版）	5250	浙江农业科学	5276	真空与低温
5225	浙江大学学报（农业与生命科学版）	5251	浙江农业学报	5277	诊断病理学杂志
5226	浙江大学学报（人文社会科学版）	5252	浙江气象	5278	诊断学理论与实践
5227	浙江大学学报（医学版）	5253	浙江社会科学	5279	振动、测试与诊断
5228	浙江档案	5254	浙江师范大学学报（社会科学版）	5280	振动工程学报

序号	期刊名称	序号	期刊名称	序号	期刊名称
5281	振动与冲击	5307	知识经济	5333	植物营养与肥料学报
5282	震灾防御技术	5308	知与行	5334	植物资源与环境学报
5283	镇江高专学报	5309	直升机技术	5335	指挥控制与仿真
5284	征信	5310	职教发展研究	5336	指挥信息系统与技术
5285	证据科学	5311	职教论坛	5337	指挥与控制学报
5286	证券市场导报	5312	职教通讯	5338	制导与引信
5287	郑州大学学报(工学版)	5313	职业	5339	制冷
5288	郑州大学学报(理学版)	5314	职业技术	5340	制冷技术
5289	郑州大学学报(医学版)	5315	职业技术教育	5341	制冷学报
5290	郑州大学学报(哲学社会科学版)	5316	职业教育	5342	制冷与空调
5291	郑州航空工业管理学院学报	5317	职业教育(下旬刊)	5343	制冷与空调(四川)
5292	郑州航空工业管理学院学报(社会科学版)	5318	职业教育研究	5344	制造技术与机床
5293	郑州轻工业大学学报(社会科学版)	5319	职业卫生与病伤	5345	制造业自动化
5294	郑州铁路职业技术学院学报	5320	职业卫生与应急救援	5346	质量安全与检验检测
5295	政法论丛	5321	职业与健康	5347	质量探索
5296	政法论坛	5322	植物保护	5348	质量与可靠性
5297	政法学刊	5323	植物保护学报	5349	质量与认证
5298	政工学刊	5324	植物病理学报	5350	质量与市场
5299	政治经济学季刊	5325	植物检疫	5351	质谱学报
5300	政治经济学评论	5326	植物科学学报	5352	治淮
5301	政治思想史	5327	植物生理学报	5353	治理现代化研究
5302	政治学研究	5328	植物生态学报	5354	治理研究
5303	政治与法律	5329	植物学报	5355	智慧电力
5304	知识产权	5330	植物研究	5356	智慧轨道交通
5305	知识窗(教师版)	5331	植物医学	5357	智慧健康
5306	知识管理论坛	5332	植物遗传资源学报	5358	智慧农业(中英文)

序号	期刊名称	序号	期刊名称	序号	期刊名称
5359	智慧农业导刊	5385	中共杭州市委党校学报	5411	中国安全科学学报
5360	智慧中国	5386	中共合肥市委党校学报	5412	中国安全生产科学技术
5361	智库理论与实践	5387	中共济南市委党校学报	5413	中国版权
5362	智库时代	5388	中共乐山市委党校学报	5414	中国包装
5363	智能城市	5389	中共南昌市委党校学报	5415	中国宝玉石
5364	智能化农业装备学报（中英文）	5390	中共南京市委党校学报	5416	中国保健营养
5365	智能计算机与应用	5391	中共南宁市委党校学报	5417	中国保险
5366	智能建筑电气技术	5392	中共宁波市委党校学报	5418	中国报业
5367	智能建筑与智慧城市	5393	中共青岛市委党校·青岛行政学院学报	5419	中国比较文学
5368	智能科学与技术学报	5394	中共山西省委党校学报	5420	中国比较医学杂志
5369	智能物联技术	5395	中共石家庄市委党校学报	5421	中国毕业后医学教育
5370	智能系统学报	5396	中共四川省委党校学报	5422	中国边疆史地研究
5371	智能制造	5397	中共太原市委党校学报	5423	中国编辑
5372	中阿科技论坛（中英文）	5398	中共天津市委党校学报	5424	中国标准化
5373	中北大学学报（社会科学版）	5399	中共乌鲁木齐市委党校学报	5425	中国表面工程
5374	中北大学学报（自然科学版）	5400	中共伊犁州委党校学报	5426	中国病案
5375	中草药	5401	中共银川市委党校学报	5427	中国病毒病杂志
5376	中成药	5402	中共云南省委党校学报	5428	中国病理生理杂志
5377	中氮肥	5403	中共郑州市委党校学报	5429	中国病原生物学杂志
5378	中等数学	5404	中共中央党校（国家行政学院）学报	5430	中国博物馆
5379	中低纬山地气象	5405	中国 CT 和 MRI 杂志	5431	中国材料进展
5380	中风与神经疾病杂志	5406	中国癌症防治杂志	5432	中国财政
5381	中共成都市委党校学报	5407	中国癌症杂志	5433	中国蚕业
5382	中共党史研究	5408	中国艾滋病性病	5434	中国藏学
5383	中共福建省委党校（福建行政学院）学报	5409	中国安防	5435	中国草地学报
5384	中共桂林市委党校学报	5410	中国安全防范技术与应用	5436	中国草食动物科学

序号	期刊名称	序号	期刊名称	序号	期刊名称
5437	中国测绘	5463	中国道教	5489	中国儿童保健杂志
5438	中国测试	5464	中国稻米	5490	中国耳鼻咽喉颅底外科杂志
5439	中国茶叶	5465	中国德育	5491	中国耳鼻咽喉头颈外科
5440	中国茶叶加工	5466	中国地方病防治	5492	中国发明与专利
5441	中国产前诊断杂志（电子版）	5467	中国地方志	5493	中国发展
5442	中国超声医学杂志	5468	中国地震	5494	中国发展观察
5443	中国成人教育	5469	中国地质	5495	中国法律评论
5444	中国城市林业	5470	中国地质大学学报（社会科学版）	5496	中国法学
5445	中国城乡企业卫生	5471	中国地质调查	5497	中国法医学杂志
5446	中国出版	5472	中国地质教育	5498	中国法治
5447	中国出版史研究	5473	中国地质灾害与防治学报	5499	中国翻译
5448	中国初级卫生保健	5474	中国典籍与文化	5500	中国防痨杂志
5449	中国储运	5475	中国电化教育	5501	中国防汛抗旱
5450	中国处方药	5476	中国电机工程学报	5502	中国房地产
5451	中国畜牧兽医	5477	中国电力	5503	中国非金属矿工业导刊
5452	中国畜牧杂志	5478	中国电力教育	5504	中国肺癌杂志
5453	中国畜禽种业	5479	中国电视	5505	中国分子心脏病学杂志
5454	中国传媒大学学报（自然科学版）	5480	中国电梯	5506	中国粉体技术
5455	中国传媒科技	5481	中国电影市场	5507	中国辐射卫生
5456	中国大学教学	5482	中国电子科学研究院学报	5508	中国腐蚀与防护学报
5457	中国大学生就业	5483	中国调味品	5509	中国妇产科临床杂志
5458	中国当代儿科杂志	5484	中国动脉硬化杂志	5510	中国妇幼保健
5459	中国当代文学研究	5485	中国动物保健	5511	中国妇幼健康研究
5460	中国当代医药	5486	中国动物传染病学报	5512	中国妇幼卫生杂志
5461	中国党政干部论坛	5487	中国动物检疫	5513	中国改革
5462	中国档案	5488	中国俄语教学	5514	中国肝脏病杂志（电子版）

序号	期刊名称	序号	期刊名称	序号	期刊名称
5515	中国感染控制杂志	5541	中国公证	5567	中国海洋药物
5516	中国感染与化疗杂志	5542	中国骨科临床与基础研究杂志	5568	中国航班
5517	中国肛肠病杂志	5543	中国骨伤	5569	中国航海
5518	中国钢铁业	5544	中国骨与关节损伤杂志	5570	中国航天
5519	中国港口	5545	中国骨与关节杂志	5571	中国合理用药探索
5520	中国港湾建设	5546	中国骨质疏松杂志	5572	中国合作经济
5521	中国高等教育	5547	中国瓜菜	5573	中国核电
5522	中国高等医学教育	5548	中国管理科学	5574	中国呼吸与危重监护杂志
5523	中国高教研究	5549	中国管理信息化	5575	中国护理管理
5524	中国高校科技	5550	中国惯性技术学报	5576	中国化工装备
5525	中国高校社会科学	5551	中国光学	5577	中国环保产业
5526	中国高新科技	5552	中国广播	5578	中国环境管理
5527	中国高原医学与生物学杂志	5553	中国广播电视学刊	5579	中国环境监测
5528	中国个体防护装备	5554	中国国家博物馆馆刊	5580	中国环境科学
5529	中国给水排水	5555	中国国家天文	5581	中国货币市场
5530	中国工程机械学报	5556	中国国境卫生检疫杂志	5582	中国机构编制
5531	中国工程科学	5557	中国国情国力	5583	中国机械工程
5532	中国工程咨询	5558	中国国土资源经济	5584	中国基层医药
5533	中国工业和信息化	5559	中国果菜	5585	中国基础科学
5534	中国工业经济	5560	中国果树	5586	中国激光
5535	中国工业医学杂志	5561	中国海商法研究	5587	中国激光医学杂志
5536	中国工作犬业	5562	中国海上油气	5588	中国急救复苏与灾害医学杂志
5537	中国公共卫生	5563	中国海事	5589	中国急救医学
5538	中国公共卫生管理	5564	中国海洋大学学报（社会科学版）	5590	中国集成电路
5539	中国公路	5565	中国海洋大学学报（自然科学版）	5591	中国集体经济
5540	中国公路学报	5566	中国海洋平台	5592	中国脊柱脊髓杂志

序号	期刊名称	序号	期刊名称	序号	期刊名称
5593	中国计划生育和妇产科	5619	中国教育学刊	5645	中国科技人才
5594	中国计划生育学杂志	5620	中国介入心脏病学杂志	5646	中国科技史杂志
5595	中国计量大学学报	5621	中国介入影像与治疗学	5647	中国科技术语
5596	中国记者	5622	中国金融	5648	中国科技投资
5597	中国继续医学教育	5623	中国金融电脑	5649	中国科技信息
5598	中国寄生虫学与寄生虫病杂志	5624	中国金属通报	5650	中国科技资源导刊
5599	中国家禽	5625	中国经济报告	5651	中国科学：地球科学
5600	中国监狱学刊	5626	中国经济史研究	5652	中国科学：化学
5601	中国检察官	5627	中国经济问题	5653	中国科学：技术科学
5602	中国检验检测	5628	中国经贸	5654	中国科学：生命科学
5603	中国减灾	5629	中国经贸导刊	5655	中国科学：数学
5604	中国建材科技	5630	中国井冈山干部学院学报	5656	中国科学：物理学 力学 天文学
5605	中国建筑防水	5631	中国井矿盐	5657	中国科学：信息科学
5606	中国建筑金属结构	5632	中国军事科学	5658	中国科学基金
5607	中国建筑装饰装修	5633	中国军转民	5659	中国科学技术大学学报
5608	中国健康教育	5634	中国勘察设计	5660	中国科学院大学学报
5609	中国健康心理学杂志	5635	中国康复	5661	中国科学院院刊
5610	中国舰船研究	5636	中国康复理论与实践	5662	中国空间科学技术
5611	中国交通信息化	5637	中国康复医学杂志	5663	中国口岸科学技术
5612	中国胶粘剂	5638	中国抗生素杂志	5664	中国口腔颌面外科杂志
5613	中国矫形外科杂志	5639	中国考试	5665	中国口腔医学继续教育杂志
5614	中国教师	5640	中国科技成果	5666	中国口腔种植学杂志
5615	中国教育技术装备	5641	中国科技翻译	5667	中国矿山工程
5616	中国教育科学(中英文)	5642	中国科技论坛	5668	中国矿业
5617	中国教育网络	5643	中国科技论文	5669	中国矿业大学学报
5618	中国教育信息化	5644	中国科技期刊研究	5670	中国矿业大学学报(社会科学版)

序号	期刊名称	序号	期刊名称	序号	期刊名称
5671	中国劳动	5697	中国流通经济	5723	中国民族教育
5672	中国劳动关系学院学报	5698	中国氯碱	5724	中国民族民间医药
5673	中国老年保健医学	5699	中国麻风皮肤病杂志	5725	中国民族医药杂志
5674	中国老年学杂志	5700	中国麻业科学	5726	中国名城
5675	中国历史地理论丛	5701	中国马铃薯	5727	中国钼业
5676	中国粮油学报	5702	中国慢性病预防与控制	5728	中国穆斯林
5677	中国疗养医学	5703	中国媒介生物学及控制杂志	5729	中国奶牛
5678	中国林副特产	5704	中国煤层气	5730	中国男科学杂志
5679	中国林业教育	5705	中国煤炭	5731	中国南方果树
5680	中国林业经济	5706	中国煤炭地质	5732	中国脑血管病杂志
5681	中国临床保健杂志	5707	中国煤炭工业医学杂志	5733	中国内部审计
5682	中国临床护理	5708	中国美容医学	5734	中国内镜杂志
5683	中国临床解剖学杂志	5709	中国美容整形外科杂志	5735	中国能源
5684	中国临床神经科学	5710	中国美术	5736	中国酿造
5685	中国临床神经外科杂志	5711	中国美术馆	5737	中国牛业科学
5686	中国临床实用医学	5712	中国美术教育	5738	中国农村观察
5687	中国临床心理学杂志	5713	中国蒙医药(蒙)	5739	中国农村经济
5688	中国临床新医学	5714	中国锰业	5740	中国农村科技
5689	中国临床研究	5715	中国棉花	5741	中国农村水利水电
5690	中国临床药理学与治疗学	5716	中国免疫学杂志	5742	中国农村卫生
5691	中国临床药理学杂志	5717	中国民航大学学报	5743	中国农村卫生事业管理
5692	中国临床药学杂志	5718	中国民航飞行学院学报	5744	中国农机化学报
5693	中国临床医生杂志	5719	中国民间疗法	5745	中国农技推广
5694	中国临床医学	5720	中国民康医学	5746	中国农史
5695	中国临床医学影像杂志	5721	中国民用航空	5747	中国农学通报
5696	中国领导科学	5722	中国民族博览	5748	中国农业大学学报

序号	期刊名称	序号	期刊名称	序号	期刊名称
5749	中国农业大学学报（社会科学版）	5775	中国人民大学教育学刊	5801	中国生漆
5750	中国农业会计	5776	中国人民大学学报	5802	中国生态旅游
5751	中国农业教育	5777	中国人民公安大学学报（社会科学版）	5803	中国生态农业学报（中英文）
5752	中国农业科技导报	5778	中国人民公安大学学报（自然科学版）	5804	中国生物防治学报
5753	中国农业科学	5779	中国人民警察大学学报	5805	中国生物工程杂志
5754	中国农业气象	5780	中国人事科学	5806	中国生物化学与分子生物学报
5755	中国农业文摘-农业工程	5781	中国人兽共患病学报	5807	中国生物医学工程学报
5756	中国农业信息	5782	中国人造板	5808	中国生物制品学杂志
5757	中国农业资源与区划	5783	中国乳品工业	5809	中国生育健康杂志
5758	中国培训	5784	中国乳业	5810	中国石油大学学报（社会科学版）
5759	中国皮肤性病学杂志	5785	中国软科学	5811	中国石油大学学报（自然科学版）
5760	中国皮革	5786	中国森林病虫	5812	中国石油和化工标准与质量
5761	中国浦东干部学院学报	5787	中国沙漠	5813	中国石油勘探
5762	中国普通外科杂志	5788	中国伤残医学	5814	中国实验动物学报
5763	中国普外基础与临床杂志	5789	中国商论	5815	中国实验方剂学杂志
5764	中国钱币	5790	中国烧伤创疡杂志	5816	中国实验血液学杂志
5765	中国禽业导刊	5791	中国设备工程	5817	中国实验诊断学
5766	中国青年社会科学	5792	中国社会经济史研究	5818	中国实用儿科杂志
5767	中国青年研究	5793	中国社会科学	5819	中国实用妇科与产科杂志
5768	中国轻工教育	5794	中国社会科学评价	5820	中国实用护理杂志
5769	中国全科医学	5795	中国社会科学院大学学报	5821	中国实用口腔科杂志
5770	中国热带农业	5796	中国社会医学杂志	5822	中国实用内科杂志
5771	中国热带医学	5797	中国社区医师	5823	中国实用神经疾病杂志
5772	中国人口·资源与环境	5798	中国神经精神疾病杂志	5824	中国实用外科杂志
5773	中国人口科学	5799	中国神经免疫学和神经病学杂志	5825	中国实用乡村医生杂志
5774	中国人力资源开发	5800	中国审计	5826	中国实用眼科杂志

序号	期刊名称	序号	期刊名称	序号	期刊名称
5827	中国实用医刊	5853	中国水利水电科学研究院学报（中英文）	5879	中国图书馆学报
5828	中国实用医药	5854	中国水能及电气化	5880	中国图书评论
5829	中国食品添加剂	5855	中国水土保持	5881	中国图象图形学报
5830	中国食品卫生杂志	5856	中国水土保持科学（中英文）	5882	中国涂料
5831	中国食品学报	5857	中国水运	5883	中国土地
5832	中国食品药品监管	5858	中国税务	5884	中国土地科学
5833	中国食物与营养	5859	中国司法鉴定	5885	中国土壤与肥料
5834	中国食用菌	5860	中国饲料	5886	中国外语
5835	中国史研究	5861	中国塑料	5887	中国微创外科杂志
5836	中国史研究动态	5862	中国糖料	5888	中国微生态学杂志
5837	中国市场	5863	中国糖尿病杂志	5889	中国卫生标准管理
5838	中国市场监管研究	5864	中国陶瓷	5890	中国卫生产业
5839	中国市政工程	5865	中国陶瓷工业	5891	中国卫生法制
5840	中国兽药杂志	5866	中国特色社会主义研究	5892	中国卫生工程学
5841	中国兽医科学	5867	中国特殊教育	5893	中国卫生监督杂志
5842	中国兽医学报	5868	中国特种设备安全	5894	中国卫生检验杂志
5843	中国兽医杂志	5869	中国疼痛医学杂志	5895	中国卫生经济
5844	中国书法	5870	中国体视学与图像分析	5896	中国卫生事业管理
5845	中国书画	5871	中国体外循环杂志	5897	中国卫生统计
5846	中国输血杂志	5872	中国体育教练员	5898	中国卫生信息管理杂志
5847	中国蔬菜	5873	中国体育科技	5899	中国卫生政策研究
5848	中国数字医学	5874	中国甜菜糖业	5900	中国卫生质量管理
5849	中国水产	5875	中国铁道科学	5901	中国卫生资源
5850	中国水产科学	5876	中国铁路	5902	中国文化
5851	中国水稻科学	5877	中国听力语言康复科学杂志	5903	中国文化研究
5852	中国水利	5878	中国统计	5904	中国文化遗产

序号	期刊名称	序号	期刊名称	序号	期刊名称
5905	中国文物科学研究	5931	中国乡镇企业会计	5957	中国血管外科杂志(电子版)
5906	中国文学批评	5932	中国消毒学杂志	5958	中国血吸虫病防治杂志
5907	中国文学研究	5933	中国小儿急救医学	5959	中国血液净化
5908	中国文艺评论	5934	中国小儿血液与肿瘤杂志	5960	中国血液流变学杂志
5909	中国钨业	5935	中国校外教育	5961	中国循环杂志
5910	中国无机分析化学	5936	中国校医	5962	中国循证儿科杂志
5911	中国物价	5937	中国斜视与小儿眼科杂志	5963	中国循证心血管医学杂志
5912	中国物流与采购	5938	中国心理卫生杂志	5964	中国循证医学杂志
5913	中国西部	5939	中国心血管病研究	5965	中国烟草科学
5914	中国稀土学报	5940	中国心血管杂志	5966	中国烟草学报
5915	中国洗涤用品工业	5941	中国心脏起搏与心电生理杂志	5967	中国延安干部学院学报
5916	中国戏剧	5942	中国新技术新产品	5968	中国岩溶
5917	中国细胞生物学学报	5943	中国新通信	5969	中国研究型医院
5918	中国纤检	5944	中国新药与临床杂志	5970	中国眼耳鼻喉科杂志
5919	中国现代教育装备	5945	中国新药杂志	5971	中国养兔
5920	中国现代普通外科进展	5946	中国信息安全	5972	中国药房
5921	中国现代神经疾病杂志	5947	中国信息技术教育	5973	中国药科大学学报
5922	中国现代手术学杂志	5948	中国刑警学院学报	5974	中国药理学通报
5923	中国现代文学研究丛刊	5949	中国刑事法杂志	5975	中国药理学与毒理学杂志
5924	中国现代药物应用	5950	中国行政管理	5976	中国药品标准
5925	中国现代医生	5951	中国性科学	5977	中国药师
5926	中国现代医学杂志	5952	中国胸心血管外科临床杂志	5978	中国药事
5927	中国现代医药杂志	5953	中国修船	5979	中国药物化学杂志
5928	中国现代应用药学	5954	中国修复重建外科杂志	5980	中国药物经济学
5929	中国现代中药	5955	中国学校体育	5981	中国药物警戒
5930	中国乡村医药	5956	中国学校卫生	5982	中国药物滥用防治杂志

序号	期刊名称	序号	期刊名称	序号	期刊名称
5983	中国药物评价	6009	中国医学前沿杂志(电子版)	6035	中国应急管理科学
5984	中国药物依赖性杂志	6010	中国医学文摘(耳鼻咽喉科学)	6036	中国应急救援
5985	中国药物应用与监测	6011	中国医学物理学杂志	6037	中国应用法学
5986	中国药物与临床	6012	中国医学影像技术	6038	中国应用生理学杂志
5987	中国药学杂志	6013	中国医学影像学杂志	6039	中国优生与遗传杂志
5988	中国药业	6014	中国医学装备	6040	中国油料作物学报
5989	中国冶金	6015	中国医药	6041	中国油脂
5990	中国冶金工业医学杂志	6016	中国医药导报	6042	中国有色金属学报
5991	中国冶金教育	6017	中国医药导刊	6043	中国有色冶金
5992	中国野生植物资源	6018	中国医药工业杂志	6044	中国有线电视
5993	中国医刊	6019	中国医药科学	6045	中国渔业经济
5994	中国医科大学学报	6020	中国医药生物技术	6046	中国渔业质量与标准
5995	中国医疗保险	6021	中国医药指南	6047	中国语文
5996	中国医疗管理科学	6022	中国医院	6048	中国预防兽医学报
5997	中国医疗美容	6023	中国医院管理	6049	中国预防医学杂志
5998	中国医疗器械信息	6024	中国医院建筑与装备	6050	中国园林
5999	中国医疗器械杂志	6025	中国医院统计	6051	中国远程教育
6000	中国医疗设备	6026	中国医院药学杂志	6052	中国运动医学杂志
6001	中国医师进修杂志	6027	中国医院用药评价与分析	6053	中国韵文学刊
6002	中国医师杂志	6028	中国医院院长	6054	中国造船
6003	中国医学创新	6029	中国仪器仪表	6055	中国造纸
6004	中国医学工程	6030	中国艺术	6056	中国造纸学报
6005	中国医学计算机成像杂志	6031	中国疫苗和免疫	6057	中国招标
6006	中国医学教育技术	6032	中国音乐	6058	中国沼气
6007	中国医学科学院学报	6033	中国音乐教育	6059	中国照明电器
6008	中国医学伦理学	6034	中国音乐学	6060	中国哲学史

序号	期刊名称	序号	期刊名称	序号	期刊名称
6061	中国针灸	6087	中国中医药科技	6113	中华超声影像学杂志
6062	中国真菌学杂志	6088	中国中医药图书情报杂志	6114	中华传染病杂志
6063	中国证券期货	6089	中国中医药现代远程教育	6115	中华创伤骨科杂志
6064	中国政法大学学报	6090	中国中医药信息杂志	6116	中华创伤杂志
6065	中国政府采购	6091	中国肿瘤	6117	中华地方病学杂志
6066	中国政协理论研究	6092	中国肿瘤临床	6118	中华儿科杂志
6067	中国职业技术教育	6093	中国肿瘤临床与康复	6119	中华耳鼻咽喉头颈外科杂志
6068	中国职业医学	6094	中国肿瘤生物治疗杂志	6120	中华耳科学杂志
6069	中国植保导刊	6095	中国肿瘤外科杂志	6121	中华放射学杂志
6070	中国制笔	6096	中国种业	6122	中华放射医学与防护杂志
6071	中国质量与标准导报	6097	中国重型装备	6123	中华放射肿瘤学杂志
6072	中国中西医结合儿科学	6098	中国猪业	6124	中华肥胖与代谢病电子杂志
6073	中国中西医结合耳鼻咽喉科杂志	6099	中国住宅设施	6125	中华肺部疾病杂志(电子版)
6074	中国中西医结合急救杂志	6100	中国注册会计师	6126	中华风湿病学杂志
6075	中国中西医结合皮肤性病学杂志	6101	中国铸造装备与技术	6127	中华妇产科杂志
6076	中国中西医结合肾病杂志	6102	中国资产评估	6128	中华妇幼临床医学杂志(电子版)
6077	中国中西医结合外科杂志	6103	中国资源综合利用	6129	中华肝胆外科杂志
6078	中国中西医结合消化杂志	6104	中国宗教	6130	中华肝脏病杂志
6079	中国中西医结合影像学杂志	6105	中国综合临床	6131	中华肝脏外科手术学电子杂志
6080	中国中西医结合杂志	6106	中国总会计师	6132	中华高血压杂志
6081	中国中小企业	6107	中国卒中杂志	6133	中华骨科杂志
6082	中国中药杂志	6108	中国组织工程研究	6134	中华骨与关节外科杂志
6083	中国中医骨伤科杂志	6109	中国组织化学与细胞化学杂志	6135	中华骨质疏松和骨矿盐疾病杂志
6084	中国中医基础医学杂志	6110	中华保健医学杂志	6136	中华关节外科杂志(电子版)
6085	中国中医急症	6111	中华病理学杂志	6137	中华航海医学与高气压医学杂志
6086	中国中医眼科杂志	6112	中华产科急救电子杂志	6138	中华航空航天医学杂志

序号	期刊名称	序号	期刊名称	序号	期刊名称
6139	中华核医学与分子影像杂志	6165	中华临床感染病杂志	6191	中华疝和腹壁外科杂志(电子版)
6140	中华护理教育	6166	中华临床免疫和变态反应杂志	6192	中华商标
6141	中华护理杂志	6167	中华临床实验室管理电子杂志	6193	中华烧伤与创面修复杂志
6142	中华活页文选(教师版)	6168	中华临床医师杂志(电子版)	6194	中华神经创伤外科电子杂志
6143	中华急危重症护理杂志	6169	中华临床营养杂志	6195	中华神经科杂志
6144	中华急诊医学杂志	6170	中华流行病学杂志	6196	中华神经外科杂志
6145	中华疾病控制杂志	6171	中华麻醉学杂志	6197	中华神经医学杂志
6146	中华家教	6172	中华泌尿外科杂志	6198	中华肾病研究电子杂志
6147	中华肩肘外科电子杂志	6173	中华民族共同体研究	6199	中华肾脏病杂志
6148	中华检验医学杂志	6174	中华男科学杂志	6200	中华生物医学工程杂志
6149	中华健康管理学杂志	6175	中华脑科疾病与康复杂志(电子版)	6201	中华生殖与避孕杂志
6150	中华结核和呼吸杂志	6176	中华脑血管病杂志(电子版)	6202	中华实验和临床病毒学杂志
6151	中华结直肠疾病电子杂志	6177	中华内分泌代谢杂志	6203	中华实验和临床感染病杂志(电子版)
6152	中华解剖与临床杂志	6178	中华内分泌外科杂志	6204	中华实验外科杂志
6153	中华介入放射学电子杂志	6179	中华内科杂志	6205	中华实验眼科杂志
6154	中华精神科杂志	6180	中华女子学院学报	6206	中华实用儿科临床杂志
6155	中华口腔医学研究杂志(电子版)	6181	中华皮肤科杂志	6207	中华实用诊断与治疗杂志
6156	中华口腔医学杂志	6182	中华普通外科学文献(电子版)	6208	中华手外科杂志
6157	中华口腔正畸学杂志	6183	中华普通外科杂志	6209	中华书画家
6158	中华劳动卫生职业病杂志	6184	中华普外科手术学杂志(电子版)	6210	中华损伤与修复杂志(电子版)
6159	中华老年病研究电子杂志	6185	中华器官移植杂志	6211	中华糖尿病杂志
6160	中华老年多器官疾病杂志	6186	中华腔镜泌尿外科杂志(电子版)	6212	中华疼痛学杂志
6161	中华老年骨科与康复电子杂志	6187	中华腔镜外科杂志(电子版)	6213	中华外科杂志
6162	中华老年口腔医学杂志	6188	中华全科医师杂志	6214	中华危重病急救医学
6163	中华老年心脑血管病杂志	6189	中华全科医学	6215	中华危重症医学杂志(电子版)
6164	中华老年医学杂志	6190	中华乳腺病杂志(电子版)	6216	中华微生物学和免疫学杂志

序号	期刊名称	序号	期刊名称	序号	期刊名称
6217	中华围产医学杂志	6243	中华胸心血管外科杂志	6269	中华诊断学电子杂志
6218	中华卫生杀虫药械	6244	中华血管外科杂志	6270	中华整形外科杂志
6219	中华卫生应急电子杂志	6245	中华血液学杂志	6271	中华中医药学刊
6220	中华胃肠内镜电子杂志	6246	中华炎性肠病杂志（中英文）	6272	中华中医药杂志
6221	中华胃肠外科杂志	6247	中华眼底病杂志	6273	中华肿瘤防治杂志
6222	中华胃食管反流病电子杂志	6248	中华眼科医学杂志（电子版）	6274	中华肿瘤杂志
6223	中华文化论坛	6249	中华眼科杂志	6275	中华重症医学电子杂志（网络版）
6224	中华文史论丛	6250	中华眼视光学与视觉科学杂志	6276	中华转移性肿瘤杂志
6225	中华武术	6251	中华眼外伤职业眼病杂志	6277	中南财经政法大学学报
6226	中华物理医学与康复杂志	6252	中华养生保健	6278	中南大学学报（社会科学版）
6227	中华细胞与干细胞杂志（电子版）	6253	中华医史杂志	6279	中南大学学报（医学版）
6228	中华显微外科杂志	6254	中华医学超声杂志（电子版）	6280	中南大学学报（自然科学版）
6229	中华现代护理杂志	6255	中华医学教育探索杂志	6281	中南林业调查规划
6230	中华消化病与影像杂志（电子版）	6256	中华医学教育杂志	6282	中南林业科技大学学报
6231	中华消化内镜杂志	6257	中华医学科研管理杂志	6283	中南林业科技大学学报（社会科学版）
6232	中华消化外科杂志	6258	中华医学美学美容杂志	6284	中南民族大学学报（人文社会科学版）
6233	中华消化杂志	6259	中华医学图书情报杂志	6285	中南民族大学学报（自然科学版）
6234	中华小儿外科杂志	6260	中华医学遗传学杂志	6286	中南药学
6235	中华心力衰竭和心肌病杂志（中英文）	6261	中华医学杂志	6287	中南医学科学杂志
6236	中华心律失常学杂志	6262	中华医院感染学杂志	6288	中日友好医院学报
6237	中华心血管病杂志	6263	中华医院管理杂志	6289	中山大学学报（社会科学版）
6238	中华心血管病杂志（网络版）	6264	中华胰腺病杂志	6290	中山大学学报（医学科学版）
6239	中华心脏与心律电子杂志	6265	中华移植杂志（电子版）	6291	中山大学学报（自然科学版）（中英文）
6240	中华新生儿科杂志（中英文）	6266	中华预防医学杂志	6292	中兽医学杂志
6241	中华行为医学与脑科学杂志	6267	中华灾害救援医学	6293	中兽医药杂志
6242	中华胸部外科电子杂志	6268	中华针灸电子杂志	6294	中外法学

序号	期刊名称	序号	期刊名称	序号	期刊名称
6295	中外公路	6321	中兴通讯技术	6347	中医药临床杂志
6296	中外建筑	6322	中学地理教学参考	6348	中医药通报
6297	中外酒业	6323	中学教研(数学)	6349	中医药文化
6298	中外能源	6324	中学生物教学	6350	中医药信息
6299	中外女性健康研究	6325	中学数学教学	6351	中医药学报
6300	中外葡萄与葡萄酒	6326	中学语文教学	6352	中医杂志
6301	中外企业家	6327	中学政治教学参考	6353	中医正骨
6302	中外企业文化	6328	中央财经大学学报	6354	中医肿瘤学杂志
6303	中外医疗	6329	中央民族大学学报(哲学社会科学版)	6355	中原工学院学报
6304	中外医学研究	6330	中央民族大学学报(自然科学版)	6356	中原文化研究
6305	中文信息学报	6331	中央社会主义学院学报	6357	中原文物
6306	中西医结合肝病杂志	6332	中央音乐学院学报	6358	中州大学学报
6307	中西医结合护理(中英文)	6333	中药材	6359	中州学刊
6308	中西医结合心脑血管病杂志	6334	中药新药与临床药理	6360	终身教育研究
6309	中西医结合心血管病电子杂志	6335	中药药理与临床	6361	肿瘤
6310	中西医结合研究	6336	中药与临床	6362	肿瘤代谢与营养电子杂志
6311	中小企业管理与科技	6337	中医儿科杂志	6363	肿瘤防治研究
6312	中小学德育	6338	中医教育	6364	肿瘤基础与临床
6313	中小学管理	6339	中医临床研究	6365	肿瘤学杂志
6314	中小学教材教学	6340	中医外治杂志	6366	肿瘤研究与临床
6315	中小学教师培训	6341	中医文献杂志	6367	肿瘤药学
6316	中小学数字化教学	6342	中医学报	6368	肿瘤影像学
6317	中小学校长	6343	中医研究	6369	肿瘤预防与治疗
6318	中小学心理健康教育	6344	中医眼耳鼻喉杂志	6370	肿瘤综合治疗电子杂志
6319	中小学信息技术教育	6345	中医药导报	6371	种业导刊
6320	中小学英语教学与研究	6346	中医药管理杂志	6372	种子

序号	期刊名称	序号	期刊名称	序号	期刊名称
6373	种子科技	6399	重庆医学	6425	装备制造技术
6374	仲恺农业工程学院学报	6400	重庆邮电大学学报(社会科学版)	6426	装甲兵学报
6375	重庆大学学报	6401	重庆邮电大学学报(自然科学版)	6427	装饰
6376	重庆大学学报(社会科学版)	6402	重型机械	6428	咨询与决策
6377	重庆第二师范学院学报	6403	周口师范学院学报	6429	资源环境与工程
6378	重庆电力高等专科学校学报	6404	周易研究	6430	资源节约与环保
6379	重庆电子工程职业学院学报	6405	轴承	6431	资源开发与市场
6380	重庆高教研究	6406	珠江水运	6432	资源科学
6381	重庆工商大学学报(社会科学版)	6407	珠算与珠心算	6433	资源信息与工程
6382	重庆工商大学学报(自然科学版)	6408	猪业科学	6434	资源与产业
6383	重庆建筑	6409	蛛形学报	6435	自动化博览
6384	重庆交通大学学报(社会科学版)	6410	竹子学报	6436	自动化技术与应用
6385	重庆交通大学学报(自然科学版)	6411	住区	6437	自动化学报
6386	重庆开放大学学报	6412	住宅产业	6438	自动化仪表
6387	重庆科技学院学报(社会科学版)	6413	住宅科技	6439	自动化应用
6388	重庆科技学院学报(自然科学版)	6414	铸造	6440	自动化与信息工程
6389	重庆理工大学学报(社会科学)	6415	铸造工程	6441	自动化与仪表
6390	重庆理工大学学报(社会科学版)	6416	铸造技术	6442	自动化与仪器仪表
6391	重庆理工大学学报(自然科学)	6417	铸造设备与工艺	6443	自然保护地
6392	重庆三峡学院学报	6418	专利代理	6444	自然辩证法通讯
6393	重庆社会科学	6419	专用汽车	6445	自然辩证法研究
6394	重庆师范大学学报(社会科学版)	6420	砖瓦	6446	自然科学博物馆研究
6395	重庆师范大学学报(自然科学版)	6421	转化医学杂志	6447	自然科学史研究
6396	重庆文理学院学报(社会科学版)	6422	装备环境工程	6448	自然与文化遗产研究
6397	重庆行政	6423	装备机械	6449	自然杂志
6398	重庆医科大学学报	6424	装备维修技术	6450	自然灾害学报

续表

序号	期刊名称	序号	期刊名称	序号	期刊名称
6451	自然资源情报	6458	足踝外科电子杂志	6465	遵义师范学院学报
6452	自然资源信息化	6459	卒中与神经疾病	6466	遵义医科大学学报
6453	自然资源学报	6460	组合机床与自动化加工技术	6467	作物学报
6454	自然资源遥感	6461	组织工程与重建外科	6468	作物研究
6455	宗教学研究	6462	钻采工艺	6469	作物杂志
6456	综合运输	6463	钻井液与完井液		
6457	综合智慧能源	6464	钻探工程		

第二部分　高职高专成高院校学术期刊名单

(共计278种，按照期刊名称的汉语拼音顺序排序)

序号	期刊名称	序号	期刊名称	序号	期刊名称
1	安徽电气工程职业技术学院学报	17	北京经济管理职业学院学报	33	创意设计源
2	安徽电子信息职业技术学院学报	18	北京劳动保障职业学院学报	34	大连教育学院学报
3	安徽警官职业学院学报	19	北京农业职业学院学报	35	当代职业教育
4	安徽开放大学学报	20	北京青年研究	36	癫痫与神经电生理学杂志
5	安徽商贸职业技术学院学报(社会科学版)	21	北京石油管理干部学院学报	37	电大理工
6	安徽水利水电职业技术学院学报	22	北京市工会干部学院学报	38	东北亚经济研究
7	安徽体育科技	23	北京宣武红旗业余大学学报	39	鄂州大学学报
8	安徽冶金科技职业学院学报	24	北京政法职业学院学报	40	法律适用
9	安徽医专学报	25	兵团教育学院学报	41	纺织科学与工程学报
10	安徽职业技术学院学报	26	常州信息职业技术学院学报	42	福建基础教育研究
11	包头职业技术学院学报	27	成都航空职业技术学院学报	43	福建教育学院学报
12	保险职业学院学报	28	成人教育	44	福建金融管理干部学院学报
13	北方经贸	29	承德石油高等专科学校学报	45	福建开放大学学报
14	北京财贸职业学院学报	30	出版与印刷	46	阜阳职业技术学院学报
15	北京工业职业技术学院学报	31	滁州职业技术学院学报	47	甘肃开放大学学报
16	北京教育学院学报	32	船舶职业教育	48	高等职业教育探索

序号	期刊名称	序号	期刊名称	序号	期刊名称
49	耕作与栽培	75	邯郸职业技术学院学报	101	湖南生态科学学报
50	工会理论研究(上海工会管理职业学院学报)	76	和田师范专科学校学报	102	湖南税务高等专科学校学报
51	工业技术与职业教育	77	河北法学	103	湖南邮电职业技术学院学报
52	广播电视大学学报(哲学社会科学版)	78	河北公安警察职业学院学报	104	湖州职业技术学院学报
53	广东交通职业技术学院学报	79	河北开放大学学报	105	淮北职业技术学院学报
54	广东开放大学学报	80	河北旅游职业学院学报	106	淮南职业技术学院学报
55	广东农工商职业技术学院学报	81	河北能源职业技术学院学报	107	黄冈职业技术学院学报
56	广东青年研究	82	河北青年管理干部学院学报	108	黄河水利职业技术学院学报
57	广东轻工职业技术学院学报	83	河北软件职业技术学院学报	109	吉林广播电视大学学报
58	广东水利电力职业技术学院学报	84	河南财政税务高等专科学校学报	110	吉林省教育学院学报
59	广东印刷	85	河南广播电视大学学报	111	吉林水利
60	广西广播电视大学学报	86	河南司法警官职业学院学报	112	济南职业学院学报
61	广西教育学院学报	87	河南医学高等专科学校学报	113	济源职业技术学院学报
62	广西青年干部学院学报	88	菏泽医学专科学校学报	114	继续医学教育
63	广西职业技术学院学报	89	黑龙江教师发展学院学报	115	佳木斯职业学院学报
64	广州城市职业学院学报	90	黑龙江生态工程职业学院学报	116	建材技术与应用
65	广州广播电视大学学报	91	黑龙江省政法管理干部学院学报	117	江汉石油职工大学学报
66	广州市公安管理干部学院学报	92	黑龙江医药	118	江南社会学院学报
67	贵州开放大学学报	93	湖北成人教育学院学报	119	江苏高职教育
68	桂林师范高等专科学校学报	94	湖北工业职业技术学院学报	120	江苏工程职业技术学院学报
69	国家检察官学院学报	95	湖北开放大学学报	121	江苏航运职业技术学院学报
70	国家教育行政学院学报	96	湖北开放职业学院学报	122	江苏建筑职业技术学院学报
71	国家林业和草原局管理干部学院学报	97	湖北职业技术学院学报	123	江苏经贸职业技术学院学报
72	国医论坛	98	湖南大众传媒职业技术学院学报	124	江西电力职业技术学院学报
73	哈尔滨职业技术学院学报	99	湖南工业职业技术学院学报	125	江西广播电视大学学报
74	海南开放大学学报	100	湖南广播电视大学学报	126	交通运输部管理干部学院学报

续表

序号	期刊名称	序号	期刊名称	序号	期刊名称
127	焦作大学学报	153	柳州职业技术学院学报	179	厦门城市职业学院学报
128	焦作师范高等专科学校学报	154	鹿城学刊	180	山东电力高等专科学校学报
129	教师发展研究	155	漯河职业技术学院学报	181	山东法官培训学院学报
130	金华职业技术学院学报	156	吕梁教育学院学报	182	山东干部函授大学学报(理论学习)
131	晋城职业技术学院学报	157	旅游科学	183	山东开放大学学报
132	九江职业技术学院学报	158	闽西职业技术学院学报	184	山东商业职业技术学院学报
133	开放教育研究	159	牡丹江大学学报	185	山东医学高等专科学校学报
134	开放学习研究	160	牡丹江教育学院学报	186	山西财政税务专科学校学报
135	开封大学学报	161	南方职业教育学刊	187	山西广播电视大学学报
136	开封文化艺术职业学院学报	162	南京开放大学学报	188	山西经济管理干部学院学报
137	昆明冶金高等专科学校学报	163	南宁职业技术学院学报	189	山西青年职业学院学报
138	兰州石化职业技术学院学报	164	南通职业大学学报	190	山西省政法管理干部学院学报
139	兰州职业技术学院学报	165	内蒙古电大学刊	191	山西卫生健康职业学院学报
140	黎明职业大学学报	166	宁波教育学院学报	192	陕西开放大学学报
141	连云港师范高等专科学校学报	167	宁波开放大学学报	193	陕西青年职业学院学报
142	连云港职业技术学院学报	168	宁波职业技术学院学报	194	商丘职业技术学院学报
143	两岸终身教育	169	农银学刊	195	上海城市管理
144	辽宁高职学报	170	濮阳职业技术学院学报	196	上海市经济管理干部学院学报
145	辽宁公安司法管理干部学院学报	171	齐齐哈尔师范高等专科学校学报	197	社会福利(理论版)
146	辽宁经济职业技术学院. 辽宁经济管理干部学院学报	172	黔南民族医专学报	198	深圳信息职业技术学院学报
147	辽宁开放大学学报	173	青岛远洋船员职业学院学报	199	深圳职业技术学院学报
148	辽宁农业职业技术学院学报	174	青岛职业技术学院学报	200	石家庄铁路职业技术学院学报
149	辽宁省交通高等专科学校学报	175	青年发展论坛	201	石家庄职业技术学院学报
150	辽宁师专学报(社会科学版)	176	青年学报	202	石油化工管理干部学院学报
151	辽宁师专学报(自然科学版)	177	清远职业技术学院学报	203	实用中医药杂志
152	林区教学	178	三门峡职业技术学院学报	204	顺德职业技术学院学报

序号	期刊名称	序号	期刊名称	序号	期刊名称
205	四川省干部函授学院学报	230	武汉冶金管理干部学院学报	255	张家口职业技术学院学报
206	四川职业技术学院学报	231	武汉职业技术学院学报	256	漳州职业技术学院学报
207	苏州工艺美术职业技术学院学报	232	现代远程教育研究	257	长春教育学院学报
208	苏州教育学院学报	233	现代远距离教育	258	长春金融高等专科学校学报
209	苏州市职业大学学报	234	现代中药研究与实践	259	长江工程职业技术学院学报
210	宿州教育学院学报	235	襄阳职业技术学院学报	260	长沙航空职业技术学院学报
211	太原城市职业技术学院学报	236	小学教学参考	261	长沙民政职业技术学院学报
212	泰州职业技术学院学报	237	新疆教育学院学报	262	浙江纺织服装职业技术学院学报
213	天津电大学报	238	新疆开放大学学报	263	浙江工贸职业技术学院学报
214	天津法学	239	新疆职业大学学报	264	浙江工商职业技术学院学报
215	天津商务职业学院学报	240	新疆职业教育研究	265	浙江交通职业技术学院学报
216	天津市工会管理干部学院学报	241	邢台职业技术学院学报	266	浙江艺术职业学院学报
217	天津职业大学学报	242	烟台职业学院学报	267	镇江高专学报
218	天津职业院校联合学报	243	延安职业技术学院学报	268	征信
219	铜陵职业技术学院学报	244	延边教育学院学报	269	郑州铁路职业技术学院学报
220	潍坊工程职业学院学报	245	扬州教育学院学报	270	职业技术
221	温州职业技术学院学报	246	扬州职业大学学报	271	中国检察官
222	乌鲁木齐职业大学学报	247	杨凌职业技术学院学报	272	中国远程教育
223	无锡商业职业技术学院学报	248	医药高职教育与现代护理	273	中小学管理
224	无锡职业技术学院学报	249	艺苑	274	终身教育研究
225	芜湖职业技术学院学报	250	邮政研究	275	种子
226	武汉船舶职业技术学院学报	251	远程教育杂志	276	重庆电力高等专科学校学报
227	武汉工程职业技术学院学报	252	岳阳职业技术学院学报	277	重庆电子工程职业学院学报
228	武汉公安干部学院学报	253	云南开放大学学报	278	重庆广播电视大学学报
229	武汉交通职业学院学报	254	云南农业		

第三部分　中文 OA 学术期刊(153 种)

（共计 153 种，按照期刊名称的汉语拼音顺序排序）

序号	期刊名称	序号	期刊名称	序号	期刊名称
1	安防技术	26	管理科学与工程	51	计算机科学与应用
2	比较化学	27	光电子	52	计算生物学
3	材料化学前沿	28	国际儿科研究杂志	53	建模与仿真
4	材料科学	29	国际妇产科研究	54	建筑工程进展
5	财富涌现与流转	30	国际航空航天科学	55	交叉科学快报
6	测绘科学技术	31	国际护理学研究	56	交通技术
7	城镇化与集约用地	32	国际会计前沿	57	教育进展
8	传感器技术与应用	33	国际计算机科学进展	58	金融
9	创新教育研究	34	国际临床研究杂志	59	科学发展研究
10	当代护理	35	国际内科前沿杂志	60	可持续发展
11	地理科学研究	36	国际神经精神科学杂志	61	可持续能源
12	地球科学前沿	37	国际外科研究杂志	62	矿山工程
13	地球科学研究	38	国际医学与数据杂志	63	老龄化研究
14	低碳经济	39	国际医药研究前沿	64	理论数学
15	电磁分析与应用	40	国际应用数学进展	65	力学研究
16	电力与能源进展	41	国际中医药研究	66	历史学研究
17	电路与系统	42	国外英语考试教学与研究	67	林业世界
18	电气工程	43	国学	68	临床个性化医学
19	电气工程与自动化	44	海洋科学前沿	69	临床医学进展
20	电子商务评论	45	合成化学研究	70	流体动力学
21	动力系统与控制	46	核科学与技术	71	免疫学研究
22	法学	47	护理学	72	纳米技术
23	分析化学进展	48	化学工程与技术	73	凝聚态物理学进展
24	服务科学和管理	49	环境保护前沿	74	农业科学
25	工程学研究	50	机械工程与技术	75	农业与食品科学

序号	期刊名称	序号	期刊名称	序号	期刊名称
76	评价与管理	102	体育科学进展	128	亚洲兽医病例研究
77	气候变化研究快报	103	天文与天体物理	129	亚洲外科手术病例研究
78	千人·生物	104	天线学报	130	亚洲心脑血管病例研究
79	人工智能与机器人研究	105	统计学与应用	131	亚洲遗传病病例研究
80	软件工程与应用	106	图像与信号处理	132	亚洲肿瘤科病例研究
81	商业全球化	107	土木工程	133	眼科学
82	设计	108	土壤科学	134	药物化学
83	社会科学前沿	109	外科	135	药物资讯
84	渗流力学进展	110	微波化学	136	冶金工程
85	生理学研究	111	微生物前沿	137	医学美容
86	生物过程	112	无线通信	138	医学诊断
87	生物物理学	113	物理化学进展	139	仪器与设备
88	生物医学	114	现代管理	140	艺术研究快报
89	声学与振动	115	现代护理医学杂志	141	应用数学进展
90	石油天然气学报	116	现代人类学	142	应用物理
91	食品与营养科学	117	现代市场营销	143	有机化学研究
92	世界经济探索	118	现代物理	144	运筹与模糊学
93	世界生态学	119	现代语言学	145	哲学进展
94	世界文学研究	120	项目管理研究	146	争议解决
95	世界肿瘤研究	121	心理学进展	147	职业教育
96	输配电工程与技术	122	新闻传播科学	148	植物学研究
97	数据挖掘	123	亚洲儿科病例研究	149	智能电网
98	水产研究	124	亚洲耳鼻咽喉科病例研究	150	中西医结合护理
99	水土保持	125	亚洲妇产科病例研究	151	中医学
100	水污染及处理	126	亚洲急诊医学病例研究	152	资源与环境科学进展
101	水资源研究	127	亚洲麻醉科病例研究	153	自然科学

附录 B SCIE、SSCI、A&HCI 和 ESCI 收录的中国学术期刊名单

（共计 633 种，其中中国内地/大陆 514 种，中国香港 37 种，中国台湾 82 种）

期刊英文名称	ISSN	收录类别	JIF 学科分区	2023 JIF	地域
Signal Transduction and Targeted Therapy	2095-9907	SCIE	Q1	40.8	China's Mainland
Nano-Micro Letters	2311-6706	SCIE	Q1	31.6	China's Mainland
Electrochemical Energy Reviews	2520-8489	SCIE	Q1	28.4	China's Mainland
Cell Research	1001-0602	SCIE	Q1	28.1	China's Mainland
Fungal Diversity	1560-2745	SCIE	Q1	24.5	China's Mainland
InfoMat	2567-3165	SCIE	Q1	22.7	China's Mainland
Cellular & Molecular Immunology	1672-7681	SCIE	Q1	21.8	China's Mainland
Light-Science & Applications	2095-5545	SCIE	Q1	20.6	China's Mainland
Advanced Photonics	2577-5421	SCIE	Q1	20.6	China's Mainland
Cancer Communications	2523-3548	SCIE	Q1	20.1	China's Mainland
Carbon Energy	2637-9368	SCIE	Q1	19.5	China's Mainland
Science Bulletin	2095-9273	SCIE	Q1	18.8	China's Mainland
SusMat	2766-8479	SCIE	Q1	18.7	China's Mainland
Journal of Advanced Ceramics	2226-4108	SCIE	Q1	18.6	China's Mainland
Bioactive Materials	2452-199X	SCIE	Q1	18.0	China's Mainland
Computational Visual Media	2096-0433	SCIE	Q1	17.3	China's Mainland
Advanced Fiber Materials	2524-7921	SCIE	Q1	17.2	China's Mainland
Molecular Plant	1674-2052	SCIE	Q1	17.1	China's Mainland
Military Medical Research	2095-7467	SCIE	Q1	16.7	China's Mainland
National Science Review	2095-5138	SCIE	Q1	16.3	China's Mainland
International Journal of Extreme Manufacturing	2631-8644	SCIE	Q1	16.1	China's Mainland
Journal of Magnesium and Alloys	2213-9567	SCIE	Q1	15.8	China's Mainland
Chinese Journal of Catalysis	0253-9837	SCIE	Q1	15.7	China's Mainland
PhotoniX	2662-1991	SCIE	Q1	15.7	China's Mainland
Opto-Electronic Advances	2096-4579	SCIE	Q1	15.3	China's Mainland
IEEE-CAA Journal of Automatica Sinica	2329-9266	SCIE	Q1	15.3	China's Mainland
Acta Pharmaceutica Sinica B	2211-3835	SCIE	Q1	14.7	China's Mainland
Bone Research	2095-4700	SCIE	Q1	14.3	China's Mainland
Journal of Energy Chemistry	2095-4956	SCIE	Q1	14.0	China's Mainland
Environmental Science and Ecotechnology	2666-4984	SCIE	Q1	14.0	China's Mainland
Protein & Cell	1674-800X	SCIE	Q1	13.6	China's Mainland

期刊英文名称	ISSN	收录类别	JIF学科分区	2023 JIF	地域
Biochar	2524-7972	SCIE	Q1	13.1	China's Mainland
Journal of Ocean Engineering and Science	2468-0133	SCIE	Q1	13.0	China's Mainland
Energy & Environmental Materials	2575-0356	SCIE	Q1	13.0	China's Mainland
Cell Discovery	2056-5968	SCIE	Q1	13.0	China's Mainland
npj Flexible Electronics	2397-4621	SCIE	Q1	12.3	China's Mainland
International Journal of Mining Science and Technology	2095-2686	SCIE	Q1	11.7	China's Mainland
Genomics Proteomics & Bioinformatics	1672-0229	SCIE	Q1	11.5	China's Mainland
Journal of Materials Science & Technology	1005-0302	SCIE	Q1	11.2	China's Mainland
Acta Physico-Chimica Sinica	1000-6818	SCIE	Q1	10.8	China's Mainland
International Journal of Oral Science	1674-2818	SCIE	Q1	10.8	China's Mainland
Translational Neurodegeneration	2047-9158	SCIE	Q1	10.8	China's Mainland
Asian Journal of Pharmaceutical Sciences	1818-0876	SCIE	Q1	10.7	China's Mainland
Green Energy & Environment	2096-2797	SCIE	Q1	10.7	China's Mainland
Science China-Chemistry	1674-7291	SCIE	Q1	10.4	China's Mainland
Engineering	2095-8099	SCIE	Q1	10.1	China's Mainland
Mycosphere	2077-7000	SCIE	Q1	10.0	China's Mainland
Rare Metals	1001-0521	SCIE	Q1	9.6	China's Mainland
Nano Research	1998-0124	SCIE	Q1	9.5	China's Mainland
Chinese Chemical Letters	1001-8417	SCIE	Q1	9.4	China's Mainland
Journal of Rock Mechanics and Geotechnical Engineering	1674-7755	SCIE	Q1	9.4	China's Mainland
Plant Communications	2590-3462	SCIE	Q1	9.4	China's Mainland
Journal of Integrative Plant Biology	1672-9072	SCIE	Q1	9.3	China's Mainland
Satellite Navigation	2662-9291	SCIE	Q1	9.0	China's Mainland
Protection and Control of Modern Power Systems	2367-2617	SCIE	Q1	8.7	China's Mainland
Geoscience Frontiers	1674-9871	SCIE	Q1	8.5	China's Mainland
Research	2096-5168	SCIE	Q1	8.5	China's Mainland
Journal of Materiomics	2352-8478	SCIE	Q1	8.4	China's Mainland
CAAI Transactions on Intelligence Technology	2468-6557	SCIE	Q1	8.4	China's Mainland
Underground Space	2096-2754	SCIE	Q1	8.2	China's Mainland
Bio-Design and Manufacturing	2096-5524	SCIE	Q1	8.1	China's Mainland
Science China-Life Sciences	1674-7305	SCIE	Q1	8.0	China's Mainland
Plant Phenomics	2643-6515	SCIE	Q1	7.6	China's Mainland
Horticulture Research	2662-6810	SCIE	Q1	7.6	China's Mainland
Chinese Medical Journal	0366-6999	SCIE	Q1	7.5	China's Mainland
Digital Communications and Networks	2468-5925	SCIE	Q1	7.5	China's Mainland
Science China-Information Sciences	1674-733X	SCIE	Q1	7.3	China's Mainland

期刊英文名称	ISSN	收录类别	JIF学科分区	2023 JIF	地域
Microsystems & Nanoengineering	2055-7434	SCIE	Q1	7.3	China's Mainland
International Soil and Water Conservation Research	2095-6339	SCIE	Q1	7.3	China's Mainland
Chinese Journal of Cancer Research	1000-9604	SCIE	Q1	7.0	China's Mainland
Petroleum Exploration and Development	2096-4803	SCIE	Q1	7.0	China's Mainland
Acta Pharmacologica Sinica	1671-4083	SCIE	Q1	6.9	China's Mainland
Genes & Diseases	2352-4820	SCIE	Q1	6.9	China's Mainland
Science China-Materials	2095-8226	SCIE	Q1	6.8	China's Mainland
Journal of Genetics and Genomics	1673-8527	SCIE	Q1	6.6	China's Mainland
Photonics Research	2327-9125	SCIE	Q1	6.6	China's Mainland
npj Materials Degradation	2397-2106	SCIE	Q1	6.6	China's Mainland
Advances In Atmospheric Sciences	0256-1530	SCIE	Q1	6.5	China's Mainland
Frontiers of Physics	2095-0462	SCIE	Q1	6.5	China's Mainland
New Carbon Materials	2097-1605	SCIE	Q1	6.5	China's Mainland
Science China-Physics Mechanics & Astronomy	1674-7348	SCIE	Q1	6.4	China's Mainland
Advances in Climate Change Research	1674-9278	SCIE	Q1	6.4	China's Mainland
Journal of Animal Science and Biotechnology	1674-9782	SCIE	Q1	6.3	China's Mainland
Friction	2223-7690	SCIE	Q1	6.3	China's Mainland
Burns & Trauma	2321-3868	SCIE	Q1	6.3	China's Mainland
npj Science of Food	2396-8370	SCIE	Q1	6.3	China's Mainland
World Journal of Pediatrics	1708-8569	SCIE	Q1	6.1	China's Mainland
Building Simulation	1996-3599	SCIE	Q1	6.1	China's Mainland
Inorganic Chemistry Frontiers	2052-1553	SCIE	Q1	6.1	China's Mainland
Journal of Pharmaceutical Analysis	2095-1779	SCIE	Q1	6.1	China's Mainland
Animal Nutrition	2405-6383	SCIE	Q1	6.1	China's Mainland
Science China-Earth Sciences	1674-7313	SCIE	Q1	6.0	China's Mainland
Crop Journal	2095-5421	SCIE	Q1	6.0	China's Mainland
Materials Chemistry Frontiers	2052-1537	SCIE	Q1	6.0	China's Mainland
Journal of Environmental Sciences	1001-0742	SCIE	Q1	5.9	China's Mainland
Neuroscience Bulletin	1673-7067	SCIE	Q1	5.9	China's Mainland
Engineering Applications of Computational Fluid Mechanics	1994-2060	SCIE	Q1	5.9	China's Mainland
Marine Life Science & Technology	2096-6490	SCIE	Q1	5.8	China's Mainland
Horticultural Plant Journal	2095-9885	SCIE	Q1	5.7	China's Mainland
Journal of Modern Power Systems and Clean Energy	2196-5625	SCIE	Q1	5.7	China's Mainland
Rice Science	1672-6308	SCIE	Q1	5.6	China's Mainland
Regenerative Biomaterials	2056-3418	SCIE	Q1	5.6	China's Mainland
Cancer Biology & Medicine	2095-3941	SCIE	Q1	5.6	China's Mainland

期刊英文名称	ISSN	收录类别	JIF学科分区	2023 JIF	地域
Food Science and Human Wellness	2213-4530	SCIE	Q1	5.6	China's Mainland
Propulsion and Power Research	2212-540X	SCIE	Q1	5.4	China's Mainland
Chinese Journal of Aeronautics	1000-9361	SCIE	Q1	5.3	China's Mainland
Pedosphere	1002-0160	SCIE	Q1	5.2	China's Mainland
Journal of Rare Earths	1002-0721	SCIE	Q1	5.2	China's Mainland
Tsinghua Science and Technology	1007-0214	SCIE	Q1	5.2	China's Mainland
High Power Laser Science and Engineering	2095-4719	SCIE	Q1	5.2	China's Mainland
Photonic Sensors	1674-9251	SCIE	Q1	5.0	China's Mainland
Defence Technology	2096-3459	SCIE	Q1	5.0	China's Mainland
Journal of Bionic Engineering	1672-6529	SCIE	Q1	4.9	China's Mainland
CNS Neuroscience & Therapeutics	1755-5930	SCIE	Q1	4.8	China's Mainland
Infectious Diseases of Poverty	2095-5162	SCIE	Q1	4.8	China's Mainland
Matter and Radiation at Extremes	2468-2047	SCIE	Q1	4.8	China's Mainland
Transactions of Nonferrous Metals Society of China	1003-6326	SCIE	Q1	4.7	China's Mainland
Journal of Zhejiang University-Science B	1673-1581	SCIE	Q1	4.7	China's Mainland
Frontiers of Mechanical Engineering	2095-0233	SCIE	Q1	4.7	China's Mainland
Journal of Sustainable Cement-Based Materials	2165-0373	SCIE	Q1	4.7	China's Mainland
Journal of Translational Internal Medicine	2450-131X	SCIE	Q1	4.7	China's Mainland
Chinese Journal of Mechanical Engineering	1000-9345	SCIE	Q1	4.6	China's Mainland
Organic Chemistry Frontiers	2052-4129	SCIE	Q1	4.6	China's Mainland
Journal of Integrative Agriculture	2095-3119	SCIE	Q1	4.6	China's Mainland
Plant Diversity	2096-2703	SCIE	Q1	4.6	China's Mainland
Ecological Processes	2192-1709	SCIE	Q1	4.6	China's Mainland
Applied Mathematics and Mechanics-English Edition	0253-4827	SCIE	Q1	4.5	China's Mainland
Geo-Spatial Information Science	1009-5020	SCIE	Q1	4.4	China's Mainland
Science China-Technological Sciences	1674-7321	SCIE	Q1	4.4	China's Mainland
Stroke and Vascular Neurology	2059-8688	SCIE	Q1	4.4	China's Mainland
Endoscopic Ultrasound	2303-9027	SCIE	Q1	4.4	China's Mainland
High Voltage	2397-7264	SCIE	Q1	4.4	China's Mainland
Synthetic and Systems Biotechnology	2405-805X	SCIE	Q1	4.4	China's Mainland
Journal of Geographical Sciences	1009-637X	SCIE	Q1	4.3	China's Mainland
Spectrochimica Acta Part A-Molecular and Biomolecular Spectroscopy	1386-1425	SCIE	Q1	4.3	China's Mainland
Journal of Integrative Medicine-JIM	2095-4964	SCIE	Q1	4.2	China's Mainland
Ecosystem Health and Sustainability	2096-4129	SCIE	Q1	4.2	China's Mainland
Journal of Earth Science	1674-487X	SCIE	Q1	4.1	China's Mainland
Eye and Vision	2326-0246	SCIE	Q1	4.1	China's Mainland

期刊英文名称	ISSN	收录类别	JIF学科分区	2023 JIF	地域
Chinese Journal of Natural Medicines	2095-6975	SCIE	Q1	4.0	China's Mainland
Zoological Research	2095-8137	SCIE	Q1	4.0	China's Mainland
Interdisciplinary Sciences-Computational Life Sciences	1913-2751	SCIE	Q1	3.9	China's Mainland
Acta Mechanica Sinica	0567-7718	SCIE	Q1	3.8	China's Mainland
Forest Ecosystems	2095-6355	SCIE	Q1	3.8	China's Mainland
International Journal of Digital Earth	1753-8947	SCIE	Q1	3.7	China's Mainland
Journal of Central South University	2095-2899	SCIE	Q1	3.7	China's Mainland
Nuclear Science and Techniques	1001-8042	SCIE	Q1	3.6	China's Mainland
Chinese Physics C	1674-1137	SCIE	Q1	3.6	China's Mainland
Journal of Evidence Based Medicine	1756-5383	SCIE	Q1	3.6	China's Mainland
Chinese Physics Letters	0256-307X	SCIE	Q1	3.5	China's Mainland
Acta Geologica Sinica-English Edition	1000-9515	SCIE	Q1	3.5	China's Mainland
Asian Journal of Surgery	1015-9584	SCIE	Q1	3.5	China's Mainland
Integrative Zoology	1749-4877	SCIE	Q1	3.5	China's Mainland
Journal of Hydrodynamics	1001-6058	SCIE	Q1	3.4	China's Mainland
Journal of Forestry Research	1007-662X	SCIE	Q1	3.4	China's Mainland
Journal of Systematics and Evolution	1674-4918	SCIE	Q1	3.4	China's Mainland
Journal of Zhejiang University-Science A	1673-565X	SCIE	Q1	3.3	China's Mainland
Journal of Iron and Steel Research International	1006-706X	SCIE	Q1	3.1	China's Mainland
Insect Science	1672-9609	SCIE	Q1	2.9	China's Mainland
Journal of Systems Science & Complexity	1009-6124	SCIE	Q1	2.6	China's Mainland
World Journal of Emergency Medicine	1920-8642	SCIE	Q1	2.6	China's Mainland
Avian Research	2053-7166	SCIE	Q1	1.6	China's Mainland
Science China-Mathematics	1674-7283	SCIE	Q1	1.4	China's Mainland
Acta Mathematica Scientia	0252-9602	SCIE	Q1	1.2	China's Mainland
Communications in Mathematics and Statistics	2194-6701	SCIE	Q1	1.1	China's Mainland
CSEE Journal of Power and Energy Systems	2096-0042	SCIE	Q2	6.9	China's Mainland
Frontiers of Environmental Science & Engineering	2095-2201	SCIE	Q2	6.1	China's Mainland
Petroleum Science	1672-5107	SCIE	Q2	6.0	China's Mainland
Cell Proliferation	0960-7722	SCIE	Q2	5.9	China's Mainland
Neural Regeneration Research	1673-5374	SCIE	Q2	5.9	China's Mainland
International Journal of Minerals Metallurgy and Materials	1674-4799	SCIE	Q2	5.6	China's Mainland
Chinese Journal of Chemistry	1001-604X	SCIE	Q2	5.5	China's Mainland
Journal of Molecular Cell Biology	1674-2788	SCIE	Q2	5.3	China's Mainland
Progress in Natural Science-Materials International	1002-0071	SCIE	Q2	4.8	China's Mainland
Virologica Sinica	1674-0769	SCIE	Q2	4.3	China's Mainland

期刊英文名称	ISSN	收录类别	JIF学科分区	2023 JIF	地域
Frontiers of Chemical Science and Engineering	2095-0179	SCIE	Q2	4.3	China's Mainland
Advances in Manufacturing	2095-3127	SCIE	Q2	4.2	China's Mainland
Chinese Journal of Polymer Science	0256-7679	SCIE	Q2	4.1	China's Mainland
Particuology	1674-2001	SCIE	Q2	4.1	China's Mainland
Translational Lung Cancer Research	2218-6751	SCIE	Q2	4.0	China's Mainland
Frontiers of Medicine	2095-0217	SCIE	Q2	3.9	China's Mainland
Gastroenterology Report	2052-0034	SCIE	Q2	3.8	China's Mainland
Chinese Journal of Chemical Engineering	1004-9541	SCIE	Q2	3.7	China's Mainland
Hepatobiliary & Pancreatic Diseases International	1499-3872	SCIE	Q2	3.6	China's Mainland
International Journal of Sediment Research	1001-6279	SCIE	Q2	3.5	China's Mainland
Chinese Geographical Science	1002-0063	SCIE	Q2	3.4	China's Mainland
Frontiers of Computer Science	2095-2228	SCIE	Q2	3.4	China's Mainland
Chinese Optics Letters	1671-7694	SCIE	Q2	3.3	China's Mainland
Acta Biochimica Et Biophysica Sinica	1672-9145	SCIE	Q2	3.3	China's Mainland
Annals of Cardiothoracic Surgery	2225-319X	SCIE	Q2	3.3	China's Mainland
Phytopathology Research	2096-5362	SCIE	Q2	3.2	China's Mainland
Chemical Research In Chinese Universities	1005-9040	SCIE	Q2	3.1	China's Mainland
China Communications	1673-5447	SCIE	Q2	3.1	China's Mainland
Journal of Clinical and Translational Hepatology	2225-0719	SCIE	Q2	3.1	China's Mainland
Biomedical and Environmental Sciences	0895-3988	SCIE	Q2	3.0	China's Mainland
Asian Journal of Andrology	1008-682X	SCIE	Q2	3.0	China's Mainland
Journal of Plant Ecology	1752-9921	SCIE	Q2	3.0	China's Mainland
Journal of Diabetes	1753-0393	SCIE	Q2	3.0	China's Mainland
Food Quality and Safety	2399-1399	SCIE	Q2	3.0	China's Mainland
Acta Metallurgica Sinica-English Letters	1006-7191	SCIE	Q2	2.9	China's Mainland
International Journal of Disaster Risk Science	2095-0055	SCIE	Q2	2.9	China's Mainland
Frontiers of Structural and Civil Engineering	2095-2430	SCIE	Q2	2.9	China's Mainland
Quantitative Imaging in Medicine and Surgery	2223-4292	SCIE	Q2	2.9	China's Mainland
Frontiers of Information Technology & Electronic Engineering	2095-9184	SCIE	Q2	2.7	China's Mainland
Earthquake Engineering and Engineering Vibration	1671-3664	SCIE	Q2	2.6	China's Mainland
Journal of Palaeogeography-English	2095-3836	SCIE	Q2	2.5	China's Mainland
Communications In Theoretical Physics	0253-6102	SCIE	Q2	2.4	China's Mainland
Acta Metallurgica Sinica	0412-1961	SCIE	Q2	2.4	China's Mainland
Journal of Exercise Science & Fitness	1728-869X	SCIE	Q2	2.4	China's Mainland
International Journal of Biomathematics	1793-5245	SCIE	Q2	2.4	China's Mainland
Journal of Innovative Optical Health Sciences	1793-5458	SCIE	Q2	2.3	China's Mainland

期刊英文名称	ISSN	收录类别	JIF学科分区	2023 JIF	地域
Chinese Journal of Integrative Medicine	1672-0415	SCIE	Q2	2.2	China's Mainland
International Journal of Agricultural and Biological Engineering	1934-6344	SCIE	Q2	2.2	China's Mainland
Journal of Traditional Chinese Medicine	0255-2922	SCIE	Q2	2.0	China's Mainland
International Journal of Ophthalmology	2222-3959	SCIE	Q2	1.9	China's Mainland
Orthopaedic Surgery	1757-7853	SCIE	Q2	1.8	China's Mainland
Acta Petrologica Sinica	1000-0569	SCIE	Q2	1.7	China's Mainland
Journal of Inorganic Materials	1000-324X	SCIE	Q2	1.7	China's Mainland
China Foundry	1672-6421	SCIE	Q2	1.7	China's Mainland
Current Zoology	1674-5507	SCIE	Q2	1.6	China's Mainland
Chinese Physics B	1674-1056	SCIE	Q2	1.5	China's Mainland
Applied Mathematics-A Journal of Chinese Universities Series B	1005-1031	SCIE	Q2	1.2	China's Mainland
Asian Herpetological Research	2095-0357	SCIE	Q2	1.2	China's Mainland
Journal of Computational Mathematics	0254-9409	SCIE	Q2	0.9	China's Mainland
Acta Mathematica Sinica-English Series	1439-8516	SCIE	Q2	0.8	China's Mainland
Frontiers of Mathematics in China	1673-3452	SCIE	Q2	0.8	China's Mainland
Frontiers in Energy	2095-1701	SCIE	Q3	3.1	China's Mainland
Journal of Meteorological Research	2095-6037	SCIE	Q3	2.8	China's Mainland
Journal of Arid Land	1674-6767	SCIE	Q3	2.7	China's Mainland
Frontiers of Materials Science	2095-025X	SCIE	Q3	2.5	China's Mainland
Journal of Mountain Science	1672-6316	SCIE	Q3	2.3	China's Mainland
Journal of Digestive Diseases	1751-2972	SCIE	Q3	2.3	China's Mainland
Thoracic Cancer	1759-7706	SCIE	Q3	2.3	China's Mainland
Cardiovascular Diagnosis and Therapy	2223-3652	SCIE	Q3	2.1	China's Mainland
Acta Mechanica Solida Sinica	0894-9166	SCIE	Q3	2.0	China's Mainland
Current Medical Science	2096-5230	SCIE	Q3	2.0	China's Mainland
Journal of Systems Engineering and Electronics	1004-4132	SCIE	Q3	1.9	China's Mainland
Chinese Journal of Organic Chemistry	0253-2786	SCIE	Q3	1.8	China's Mainland
China Ocean Engineering	0890-5487	SCIE	Q3	1.8	China's Mainland
Journal of Thermal Science	1003-2169	SCIE	Q3	1.8	China's Mainland
Journal of Geriatric Cardiology	1671-5411	SCIE	Q3	1.8	China's Mainland
Research in Astronomy and Astrophysics	1674-4527	SCIE	Q3	1.8	China's Mainland
Frontiers of Earth Science	2095-0195	SCIE	Q3	1.8	China's Mainland
Acta Chimica Sinica	0567-7351	SCIE	Q3	1.7	China's Mainland
Journal of Systems Science and Systems Engineering	1004-3756	SCIE	Q3	1.7	China's Mainland
Advanced Steel Construction	1816-112X	SCIE	Q3	1.7	China's Mainland

续表

期刊英文名称	ISSN	收录类别	JIF学科分区	2023 JIF	地域
Chinese Journal of Geophysics-Chinese Edition	0001-5733	SCIE	Q3	1.6	China's Mainland
Plasma Science & Technology	1009-0630	SCIE	Q3	1.6	China's Mainland
Chinese Journal of Electronics	1022-4653	SCIE	Q3	1.6	China's Mainland
Gland Surgery	2227-684X	SCIE	Q3	1.5	China's Mainland
Acta Oceanologica Sinica	0253-505X	SCIE	Q3	1.4	China's Mainland
Journal of Ocean University of China	1672-5182	SCIE	Q3	1.4	China's Mainland
Journal of Asian Natural Products Research	1028-6020	SCIE	Q3	1.3	China's Mainland
Journal of Oceanology and Limnology	2096-5508	SCIE	Q3	1.3	China's Mainland
Acta Mathematicae Applicatae Sinica-English Series	0168-9673	SCIE	Q3	0.9	China's Mainland
Acta Physica Sinica	1000-3290	SCIE	Q3	0.8	China's Mainland
Chinese Annals of Mathematics Series B	0252-9599	SCIE	Q3	0.5	China's Mainland
Translational Andrology and Urology	2223-4683	SCIE	Q4	1.9	China's Mainland
Acta Polymerica Sinica	1000-3304	SCIE	Q4	1.7	China's Mainland
Journal of Tropical Meteorology	1006-8775	SCIE	Q4	1.5	China's Mainland
Translational Cancer Research	2218-676X	SCIE	Q4	1.5	China's Mainland
Journal of Wuhan University of Technology-Materials Science Edition	1000-2413	SCIE	Q4	1.3	China's Mainland
Chinese Journal of Analytical Chemistry	0253-3820	SCIE	Q4	1.2	China's Mainland
Journal of Computer Science And Technology	1000-9000	SCIE	Q4	1.2	China's Mainland
Chinese Journal of Chemical Physics	1674-0068	SCIE	Q4	1.2	China's Mainland
Progress In Chemistry	1005-281X	SCIE	Q4	1.0	China's Mainland
Chinese Journal of Inorganic Chemistry	1001-4861	SCIE	Q4	0.8	China's Mainland
Chemical Journal of Chinese Universities-Chinese	0251-0790	SCIE	Q4	0.7	China's Mainland
Spectroscopy and Spectral Analysis	1000-0593	SCIE	Q4	0.7	China's Mainland
Applied Geophysics	1672-7975	SCIE	Q4	0.7	China's Mainland
Journal of Infrared and Millimeter Waves	1001-9014	SCIE	Q4	0.6	China's Mainland
Rare Metal Materials and Engineering	1002-185X	SCIE	Q4	0.6	China's Mainland
China Petroleum Processing & Petrochemical Technology	1008-6234	SCIE	Q4	0.6	China's Mainland
Algebra Colloquium	1005-3867	SCIE	Q4	0.4	China's Mainland
Progress In Biochemistry and Biophysics	1000-3282	SCIE	Q4	0.2	China's Mainland
China CDC Weekly	2096-7071	SCIE, SSCI	Q1	4.3	China's Mainland
Asia-Pacific Journal of Oncology Nursing	2347-5625	SCIE, SSCI	Q1	2.4	China's Mainland
Journal of Sport and Health Science	2095-2546	SSCI	Q1	9.7	China's Mainland
Financial Innovation	2199-4730	SSCI	Q1	6.9	China's Mainland
Chinese Journal of International Politics	1750-8916	SSCI	Q1	3.0	China's Mainland
China & World Economy	1671-2234	SSCI	Q1	2.9	China's Mainland

续表

期刊英文名称	ISSN	收录类别	JIF 学科分区	2023 JIF	地域
Journal of Pacific Rim Psychology	1834-4909	SSCI	Q1	2.8	China's Mainland
Journal of Asian Public Policy	1751-6234	SSCI	Q1	1.5	China's Mainland
China Review-An Interdisciplinary Journal on Greater China	1680-2012	SSCI	Q1	1.2	China's Mainland
Transportmetrica A-Transport Science	2324-9935	SSCI	Q2	3.6	China's Mainland
Journal of Management Analytics	2327-0012	SSCI	Q2	3.6	China's Mainland
Transportmetrica B-Transport Dynamics	2168-0566	SSCI	Q2	3.3	China's Mainland
Asia-Pacific Journal of Accounting & Economics	1608-1625	SSCI	Q3	1.4	China's Mainland
PsyCh Journal	2046-0252	SSCI	Q3	1.3	China's Mainland
Annals of Economics and Finance	1529-7373	SSCI	Q4	0.2	China's Mainland
Frontiers of Architectural Research	2095-2635	A&HCI	N/A	3.1	China's Mainland
Contemporary Chinese Thought	1097-1467	A&HCI	N/A	0.4	China's Mainland
Chinese Studies In History	0009-4633	A&HCI	N/A	0.1	China's Mainland
Chinese Literature and Thought Today	2768-3524	A&HCI	N/A	0.1	China's Mainland
eScience	2667-1417	ESCI	Q1	42.9	China's Mainland
Innovation	2666-6758	ESCI	Q1	33.2	China's Mainland
Advanced Powder Materials	2772-834X	ESCI	Q1	28.6	China's Mainland
eLight	2097-1710	ESCI	Q1	27.2	China's Mainland
Interdisciplinary Materials	2767-4401	ESCI	Q1	24.5	China's Mainland
iMeta	2770-5986	ESCI	Q1	23.7	China's Mainland
Journal of Bioresources and Bioproducts	2097-2415	ESCI	Q1	20.2	China's Mainland
SmartMat	2766-8525	ESCI	Q1	15.3	China's Mainland
Energy Material Advances	2097-1133	ESCI	Q1	14.8	China's Mainland
Accounts of Materials Research	2643-6728	ESCI	Q1	14.0	China's Mainland
Aggregate	2692-4560	ESCI	Q1	13.9	China's Mainland
Nano Materials Science	2096-6482	ESCI	Q1	12.6	China's Mainland
Communications in Transportation Research	2772-4247	ESCI	Q1	12.5	China's Mainland
Resources Environment and Sustainability	2666-9161	ESCI	Q1	12.4	China's Mainland
Materials Futures	2752-5724	ESCI	Q1	12.0	China's Mainland
Molecular Horticulture	2730-9401	ESCI	Q1	10.6	China's Mainland
Cyborg and Bionic Systems	2692-7632	ESCI	Q1	10.5	China's Mainland
Advanced Industrial and Engineering Polymer Research	2542-5048	ESCI	Q1	9.9	China's Mainland
VIEW	2688-3988	ESCI	Q1	9.7	China's Mainland
CCS Chemistry	2096-5745	ESCI	Q1	9.4	China's Mainland
Frontiers of Engineering Management	2095-7513	ESCI	Q1	9.1	China's Mainland
Green Chemical Engineering	2096-9147	ESCI	Q1	9.1	China's Mainland
Advances in Geo-Energy Research	2207-9963	ESCI	Q1	9.0	China's Mainland

期刊英文名称	ISSN	收录类别	JIF学科分区	2023 JIF	地域
Battery Energy	2768-1688	ESCI	Q1	9.0	China's Mainland
Environmental Chemistry and Ecotoxicology	2590-1826	ESCI	Q1	9.0	China's Mainland
Journal of Remote Sensing	2694-1589	ESCI	Q1	8.8	China's Mainland
Green Synthesis and Catalysis	2666-5549	ESCI	Q1	8.2	China's Mainland
Artificial Intelligence in Agriculture	2589-7217	ESCI	Q1	8.2	China's Mainland
Geography and Sustainability	2096-7438	ESCI	Q1	8.0	China's Mainland
Big Data Mining and Analytics	2096-0654	ESCI	Q1	7.7	China's Mainland
Journal of the National Cancer Center	2667-0054	ESCI	Q1	7.6	China's Mainland
Journal of Traffic and Transportation Engineering-English Edition	2095-7564	ESCI	Q1	7.4	China's Mainland
Food Frontiers	2643-8429	ESCI	Q1	7.4	China's Mainland
Blockchain-Research and Applications	2096-7209	ESCI	Q1	6.9	China's Mainland
Machine Intelligence Research	2731-538X	ESCI	Q1	6.4	China's Mainland
Molecular Biomedicine	2662-8651	ESCI	Q1	6.3	China's Mainland
Non-coding RNA Research	2468-2160	ESCI	Q1	5.9	China's Mainland
Fundamental Research	2096-9457	ESCI	Q1	5.7	China's Mainland
Superconductivity	2772-8307	ESCI	Q1	5.6	China's Mainland
Journal of Analysis and Testing	2096-241X	ESCI	Q1	5.5	China's Mainland
Journal of Management Science and Engineering	2096-2320	ESCI	Q1	5.4	China's Mainland
General Psychiatry	2096-5923	ESCI	Q1	5.3	China's Mainland
Emerging Contaminants	2405-6650	ESCI	Q1	5.3	China's Mainland
Journal of Future Foods	2772-5669	ESCI	Q1	5.2	China's Mainland
Precision Clinical Medicine	2096-5303	ESCI	Q1	5.1	China's Mainland
Water Biology and Security	2772-7351	ESCI	Q1	5.1	China's Mainland
BME Frontiers	2765-8031	ESCI	Q1	5.0	China's Mainland
Automotive Innovation	2096-4250	ESCI	Q1	4.8	China's Mainland
Natural Products and Bioprospecting	2192-2195	ESCI	Q1	4.8	China's Mainland
Chinese Herbal Medicines	1674-6384	ESCI	Q1	4.7	China's Mainland
Acta Ecologica Sinica	1872-2032	ESCI	Q1	4.7	China's Mainland
China Geology	2096-5192	ESCI	Q1	4.6	China's Mainland
aBIOTECH	2096-6326	ESCI	Q1	4.6	China's Mainland
Mycology-An International Journal On Fungal Biology	2150-1203	ESCI	Q1	4.6	China's Mainland
mLife	2097-1699	ESCI	Q1	4.5	China's Mainland
Soil Ecology Letters	2662-2289	ESCI	Q1	4.5	China's Mainland
Intelligent Medicine	2667-1026	ESCI	Q1	4.4	China's Mainland
World Journal of Traditional Chinese Medicine	2311-8571	ESCI	Q1	4.3	China's Mainland
Big Earth Data	2096-4471	ESCI	Q1	4.2	China's Mainland

期刊英文名称	ISSN	收录类别	JIF学科分区	2023 JIF	地域
Radiation Detection Technology and Methods	2509-9930	ESCI	Q1	4.2	China's Mainland
Experimental and Computational Multiphase Flow	2661-8869	ESCI	Q1	4.2	China's Mainland
Space: Science & Technology	2692-7659	ESCI	Q1	4.1	China's Mainland
Global Health Research and Policy	2397-0642	ESCI	Q1	4.0	China's Mainland
Journal of Urban Management	2226-5856	ESCI	Q1	3.9	China's Mainland
Journal of Safety Science and Resilience	2096-7527	ESCI	Q1	3.7	China's Mainland
Frontiers of Agricultural Science and Engineering	2095-7505	ESCI	Q1	3.6	China's Mainland
Biosafety and Health	2096-6962	ESCI	Q1	3.5	China's Mainland
International Journal of Mechanical System Dynamics	2767-1399	ESCI	Q1	3.4	China's Mainland
Global Media and China	2059-4364	ESCI	Q1	3.2	China's Mainland
International Journal of Nursing Sciences	2352-0132	ESCI	Q1	2.9	China's Mainland
ECNU Review of Education	2096-5311	ESCI	Q1	2.7	China's Mainland
Family Medicine and Community Health	2305-6983	ESCI	Q1	2.6	China's Mainland
Language Testing in Asia	2229-0443	ESCI	Q1	2.1	China's Mainland
International Journal of Coal Science & Technology	2095-8293	ESCI	Q2	6.9	China's Mainland
Transactions of Tianjin University	1006-4982	ESCI	Q2	6.7	China's Mainland
Carbon Resources Conversion	2588-9133	ESCI	Q2	6.4	China's Mainland
Tungsten	2661-8028	ESCI	Q2	5.6	China's Mainland
Journal of Semiconductors	1674-4926	ESCI	Q2	4.8	China's Mainland
Journal of Pipeline Science and Engineering	2667-1433	ESCI	Q2	4.8	China's Mainland
Railway Engineering Science	2662-4745	ESCI	Q2	4.4	China's Mainland
International Journal of Transportation Science and Technology	2046-0430	ESCI	Q2	4.3	China's Mainland
Regional Sustainability	2097-0129	ESCI	Q2	4.3	China's Mainland
International Journal of Innovation Studies	2096-2487	ESCI	Q2	4.2	China's Mainland
Natural Gas Industry B	2352-8540	ESCI	Q2	4.2	China's Mainland
Petroleum	2405-6561	ESCI	Q2	4.2	China's Mainland
Frontiers of Optoelectronics	2095-2759	ESCI	Q2	4.1	China's Mainland
Food Production Processing and Nutrition	2661-8974	ESCI	Q2	4.0	China's Mainland
Cell Regeneration	2045-9769	ESCI	Q2	4.0	China's Mainland
eFood	2666-3066	ESCI	Q2	4.0	China's Mainland
Chinese Journal of Population Resources and Environment	2096-9589	ESCI	Q2	3.9	China's Mainland
Energy Ecology and Environment	2363-7692	ESCI	Q2	3.9	China's Mainland
Cybersecurity	2523-3246	ESCI	Q2	3.9	China's Mainland
Visual Informatics	2468-502X	ESCI	Q2	3.8	China's Mainland
International Journal of Automation and Computing	1476-8186	ESCI	Q2	3.7	China's Mainland

期刊英文名称	ISSN	收录类别	JIF学科分区	2023 JIF	地域
Phenomics	2730-583X	ESCI	Q2	3.7	China's Mainland
Nanotechnology and Precision Engineering	1672-6030	ESCI	Q2	3.5	China's Mainland
Sustainable Futures	2666-1888	ESCI	Q2	3.3	China's Mainland
Energetic Materials Frontiers	2666-6472	ESCI	Q2	3.3	China's Mainland
Theoretical and Applied Mechanics Letters	2095-0349	ESCI	Q2	3.2	China's Mainland
High-Confidence Computing	2667-2952	ESCI	Q2	3.2	China's Mainland
Visual Computing for Industry Biomedicine and Art	2524-4442	ESCI	Q2	3.2	China's Mainland
Journal of Cotton Research	2096-5044	ESCI	Q2	3.1	China's Mainland
Journal of Neurorestoratology	2324-2426	ESCI	Q2	3.1	China's Mainland
Infectious Disease Modelling	2468-0427	ESCI	Q2	3.0	China's Mainland
Advances in Aerodynamics	2524-6992	ESCI	Q2	2.9	China's Mainland
Geodesy and Geodynamics	1674-9847	ESCI	Q2	2.8	China's Mainland
Astrodynamics	2522-008X	ESCI	Q2	2.7	China's Mainland
Transportation Safety and Environment	2631-4428	ESCI	Q2	2.7	China's Mainland
Journal of Quality Assurance in Hospitality & Tourism	1528-008X	ESCI	Q2	2.6	China's Mainland
Computational Urban Science	2730-6852	ESCI	Q2	2.6	China's Mainland
Earth and Planetary Physics	2096-3955	ESCI	Q2	2.5	China's Mainland
Asian Journal of Urology	2214-3882	ESCI	Q2	2.4	China's Mainland
Sports Medicine and Health Science	2666-3376	ESCI	Q2	2.3	China's Mainland
Arthroplasty	2524-7948	ESCI	Q2	2.3	China's Mainland
Journal of Marine Science and Application	1671-9433	ESCI	Q2	1.9	China's Mainland
Earthquake Science	1674-4519	ESCI	Q2	1.9	China's Mainland
Pediatric Investigation	2096-3726	ESCI	Q2	1.9	China's Mainland
China Economic Quarterly International	2666-9331	ESCI	Q2	1.9	China's Mainland
Chinese Journal of Traumatology	1008-1275	ESCI	Q2	1.8	China's Mainland
Global Public Policy and Governance	2730-6291	ESCI	Q2	1.6	China's Mainland
Frontiers of Economics in China	1673-3444	ESCI	Q2	1.5	China's Mainland
Economic and Political Studies-EPS	2095-4816	ESCI	Q2	1.5	China's Mainland
Journal of Data and Information Science	2096-157X	ESCI	Q2	1.5	China's Mainland
Chinese Journal of Sociology	2057-150X	ESCI	Q2	1.4	China's Mainland
Communications on Applied Mathematics and Computation	2096-6385	ESCI	Q2	1.4	China's Mainland
Fuzzy Information and Engineering	1616-8658	ESCI	Q2	1.3	China's Mainland
Language Teaching for Young Learners	2589-2053	ESCI	Q2	1.2	China's Mainland
Journal of Mathematical Study	2096-9856	ESCI	Q2	0.8	China's Mainland
Waste Disposal & Sustainable Energy	2524-7980	ESCI	Q3	3.6	China's Mainland
Clean Energy	2515-4230	ESCI	Q3	2.9	China's Mainland
Tropical Cyclone Research and Review	2225-6032	ESCI	Q3	2.4	China's Mainland

期刊英文名称	ISSN	收录类别	JIF学科分区	2023 JIF	地域
Atmospheric and Oceanic Science Letters	1674-2834	ESCI	Q3	2.3	China's Mainland
Brain Circulation	2394-8108	ESCI	Q3	2.3	China's Mainland
Journal of Biomedical Research	1674-8301	ESCI	Q3	2.2	China's Mainland
Aging Medicine	2475-0360	ESCI	Q3	2.2	China's Mainland
Liver Research	2096-2878	ESCI	Q3	2.0	China's Mainland
Solid Earth Sciences	2451-912X	ESCI	Q3	2.0	China's Mainland
Infectious Microbes & Diseases	2641-5917	ESCI	Q3	2.0	China's Mainland
Chinese Journal of Lasers-Zhongguo Jiguang	0258-7025	ESCI	Q3	1.8	China's Mainland
Control Theory and Technology	2095-6983	ESCI	Q3	1.7	China's Mainland
Journal of Groundwater Science and Engineering	2305-7068	ESCI	Q3	1.7	China's Mainland
ACTA OPTICA SINICA	0253-2239	ESCI	Q3	1.6	China's Mainland
Rock and Soil Mechanics	1000-7598	ESCI	Q3	1.5	China's Mainland
Journal of Control and Decision	2330-7706	ESCI	Q3	1.5	China's Mainland
Blood Science	2543-6368	ESCI	Q3	1.5	China's Mainland
Acta Geochimica	2096-0956	ESCI	Q3	1.4	China's Mainland
Forensic Sciences Research	2096-1790	ESCI	Q3	1.4	China's Mainland
Acta Psychologica Sinica	0439-755X	ESCI	Q3	1.3	China's Mainland
Chinese Optics	2097-1842	ESCI	Q3	1.3	China's Mainland
Data Intelligence	2641-435X	ESCI	Q3	1.3	China's Mainland
Maternal-Fetal Medicine	2096-6954	ESCI	Q3	1.2	China's Mainland
Chinese Science Bulletin-Chinese	0023-074X	ESCI	Q3	1.1	China's Mainland
Journal of Science in Sport and Exercise	2096-6709	ESCI	Q3	1.1	China's Mainland
Probability Uncertainty and Quantitative Risk	2095-9672	ESCI	Q3	1.0	China's Mainland
Chinese Journal of Applied Linguistics	2192-9505	ESCI	Q3	1.0	China's Mainland
Journal of Chinese Sociology	2198-2635	ESCI	Q3	1.0	China's Mainland
Chinese Journal of Dental Research	1462-6446	ESCI	Q3	0.9	China's Mainland
Chinese Journal of Liquid Crystals and Displays	1007-2780	ESCI	Q3	0.7	China's Mainland
International Communication of Chinese Culture	2197-4233	ESCI	Q3	0.3	China's Mainland
Frontiers of History in China	1673-3401	ESCI	Q4	<0.1	China's Mainland
Journal of Modern Chinese History	1753-5654	ESCI	Q4	<0.1	China's Mainland
Tsinghua China Law Review	2151-8904	ESCI	Q4	<0.1	China's Mainland
Global Energy Interconnection-China	2096-5117	ESCI	Q4	1.9	China's Mainland
Aerosol Science and Engineering	2510-375X	ESCI	Q4	1.6	China's Mainland
Anthropocene Coasts	2561-4150	ESCI	Q4	1.6	China's Mainland
Brain Hemorrhages	2589-238X	ESCI	Q4	1.3	China's Mainland
Chinese Journal of Chromatography	1000-8713	ESCI	Q4	1.2	China's Mainland
Acta Epileptologica	2096-9384	ESCI	Q4	1.2	China's Mainland

期刊英文名称	ISSN	收录类别	JIF学科分区	2023 JIF	地域
Heart and Mind	2468-6476	ESCI	Q4	1.0	China's Mainland
Journal of Infrastructure Policy and Development	2572-7923	ESCI	Q4	1.0	China's Mainland
Laser & Optoelectronics Progress	1006-4125	ESCI	Q4	0.9	China's Mainland
Current Urology	1661-7649	ESCI	Q4	0.9	China's Mainland
Cardiovascular Innovations and Applications	2009-8618	ESCI	Q4	0.9	China's Mainland
Journal of Pancreatology	2096-5664	ESCI	Q4	0.9	China's Mainland
Journal of the Operations Research Society of China	2194-668X	ESCI	Q4	0.9	China's Mainland
Traditional Medicine Research	2413-3973	ESCI	Q4	0.9	China's Mainland
China Surface Engineering	1007-9289	ESCI	Q4	0.8	China's Mainland
Optoelectronics Letters	1673-1905	ESCI	Q4	0.8	China's Mainland
World Journal of Pediatric Surgery	2516-5410	ESCI	Q4	0.8	China's Mainland
Reproductive and Developmental Medicine	2096-2924	ESCI	Q4	0.7	China's Mainland
Research in Cold and Arid Regions	2097-1583	ESCI	Q4	0.7	China's Mainland
Cailiao Gongcheng-Journal of Materials Engineering	1001-4381	ESCI	Q4	0.6	China's Mainland
World Journal of Acupuncture-Moxibustion	1003-5257	ESCI	Q4	0.6	China's Mainland
Acta Photonica Sinica	1004-4213	ESCI	Q4	0.6	China's Mainland
Sciences in Cold and Arid Regions	1674-3822	ESCI	Q4	0.6	China's Mainland
Quantitative Biology	2095-4689	ESCI	Q4	0.6	China's Mainland
Chinese Space Science and Technology	1000-758X	ESCI	Q4	0.5	China's Mainland
Journal of Electronics & Information Technology	1009-5896	ESCI	Q4	0.5	China's Mainland
Scientia Sinica-Physica Mechanica & Astronomica	1674-7275	ESCI	Q4	0.5	China's Mainland
Asian Pacific Journal of Reproduction	2305-0500	ESCI	Q4	0.5	China's Mainland
International Journal of Abdominal Wall and Hernia Surgery	2589-8736	ESCI	Q4	0.5	China's Mainland
International Studies of Economics	2831-3224	ESCI	Q4	0.5	China's Mainland
Journal of Acupuncture and Tuina Science	1672-3597	ESCI	Q4	0.4	China's Mainland
Frontiers of Education in China	1673-341X	ESCI	Q4	0.4	China's Mainland
Engineering Letters	1816-093X	ESCI	Q4	0.4	China's Mainland
Chinese Journal of Academic Radiology	2520-8985	ESCI	Q4	0.4	China's Mainland
Precision Medical Sciences	2642-2514	ESCI	Q4	0.4	China's Mainland
Surgical Practice	1744-1625	ESCI	Q4	0.3	China's Mainland
Journal of Partial Differential Equations	2079-732X	ESCI	Q4	0.3	China's Mainland
Southeast Asian Bulletin of Mathematics	0129-2021	ESCI	Q4	0.2	China's Mainland
Journal of Accounting Review	1018-1687	ESCI	Q4	0.2	China's Mainland
International Journal of Chinese & Comparative Philosophy of Medicine	1386-6354	ESCI	Q4	0.1	China's Mainland
Frontiers of Law in China	1673-3428	ESCI	Q4	0.1	China's Mainland

期刊英文名称	ISSN	收录类别	JIF学科分区	2023 JIF	地域
China and Asia	2589-4641	ESCI	Q4	0.1	China's Mainland
Frontiers of Philosophy in China	1673-3436	ESCI	N/A	<0.1	China's Mainland
Frontiers of Literary Studies in China	1673-7318	ESCI	N/A	<0.1	China's Mainland
Journal for the Study of Christian Culture	2071-9957	ESCI	N/A	<0.1	China's Mainland
She Ji-The Journal of Design Economics and Innovation	2405-8726	ESCI	N/A	1.8	China's Mainland
Contrastive Pragmatics	2666-0385	ESCI	N/A	0.9	China's Mainland
Forum for World Literature Studies	1949-8519	ESCI	N/A	0.6	China's Mainland
Landscape Architecture Frontiers	2096-336X	ESCI	N/A	0.6	China's Mainland
Cognitive Semantics	2352-6408	ESCI	N/A	0.5	China's Mainland
Studies in Chinese Religions	2372-9988	ESCI	N/A	0.3	China's Mainland
Comparative Literature-East & West	2572-3618	ESCI	N/A	0.3	China's Mainland
Chinese Archaeology	2160-5025	ESCI	N/A	0.2	China's Mainland
Chinese Semiotic Studies	2198-9605	ESCI	N/A	0.2	China's Mainland
Yuyan Kexue-Linguistic Sciences	1671-9484	ESCI	N/A	0.1	China's Mainland
International Journal of Chinese Linguistics	2213-8706	ESCI	N/A	0.1	China's Mainland
Frontiers of Narrative Studies	2509-4882	ESCI	N/A	0.1	China's Mainland
Language Context and Text-The Social Semiotics Forum	2589-7233	ESCI	N/A	0.1	China's Mainland
Hepatobiliary Surgery and Nutrition	2304-3881	SCIE	6.1	Q1	Hong Kong, China
Atomic Spectroscopy	0195-5373	SCIE	3.4	Q1	Hong Kong, China
Hong Kong Medical Journal	1024-2708	SCIE	3.1	Q1	Hong Kong, China
Communications in Computational Physics	1815-2406	SCIE	2.6	Q1	Hong Kong, China
Numerical Mathematics-Theory Methods and Applications	1004-8979	SCIE	1.9	Q1	Hong Kong, China
Advances in Applied Mathematics and Mechanics	2070-0733	SCIE	1.5	Q2	Hong Kong, China
Translational Pediatrics	2224-4336	SCIE	1.5	Q2	Hong Kong, China
East Asian Journal on Applied Mathematics	2079-7362	SCIE	1.2	Q2	Hong Kong, China
Journal of Thoracic Disease	2072-1439	SCIE	2.1	Q3	Hong Kong, China
Journal of Gastrointestinal Oncology	2078-6891	SCIE	2	Q3	Hong Kong, China
Hong Kong Journal of Emergency Medicine	1024-9079	SCIE	0.8	Q4	Hong Kong, China
Hong Kong Journal of Paediatrics	1013-9923	SCIE	0.1	Q4	Hong Kong, China
Hong Kong Journal of Dermatology & Venereology	1814-7453	SCIE	0.1	Q4	Hong Kong, China
China Perspectives	2070-3449	SSCI	1.4	Q1	Hong Kong, China
Asia Pacific Law Review	1019-2557	SSCI	1	Q2	Hong Kong, China
Pacific Economic Review	1361-374X	SSCI	1.1	Q3	Hong Kong, China
Hong Kong Law Journal	0378-0600	SSCI	0.3	Q3	Hong Kong, China
Journal of Chinese Linguistics	0091-3723	SSCI	0.2	Q4	Hong Kong, China
Interdisciplinary Studies of Literature	2520-4920	A&HCI	0.2	N/A	Hong Kong, China
Logos & Pneuma-Chinese Journal of Theology	1023-2583	A&HCI	0.1	N/A	Hong Kong, China

期刊英文名称	ISSN	收录类别	JIF学科分区	2023 JIF	地域
Prism-Theory and Modern Chinese Literature	2578-3491	ESCI	0.3	N/A	Hong Kong, China
Knowledge Management & E-Learning-An International Journal	2073-7904	ESCI	2.5	Q1	Hong Kong, China
Translational Gastroenterology and Hepatology	2415-1289	ESCI	3.8	Q2	Hong Kong, China
mHealth	2306-9740	ESCI	2.2	Q2	Hong Kong, China
CSIAM Transactions on Applied Mathematics	2708-0560	ESCI	1.2	Q2	Hong Kong, China
Nanofabrication	2299-680X	ESCI	3.3	Q3	Hong Kong, China
Chinese Clinical Oncology	2304-3865	ESCI	2.1	Q3	Hong Kong, China
Public Administration and Policy-An Asia-Pacific Journal	1727-2645	ESCI	1.2	Q3	Hong Kong, China
AME Case Reports	2523-1995	ESCI	0.7	Q3	Hong Kong, China
Journal of International and Comparative Law	2313-3775	ESCI	0.4	Q3	Hong Kong, China
Annals of Joint	2415-6809	ESCI	0.5	Q4	Hong Kong, China
Annals of Laparoscopic and Endoscopic Surgery	2518-6973	ESCI	0.5	Q4	Hong Kong, China
Analysis in Theory and Applications	1672-4070	ESCI	0.4	Q4	Hong Kong, China
Video-Assisted Thoracic Surgery	2519-0792	ESCI	0.3	Q4	Hong Kong, China
Australian Journal of Otolaryngology	2616-2792	ESCI	0.3	Q4	Hong Kong, China
Asia Pacific Journal of Counselling and Psychotherapy	2150-7686	ESCI	0.2	Q4	Hong Kong, China
Hongkong Journal of Radiology	2223-6619	ESCI	0.2	Q4	Hong Kong, China
Journal of Biomedical Science	1021-7770	SCIE	9	Q1	Taiwan, China
Journal of the Taiwan Institute of Chemical Engineers	1876-1070	SCIE	5.5	Q1	Taiwan, China
Chinese Journal of Physics	0577-9073	SCIE	4.6	Q1	Taiwan, China
Journal of Microbiology Immunology and Infection	1684-1182	SCIE	4.5	Q1	Taiwan, China
Botanical Studies	1999-3110	SCIE	4.1	Q1	Taiwan, China
Journal of Dental Sciences	1991-7902	SCIE	3.4	Q1	Taiwan, China
Journal of Traditional and Complementary Medicine	2225-4110	SCIE	3.3	Q1	Taiwan, China
Journal of the Formosan Medical Association	0929-6646	SCIE	2.6	Q1	Taiwan, China
Asian Journal of Control	1561-8625	SCIE	2.7	Q2	Taiwan, China
Journal of Food and Drug Analysis	1021-9498	SCIE	2.6	Q2	Taiwan, China
Dermatologica Sinica	1027-8117	SCIE	2.3	Q2	Taiwan, China
Pediatrics and Neonatology	1875-9572	SCIE	2.3	Q2	Taiwan, China
Taiwanese Journal of Obstetrics & Gynecology	1028-4559	SCIE	2	Q2	Taiwan, China
Journal of the Chinese Medical Association	1726-4901	SCIE	1.9	Q2	Taiwan, China
International Journal of Design	1991-3761	SCIE	1.6	Q2	Taiwan, China
Statistica Sinica	1017-0405	SCIE	1.5	Q2	Taiwan, China
Zoological Studies	1021-5506	SCIE	1.5	Q2	Taiwan, China
Kaohsiung Journal of Medical Sciences	1607-551X	SCIE	2.7	Q3	Taiwan, China
Journal of Polymer Research	1022-9760	SCIE	2.6	Q3	Taiwan, China

期刊英文名称	ISSN	收录类别	JIF学科分区	2023 JIF	地域
Aerosol and Air Quality Research	1680-8584	SCIE	2.5	Q3	Taiwan, China
Acta Cardiologica Sinica	1011-6842	SCIE	1.8	Q3	Taiwan, China
Journal of the Chinese Chemical Society	0009-4536	SCIE	1.6	Q3	Taiwan, China
Journal of Mechanics	1727-7191	SCIE	1.5	Q3	Taiwan, China
Journal of the Chinese Institute of Engineers	0253-3839	SCIE	1	Q3	Taiwan, China
Taiwanese Journal of Mathematics	1027-5487	SCIE	0.6	Q3	Taiwan, China
Journal of Medical and Biological Engineering	1609-0985	SCIE	1.6	Q4	Taiwan, China
Chinese Journal of Physiology	0304-4920	SCIE	1.4	Q4	Taiwan, China
Journal of Internet Technology	1607-9264	SCIE	0.9	Q4	Taiwan, China
TAIWANIA	0372-333X	SCIE	0.8	Q4	Taiwan, China
Terrestrial Atmospheric and Oceanic Sciences	1017-0839	SCIE	0.8	Q4	Taiwan, China
Journal of Information Science And Engineering	1016-2364	SCIE	0.5	Q4	Taiwan, China
Journal of Marine Science and Technology-Taiwan	1023-2796	SCIE	0.4	Q4	Taiwan, China
International Journal of Gerontology	1873-9598	SCIE	0.3	Q4	Taiwan, China
Journal of the Chinese Society of Mechanical Engineers	0257-9731	SCIE	0.2	Q4	Taiwan, China
Journal of Nursing Research	1682-3141	SCIE, SSCI	2.4	Q1	Taiwan, China
Educational Technology & Society	1176-3647	SSCI	4.6	Q1	Taiwan, China
Asian Journal of WTO & International Health Law and Policy	1819-5164	SSCI	0.3	Q3	Taiwan, China
Language and Linguistics	1606-822X	SSCI	0.2	Q4	Taiwan, China
Universitas-Monthly Review of Philosophy and Culture	1015-8383	A&HCI	<0.1	N/A	Taiwan, China
Sino-Christian Studies	1990-2670	A&HCI	<0.1	N/A	Taiwan, China
Taida Journal of Art History	1023-2095	A&HCI	0.2	N/A	Taiwan, China
Concentric-Literary and Cultural Studies	1729-6897	A&HCI	0.2	N/A	Taiwan, China
Bulletin of the Institute of History and Philology Academia Sinica	1012-4195	A&HCI	<0.1	Q4	Taiwan, China
Chung Wai Literary Quarterly	0303-0849	ESCI	<0.1	N/A	Taiwan, China
Taiwan Journal of East Asian Studies	1812-6243	ESCI	<0.1	N/A	Taiwan, China
Wenshan Review of Literature and Culture	2077-1282	ESCI	<0.1	N/A	Taiwan, China
Taiwan Journal of Linguistics	1729-4649	ESCI	0.3	N/A	Taiwan, China
Sun Yat-sen Journal of Humanities	1024-3631	ESCI	0.2	N/A	Taiwan, China
Concentric-Studies in Linguistics	1810-7478	ESCI	0.1	N/A	Taiwan, China
Asia Pacific Management Review	1029-3132	ESCI	5.5	Q1	Taiwan, China
Research and Practice in Technology Enhanced Learning	1793-7078	ESCI	3.1	Q1	Taiwan, China
International Journal of Pavement Research and Technology	1996-6814	ESCI	3	Q2	Taiwan, China
BioMedicine-Taiwan	2211-8020	ESCI	2.1	Q2	Taiwan, China
Tzu Chi Medical Journal	1016-3190	ESCI	1.4	Q2	Taiwan, China

续表

期刊英文名称	ISSN	收录类别	JIF学科分区	2023 JIF	地域
English Teaching and Learning	1023-7267	ESCI	1.2	Q2	Taiwan, China
Issues & Studies	1013-2511	ESCI	0.8	Q2	Taiwan, China
Tamkang Journal of Mathematics	0049-2930	ESCI	0.7	Q2	Taiwan, China
Gynecology and Minimally Invasive Therapy-GMIT	2213-3070	ESCI	1.4	Q3	Taiwan, China
International Journal of Engineering and Technology Innovation	2223-5329	ESCI	1.3	Q3	Taiwan, China
Journal of Applied Science and Engineering	2708-9967	ESCI	1.1	Q3	Taiwan, China
Journal of Aeronautics Astronautics and Aviation	1990-7710	ESCI	0.9	Q3	Taiwan, China
Taiwan Journal of TESOL	1814-9448	ESCI	0.6	Q3	Taiwan, China
Contemporary Asia Arbitration Journal	1999-9747	ESCI	0.3	Q3	Taiwan, China
Journal of History-NCCU	0301-9667	ESCI	<0.1	Q4	Taiwan, China
Taiwan Journal of Ophthalmology	2211-5056	ESCI	1	Q4	Taiwan, China
Aging Medicine and Healthcare	2663-8851	ESCI	1	Q4	Taiwan, China
Journal of Medical Ultrasound	0929-6441	ESCI	0.9	Q4	Taiwan, China
Urological Science	1879-5226	ESCI	0.8	Q4	Taiwan, China
Journal of Acute Medicine	2211-5587	ESCI	0.8	Q4	Taiwan, China
Journal of Futures Studies	1027-6084	ESCI	0.6	Q4	Taiwan, China
International Journal of Business	1083-4346	ESCI	0.5	Q4	Taiwan, China
Journal of Research in Education Sciences	2073-753X	ESCI	0.5	Q4	Taiwan, China
International Journal of Advanced and Applied Sciences	2313-626X	ESCI	0.4	Q4	Taiwan, China
Applied Mathematics E-Notes	1607-2510	ESCI	0.4	Q4	Taiwan, China
Advances in Digestive Medicine	2351-9797	ESCI	0.3	Q4	Taiwan, China
Journal of Library and Information Studies	1606-7509	ESCI	0.2	Q4	Taiwan, China
Formosan Journal of Surgery	1682-606X	ESCI	0.2	Q4	Taiwan, China
NTUT Journal of Intellectual Property Law and Management	2226-6771	ESCI	0.2	Q4	Taiwan, China
NTU Management Review	1018-1601	ESCI	0.1	Q4	Taiwan, China
EurAmerica	1021-3058	ESCI	0.1	Q4	Taiwan, China
National Taiwan University Law Review	1812-6324	ESCI	0.1	Q4	Taiwan, China
Bulletin of the Institute of Mathematics Academia Sinica New Series	2304-7909	ESCI	0.1	Q4	Taiwan, China

注:按照地域、收录类别、JIF分区和JIF的顺序依次排序,数据来自 Web of Science 官网。

附录 C EI-compendex 收录的中国(除港澳台外)期刊名单(共 310 种)

序号	ISSN 号	期 刊 名 称
1	0001-5717	地质学报
2	0001-5733	地球物理学报
3	0023-074X	科学通报(中文)
4	0250-3301	环境科学
5	0251-0790	高等学校化学学报
6	0253-2239	光学学报
7	0253-231X	工程热物理学报
8	0253-2336	煤炭科学技术
9	0253-2697	石油学报
10	0253-3219	核技术
11	0253-360X	焊接学报
12	0253-374X	同济大学学报（自然科学版）
13	0253-4827	Applied Mathematics and Mechanics（English Edition）
14	0253-4967	地震地质
15	0253-9721	纺织学报
16	0253-987X	西安交通大学学报
17	0253-9985	石油与天然气地质
18	0253-9993	煤炭学报
19	0254-0096	太阳能学报
20	0254-3087	仪器仪表学报
21	0254-4156	自动化学报
22	0254-4164	计算机学报
23	0256-7679	Chinese Journal of Polymer Science（English Edition）
24	0258-0926	核动力工程
25	0258-2724	西南交通大学学报
26	0258-7025	中国激光
27	0258-7076	稀有金属
28	0258-8013	中国电机工程学报
29	0367-6234	哈尔滨工业大学学报
30	0371-0025	声学学报
31	0372-2112	电子学报

续表

序号	ISSN 号	期 刊 名 称
32	0375-5444	地理学报
33	0412-1961	金属学报
34	0438-1157	化工学报
35	0454-5648	硅酸盐学报
36	0459-1879	力学学报
37	0479-8023	北京大学学报（自然科学版）
38	0493-2137	天津大学学报
39	0559-9350	水利学报
40	0567-7718	力学学报（英文版）
41	0577-6686	机械工程学报
42	0890-5487	China Ocean Engineering
43	0894-9166	Acta Mechanica Solida Sinica
44	1000-0054	清华大学学报
45	1000-0569	岩石学报
46	1000-0593	光谱学与光谱分析
47	1000-0720	分析试验室
48	1000-0747	石油勘探与开发
49	1000-0909	内燃机学报
50	1000-0976	天然气工业
51	1000-0992	力学进展
52	1000-1026	电力系统自动化
53	1000-1093	兵工学报
54	1000-1239	计算机研究与发展
55	1000-1298	农业机械学报
56	1000-131X	土木工程学报
57	1000-1328	宇航学报
58	1000-1964	中国矿业大学学报
59	1000-2383	地球科学：中国地质大学学报
60	1000-2413	Journal Wuhan University of Technology，Materials Science Edition
61	1000-2758	西北工业大学学报
62	1000-324X	无机材料学报
63	1000-3290	物理学报
64	1000-3673	电网技术
65	1000-3835	振动与冲击
66	1000-3851	复合材料学报
67	1000-4343	中国稀土学报
68	1000-436X	通信学报

序号	ISSN 号	期 刊 名 称
69	1000-4548	岩土工程学报
70	1000-4750	工程力学
71	1000-4882	中国造船
72	1000-565X	华南理工大学学报 自然科学版
73	1000-6613	化工进展
74	1000-6753	电工技术学报
75	1000-6788	系统工程理论与实践
76	1000-680X	汽车工程
77	1000-6869	建筑结构学报
78	1000-6893	航空学报
79	1000-6915	岩石力学与工程学报
80	1000-6923	中国环境科学
81	1000-6931	原子能科学技术
82	1000-7032	发光学报
83	1000-7210	石油地球物理勘探
84	1000-7555	高分子材料科学与工程
85	1000-7598	岩土力学
86	1000-8055	航空动力学报
87	1000-8152	控制理论与应用
88	1000-9000	Journal of Computer Science and Technology
89	1000-9345	Chinese Journal of Mechanical Engineering（English Edition）
90	1000-9361	Chinese Journal of Aeronautics
91	1000-9825	软件学报
92	1001-0505	东南大学学报（自然科学版）
93	1001-0521	稀有金属
94	1001-0548	电子科技大学学报
95	1001-0645	北京理工大学学报
96	1001-0742	Journal of Environmental Sciences（China）
97	1001-0920	控制与决策
98	1001-1455	爆炸与冲击
99	1001-1552	大地构造与成矿学
100	1001-1595	测绘学报
101	1001-1986	煤田地质与勘探
102	1001-2400	西安电子科技大学学报
103	1001-2486	国防科技大学学报
104	1001-3660	表面技术
105	1001-4055	推进技术

序号	ISSN 号	期 刊 名 称
106	1001-4381	材料工程
107	1001-4632	中国铁道科学
108	1001-506X	系统工程与电子技术
109	1001-5515	生物医学工程学杂志
110	1001-5965	北京航空航天大学学报
111	1001-6058	Journal of Hydrodynamics
112	1001-6791	水科学进展
113	1001-7372	中国公路学报
114	1001-7488	林业科学
115	1001-8255	Chinese Journal of Pharmaceuticals
116	1001-8360	铁道学报
117	1001-8719	石油学报：石油加工
118	1001-9014	红外与毫米波学报
119	1002-0071	Progress in Natural Science：Materials International
120	1002-0446	机器人
121	1002-0721	Journal of Rare Earths
122	1002-185X	稀有金属材料与工程
123	1002-6630	食品科学
124	1002-6819	农业工程学报
125	1003-2169	Journal of Thermal Science
126	1003-4722	桥梁建设
127	1003-5214	精细化工
128	1003-5427	湖泊科学
129	1003-6059	模式识别与人工智能
130	1003-6326	Transactions of Nonferrous Metals Society of China（English Edition）
131	1003-6520	高电压技术
132	1003-7985	Journal of Southeast University（English Edition）
133	1003-9015	高校化学工程学报
134	1003-9775	计算机辅助设计与图形学学报
135	1004-0579	Journal of Beijing Institute of Technology（English Edition）
136	1004-0595	摩擦学学报
137	1004-0609	中国有色金属学报
138	1004-132X	中国机械工程
139	1004-2997	质谱学报
140	1004-3756	Journal of Systems Science and Systems Engineering
141	1004-4213	光子学报
142	1004-4523	振动工程学报

序号	ISSN 号	期刊名称
143	1004-6801	振动测试与诊断
144	1004-6933	水资源保护
145	1004-924X	光学精密工程
146	1004-9541	Chinese Journal of Chemical Engineering
147	1005-023X	材料导报
148	1005-0302	Journal of Materials Science and Technology
149	1005-0930	应用基础与工程科学学报
150	1005-1120	Transactions of Nanjing University of Aeronautics and Astronautics
151	1005-2321	地学前缘
152	1005-3026	东北大学学报
153	1005-3093	材料研究学报
154	1005-6734	中国惯性技术学报
155	1005-8885	Journal of China Universities of Posts and Telecommunications
156	1006-2106	铁道工程学报
157	1006-2467	上海交通大学学报
158	1006-4982	Transactions of Tianjin University
159	1006-5911	计算机集成制造系统
160	1006-6047	电力自动化设备
161	1006-6748	High Technology Letters
162	1006-7043	哈尔滨工程大学学报
163	1006-706X	Journal of Iron and Steel Research International
164	1006-7191	Acta Metallurgica Sinica（English Letters）
165	1006-9941	含能材料
166	1007-0214	Tsinghua Science and Technology
167	1007-1172	Journal of Shanghai Jiaotong University（Science）
168	1007-2276	红外与激光工程
169	1007-449X	电机与控制学报
170	1007-4619	遥感学报
171	1007-5321	北京邮电大学学报
172	1007-662X	Journal of Forestry Research
173	1007-7294	船舶力学
174	1007-7812	火炸药学报
175	1007-9289	中国表面工程
176	1007-9629	建筑材料学报
177	1008-973X	浙江大学学报（工学版）
178	1009-0630	Plasma Science and Technology
179	1009-5896	电子与信息学报

序号	ISSN 号	期 刊 名 称
180	1009-6124	Journal of Systems Science and Complexity
181	1009-6744	交通运输系统工程与信息
182	1009-7848	中国食品学报
183	1022-4653	Chinese Journal of Electronics
184	1560-8999	地球信息科学学报
185	1671-1637	交通运输工程学报
186	1671-1793	Journal of Systems Engineering and Electronics
187	1671-3664	Earthquake Engineering and Engineering Vibration
188	1671-4512	华中科技大学学报 自然科学版
189	1671-5497	吉林大学学报(工学版)
190	1671-7694	Chinese Optics Letters
191	1671-8860	武汉大学学报(信息科学版)
192	1672-5107	Petroleum Science
193	1672-6030	纳米技术与精密工程
194	1672-6421	China Foundry
195	1672-6529	Journal of Bionic Engineering
196	1672-7029	铁道科学与工程学报
197	1672-7207	中南大学学报(自然科学版)
198	1673-1905	Optoelectronics Letters
199	1673-3363	采矿与安全工程学报
200	1673-5005	中国石油大学学报
201	1673-565X	Journal of Zhejiang University：Science A（Applied Physics & Engineering）
202	1674-1056	Chinese Physics B
203	1674-2001	Particuology
204	1674-2370	Water Science and Engineering
205	1674-2974	湖南大学学报
206	1674-3415	电力系统保护与控制
207	1674-4799	International Journal of Minerals, Metallurgy and Materials
208	1674-4926	Journal of Semiconductors
209	1674-7259	中国科学 技术科学(中文)
210	1674-7291	Science China Chemistry
211	1674-7313	Science China Earth Sciences
212	1674-7321	Science China Technological Sciences
213	1674-733X	Science China Information Sciences
214	1674-7348	Science China：Physics, Mechanics and Astronomy
215	1674-862X	Journal of Electronic Science and Technology
216	1674-9251	Photonic Sensors

序号	ISSN 号	期 刊 名 称
217	1674-9847	Geodesy and Geodynamics
218	1674-9847	Geodesy and Geodynamics
219	1756-378X	International Journal of Intelligent Computing and Cybernetics
220	1872-2040	分析化学
221	1872-2067	Chinese Journal of Catalysis
222	1996-3599	Building Simulation
223	1998-0124	Nano Research
224	2046-0430	International Journal of Transportation Science and Technology
225	2095-0179	Frontiers of Chemical Science and Engineering
226	2095-1701	Frontiers in Energy
227	2095-2201	Frontiers of Environmental Science and Engineering
228	2095-2228	Frontiers of Computer Science
229	2095-2430	Frontiers of Structural and Civil Engineering
230	2095-2686	International Journal of Mining Science and Technology
231	2095-2759	Frontiers of Optoelectronics
232	2095-283X	雷达学报
233	2095-2899	Journal of Central South University（English Edition）
234	2095-3127	Advances in Manufacturing
235	2095-4956	Journal of Energy Chemistry
236	2095-5545	Light：Science & Applications
237	2095-6002	食品科学技术学报
238	2095-6983	Control Theory and Technology
239	2095-7564	Journal of Traffic and Transportation Engineering（English Edition）
240	2095-8226	中国科学：材料科学(英文版)
241	2095-9184	Frontiers of Information Technology & Electronic Engineering
242	2095-9273	Science Bulletin
243	2095-9389	工程科学学报
244	2096-0042	CSEE Journal of Power and Energy Systems
245	2096-0433	Computational Visual Media
246	2096-0654	Big Data Mining and Analytics
247	2096-0956	Acta Geochimica
248	2096-1081	通信与信息网络学报
249	2096-241X	Journal of Analysis and Testing
250	2096-2495	Petroleum Research
251	2096-2754	Underground Space（China）
252	2096-2797	Green Energy and Environment
253	2096-3246	工程科学与技术

序号	ISSN 号	期 刊 名 称
254	2096-3459	Defence Technology
255	2096-3467	Data Analysis and Knowledge Discovery
256	2096-3564	CES Transactions on Electrical Machines and Systems
257	2096-4250	Automotive Innovation
258	2096-4579	光电进展
259	2096-5117	Global Energy Interconnection
260	2096-5524	Bio-Design and Manufacturing
261	2096-5796	Virtual Reality and Intelligent Hardware
262	2096-6385	Communications on Applied Mathematics and Computation
263	2096-6482	Nano Materials Science
264	2096-7187	采矿与岩层控制工程学报
265	2096-7209	Blockchain: Research and Applications
266	2096-7527	Journal of Safety Science and Resilience
267	2096-9147	Green Chemical Engineering
268	2096-9376	Intelligent Medicine
269	2096-9929	Complex System Modeling and Simulation
270	2097-1605	新型碳材料
271	2097-1842	中国光学
272	2097-213X	燃料化学学报
273	2194-668X	Journal of the Operations Research Society of China
274	2196-5625	Journal of Modern Power Systems and Clean Energy
275	2213-9567	Journal of Magnesium and Alloys
276	2214-3173	Information Processing in Agriculture
277	2223-7690	Friction
278	2226-4108	Journal of Advanced Ceramics
279	2311-6706	Nano-Micro Letters
280	2364-1185	Data Science and Engineering
281	2369-9698	Journal of Bioresources and Bioproducts
282	2405-6561	Petroleum
283	2468-2047	Matter and Radiation at Extremes
284	2475-742X	CPSS Transactions on Power Electronics and Applications
285	2524-4922	CCF Transactions on High Performance Computing
286	2524-6992	Advances in Aerodynamics
287	2524-7921	Advanced Fiber Materials
288	2524-7980	Waste Disposal and Sustainable Energy
289	2542-5048	Advanced Industrial and Engineering Polymer Research
290	2588-8404	International Journal of Lightweight Materials and Manufacture

续表

序号	ISSN 号	期 刊 名 称
291	2588-9125	Water-Energy Nexus
292	2588-9133	Carbon Resources Conversion
293	2589-2991	Materials Science for Energy Technologies
294	2661-8028	Tungsten
295	2661-8869	Experimental and Computational Multiphase Flow
296	2662-1991	PhotoniX
297	2662-7655	Systems Microbiology and Biomanufacturing
298	2662-9291	Satellite Navigation
299	2666-1233	Energy and Built Environment
300	2666-1381	Engineered Regeneration
301	2666-3074	International Journal of Cognitive Computing in Engineering
302	2666-6030	International Journal of Intelligent Networks
303	2666-6472	Energetic Materials Frontiers
304	2666-6510	AI Open
305	2666-7592	Energy Geoscience
306	2666-9358	Materials Reports：Energy
307	2667-2952	High-Confidence Computing
308	2688-5255	Journal of Social Computing
309	2731-538X	Machine Intelligence Research
310	2731-538X	Machine Intelligence Research

注：数据来源于 http：//www. ei-istp. com，数据更新于 2024-01-02；该表按照期刊 ISSN 号数字顺序排序。

附录 D　中国科技期刊卓越行动计划(2019—2023)入围期刊名单(共 439 种)

序号	中文刊号	主办单位	资助类别
1	分子植物	中国科学院上海生命科学研究院植物生理生态研究所	领军期刊
2	工程	中国工程院战略咨询中心	领军期刊
3	光：科学与应用	中国科学院长春光学精密机械与物理研究所	领军期刊
4	国际口腔科学杂志(英文版)	四川大学	领军期刊
5	国家科学评论(英文)	中国科技出版传媒股份有限公司	领军期刊
6	科学通报(英文版)	中国科学院	领军期刊
7	昆虫科学(英文)	中国昆虫学会	领军期刊
8	镁合金学报(英文)	重庆大学	领军期刊
9	摩擦(英文)	清华大学	领军期刊
10	纳米研究(英文版)	清华大学	领军期刊
11	石油科学(英文版)	中国石油大学(北京)	领军期刊
12	微系统与纳米工程(英文)	中国科学院电子学研究所	领军期刊
13	细胞研究	中国科学院上海生命科学研究院生物化学与细胞生物学研究所	领军期刊
14	信号转导与靶向治疗	四川大学	领军期刊
15	畜牧与生物技术杂志(英文版)	中国畜牧兽医学会	领军期刊
16	岩石力学与岩土工程学报(英文版)	中国科学院武汉岩土力学研究所	领军期刊
17	药学学报(英文)	中国药学会	领军期刊
18	园艺研究(英文)	南京农业大学	领军期刊
19	中国航空学报(英文版)	中国航空学会	领军期刊
20	中国科学：数学(英文版)	中国科学院	领军期刊
21	中国免疫学杂志(英文版)	中国免疫学会	领军期刊
22	中华医学杂志(英文版)	中华医学会	领军期刊
23	癌症生物学与医学	中国抗癌协会	重点期刊
24	材料科学技术(英文版)	中国金属学会	重点期刊
25	催化学报	中国科学院大连化学物理研究所	重点期刊
26	地球科学学刊	中国地质大学(武汉)	重点期刊
27	地学前缘(英文版)	中国地质大学(北京)	重点期刊
28	动物学报	中国科学院动物研究所	重点期刊
29	高功率激光科学与工程(英文)	中国科学院上海光学精密机械研究所	重点期刊
30	古地理学报(英文版)	中国石油大学(北京)	重点期刊

续表

序号	中文刊号	主办单位	资助类别
31	光子学研究（英文）	中国科学院上海光学精密机械研究所	重点期刊
32	环境科学与工程前沿（英文）	高等教育出版社有限公司	重点期刊
33	基因组蛋白质组与生物信息学报	中国科学院北京基因组研究所	重点期刊
34	计算材料学	中国科学院上海硅酸盐研究所	重点期刊
35	计算数学（英文版）	中国科学院数学与系统科学研究院	重点期刊
36	能源化学（英文）	中国科技出版传媒股份有限公司	重点期刊
37	农业科学学报（英文）	中国农业科学院	重点期刊
38	神经科学通报	中国科学院上海生命科学研究院	重点期刊
39	现代电力系统与清洁能源学报	国网电力科学研究院有限公司	重点期刊
40	药物分析学报（英文）	西安交通大学	重点期刊
41	应用数学和力学（英文版）	上海大学	重点期刊
42	运动与健康科学（英文）	上海体育学院	重点期刊
43	中国机械工程学报	中国机械工程学会	重点期刊
44	中国科学：生命科学（英文版）	中国科学院	重点期刊
45	中国科学：信息科学（英文版）	中国科学院	重点期刊
46	中国物理 C	中国科学院高能物理研究所	重点期刊
47	中国药理学报	中国药理学会	重点期刊
48	中国有色金属学报（英文版）	中国有色金属学会	重点期刊
49	转化神经变性病（英文）	上海交通大学医学院附属瑞金医院	重点期刊
50	自动化学报（英文版）	中国自动化学会	重点期刊
51	作物学报（英文版）	中国作物学会	重点期刊
52	半导体学报	中国科学院半导体研究所	梯队期刊
53	北京中医药大学学报	北京中医药大学	梯队期刊
54	测绘学报	中国测绘学会	梯队期刊
55	大地测量与地球动力学（英文版）	湖北省地震局	梯队期刊
56	大气科学进展	中国科学院大气物理研究所	梯队期刊
57	蛋白质与细胞	高等教育出版社有限公司	梯队期刊
58	当代医学科学	华中科技大学	梯队期刊
59	地理学报	中国科学院地理科学与资源研究所	梯队期刊
60	地理学报（英文版）	中国地理学会	梯队期刊
61	地球化学学报（英文）	中国科学院地球化学研究所	梯队期刊
62	地球空间信息科学学报	武汉大学	梯队期刊
63	地球物理学报	中国科学院地质与地球物理研究所	梯队期刊
64	地球与行星物理（英文）	中国地球物理学会	梯队期刊
65	地学前缘	中国地质大学（北京）	梯队期刊
66	地震工程与工程振动（英文版）	中国地震局工程力学研究所	梯队期刊
67	地质学报	中国地质学会	梯队期刊

序号	中 文 刊 号	主 办 单 位	资助类别
68	地质学报(英文版)	中国地质学会	梯队期刊
69	电力系统自动化	国网电力科学研究院有限公司	梯队期刊
70	电网技术	国家电网有限公司	梯队期刊
71	电子测量与仪器学报	中国电子学会	梯队期刊
72	动物学研究	中国科学院昆明动物研究所	梯队期刊
73	动物营养(英文)	中国畜牧兽医学会	梯队期刊
74	动物营养学报	中国畜牧兽医学会	梯队期刊
75	防务技术(英文)	中国兵工学会	梯队期刊
76	仿生工程学报	吉林大学	梯队期刊
77	纺织学报	中国纺织工程学会	梯队期刊
78	复合材料学报	北京航空航天大学	梯队期刊
79	干旱区科学	中国科学院新疆生态与地理研究所	梯队期刊
80	钢铁	中国金属学会	梯队期刊
81	高等学校化学学报	吉林大学	梯队期刊
82	高等学校计算数学学报(英文版)	南京大学	梯队期刊
83	高等学校学术文摘·物理学前沿(英文)	高等教育出版社有限公司	梯队期刊
84	高电压技术	国家高电压计量站	梯队期刊
85	高分子科学(英文版)	中国化学会	梯队期刊
86	高校应用数学学报 B 辑(英文版)	浙江大学	梯队期刊
87	工程力学	中国力学学会	梯队期刊
88	光电子前沿(英文)	高等教育出版社有限公司	梯队期刊
89	光学学报	中国科学院上海光学精密机械研究所	梯队期刊
90	硅酸盐学报	中国硅酸盐学会	梯队期刊
91	国际肝胆胰疾病杂志(英文)	浙江省医学学术交流管理中心	梯队期刊
92	国际煤炭科学技术学报(英文)	中国煤炭学会	梯队期刊
93	国际泥沙研究(英文版)	国际泥沙研究培训中心	梯队期刊
94	国际皮肤性病学杂志(英文)	中华医学会	梯队期刊
95	国际灾害风险科学学报(英文版)	北京师范大学	梯队期刊
96	国际自动化与计算杂志	中国科学院自动化研究所	梯队期刊
97	哈尔滨工程大学学报(英文版)	哈尔滨工程大学	梯队期刊
98	海洋学报	中国海洋学会	梯队期刊
99	航空学报	中国航空学会	梯队期刊
100	航空知识	中国航空学会	梯队期刊
101	核技术	中国科学院上海应用物理研究所	梯队期刊

序号	中文刊号	主办单位	资助类别
102	核技术(英文版)	中国科学院上海应用物理研究所	梯队期刊
103	华西口腔医学杂志	四川大学	梯队期刊
104	华中科技大学学报(自然科学版)	华中科技大学	梯队期刊
105	化工进展	中国化工学会	梯队期刊
106	化工学报	中国化工学会	梯队期刊
107	化学学报	中国化学会	梯队期刊
108	环境科学	中国科学院生态环境研究中心	梯队期刊
109	机械工程学报	中国机械工程学会	梯队期刊
110	计算机科学前沿(英文)	高等教育出版社有限公司	梯队期刊
111	计算机学报	中国科学院计算技术研究所	梯队期刊
112	计算可视媒体(英文)	清华大学	梯队期刊
113	建筑模拟(英文)	清华大学	梯队期刊
114	交通运输工程学报	长安大学	梯队期刊
115	交通运输工程学报(英文)	长安大学	梯队期刊
116	交通运输系统工程与信息	中国系统工程学会	梯队期刊
117	结构与土木工程前沿(英文版)	高等教育出版社有限公司	梯队期刊
118	金属学报	中国金属学会	梯队期刊
119	精细化工	中昊(大连)化工研究设计院有限公司	梯队期刊
120	军事医学研究(英文)	人民军医出版社	梯队期刊
121	科学大众	江苏省科学传播中心(江苏省科协信息中心)	梯队期刊
122	科学通报	中国科学院	梯队期刊
123	控制与决策	东北大学	梯队期刊
124	矿业科学技术学报(英文)	中国矿业大学	梯队期刊
125	老年心脏病杂志	解放军总医院老年心血管病研究所	梯队期刊
126	理论物理	中国科学院理论物理研究所	梯队期刊
127	力学学报(英文版)	中国力学学会	梯队期刊
128	林业研究(英文版)	东北林业大学	梯队期刊
129	绿色能源与环境(英文)	中国科学院过程工程研究所	梯队期刊
130	煤炭学报	中国煤炭学会	梯队期刊
131	棉纺织技术	陕西省纺织科学研究院	梯队期刊
132	南方医科大学学报	南方医科大学	梯队期刊
133	鸟类学研究(英文)	北京林业大学	梯队期刊
134	农业工程学报	中国农业工程学会	梯队期刊
135	贫困所致传染病(英文)	中华医学会	梯队期刊
136	清华大学学报自然科学版(英文版)	清华大学	梯队期刊
137	森林生态系统(英文)	北京林业大学	梯队期刊

序号	中 文 刊 号	主 办 单 位	资助类别
138	山地科学学报(英文版)	中国科学院水利部成都山地灾害与环境研究所	梯队期刊
139	陕西师范大学学报(自然科学版)	陕西师范大学	梯队期刊
140	生态系统健康与可持续性(英文)	中国生态学学会	梯队期刊
141	生态学报	中国生态学学会	梯队期刊
142	生物多样性	中国植物学会	梯队期刊
143	生物工程学报	中国科学院微生物研究所	梯队期刊
144	生物化学与生物物理学报	中国科学院上海生命科学研究院生物化学与细胞生物学研究所	梯队期刊
145	生物技术通报	中国农业科学院农业信息研究所	梯队期刊
146	生物医学与环境科学(英文版)	中国疾病预防控制中心	梯队期刊
147	石油学报	中国石油学会	梯队期刊
148	石油与天然气地质	中国石化股份有限公司石油勘探开发研究院	梯队期刊
149	食品科学	北京食品科学研究院	梯队期刊
150	世界儿科杂志(英文)	浙江大学	梯队期刊
151	世界急诊医学杂志(英文)	浙江大学	梯队期刊
152	数据与情报科学学报(英文)	中国科学院文献情报中心	梯队期刊
153	数学物理学报(英文版)	中国科学院武汉物理与数学研究所	梯队期刊
154	数学学报英文版	中国数学会	梯队期刊
155	水稻科学	中国水稻研究所	梯队期刊
156	水动力学研究与进展 B 辑	中国船舶科学研究中心	梯队期刊
157	水科学进展	水利部交通运输部国家能源局南京水利科学研究院	梯队期刊
158	天津大学学报(英文版)	天津大学	梯队期刊
159	天然气工业	中国石油天然气股份有限公司西南油气田分公司	梯队期刊
160	铁道科学与工程学报	中南大学	梯队期刊
161	通信学报	中国通信学会	梯队期刊
162	同济大学学报(自然科学版)	同济大学	梯队期刊
163	土壤学报	中国土壤学会	梯队期刊
164	推进技术	北京动力机械研究所	梯队期刊
165	无机材料学学报(英文)	中国硅酸盐学会	梯队期刊
166	无线电	人民邮电出版社有限责任公司	梯队期刊
167	武汉大学学报·信息科学版	武汉大学	梯队期刊
168	物理学报	中国科学院物理研究所	梯队期刊
169	西安交通大学学报	西安交通大学	梯队期刊
170	稀土学报(英文版)	中国稀土学会	梯队期刊
171	稀有金属(英文版)	中国有色金属学会	梯队期刊
172	系统工程理论与实践	中国系统工程学会	梯队期刊

序号	中 文 刊 号	主 办 单 位	资助类别
173	系统工程与电子技术（英文版）	中国航天科工防御技术研究院	梯队期刊
174	系统科学与复杂性（英文版）	中国科学院数学与系统科学研究院	梯队期刊
175	先进陶瓷（英文）	清华大学	梯队期刊
176	信息与电子工程前沿（英文）	中国工程院	梯队期刊
177	压力容器	中国机械工程学会	梯队期刊
178	亚洲泌尿外科杂志（英文）	上海市科学技术协会	梯队期刊
179	亚洲男性学杂志	中国科学院上海药物研究所	梯队期刊
180	亚洲药物制剂科学	沈阳药科大学	梯队期刊
181	岩石力学与工程学报	中国岩石力学与工程学会	梯队期刊
182	岩土力学	中国科学院武汉岩土力学研究所	梯队期刊
183	仪器仪表学报	中国仪器仪表学会	梯队期刊
184	遗传学报	中国科学院遗传与发育生物学研究所	梯队期刊
185	油气	西南石油大学	梯队期刊
186	宇航学报	中国宇航学会	梯队期刊
187	园艺学报	中国园艺学会	梯队期刊
188	浙江大学学报（英文版）A 辑：应用物理与工程	浙江大学	梯队期刊
189	知识就是力量	中国科学技术出版社有限公司	梯队期刊
190	植物保护学报	中国植物保护学会	梯队期刊
191	植物分类学报	中国科学院植物研究所	梯队期刊
192	植物生态学报	中国科学院植物研究所	梯队期刊
193	植物生态学报（英文版）	中国植物学会	梯队期刊
194	植物学报（英文版）	中国科学院植物研究所	梯队期刊
195	植物营养与肥料学报	中国植物营养与肥料学会	梯队期刊
196	中草药（英文版）	天津药物研究院	梯队期刊
197	中国癌症研究（英文版）	中国抗癌协会	梯队期刊
198	中国安全科学学报	中国职业安全健康协会	梯队期刊
199	中国病理生理杂志	中国病理生理学会	梯队期刊
200	中国地理科学（英文版）	中国科学院东北地理与农业生态研究所	梯队期刊
201	中国电机工程学报	中国电机工程学会	梯队期刊
202	中国电机工程学会电力与能源系统学报（英文）	中国电机工程学会	梯队期刊
203	中国高等学校学术文摘·数学	高等教育出版社有限公司	梯队期刊
204	中国工程科学	中国工程院战略咨询中心	梯队期刊
205	中国公路学报	中国公路学会	梯队期刊
206	中国光学快报	中国科学院上海光学精密机械研究所	梯队期刊
207	中国国家地理	中国科学院地理科学与资源研究所	梯队期刊
208	中国海洋工程	中国海洋学会	梯队期刊

序号	中文刊号	主办单位	资助类别
209	中国化学	中国化学会	梯队期刊
210	中国化学工程学报(英文版)	中国化工学会	梯队期刊
211	中国化学快报(英文版)	中国化学会	梯队期刊
212	中国激光	中国科学院上海光学精密机械研究所	梯队期刊
213	中国结合医学杂志	中国中医科学院	梯队期刊
214	中国科学：材料科学(英文版)	中国科学院	梯队期刊
215	中国科学：地球科学(英文版)	中国科学院	梯队期刊
216	中国科学：化学(英文版)	中国科学院	梯队期刊
217	中国科学：技术科学(英文版)	中国科学院	梯队期刊
218	中国科学：物理学力学天文学(英文版)	中国科学院	梯队期刊
219	中国科学院院刊	中国科学院	梯队期刊
220	中国矿业大学学报	中国矿业大学	梯队期刊
221	中国农业科学	中国农业科学院	梯队期刊
222	中国神经再生研究(英文版)	中国康复医学会	梯队期刊
223	中国天然药物	中国药科大学	梯队期刊
224	中国通信(英文版)	中国通信学会	梯队期刊
225	中国物理 B	中国科学院物理研究所	梯队期刊
226	中国物理快报(英文版)	中国科学院物理研究所	梯队期刊
227	中国有色金属学报	中国有色金属学会	梯队期刊
228	中国中药杂志	中国药学会	梯队期刊
229	中华创伤杂志(英文版)	中华医学会	梯队期刊
230	中华儿科杂志	中华医学会	梯队期刊
231	中华耳鼻咽喉头颈外科杂志	中华医学会	梯队期刊
232	中华放射学杂志	中华医学会	梯队期刊
233	中华放射医学与防护杂志	中华医学会	梯队期刊
234	中华肝脏病杂志	中华医学会	梯队期刊
235	中华护理杂志	中华护理学会	梯队期刊
236	中华结核和呼吸杂志	中华医学会	梯队期刊
237	中华流行病学杂志	中华医学会	梯队期刊
238	中华内科杂志	中华医学会	梯队期刊
239	中华神经外科杂志(英文)	中华医学会	梯队期刊
240	中华心血管病杂志	中华医学会	梯队期刊
241	中华血液学杂志	中华医学会	梯队期刊
242	中华预防医学杂志	中华医学会	梯队期刊
243	中华中医药杂志	中华中医药学会	梯队期刊
244	中南大学学报(英文版)	中南大学	梯队期刊
245	中南大学学报(自然科学版)	中南大学	梯队期刊

序号	中文刊号	主办单位	资助类别
246	中医杂志	中华中医药学会	梯队期刊
247	自动化学报	中国科学院自动化研究所	梯队期刊
248	自然科学进展·国际材料（英文）	中国材料研究学会	梯队期刊
249	综合精神医学	上海市精神卫生中心（上海市心理咨询培训中心）	梯队期刊
250	作物学报	中国作物学会	梯队期刊
251	e 光学	中国科学院长春光学精密机械与物理研究所	高起点新刊-2019
252	超快科学	中国科学院西安光学精密机械研究所	高起点新刊-2019
253	磁共振快报	中国科学院武汉物理与数学研究所	高起点新刊-2019
254	仿生智能与机器人	山东大学	高起点新刊-2019
255	复杂系统建模与仿真（英文）	清华大学	高起点新刊-2019
256	感染性疾病与免疫（英文）	中华医学会	高起点新刊-2019
257	国际肝胆健康（英文）	清华大学	高起点新刊-2019
258	国际遥感学报	中国科学院遥感与数字地球研究所	高起点新刊-2019
259	寒带医学杂志	黑龙江省卫生健康发展研究中心	高起点新刊-2019
260	合成和系统生物技术	中国科技出版传媒股份有限公司	高起点新刊-2019
261	化学物理材料	山东大学	高起点新刊-2019
262	基因与疾病	重庆医科大学	高起点新刊-2019
263	急危重症医学	山东大学	高起点新刊-2019
264	类生命系统	北京理工大学	高起点新刊-2019
265	绿色化学工程（英文）	中国科学院过程工程研究所	高起点新刊-2019
266	农业人工智能	中国科技出版传媒股份有限公司	高起点新刊-2019
267	农业信息处理	中国农业大学	高起点新刊-2019
268	区域可持续发展	中国科学院新疆生态与地理研究所	高起点新刊-2019
269	全球变化数据仓储	中国科学院地理科学与资源研究所	高起点新刊-2019
270	生物活性材料	中国科技出版传媒股份有限公司	高起点新刊-2019
271	生物医学工程前沿	中国科学院苏州生物医学工程技术研究所	高起点新刊-2019
272	食品科学与人类健康	北京食品科学研究院	高起点新刊-2019
273	碳能源	温州大学	高起点新刊-2019
274	统计理论及其应用	华东师范大学	高起点新刊-2019
275	无人系统	北京理工大学	高起点新刊-2019
276	心血管病探索（英文）	中华医学会	高起点新刊-2019
277	再生生物材料（英文版）	中国生物材料学会	高起点新刊-2019
278	针灸和草药	天津中医药大学	高起点新刊-2019
279	智慧医学（英文）	中华医学会	高起点新刊-2019
280	中医药文化	上海中医药大学	高起点新刊-2019
281	CAAI 人工智能汇刊	中国人工智能学会	高起点新刊-2020
282	e 科学	南开大学	高起点新刊-2020

序号	中文刊号	主办单位	资助类别
283	材料研究述评（英文）	上海科技大学	高起点新刊-2020
284	草地，饲草和生态系统	中国草学会	高起点新刊-2020
285	传染病建模	中国科技出版传媒股份有限公司	高起点新刊-2020
286	放射医学与防护	中华医学会	高起点新刊-2020
287	废弃物处置与可持续能源	浙江大学	高起点新刊-2020
288	感染医学（英文）	清华大学	高起点新刊-2020
289	光电科学（英文）	中国科学院光电技术研究所	高起点新刊-2020
290	国家科学进展	中国科技出版传媒股份有限公司	高起点新刊-2020
291	国家医学评论	北京大学	高起点新刊-2020
292	健康数据科学	北京大学	高起点新刊-2020
293	空气动力学进展（英文）	中国空气动力学会	高起点新刊-2020
294	空天：科学与技术	北京理工大学	高起点新刊-2020
295	能源材料前沿	北京理工大学	高起点新刊-2020
296	腔镜、内镜与机器人外科	浙江大学	高起点新刊-2020
297	深地科学	中国矿业大学	高起点新刊-2020
298	生态过程	中国科学院沈阳应用生态研究所	高起点新刊-2020
299	生物安全和生物安保杂志	中国科技出版传媒股份有限公司	高起点新刊-2020
300	生物炭	沈阳农业大学	高起点新刊-2020
301	数学与统计通讯	中国科学技术大学	高起点新刊-2020
302	芯片	上海交通大学	高起点新刊-2020
303	新能源与智能载运	北京理工大学	高起点新刊-2020
304	新兴污染物	中国科技出版传媒股份有限公司	高起点新刊-2020
305	信息材料	电子科技大学	高起点新刊-2020
306	植物表型组学	南京农业大学	高起点新刊-2020
307	智能建造	同济大学	高起点新刊-2020
308	中国机械工程学报：增材制造前沿	中国机械工程学会	高起点新刊-2020
309	中华医学杂志英文版呼吸与危重症医学	中华医学会	高起点新刊-2020
310	重症医学（英文）	中华医学会	高起点新刊-2020
311	癌症发生与治疗（英文）	中华医学会	高起点新刊-2021
312	超导	上海交通大学	高起点新刊-2021
313	储能与节能（英文）	西安交通大学	高起点新刊-2021
314	电磁：科学与技术（英文）	中国电子学会	高起点新刊-2021
315	风湿病与自身免疫（英文）	中华医学会	高起点新刊-2021
316	感染控制	中国医师协会	高起点新刊-2021
317	管理分析学报	上海交通大学	高起点新刊-2021
318	光：先进制造	季华实验室	高起点新刊-2021

序号	中文刊号	主办单位	资助类别
319	国际机械系统动力学学报	南京理工大学	高起点新刊-2021
320	计算物理通讯	中国核学会	高起点新刊-2021
321	精准泌尿学	高等教育出版社有限公司	高起点新刊-2021
322	可持续发展材料	四川大学	高起点新刊-2021
323	可再生能源（英文）	华南师范大学	高起点新刊-2021
324	链	有科期刊出版（北京）有限公司	高起点新刊-2021
325	量子前沿	上海交通大学	高起点新刊-2021
326	临床补充医学和药理学（英文）	浙江中医药大学	高起点新刊-2021
327	NPJ-柔性电子	南京工业大学	高起点新刊-2021
328	生命：代谢	高等教育出版社有限公司	高起点新刊-2021
329	生物设计研究	南京农业大学	高起点新刊-2021
330	碳资源转化	中国科技出版传媒股份有限公司	高起点新刊-2021
331	推进与动力	北京航空航天大学	高起点新刊-2021
332	微生物	中国科学院微生物研究所	高起点新刊-2021
333	先进纤维材料	东华大学	高起点新刊-2021
334	信息与智能学报	西安电子科技大学	高起点新刊-2021
335	血液科学（英文）	中华医学会	高起点新刊-2021
336	一体化安全	中国科技出版传媒股份有限公司	高起点新刊-2021
337	医学+	中国科技出版传媒股份有限公司	高起点新刊-2021
338	植物通讯	中国科学院分子植物科学卓越创新中心	高起点新刊-2021
339	智能材料	天津大学	高起点新刊-2021
340	自主智能系统	同济大学	高起点新刊-2021
341	自动化与人工智能（英文）	重庆大学	高起点新刊-2022
342	临床与转化肝脏病学杂志（英文）	重庆医科大学附属第二医院	高起点新刊-2022
343	动物学研究：多样性与保护（英文）	中国科学院昆明动物研究所	高起点新刊-2022
344	整合肿瘤学（英文）	中国抗癌协会	高起点新刊-2022
345	细胞再生（英文）	中国细胞生物学学会	高起点新刊-2022
346	临床癌症通报（英文）	复旦大学	高起点新刊-2022
347	集成电路与系统（英文）	上海交通大学	高起点新刊-2022
348	低碳材料与绿色建造（英文）	同济大学	高起点新刊-2022
349	生医工交叉与探索（英文）	上海交通大学	高起点新刊-2022
350	表型组学（英文）	复旦大学	高起点新刊-2022
351	变革性化学（英文）	上海交通大学	高起点新刊-2022
352	先进电介质学报（英文）	西安交通大学	高起点新刊-2022
353	智慧电力与能源安全（英文）	西安交通大学	高起点新刊-2022
354	逆境生物学（英文）	西北农林科技大学	高起点新刊-2022

序号	中文刊号	主办单位	资助类别
355	生物医学工程材料(英文)	山东大学	高起点新刊-2022
356	工程微生物学(英文)	山东大学	高起点新刊-2022
357	岩土灾变力学(英文)	辽宁大学	高起点新刊-2022
358	化学与生物医学影像(英文)	南京大学	高起点新刊-2022
359	消化病学进展(英文)	吉林大学第一医院	高起点新刊-2022
360	应用数学与力学进展(英文)	湘潭大学	高起点新刊-2022
361	动物疾病(英文)	华中农业大学	高起点新刊-2022
362	交叉学科材料(英文)	武汉理工大学	高起点新刊-2022
363	水生生物与安全(英文)	中国科学院水生生物研究所	高起点新刊-2022
364	国际智能和纳米材料杂志(英文)	哈尔滨工业大学	高起点新刊-2022
365	种子生物学(英文)	海南省崖州湾种子实验室	高起点新刊-2022
366	材料展望(英文)	松山湖材料实验室	高起点新刊-2022
367	海洋-陆地-大气研究(英文)	南方海洋科学与工程广东省实验室(珠海)	高起点新刊-2022
368	材料基因工程学报(英文)	北京科技大学	高起点新刊-2022
369	脑网络疾病(英文)	中华医学会	高起点新刊-2022
370	肿瘤创新(英文)	清华大学	高起点新刊-2022
371	细胞进化(英文)	中国科学院北京基因组研究所(国家生物信息中心)	高起点新刊-2022
372	土木工程科学(英文)	中国土木工程学会	高起点新刊-2022
373	交通研究通讯(英文)	清华大学	高起点新刊-2022
374	数字孪生(英文)	北京航空航天大学	高起点新刊-2022
375	环境与健康(英文)	中国科学院生态环境研究中心	高起点新刊-2022
376	制导、导航与控制(英文)	中国航空学会	高起点新刊-2022
377	中医规范与标准(英文)	中国中医科学院中医基础理论研究所	高起点新刊-2022
378	高速铁路(英文)	北京交通大学	高起点新刊-2022
379	健康科学(英文)	中国科学院微生物研究所	高起点新刊-2022
380	无机化学前沿(英文)	北京大学	高起点新刊-2022
381	智能材料与系统(英文)	中国材料研究学会	高起点新刊-2022
382	肿瘤学全景(英文)	高等教育出版社有限公司	高起点新刊-2022
383	医学中新技术与新装备(英文)	北京航空航天大学	高起点新刊-2022
384	元资源(英文)	中国有色金属学会	高起点新刊-2022
385	纳米能源研究(英文)	清华大学	高起点新刊-2022
386	岩石力学通报(英文)	中国岩石力学与工程学会	高起点新刊-2022
387	中医药科学(英文)	中国中医科学院中药研究所	高起点新刊-2022
388	国际智能控制与系统学报(英文)	中国自动化学会	高起点新刊-2022
389	视觉智能(英文)	中国图象图形学学会	高起点新刊-2022
390	国际流体工程(英文)	合肥通用机械研究院有限公司	高起点新刊-2022

续表

序号	中 文 刊 号	主 办 单 位	资助类别
391	智能技术学报(英文)	重庆理工大学	高起点新刊-2023
392	智能肿瘤学(英文)	重庆大学	高起点新刊-2023
393	眼科实践与研究新进展(英文)	浙江大学	高起点新刊-2023
394	信息与功能材料(英文)	浙江大学	高起点新刊-2023
395	农业生物多样性(英文)	云南农业大学	高起点新刊-2023
396	能源与人工环境(英文)	西南交通大学	高起点新刊-2023
397	光电技术(英文)	中国科学院光电技术研究所	高起点新刊-2023
398	精神影像学(英文)	四川大学	高起点新刊-2023
399	运动医学与健康科学(英文)	成都体育学院	高起点新刊-2023
400	碳中和(英文)	上海交通大学	高起点新刊-2023
401	绿色合成与催化(英文)	复旦大学	高起点新刊-2023
402	检验医学发现(英文)	上海交通大学	高起点新刊-2023
403	力学生物学与医学(英文)	上海交通大学	高起点新刊-2023
404	分子园艺(英文)	上海交通大学	高起点新刊-2023
405	超越摩尔(英文)	上海大学	高起点新刊-2023
406	光子学评论(英文)	中国科学院上海光学精密机械研究所	高起点新刊-2023
407	磁医学(英文)	西安交通大学	高起点新刊-2023
408	新能源系统与装备(英文)	西安交通大学	高起点新刊-2023
409	亚太临床营养学杂志(英文)	青岛大学	高起点新刊-2023
410	绿碳(英文)	中国科学院青岛生物能源与过程研究所	高起点新刊-2023
411	高置信计算(英文)	山东大学	高起点新刊-2023
412	智能网联汽车(英文)	清华大学	高起点新刊-2023
413	铜新材(英文)	江西铜业集团有限公司	高起点新刊-2023
414	空天交通与安全(英文)	南京航空航天大学	高起点新刊-2023
415	食物生产加工与营养(英文)	江苏省农业科学院	高起点新刊-2023
416	城市生命线(英文)	东南大学	高起点新刊-2023
417	液滴(英文)	吉林大学	高起点新刊-2023
418	高分子科学与技术(英文)	中国科学院长春应用化学研究所	高起点新刊-2023
419	电子(英文)	哈尔滨工业大学	高起点新刊-2023
420	智能机器人(英文)	哈尔滨工业大学	高起点新刊-2023
421	现代电力系统保护与控制(英文)	许昌开普电气研究院有限公司	高起点新刊-2023
422	光：自然与健康(英文)	海南大学	高起点新刊-2023
423	聚集体(英文)	华南理工大学	高起点新刊-2023
424	能源评论(英文)	深圳大学	高起点新刊-2023
425	能源地球科学(英文)	中国石油化工股份有限公司石油勘探开发研究院	高起点新刊-2023
426	能源互联网(英文)	中国电机工程学会	高起点新刊-2023
427	再生工程(英文)	中国科技出版传媒股份有限公司	高起点新刊-2023

序号	中 文 刊 号	主 办 单 位	资助类别
428	绿色与智能矿业工程(英文)	北京科技大学	高起点新刊-2023
429	智能检验医学(英文)	清华大学	高起点新刊-2023
430	航空交通(英文)	北京航空航天大学	高起点新刊-2023
431	肿瘤心脏病学杂志(英文)	中华医学会	高起点新刊-2023
432	法庭科学与法医学杂志(英文)	中华医学会	高起点新刊-2023
433	未来食品学报(英文)	北京食品科学研究院	高起点新刊-2023
434	神经保护(英文)	中华医学会	高起点新刊-2023
435	全健康进展(英文)	中国农业大学	高起点新刊-2023
436	智汇光学(英文)	中国光学工程学会	高起点新刊-2023
437	门静脉高压与肝硬化(英文)	中华医学会	高起点新刊-2023
438	水与生态（英文）	中国科学院生态环境研究中心	高起点新刊-2023
439	精准化学(英文)	中国科学技术大学	高起点新刊-2023

注：数据来自中国科学技术协会官网，统计时间截至 2023 年 10 月。

附录 E　缩 略 语 表

缩 写 语	英 文 全 称	中 文 全 称
AA	Analytical Abstracts	英国《分析文摘》
AgBiotech	AgBiotech News and Information	英国《抗原新闻与信息》
AGRINDEX	Agricultural Index	农业索引
AGRIS International	International Information System of the Agricultural Science and Technology	国际农业科学和技术信息系统数据库
AJ/РЖ	VINITI Abstracts Journal/РеферативньюйЖурнал	俄罗斯《文摘杂志》
AMR	Applied Mechanics Review	美国《应用力学评论》
BA	Biological Abstracts	美国《生物学文摘》
BIG	Bibliography and Index of Geology	美国《地质学题录与索引》
BP	BIOSIS Previews	美国《生物学文摘(预评)》
CA	Chemical Abstracts	美国《化学文摘》
CABI	Center for Agriculture and Bioscience International	国际农业与生物科学中心
CAB Abstracts	Abstracts Database of Centre for Agriculture Bioscience International	国际应用生物科学中心文摘(原：国际农业与生物科学中心数据库)
CAJCED	Chinese Academic Journal Comprehensive Evaluation Database	中国学术期刊综合评价数据库
CBA	Chinese Biological Abstracts	中国生物学文摘
CBST	Current Bibliography on Science and Technology	日本《科学技术文献速报》
CCR	Catalysts & Catalysed Reactions	英国《催化剂与催化反应数据库》
CI	Clout Index	学术期刊影响力指数
CJFD	Chinese Journal Full-text Database	中文期刊全文数据库
CMP	Current Mathematical Publications	美国《现代数学出版物》
CN	China Serial Numbering	国内统一刊号
CSA	Cambridge Scientific Abstracts	美国《剑桥科学文摘数据库》
CSCD	Chinese Science Citation Database	中国科学引文数据库
CSTJ	Chinese Science and Technology Journal Database	中文科技期刊数据库
CSSCI	Chinese Social Sciences Citation Index	中文社会科学引文索引
CSTPCD	Chinese Scientific and Technical Papers and Citation Database	中国科技论文与引文数据库
DOAJ	Directory of Open Acess Journals	开放获取期刊指南
EA	Ecological Abstracts	英国《生态学文摘》
EI	The Engineering Index	美国《工程索引数据库》
EM	The Excerpta Medica Database	荷兰《医学文摘数据库》
FAO	Food and Agriculture Organization of the United Nations	联合国粮农组织

缩 写 语	英 文 全 称	中 文 全 称
FSTA	Food Science and Technology Abstracts	英国《食品科技文摘》
GeoRef	Geosciences Reference	美国《地学参考数据库》
GH	Global Health	英国《公共卫生数据库》
GP	GeoReF Preview Database	美国《地质文献预评数据库》
IAA	International Aerospace Abstracts	美国《国际航宇文摘》
IC	Index of Copurnicus	波兰《哥白尼索引》
IEEE	Institute of Electrical and Electronic Engineers	美国电气电子工程师协会
IM	Index Medicus	美国《医学索引》
INIS	International Nuclear Information System	国际核信息系统
INSPEC	Information Service in Physics, Electro-Technology, Computer and Control	物理、电子电气、计算机与控制及信息科学文摘
IPA	International Pharmaceutical Abstracts	美国《国际药学文摘》
ISSN	International Standard Serial Number	国际标准刊号
JMI	Journal Mass Index	期刊量效指数
JST	Japan Science and Technology Agency(Chinese Bibliographic Database)	日本科学技术振兴机构中国文献数据库
MA	Metals Abstracts	美国《金属文摘》
MEDLINE	MEDLARS on-Line	美国《医学文献联机数据库》
MR	Mathematical Reviews	美国《数学评论》
OA	Open Acess	开放存储
PA	Petroleum Abstracts	美国《石油文摘》
PsycINFO	Psychological Information	美国《心理学文摘数据库》
RCCSE	Research Center for Chinese Science Evaluation	中国科学评价研究中心
SA	Science Abstracts	英国《科学文摘》
SCI	Science Citation Index	科学引文索引
SCIE	Science Citation Index-Expanded	科学引文索引-拓展版
UPD	Ulrich's Periodicals Directory	美国《乌利希国际期刊指南》
WPRIM	Western Pacific Region Index Medicus	世界卫生组织西太平洋地区医学索引
WTA	World Textile Abstracts	美国《世界纺织文摘》
ZM	Zentralblatt MATH	德国《数学文摘》
ZR	Zoological Record	英国《动物学记录》